中外经济简史

ZHONGWAI JINGJI JIANSHI

（第四版）

高德步 ◎ 著

首都经济贸易大学出版社
Capital University of Economics and Business Press
·北京·

图书在版编目（CIP）数据

中外经济简史 / 高德步著. -- 4版. -- 北京 : 首都经济贸易大学出版社, 2024. 10. -- ISBN 978-7-5638-3732-8

Ⅰ. F119

中国国家版本馆CIP数据核字第2024UX7317号

中外经济简史(第四版)

高德步　著

责任编辑　薛　捷

封面设计　砚祥志远·激光照排　TEL: 010-65976003

出版发行　首都经济贸易大学出版社

地　　址　北京市朝阳区红庙（邮编100026）

电　　话　(010)65976483　65065761　65071505(传真)

网　　址　http://www.sjmcb.com

E-mail　publish@cueb.edu.cn

经　　销　全国新华书店

照　　排　北京砚祥志远激光照排技术有限公司

印　　刷　唐山玺诚印务有限公司

成品尺寸　170毫米×240毫米　1/16

字　　数　402千字

印　　张　21.75

版　　次　2011年6月第1版　**2024年10月第4版**

2024年10月总第7次印刷

书　　号　ISBN 978-7-5638-3732-8

定　　价　48.00元

图书印装若有质量问题，本社负责调换

版权所有　侵权必究

第四版前言

经济史是经济学的一个重要组成部分。经济史的研究对象是人类经济活动的历史过程,它一方面要求我们对人类的经济活动历程进行客观翔实的描述,另一方面也要求我们对经济发展做出时序性、规律性的阐释。

马克思和恩格斯都研究经济史。《德意志意识形态》《英国工人阶级状况》《家庭、私有制和国家的起源》等,都是典型的经济史论著。在《资本论》中,马克思把历史方法和逻辑方法有机地结合起来,可以说既代表了经济学研究的最高境界,也代表了经济史研究的最高境界。更重要的是,马克思在他的研究中贯彻了一种"历史观",即用历史唯物主义的方法研究政治经济学,研究资本主义社会,从而揭示了资本主义社会发生、发展和最终灭亡的规律。可以说,马克思和恩格斯都是伟大的经济史学家。

作为经济学组成部分的经济史学,是科学而不是艺术。所以,经济学的科学方法也是经济史的方法。经济学方法可以概括为两种,即逻辑的和经验的。逻辑方法的最高境界是数学方法,而经验方法的最直接运用就是历史方法。从哲学上讲,数学方法的本质是演绎法,而历史方法的本质是归纳法。亚当·斯密的经济学和马克思主义经济学的方法,既包括逻辑方法也包括历史方法。马克思的研究方法是历史与逻辑相一致的方法,《资本论》正是这种方法的最佳运用。从新古典经济学开始,数学在经济学中逐渐占据了重要地位。到了20世纪下半期,数学甚至成了经济学的主要方法和工具。

事实上,不论是数学方法还是历史方法,都是很好的方法,但是都不能走极端。例如,在运用数学方法时,不能使经济学丧失社会经济内容,不能成为纯粹的数学运算。更重要的是,经济学不能没有价值判断,历史方法也不能走极端。运用历史方法容易导致现象描述,从而导致价值判断的缺失。事实上,历史是一种智慧。经济学运用历史方法,实际上是在运用历史智慧。所以,要学好经济学,有必要同时学好经济史。

经济史学科可以分为中国经济史、外国经济史和世界经济史等。一般来说，中国经济史和外国经济史都是国民经济史，就是说，其都以某个国家的经济发展及其规律作为研究对象。外国经济史是指中国以外的其他国家和地区的经济史，不包括中国经济史；而世界经济史是人类世界的经济史，应该将中国和其他非欧美国家的经济史包括在内。当然，研究世界各国经济史必须有所侧重，比如，人类文明有多个源头，但是基本上可以归纳为两个，即东方文明和西方文明；就生产和交换方式演变的路径来看，也主要是这两种。所以，世界经济史应该以这两种生产和交换方式为样板，进行历史的、全面的和比较的研究。另外，东方文明和西方文明，在其发展过程中的不同阶段，交替地作为人类历史发展的主流形式，影响着人类社会的发展。在古代世界，包括埃及文明、印度文明和中国文明在内的东方文明占据主导地位，这以后才是希腊文明和罗马文明；在封建主义时代，以中国文明为主要代表的东方文明则占据主导地位；到了近代，世界文明中心逐渐转移到西方。世界经济史必须客观地反映这种交替现象并探索其规律。作为中国的学生和其他各类读者，要比较概括地学习和了解经济史，应首先学习和了解中国经济史，其次学习和了解其他国家的经济史，再进一步从总体上学习和了解世界经济史。然后我们还可以反过来，在学习了外国经济史和世界经济史以后，再重新审视中国的经济史。

近些年来我国的经济史研究取得了很大进展。这是因为人们越来越认识到经济史学的重要性，同时这也是经济史学者苦心研究的结果。本教材是作者在多年研究中外经济史基础上高度凝练的结果，即把中外多个国家和地区数千年来的经济史浓缩为40多万字的教材。这样做的目的，在于让学生在尽可能短的时间里，对中国和世界主要国家的经济发展历史有一个清晰的了解。希望学生阅读这本教材以后，能建立一种“经济史观”，以便更好地理解经济学理论，更好地观察社会经济现象。

本次修改对部分章节进行了调整，并增加了中国式现代化与人类文明新形态等内容。

作者
于中国人民大学明德楼

目 录

CONTENTS

第二编　近代中外经济史

第四编　世纪之交的中外经济史

导 论

一、什么是经济史学

经济史是经济学的一部分。但是长期以来,在经济史学学科划分上存在一个普遍的误区,即认为经济史是处于经济学和历史学两大学科之间的边缘学科。正是这种学科划分上的误解,导致经济史学研究长期以来产生方法论错误,也使得经济史学研究处于落后状况。

之所以以为经济史学是一门边缘学科,主要是因为经济史学和历史学在研究对象上存在一定程度的重叠性。这就是我们常说的,经济史学研究的对象是经济的历史或历史的经济部分。从这个意义上讲,经济学的经济史与历史学的经济史的确是一样的。但是如果我们将经济史分为不同层面,在不同层面上考察经济史及其研究方法,就会发现经济学的经济史与历史学的经济史的区别。

经济学家和历史学家都研究经济史,作为科学的研究方法,经济学和历史学并没有本质区别。英国著名历史学家汤因比指出:"可以采取三种不同的方法来观察和表现我们研究的对象,其中也包括人类生命的现象。第一种方法是考核和记录'事实';第二种方法是通过已经确立了的事实的比较研究来阐明一些一般的'法则';第三种方法是通过'虚构'的形式把那些事实来一次艺术的再创造。"他把这三种方法分别称为历史、科学和虚构①。英国新古典主义经济学家马歇尔认为,经济学家需要具备三种重要的智力(即思维能力),就是知觉、想象和推理,其中最需要的是想象力,想象力使他们可以探索可见的事件之不显著即处于表面之下的那些原因,与可见的原因之不显著即处于表面之下的那些结果②。可见,在科学哲学的意义上,经济学家和历史学家所采用的方法并没

---

① [英]汤因比:《历史研究》上卷,上海人民出版社,1984 年版,第 54 页。

② [英]马歇尔:《经济学原理》上卷,商务印书馆,1964 年版,第 30 页。

有本质区别。

但"经济史是经济学的一部分"①,作为经济学的经济史和作为历史学的经济史有很大的区别,这种区别可以从经济史的三个不同层面来考察。经济史研究包括编年经济史、分析经济史和历史方法的经济学三个层面,由于这三个层面的研究任务不同,经济史研究采取的方法也不同。

第一个层面是编年经济史。这一层面的经济史研究在我国已经比较发达,也已经出版了大量的经济史著作,包括经济通史和断代经济史、中国经济史和外国经济史等。在这个层面上,经济史研究的对象是历史的经济部分,其任务是对人类历史上的经济活动进行客观的描述,所以主要采用的方法是历史归纳法。经济学的经济史与历史学的经济史的区别,主要体现在观察和描述的方法上所采用的理论、工具和术语不同。历史学的经济史主要采用历史学的理论、工具和术语,而经济学的经济史主要采用经济学的理论、工具和术语。在这个层面上,经济学的经济史与历史学的经济史的差别并不十分显著。

第二个层面是分析经济史。在这个层面上,经济史研究的主要目的是发现经济规律,所采用的方法主要是溯因法。如果说在第一个层面上经济学的经济史与历史学的经济史的区别还不十分显著的话,那么在这个层面上两个学科的区别就十分明显了,即经济史已经完全是经济学的经济史了,因为在这个层面上,经济史研究所要发现的规律不是历史规律而是经济规律。在第一个层面上,经济学的经济史与历史学的经济史的区别主要是观察和描述方法的区别,而在这个层面上,其主要区别是分析方法的区别。这就是说,历史学的经济史是用历史学的方法研究历史的经济部分,经济学的经济史则是用经济学的方法研究经济的历史。更进一步说,这种区别体现在所采用的不同的方法论上:经济学的经济史的方法论是经济学和经济哲学,而历史学的经济史的方法论是历史学和历史哲学。在这个层面上比较典型的经济史研究范例,包括罗斯托的经济成长阶段论、诺斯的制度变迁理论、希克斯的经济史理论等,而年鉴派经济史学家在具体的研究实践方面做得也比较成功。

第三个层面是历史方法的经济学。经济学的经济史与历史学的经济史最根本的区别是在这个层面上。这里涉及的问题的实质是经济学的方法论,即经济学的历史方法和逻辑方法。从本质上来说,在这个层面上,是将历史的方法引入经济学。所谓将历史的方法引入经济学,并不是简单地用历史事实来验证经济理论的各种假说,从本质上讲是将时间概念引入经济学,即创建一种历史的或动态的经济学。所以,在这里,经济史学已经是彻底的经济学了。在这个

---

① [美]熊彼特:《经济分析史》第1卷,商务印书馆,1996年版,第36页。

层面上，经济史的研究方法与理论经济学研究一样，也要采用科学的抽象演绎法。所以，在这个层面上，经济史研究的成果主要是理论假说。在这里典型的例子是马克思的历史唯物主义经济学和熊彼特的创新经济学等，而具体的研究实践，可以包括经济周期理论、菲利普斯曲线理论、经济增长和经济发展理论等。

经济史研究的三种方法在三个不同层面上存在一种上下对流的交互关系，即可以相互促进，相互影响，使整个经济史科学实现发展。在第一个层面即编年经济史研究层面上，经济史研究的目的主要是归纳和描述。归纳就是收集更多更可靠的历史事实。在归纳的基础上可以进行最基本的关于历史事实的描述。所以，在这个层面上，经济史就是汤因比所谓的"历史"。在第二个层面即分析经济史研究层面上，经济史研究的目的是发现规律，这就需要对不同现象进行比较研究，找出因果联系并总结出规律或"法则"来。所以在这个层面上，必须采取溯因法。这个层面上的研究成果就是汤因比所谓的"科学"。在第三个层面即历史方法的经济学研究层面上，经济史研究的目的是推理，采用的是抽象演绎法。抽象方法的本质是推测，即利用通过观察得出的规律性解释，进一步推测出未经考察的领域。这就是汤因比所谓的"虚构"。在编年经济史和分析经济史的基础上，通过进一步抽象，得出某些经济概念和假说，并发展成为系统的经济学理论。反过来，这些系统的理论可以作为方法和工具来进行编年经济史和分析经济史的研究，这就是经济史家的"史观"。在经济史研究的这个阶段，经济史家可以采用所谓的"虚构"方法，即在提出假说的基础上，利用经济史实对这些假说进行验证。这样就又回到了分析经济史。在假说和分析的基础上，经济史家利用新的"史观"对经济史实进行进一步的归纳和全新的描述，进而建构起新的编年经济史。这种研究，实际上是对人类过去的经济活动的推测。但是作为经济学的经济史的任务，一方面是推测过去，另一方面是预测未来。从根本上来讲，经济史推测过去的目的还在于预测未来，即利用对过去的推测得出的规律性的"法则"来预测未来，预测未来的人类行为和这种行为的可能结果。这是所有科学的根本目的，也是经济史科学的最高境界。

二、经济史的研究方法

历史是客观的，经济史也是客观的，不论是经济学还是经济史学，都不可能改变经济史的客观性。但经济史的任务并不是简单地叙述史实，史实本身并不是史学，而仅仅是史学的原料，就如砖瓦沙石对于高楼大厦而言仅仅是建筑材料而已。所以说，任何史学家都是用一定的立场、观点和方法来透视历史、理解历史和解释历史的。英国历史哲学家沃尔什认为，历史并不单纯是历史材料和

历史数据的函数，而是历史学家的心灵和思想的函数。也就是说，史学家总是在某种思想的指导下进行历史探究的，如果没有某种指导思想，就只剩下一堆支离破碎的零乱史实了。

经济史研究重在求证，也不可偏废推理，这是因为人不能尽知天下事，必须推理以求之①。所以，经济史研究必须以经济学理论为方法论。经济学理论对于经济史研究的作用，就在于它决定着用什么观点考察经济的历史，用什么方法理解和阐释经济的历史。美国经济史学家诺斯指出："写历史，构造的是一个关于一定时期人类生存的某些条件的故事。这一构想只存在于人的头脑中。我们不是要再造过去，我们建构的是关于过去的故事。但是一部好的历史，其故事必须给出一个一致的、有逻辑的解释，同时它要受到可得证据和可得理论的制约。"②因此，"在解释经济史实之前，需要一个概念基础"③。而这个概念基础是由经济学提供的。

用一定的经济学观点和方法研究经济史，就不可避免地涉及假设问题。前提假设是科学研究中不可缺少的重要环节，经济史学也不例外。经济史学的前提假设一方面来源于历史学家和经济史学家的哲学见解，另一方面直接来源于经济学理论。

古典经济学和新古典经济学的基本假设就是"经济人"假设。历史哲学也认为，历史学家是根据"人性中的可能"来判断过去的历史的，历史学中的普遍命题和假设都来源于历史学家对人性所做的基本判断。但不同的是，在经济学中，"经济人"具有万古不变的普遍人性；历史学中的人性假设，却不是一个不变的常数，而是"以最显著的方式随着每一个时代而在变化着"的④。这种观点，事实上要比经济学中的"经济人"假设客观得多。产生这种区别的根本原因，就在于有无"历史感"。古典经济学和新古典经济学将它们所考察的经济世界看作一个永恒不变的世界，因而人的本性及其行为也是不变的。但经济史学考察的是一个变化着的经济世界，人性假设也不可能永恒不变。如果经济史也如同经济学一样，从不变的人性出发，就不可能区别不同的历史时代。所以，从经济学提供的前提假设出发研究经济史，绝不是要从这种假设反推出一个符合经济理论的经济史，正如我们不能从"义利论"还原出一个"君子国"一样⑤。

经济学作为经济史的方法，还有另外两个层面的问题，一个层面是经济学

---

① 吴承明：《中国经济史研究的方法论问题》，《中国经济史研究》，1992 年第 1 期。

② ［美］诺斯：《制度、制度变迁与经济绩效》，上海三联书店，1994 年版，第 176 页。

③ ［美］诺斯：《经济史中的结构与变迁》，上海三联书店，1991 年版，"序"。

④ ［英］沃尔什：《历史哲学——导论》，社会科学文献出版社，1991 年版，第 65 页。

⑤ 吴承明：《经济学理论与经济史研究》，《中国经济史研究》，1995 年第 1 期。

为经济史的研究提供理论模型,另外一个层面是经济史使用经济学提供的分析工具。就理论模型层面讲,经济史可用的经济学理论模型有:第一,历史主义模型。经济学的历史学派强调经济学的历史分析方法,这种方法自然成为经济史研究的重要理论指导,特别是历史学派的经济发展阶段方法,已成为经济史研究的重要传统。第二,创新模型。熊彼特提出了创新理论。而美国经济史学家福克纳将美国经济史作为一个创新过程来理解,通过分析历史上的创新要素,探讨美国经济成长的性质和原因,客观地描述美国自殖民开发时期以来的经济发展历程,其《美国经济史》已成为教科书中的经典。第三,新古典和制度分析模型。新古典主义经济学缺乏历史分析,但诺斯将新古典主义方法与产权和制度分析方法结合起来,对人类经济活动的历史进行了大跨度考察并提出经济史的制度变迁理论。第四,起飞模型。美国经济学家和经济史学家罗斯托利用其独创的起飞理论,对西欧和北美的工业革命进行了研究,提出起飞和从起飞进入持续成长的理论。除前述四种模型外,其他各种经济理论也都可以成为经济史研究的方法。就分析工具层面讲,经济学为经济史提供的分析方法就更多了,如宏观分析方法和微观分析方法以及作为中观的区域和部门分析方法、均衡分析方法和非均衡分析方法、边际分析方法、经济计量学方法等。

三、经济史的基本阶段和趋势

沃勒斯坦指出:“世界社会科学的重要论断之一是认为人类历史发展过程中存在着一些巨大的分水岭。所谓新石器时代或农业革命就被公认为是这样的一个分水岭,尽管只有少数社会科学家对此做过研究。另一巨大的分水岭就是现代世界的形成。”①在农业革命以前的世界,人类还没有形成有组织的生产活动,没有可以称之为“经济”的活动,因此,世界经济史研究,必然从农业革命开始,并将公元1500年作为一个重要的界限:公元1500年以前为农业社会或传统社会,其以后为工业社会或现代社会。

就公元1500年以前的世界经济史来讲,也可以分为几个不同的阶段。例如,黑格尔把世界历史的发展分为东方世界、希腊世界、罗马世界和日耳曼世界。黑格尔认为,世界历史从东方开始,自中国、印度后,波斯帝国兴起,世界性的联系开始登上历史舞台。而马克思则把人类历史分为三种生产方式,即亚细亚生产方式、古代生产方式和日耳曼生产方式。这里,东方世界或亚细亚生产方式,是一种刚刚进入阶级社会的不发达奴隶制经济;希腊罗马世界或古代生产方式,是一种典型的奴隶制经济;而日耳曼世界或日耳曼生产方式,经过演变逐渐发展成为西

---

① [美]沃勒斯坦:《现代世界体系》第1卷,高等教育出版社,1998年版,第1页。

欧封建经济和资本主义经济。东方的亚细亚生产方式,是一种非典型的奴隶制经济,其特点是普遍奴隶制。在向封建经济过渡的历史过程中,亚细亚生产方式出现了两个亚型,即封建领主制经济和封建地主制经济。亚细亚封建领主制经济与日耳曼的封建生产方式相近,西亚、南亚和日本等也以这种生产方式为主导形式,拜占庭和俄罗斯的生产方式也基本属于这种类型。封建地主制经济以古代中国为典型。中国以西周为代表的封建领主制经济瓦解以后,以土地私有和自由买卖为基础的封建地主制经济成为占主导地位的形式。这种封建地主制经济代表了封建经济的发达形式。因而,古代中国创造了农业社会最发达的生产力,以及高度发达的封建制度和文化。但是,这种发达的封建经济和文化严重阻碍了资本主义萌芽的产生和发展,导致中国在工业化和现代化过程中存在滞后问题。

沃勒斯坦认为,人类历史虽然包含着各个不同的部落、种族、民族和民族国家的历史,但这些历史不是孤立发展的,而是相互联系的,总是形成一定的“世界性体系”。16 世纪以前,“世界性体系”主要表现为一些“世界性帝国”,如波斯帝国、罗马帝国等,这些“世界性帝国”有一个单一的政治中心,但没有与之相应的“世界性经济”。16 世纪以后,随着资本主义生产方式的发展,开始以西北欧为中心,形成“世界性经济体系”,这就是“资本主义的世界经济体”。资本主义从一开始就不是在单个国家内孤立出现的,而是作为一个世界性的体系出现的,它由中心区、半边缘区和边缘区这三个组成部分联结成一个整体结构。

公元 1500 年以后的人类社会历史是现代化的历史,因而现代化成为世界经济史的主线。不过,这以后的世界经济史仍可以分为两个阶段,即 16—19 世纪的世界经济史和 20 世纪的世界经济史。

16—19 世纪的世界经济史,对于西欧国家来说,是封建经济向资本主义经济过渡的历史过程,也是人类生存基础由农业向工业转移的过程,亦即工业化或现代化的过程。这一阶段世界经济史的特点是建立世界市场和开展工业革命。如果说各个国家、民族的封闭性曾是保持传统农业社会的主要条件,那么,世界市场的建立则彻底打破了这种封建宗法式的经济关系。一方面,在世界市场的刺激和推动下,“生产的不断变革,一切社会状况不停的动荡,永远的不安定和变动,这就是资产阶级时代不同于过去一切时代的地方。一切固定的僵化的关系以及与之相适应的素被尊崇的观念和见解都被消除了,一切新形成的关系等不到固定下来就陈旧了。一切等级的和固定的东西都烟消云散了,一切神圣的东西都被亵渎了”①,代之而起的是一个全新的现代社会。另一方面,世界历史并不仅仅发生一场以“技术革命”或“工业革命”为单一特征的变革,而是

① 马克思、恩格斯:《马克思恩格斯选集》(2 版)第 1 卷,人民出版社,1995 年版,第 275 页。

发生了包括社会生活全面变革在内的"社会革命"。在世界历史条件下，不仅生产、消费具有世界性，而且精神、文化的发展也具有世界性，就连人的发展也成为世界历史作用的结果。这就是马克思所说的"地域性的个人为世界历史性的、经验上普遍的个人所代替"[①]，"资产阶级，由于一切生产工具的迅速改进，由于交通的极其便利，把一切民族甚至最野蛮的民族都卷到文明中来了"，"它使未开化和半开化的国家从属于文明的国家，使农民的民族从属于资产阶级的民族，使东方从属于西方"[②]。这就是说，对于非西方国家来说，16—19 世纪的现代化，是资本主义市场经济和工业生产方式的移植过程。这种移植有的是通过这些国家和民族有意识地引进实现的，有的则是通过西方列强侵略而被动实现的。这两个过程就是所谓的资本主义改良和殖民化过程。到 19 世纪末，世界大部分地区已经被纳入资本主义世界经济体系，正如列宁指出的，帝国主义已经将世界领土瓜分完毕。

20 世纪是世界经济史的另一个重要阶段。在这个阶段，主要西方资本主义国家已经完成了现代化过程从而进入现代社会，世界经济史也进入现代阶段。20 世纪初，列宁著名的《帝国主义是资本主义的最高阶段》(1917 年)问世，德国历史学家斯宾格勒著名的《西方的没落》(1918 年)问世，这两部著作通过不同的方法和视角，将 20 世纪的世界历史与 19 世纪及其以前的世界历史分开。列宁认为，19 世纪末，资本主义由自由竞争发展到垄断，产生了帝国主义，而帝国主义是资本主义的最高阶段。在这个阶段里，由于社会化大生产和垄断的发展，资本主义经济出现了局部的计划性，为向社会主义转变提供了生产力基础。而斯宾格勒将世界历史区分为"文化阶段"与"文明阶段"，前者着重于精神文化与学术文化的发展，后者着重于物质文明与军事文明的发展；前者出现伟大的艺术、科学、哲学、宗教，后者出现伟大的帝国、国际性的大都会、强大的文化帝国主义。他认为，20 世纪西方世界将从文化阶段进入文明阶段。可见，这两位伟大的思想家都预见到了 20 世纪世界历史的特点，即社会主义制度的出现和资本主义生产力的高度发展以及新的历史阶段的到来。

20 世纪之所以成为一个新的历史阶段，首先是因为社会主义经济制度的出现。社会主义思潮是 19 世纪资本主义经济矛盾的产物。20 世纪苏联和中国的计划经济尝试，标志着社会主义从理论到实践的转变，在世界经济史上具有极其深远的意义。其次是因为资本主义经济由自由放任经济向国家干预经济的过渡。20 世纪 30 年代的大危机和两次世界大战，既是资本主义自由放任的市场经济体制的危机，也是资本主义世界经济秩序的危机。经过大危机和世界大战的调节，

---

① 马克思、恩格斯：《马克思恩格斯选集》(2 版)第 1 卷，人民出版社，1995 年版，第 86 页。

② 马克思、恩格斯：《马克思恩格斯选集》(2 版)第 1 卷，人民出版社，1995 年版，第 276—277 页。

资本主义经济体制和世界经济秩序进入重建时期，并推动出现了进一步的繁荣。最后是因为世界殖民体系的瓦解和第三世界特别是东亚国家和地区的崛起。资本主义殖民体系在19世纪末发展到顶峰，这种发展一方面标志着西方资本主义扩张的顶峰，另一方面预示着资本主义殖民体系瓦解的开始。20世纪五六十年代，大部分殖民地国家和地区都获得了独立，并进行工业化，积极发展经济，因而出现了独特的发展中国家经济。不过，在现代化过程中，发展中国家也出现分化，一部分国家和地区通过发展进入中等发达国家行列，另一部分国家和地区则进一步陷于贫困。而东亚地区经济的高速发展，成为20世纪下半叶世界经济的突出特色。

20世纪最后20年，世界经济史出现一系列新的现象。一方面，科学技术和生产力在发展的同时，也造成生态环境的破坏、国际经济竞争加剧，因此，人们开始对16世纪以来的现代化和20世纪的现代经济进行反思，如西方后现代主义哲学的出现、凯恩斯主义经济学的流行、关于罗马俱乐部“增长的极限论”的争论等。与此同时，新科技革命特别是数字技术的革命，促进了新经济的产生以及经济全球化趋势的出现。另一方面，20世纪80年代以后直到世纪之交，世界各主要国家出现了以市场为基本取向的制度变革潮流。中国于1979年开始了大张旗鼓的改革开放，并最终确立了社会主义市场经济体制。由于改革开放政策解放了生产力，中国经济取得了持续、快速的增长，到2010年中国已成为世界第二大经济体。在西方，凯恩斯主义政策失灵导致经济发生滞胀，新自由主义思潮和新自由主义经济理论也随之出现。在这种思潮和经济理论影响下，英国和美国开始实施经济改革，主要内容是减少经济管制，出售国有企业和削减社会福利等。这些改革措施有效地提高了社会经济效率，因而两国经济摆脱了滞胀，出现了较快的增长，在美国更出现了将近10年的经济高涨期。发展中国家，如拉美地区国家和印度等，随后也开始了新自由主义方式的改革。在这种背景下，美国提出所谓的“华盛顿共识”，作为新自由主义经济理论的实践主张。

尽管在20世纪最后20年里新自由主义实践取得了显著的成就，但其自身的矛盾和缺陷使它不可能超越它的历史性和不同的文化体制背景。首先，我们看到，新自由主义为苏联和东欧国家经济体制转轨开出的“休克疗法”遭到了失败，导致这些国家的经济出现近20年的混乱和停滞。不仅如此，这些政策药方的失效，还导致人们对新自由主义政策产生了根本性的怀疑。随着俄罗斯经济的恢复和重新崛起，这个昔日大国又开始与美国对抗，这足以说明不同文化和意识形态的冲突仍在继续。其次，对于广大的发展中国家，新自由主义开出的药方是所谓的“华盛顿共识”。然而，在这个“共识”下，拉美地区国家没能摆脱债务危机，东南亚地区国家陷入严重的金融危机。更为可笑的是,在拉美债务危机和亚洲金融危机期间,新自由主义仍然坚持给它们开出同样的“猛药”进行“恶补”,使这些国家的经济进一步陷于长期停滞,而美国的金融大亨们却卷款而归。不过,到了 2008 年,也就是东南亚金融危机后的 10 年,厄运却降到了新自由主义者们自己的国度了。自由资本市场上无限制的金融衍生工具,这个昔日将发展中国家拖入危机并将它们的财富席卷而去的魔鬼,现在又以同样的魔法将美欧等新自由主义国家的大笔财富席卷而去。华尔街的大亨们惊呼:20 世纪 30 年代的大危机又卷土重来了。但是,他们哪里想得到,今天将他们的财富席卷而去的,还是同一个魔术师,而其手中挥舞着的也是同一根魔棒——经济自由主义。

在 2008 年金融危机打击下,美国和欧洲等发达国家的经济受到重创。但相比之下,发展中的新兴大国经济复苏普遍较快,总体保持较好发展势头。这就使它们与发达国家经济实力的差距有所缩小。中国、俄罗斯、印度和巴西,成为其中一支不可忽视的国际力量。特别是中国,已经成为世界第二大经济体。党的十八大以来,中国共产党不断推进和拓展中国式现代化的内涵。习近平总书记在党的二十大报告中指出,要“以中国式现代化全面推进中华民族伟大复兴”。中国式现代化的提出,切合中国实际,符合社会主义建设规律和人类社会发展规律,为党领导和团结全国各族人民提出了切实可行的前进目标,屏弃了西方以资本为中心的有缺陷的现代化模式,为人类文明的发展贡献智慧,不断丰富和发展人类文明新形态。

四、学习经济史的意义

在科学哲学意义上,经济学的方法主要是实证方法。逻辑实证主义的科学哲学认为,任何科学或理论都来源于经验和事实,任何理论的假设或命题都必须接受经验事实的检验,只有经验事实才能证明知识的正确性。这种方法的本质,简单地说就是用经验和事实说话。而直接用经验和事实说话,正是经济史的根本特点和根本优势:一方面,经济史可以为经济学的假设和命题提供更可靠的经验实证;另一方面,经济史可以为经济理论提供更符合经验事实的假定。

理论总是灰色的,而生命之树常青。与经济理论相比,经济史就如常青的生命之树。理论既可能被证实,也可能被证伪。然而,为经济理论提供经验和事实的经济史,作为实证工具,具有史实意义上的客观性。不仅如此,当一项假设被经验证伪后,理论上还需要一种新的假设,而这种新的假设仍须从经验和事实中产生,经济史将继续成为经济学理论新的假设的来源。所以,经济史的任务在于,不仅要为经济学理论提供更多的实证性材料,而且要为经济学理论

提供更新更好的假设。经济学则利用这种源于经验和事实的新的假设,重新进行推理性研究。正如美国经济史学家诺斯指出的,"(经济史的)研究目的不仅要解释经济的过去,而且也要对经济理论有所贡献,提供一个分析架构使我们能了解经济变化"①。

在经济实践层面上,经济史必须给人们提供历史的经验借鉴。而现实经济的运行与发展证明,这种历史的借鉴或从历史中获得经验是非常必要的。美国经济学家布坎南指出:"几乎用任何标准来考查,在很多时候都会发现,人们可能会,现在也正在不好好地行动。还要更多地理解人们是如何行动就意味着最终人们可能会选择改革他们的制度以约束他们常有的冲动。历史应当告诉经济学家,过去时代的令人悲哀的错误将来是不需要重演的。历史应当给他们提供希望。"②也正如英国哲学家波普尔指出的:"我们要知道我们的困难同过去有怎样的关系,并且我们还要知道沿着怎样一条路线才可以前进,去解决我们所感觉到的和所选取的主要任务。"③

习近平总书记在庆祝中国共产党成立一百周年大会上的讲话中指出:"以史为鉴,可以知兴替。我们要用历史映照现实、远观未来。"历史研究是一切社会科学的基础,承担着"究天人之际,通古今之变"的使命。世界的今天是从世界的昨天发展而来的。今天世界遇到的很多事情可以在历史上找到影子,历史上发生的很多事情也可以作为今天的镜鉴。重视历史、研究历史、借鉴历史,可以给人类带来很多了解昨天、把握今天、开创明天的智慧。

---

① [美]诺斯:《时间过程中的经济业绩》,《诺贝尔经济学奖金获得者讲演集》,中国社会科学出版社,1994年版,第265页。

② [美]布坎南:《经济学家应该做什么》,西南财经大学出版社,1988年版,第106页。

③ 转引自田汝康:《现代西方史学流派文选》,上海人民出版社,1982年版,第155页。

第一编

古代中外经济史

第一章 古代东方各国经济

第一节 古代农业革命

距今1.1万年左右，最后一个冰期结束，气候逐渐变暖，人类历史上发生了一个重大转折，即人类由狩猎和采集时代过渡到定居农业时代。这一转折在历史上被称为农业革命或新石器革命。

农业革命最早发生于西亚的两河流域。两河是指发源于土耳其亚美尼亚高原托罗斯山脉的底格里斯河与幼发拉底河。两河流域的中下游地区，地势平坦，古希腊人称之为“美索不达米亚”，意为“河间之地”。由于春季融雪，两河定期泛滥，形成大片冲积平原，因此，这里土地肥沃，适于种植业发展。随着人类的发展，两河流域出现了比较发达的农业。两河流域的居民主要使用牛、驴拉着木犁耕地，最主要的农作物是大麦和椰枣。此外，还有无花果、橄榄等各类水果①。大麦酒是人们最喜欢喝的饮料，椰枣是人们的主食之一。古代两河流域人民编写了人类历史上最早的农书——《农人历书》。《农人历书》以一个老农教育儿子的口吻写成。这位老农对儿子讲述应该如何务农，比如，怎样节省灌溉用水、不要让牲畜践踏田地、驱赶食谷的飞鸟、及时收割等。这里发明了最早的灌溉技术，包括兴修沟渠、堤坝，排涝蓄水等。当时的灌溉技术已经比较发达。人们修建了巨大的水渠，建造了水库、堤坝和其他建筑物。这里形成了统一的灌溉网，由国家管理，而国家的最重要职能就是维持和修缮灌溉网以及建设各类公共工程。

---

① ［英］戈登·柴尔德：《人类创造了自身》，上海三联书店，2012年版，第84页。

尼罗河流域是农业革命的第二个发源地。对于古代埃及而言,尼罗河是其唯一的水源。尼罗河定期泛滥,不仅灌溉了土地,并且用肥沃的淤泥给土地定期施肥。但尼罗河的自然泛滥并不能给农业以足够的水分,所以,埃及人早在远古时代就建成了复杂的灌溉体系,包括沟渠、水闸以及储水和泄水的水池。人们十分重视对灌溉网的改进,建造沟渠和人工水库,储存大量的水以便在干旱时使用。埃及人按照农业生产周期把一年分为三个时期:尼罗河泛滥时期(7—10 月)、播种时期(11 月—次年 2 月)和收获时期(3—6 月)。这里的主要农作物是大麦、小麦和亚麻。早在古王国时代,人们就开始使用锄,并使用原始的犁,用公牛和驴作为耕畜。播种时,人们把种子撒到地里,再把牲口牵到田里,利用牲口的蹄子将种子踩进土里。打谷也用牲口,牲口在打谷场上用蹄子将谷粒踩下来。这种技术在埃及持续了很久。埃及的蔬菜业、果园种植业和亚麻种植业也都有一定发展。人们还饲养家畜和家禽,甚至有了养蜂业。

中国也是农业文明的重要发源地之一。中国农业文明发源地主要是黄河中下游地区和长江中下游地区。近些年的考古发现表明,中国黄河流域的农业起源极早,差不多与西亚相当。古代黄河流域特别是中下游,气候温和,雨量适中,土壤肥沃,适宜于旱地作物如黍、麦等生长。在氏族社会后期,传说共工氏部落发明了筑堤防水的方法,鲧和禹父子二人治洪水,周部落首领契善耕作,东夷部落的大费善畜牧,伯益发明了凿井等。到了夏朝,中国的农业技术进一步完善,主要农具有木鍤、石耜、石斧、石刀、骨铲、蚌镰和蚌刀等。灌溉方面,人们已掌握了一面疏导洪水、一面引水灌溉的技术。畜牧业也有所发展,到了商代,人们已经开始饲养牛、马、猪、羊、鸡、犬等家畜。适应农业发展需要,夏朝时期的人们已经具有一定的天文和历法知识。春秋时期,孔子曾主张“行夏之时”,可见夏朝已经有了历法。战国时期还曾流行“夏历”和《夏小正》一书。长江中下游地区是中国另一个农业发源地。据考古材料不完全统计,迄今中国已发现史前栽培稻遗存的地点近 90 处,其中约 70 处在长江中下游。河姆渡遗址中发现了不少 7 000 多年前的稻作物堆积层,包括稻谷、稻秆、稻叶等,还发现了大量的稻作生产工具骨耜。河姆渡遗址的水稻遗存,无论在数量上还是保存的完整程度上,都是举世罕见的①。

在农业革命基础上出现了工商业。大约在 5 000 年前,西亚两河流域的居民就会制作陶器。人们常用的生活用具像酒杯、油缸、炉子、灯盏等几乎全是陶制的,制陶业是重要的手工业部门之一。人们发明了冶铜技术,用青铜制造了斧、锯、刀、剑等工具和武器。大约在 4 000 年前,亚美尼亚地区就炼出了铁。铁

① 王震中:《中国文明起源的比较研究》,中国社会科学出版社,2013 年版,第 35 页。

的性能比青铜好，铁矿石也容易获得，所以冶铁业迅速发展起来。公元前7世纪前后，两河流域实现了由青铜器到铁器的转变。古巴比伦的手工业已经十分发达，出现了独立经营的手工业者以及受雇于私人家庭和手工业作坊的手工业者。据《汉穆拉比法典》所载，古巴比伦王国时期的手工业有织布、木作、制砖、皮革、刻石、珠宝等二三十个门类。贸易在巴比伦是相当发达的。巴比伦、西帕尔、尼普尔、拉尔萨等城是重要的商业中心。这些商业基本是受王室和神庙控制的，但也出现了私人合伙经营的商业。在《汉穆拉比法典》中曾列举以下产品为贸易对象：粮食、羊毛、油脂、椰枣等。除了奴隶和农产品，金属制品、纺织品和其他物品也是贸易对象。白银这时已经成为通用的价值尺度，除了买卖货物外，还用于支付工资、借贷等。借贷白银的利息是五分之一，借贷谷物的利息则高达三分之一。在高利贷发展起来的同时，债务奴役也日益盛行，以至于国家不得不对其加以限制。例如，国家规定有公民权利的自由民及其子女成为债务奴隶的期限只能是三年。

在农业和工商业发展的基础上出现了城市。最早的城市出现于西亚两河流域。大约公元前5000年，苏美尔就有了最早的城市——埃利都。在乌鲁克文化（约前3500—前3100年）时期，以乌尔城邦为开端，苏美尔出现了10~15个城邦。每一个城邦都统治着周围的农村地区，并以某种方式创造出商品和劳务。公元前1800年，古巴比伦王国兴起，巴比伦城逐渐成为其都城，在很大程度上支配着整个地区的经济和政治生活。此后，巴比伦城多次遭到战火破坏，又多次重建。到新巴比伦时期，尼布甲尼撒所建的巴比伦城规模空前，分为东西两部，有三重城防、九座城门。著名的空中花园就产生于这个时期的巴比伦城中。公元前2000年前后，印度哈拉巴地区出现了几个城市，其中最大的城市是哈拉巴、摩亨佐·达罗和甘瓦里瓦拉，但其占地面积仅1平方千米左右，人口约为3.5万人。城市分为卫城和下城两个部分，卫城建在高岗上，四周围以砖墙，下城是商业、手工业和住宅区。

中国古代城市起源也很早。《吴越春秋》说："鲧筑城以卫君，造郭以守民，此城郭之始也。"在中国古代，城的起源还与治水有关。据古代传说和文献记载，鲧为治水而建城。《山海经·海内经》说："洪水滔天，鲧窃帝之息壤以堙洪水。"《国语·鲁语》说："鲧障洪水。"这就是鲧城的来源。此外，城也是交易经常发生的地点。河南偃师的二里头城市遗址，被认为是夏朝后期的都城。商代各地都出现了规模较大的"都邑"，商朝都城被称为"大邑商"。

农业革命的一个重要影响，就是产权制度的产生。农业革命提供了财产制度产生的生产力基础。史前人类把劳动与自然资源结合起来得以谋生，自然资源不论是狩猎的动物还是采集的植物，开始都是作为公共资源而被占用的。随着人口的增加和生产力的提高，资源变得越来越稀缺。为了保证资源利用的效率，也为了保证人类自身的存续，必须建立排他性产权。私有财产的出现，刺激了人性中潜伏的贪婪心和占有欲，诱发了对财产的争夺。氏族部落的首长和家族长利用自己对公共财产的管理权和分配权，或利用对外交换产品的方便，把一些集体的财富攫为己有，于是出现了最早的"富人"。

私有制在原始社会发展的必然结果就是阶级的产生，社会上的人被分为主人和奴隶、剥削者和被剥削者。在当时，一方面，社会有了剩余产品，因而有了可供剥削他人劳动的物质条件；另一方面，社会发展需要增加劳动力，以减轻生产者本身的劳动量，于是战俘不再被杀害，而是成为可供剥削的奴隶。最初的奴隶来源是战俘，后来出现因负债而把子女卖给别人当奴隶，甚至自卖为奴隶的情况，这就是债务奴隶。开始，奴隶在集体劳动中只起辅助作用，他们是集体的财产，生活待遇和主人相差不是很大。第二次社会大分工出现以后，随着劳动生产率和劳动力价值的提高，奴隶在生产中的地位上升，成为劳动力的重要组成部分。"奴隶制是古代世界所固有的第一个剥削形式"①。

代替原始社会的第一个阶级社会是奴隶制社会，最早建立的国家也是奴隶制国家。自从社会分为两大阶级，即奴隶主阶级和奴隶阶级以后，社会就充满了矛盾，一个阶级要压迫另外一个阶级，就必须借助国家机器。另外，在当时的生产力条件下，也只有通过奴隶制这样野蛮的压迫方式，才能将社会产品集中起来，用于供养一部分脱离社会生产的人员从事其他活动，由此社会才能发展。所以，恩格斯指出：如果我们深入地研究一下这些问题，我们就不得不说——尽管听起来是多么矛盾和离奇——在当时的情况下，采用奴隶制是一个巨大的进步②。

第二节　古代埃及经济

尽管从理论上讲，古埃及的国王掌控着国家所有的土地、房屋、原料和人民，但实际上存在一个由风俗习惯形成的私人占有关系。国王经常以赏赐的方式将土地和财产转移给贵族和官员以及祭司，从而形成私人财产③。在古王国时期，国王拥有全国的土地，生活于公社中的农民对这些土地拥有世代使用的权利，拥有这些权利而在国有或公社土地上耕作的农民称为"尼苏提乌"（"国

① 马克思、恩格斯：《马克思恩格斯选集》第4卷，人民出版社，1972年版，第172页。

② 马克思、恩格斯：《马克思恩格斯选集》第3卷，人民出版社，1995年版，第524页。

③ ［英］罗莎莉·戴维：《探寻古埃及文明》，商务印书馆，2007年版，第427页。

王之民”），他们要向国王缴纳贡赋、为国王承担劳役等。还有一种农民称为“麦尔特”，是丧失土地沦为佃户和雇农甚至农奴的人，他们虽然不是奴隶，但受到法老专制政权的直接控制，每次全国土地清查时都会将其登录在案，法老可以把他们随同耕作的土地分封给神庙或臣属。

村社农民是国王的世袭耕种者，是社会的基本生产力。农民只能拥有、耕种劣等地，而好地则属于国王、神庙和公职贵族，但由农民耕种。农民将自己收入的大部分以赋税的形式交给国库、州尹和神庙。在自然经济条件下，赋税以实物形式缴纳。此外，农民还同奴隶一样服役，为法老建造宫殿、神庙和金字塔。由于自由的公社社员地位极为低下以及奴隶劳动的比重较小，所以，作为战俘的奴隶和自由农民的地位并没有明显的界限。

在中王国时期，中小奴隶主大大增加，构成新兴的奴隶主阶层。法老常向官吏赏赐奴隶，有时一次赏赐就达 100 名奴隶。到新王国时期，埃及奴隶制进入全盛时代。随着对外战争的扩大，作为战利品的奴隶源源不断地流入埃及，上自法老、贵族、神庙祭司，下至普通战士，都可以不同程度地分享之。奴隶为奴隶主耕种土地，在各种作坊里制作日常用品，从事营建工程，充当仆役等。有的奴隶也从奴隶主那里领取一块份地耕种，向其交租；有的奴隶还被主人租给其他奴隶主去使用。

古埃及的手工业已经达到较高水平。埃及人把石头加工成工具、器皿、武器以及艺术品，特别是用石块建造金字塔和神庙。建筑业是古王国时期的主导技术部门，建筑技术在为国家和为神庙祭祀建造巨大建筑物等方面贡献卓著。金属加工业、造船业、陶器、造纸业、纺织业也都比较发达。手工行业最初是分立的，后来形成了工场。每家工场雇用的工人都在 20 人以上，工场内部的劳动已出现了某种程度的分工。

随着交换的发展，还出现了商店，银这种金属也成为主要的交换媒介。对外贸易由国王和州贵族独占，为了进行对外贸易，古埃及人建立了巨大的船队。当时的海外贸易范围可达东非一带，东可至阿拉伯海及波斯湾，北则遍及地中海沿岸各地。公元前 2000 年以后，古埃及的商业发展迅速，同克里特、腓尼基、巴勒斯坦和叙利亚的贸易日益兴旺，主要输出品是小麦、麻布、优质陶器，进口货物则大多为金、银、象牙和木材。古埃及人很早就善于使用商业文书。他们知道计算和记账的原理。古埃及商人常用单据订货和收货。他们发明了财产契约、书面合同和遗嘱。自公元前 1580 年开始，商品以金、银或铜来表示价值。但是直到公元前 6 世纪才出现了货币①。虽然当时没有铸币制度，但却开始了货币经济，成串的红

① ［英］罗莎莉·戴维：《探寻古埃及文明》，商务印书馆，2007 年版，第 429 页。

铜或金子充当了交换的媒介。这种古埃及钱据说是文明史上最早的通货,但这种货币大概只用于较大的贸易。简单买卖则仍以以物易物的方式进行,税收和贡赋也以实物形式征收。

第三节　古代中国经济

新石器时代晚期,我国中原地区农业有了较快的发展。在此基础上,中国先民在以嵩山为中心的伊、洛、汝、颍四水流域的河谷地区,建立了第一个较为完整的国家——夏[①]。夏通过征服战争吞并了周围氏族和部落,而被吞并的各个部落变成夏王朝的集体奴隶,世代延续,子孙为隶。以后他们逐渐成为夏代社会中主要的农村居民,被称为"众"。到了商代,这种农村居民仍被称为"众"。他们没有任何权利,被迫以大部分时间为奴隶主从事各种农田劳动,还必须为奴隶主承担各种劳役,有时还被征集当兵,在奴隶主贵族的带领下征伐周围的方国。"众"是本族、本土的奴隶,多年来世世代代生存在这块土地上,成为商代社会的主要生产者,是生活在奴隶状态下的农民,即"普遍奴隶"。

夏商时代,中国的手工业和商业已得到很大发展。早在夏代,中国就已进入青铜文明时期。《墨子·耕柱》说:"昔者夏后开使蜚廉折金于山川,而陶铸之于昆吾。"商王朝建立以后,为了适应整个社会经济的发展和统治阶级的奢侈消费,在城里普遍设立手工业作坊,驱使大批奴隶从事各种手工业生产。当时的手工业种类很多,分工也很细,有石器、骨器、玉器和铜器等作坊,还可以生产皮革、舟车,从事酿酒、养蚕、织帛等。其中,青铜器铸造最为发达。在商代早期,商人就已经制造出精致的武器、容器以及工具等。青铜武器有戈、矛、钺等,青铜容器有鼎、壶、盘、爵、尊等,青铜工具有刀、斧、锛、钻、铲等。青铜器主要供贵族使用,而广大人民主要使用陶器,制陶业已经有相当规模。

商人长于贩运交换。传说商王汤的十一代祖相土发明马车,七代祖王亥发明牛车。随着交易的发展,出现了定期交易的市场。《六韬》记载:"殷君善治宫室,大者百里,中有九市。"其指的就是官府设立的特定交易场所。据说,姜太公吕尚就曾在肉肆、酒肆上做过买卖。当时作为货币使用的主要是海贝,商王和奴隶主都曾用海贝赏赐臣下,以后又出现了骨币和铜币。《史记·平准书》记载:"虞夏之币,金为三品,或黄,或白,或赤;或钱,或布,或刀,或龟贝。"《集解》贾侍中曰:"虞夏商周,金币三等:或赤,或白,或黄。黄金为上币,铜钱为下币。"

① 李学勤主编:《夏史与夏代文明》,上海科学技术文献出版社,2012 年版,第 189 页。

随着定居农业和工商业的发展,出现了城市。《吴越春秋》称:“鲧筑城以卫君,造郭以守民,此城郭之始也。”最初的城实际上仅是城堡而已,主要用于防御。河南偃师的二里头城市遗址,东西长达2.5千米,南北达到1.5千米,面积3.75平方千米,多数学者论证认为这是夏朝后期的都城。学者认为,河南偃师尸乡沟发掘出土的商代早期遗址是汤都“西亳”所在地。城南部有一组宫殿建筑群,有正殿、附殿、庭院等;宫城的东北和西南各有一座拱卫城,城南还有三座小城。商代中期迁都于殷(今河南安阳),这是一个规模巨大的城市,总面积24平方千米。这里分布着大量民居和手工业作坊遗址。此外,商代各地都出现了规模较大的“都邑”。都邑与城堡相比,有了更多的经济内涵:人口增加,建城的范围扩大,手工业有了较大发展,并且有了“市”的概念。

受家长制家庭关系的影响,中国早期国家从产生时起,就走上了君主制的道路。在中国早期国家形成的过程中家长制家庭的完整保留,使得父系家族公社内部家长的绝对权力直接演变为君主的绝对权力。商代国家组织实行“亲贵合一”原则。商族对祖宗的祭祀、崇拜是一种久远的制度,商朝建立后这种制度逐步复杂化并形成宗法制度。在宗法制度下,商王是全国同姓和异姓贵族的大宗,各级贵族为小宗,各级贵族中间也分为大宗和小宗。商王及其亲属和显贵组成大贵族集团,商王是奴隶主贵族的总代表和大家长。商王以下的贵族家族参加国家管理,担任国家官职并世代相袭。例如,盘庚在一次对贵族集团的讲话中说,他们的祖先同商先王有“胥及逸勤”(《尚书·盘庚》)的共政关系,并保证他们世代担任国家官职,即“世选尔劳”的特权。他们与商王一心,民就会顺从;他们同商王离心,民就会叛乱。到商朝晚期,王位继承和宗法关系已经结合在一起,从而赋予宗法关系以明显的政治性质。在这种家国一体的制度下,家就是国,国也是家,国家的组成、国家的政治结构与国家活动,都以家族血缘与政治的结合为基本形式。

周族灭殷以后,利用周族的氏族部落组织扩大形成国家统治机构,实行大规模的宗法分封,以巩固对全国的统治。周王是周族的大族长,他分封子、侄为诸侯,周王成为天下之大宗,诸侯对周王来讲是小宗;诸侯在封国内分封子、侄为卿、大夫,诸侯成为一国之大宗,卿、大夫对诸侯来讲是小宗;卿、大夫在封邑内分封子、侄为士,卿、大夫成为封邑内的大宗,士对卿、大夫来讲是小宗。通过宗法分封形成自天子至士的宝塔式的宗法等级关系,凭借宗法上的亲亲尊尊、尊祖敬宗、孝悌思想等巩固整个贵族阶级的统治地位。周代宗法分封形态之突出,宗统、君统合一之牢固,对社会生活所起的影响之深远,为整个世界古代历史所仅见。

第四节 古代印度经济

印度的历史从吠陀时代开始才有文献记载。其中，最古老的文献《梨俱吠陀》的编纂年代在公元前12世纪至公元前9世纪，其上限可推至公元前14世纪初，即雅利安人开始进入印度之时。早期吠陀反映了雅利安人氏族部落组织解体并向阶级社会迈进的历史。这一时期，私有制也已逐渐产生，并开始出现了等级划分的现象。后期吠陀时代，铁器已推广使用，农业有了一定程度的发展，劳动分工大大加强，商业开始兴起，在商品交换中，人们兼用以物易物和付偿购物两种方法，高利贷已经出现。

随着阶级矛盾的发展，以前的军事民主制机构逐渐变成了国家。军事首领罗阇成为世袭君主，依靠贵族和官吏的辅佐来统治国家。如摩揭陀王国建立了行政管理系统，主要目的是从农业村落中征税①。最初形成的国家是以部落的某一中心城堡为基础建立起来的，因规模较小，故称为城邦。到公元前6世纪，在恒河及印度河流域已有二十几个城邦国家，主要如犍陀罗、居楼、迦尸和居萨罗等，这样便开始了印度历史上的列国时代。

到公元前3世纪，孔雀王朝建立了比较完整的行政管理体制，实行中央集权统治。僧侣和武士这两个高级瓦尔那共同组成孔雀王朝的专制统治支柱。国王是最高行政代表和最高军事统帅，还亲自处理重大司法案件，国王开始被神化。国王之下，中央设有负责专门事务的文武大臣，地方则设有省长、总督，而且多由王族成员和国王亲信担任。国王从统治阶层中选拔官员，主要包括三类：第一类是地方官吏，主管修治河渠、丈量土地、监督灌溉用水的分配，同时管理渔猎、林木、采矿等；第二类是城市官员，主管工商业、外侨外商、人口登记、市场交易、产品检查、征收城市的什一税等；第三类是军事长官，分别掌管海陆部队以及骑兵、象兵和后勤辎重等。孔雀王朝对地方实行分省统治，但是还不严密。阿育王时期是孔雀王朝的极盛时代。孔雀帝国幅员广大，边远地区仍存在氏族部落制度，部落的首长仅向帝国国王称臣纳贡，其境内的赋税则由他们自行征收。

恒河流域中心地区的土地主要包括三种，即为王室所有并直接控制的土地、奴隶主贵族和寺庙的占有地以及农村公社占有地。王室的土地中，除部分荒地、森林、矿山外，主要为王室农庄。农庄使用奴隶、雇工与囚徒进行劳动，此

① ［印］迪帕克·拉尔：《印度均衡：公元前1500—公元2000年的印度》，北京大学出版社，2008年版，第22页。

外还有铁匠、木匠等维修人员。这是直接供宫廷消费的奴隶制农庄，有时王室农庄还有剩余的土地出租。奴隶主贵族和寺庙所占有的土地也有不同类型：第一种是国王赐给各级军政官吏、婆罗门贵族和僧侣的征税地；第二种是从王室所有地中授予各级税收官吏、主管人员的服役份地，他们无权出卖、转让或抵押，而是采用奴隶或雇工经营；第三种是由国王或奴隶主赠予婆罗门或僧侣的土地。在农村公社中，村长由国家任命，另有税吏管理赋税、户口等事宜。水利灌溉系统、牧场和森林由全村共同使用，土地的主体部分作为份地归各家耕种，基本上成为私产。

特殊的家族公社和父权制大家族，构成了印度农村基本的自给自足的经济单位。古印度的典型乡村由 50～200 个家庭组成，共有 200～800 个居民，多为从事农业的属于同一种姓的人口。村中有一些职业世袭的工匠，其唯一的职责是为本村的集体生活服务，并从本村农产品的收获中得到供养。这类家庭的主要职业是农业和手工纺织业，其家畜、劳动工具和家族成员的劳动产品都被认为是整个家族的财产，而家族内的其他成员事实上处于奴隶地位。公社土地由实际耕种的各家族农民所有，但国王对于村社土地拥有最高所有权。

孔雀王朝时期，土地国有制以王有的形式出现，但并非国王个人私有，而是氏族贵族所共有。从村社征收来的贡赋虽然称为国王的份额，但它既用于国王与王室的消费，又用于政府的开支，要在氏族贵族中进行再分配。中央政府的官吏得到俸禄，地方官员及婆罗门、僧侣等则得到免税地。前者可称为食禄贵族，后者可称为食租贵族。食禄贵族的薪水加上公共工程的花费，要占到土地总税收的 1/4 左右①。食租贵族对某块土地或某个村社拥有收益权。

孔雀王朝通过村社来占有土地和劳动者。国家设有管理农业的官员，他们视察河道、丈量土地、管理露天渠道，负责让每个耕种者得到相等的水量，还要监督农事，管理樵夫、粗木匠和矿工，征收租税等。根据《政事论》的记载，国家对村社农民实行户籍制度，每 5 个或 10 个村庄设 1 名村庄管账人——哥帕，其职责是建立和管理户籍，记录“每户青年人和老年人的数目，他们的经历、职业、收入和开支”。村社农民没有迁移和改变职业的自由，谁也不能改变自己的职业和手艺，从事别的工作。《摩奴法典》也说：“国王可尽一切努力强制吠舍和首陀罗履行义务，因为如果这些人背离其义务，足以搅乱世界。”②

随着工商业和城市的发展，印度从公元前 6 世纪或更早就出现了正规的银

---

① ［印］迪帕克·拉尔：《印度均衡：公元前 1500—公元 2000 年的印度》，北京大学出版社，2008 年版，第 22 页。

② 吕昭义：《印度古代土地所有制的演变》，《思想战线》，1996 年第 6 期。

币。最初的发行者是商人和与之相关的社会组织。其不仅发行货币，还定期检查货币的质量和重量。经检查的货币被打上印记，以标明货币的成色和重量。到了孔雀王朝时期，这种货币检查工作由政府承担，货币上的印记是政府印记而不是民间组织印记了。城市中出现了行会组织。《佛本生故事》（即《佛本生经》）中提到18种行会。为了保持对商品市场和生产技术的垄断，行会逐渐形成实行行内婚姻制的社会集团。大部分手工业者行会发展成为种姓集团，被纳入首陀罗这个瓦尔那。到孔雀王朝时期，印度的城市和工商业进一步发展。孔雀王朝的都城华氏城，是一座坐落在河边上，长15千米、宽2.8千米的平行四边形繁华城市。城墙是木制的，全城共有570座箭楼、46座大门。城市分为行政区和住宅区，另外还有手工业区、商业区，以及行会和外国人居住区。孔雀王朝实行统一币制、统一度量衡，这些措施有利于商业发展和市场流通①。

第五节　古代波斯经济

西亚地区是世界文明的发源地，这里曾建立过苏美尔城邦国家、阿卡德王国、巴比伦王国、赫梯和亚述帝国、以色列和腓尼基王国等文明古国。到公元前6世纪，这一地区被兴起于伊朗高原的波斯人所征服，统一成为一个地跨亚、非、欧三洲的世界性大帝国。波斯帝国的建立，使几大文明出现了首次沟通及汇合，正如黑格尔所说，“波斯历史的开始，便是世界历史真正的开始”②。

波斯帝国的创建者为阿契美尼斯，所以此时的波斯帝国被称为阿契美尼德王朝，尚处于米底王国统治之下。公元前550年，居鲁士二世独立建国，开始大规模征服战争，并确立了波斯帝国的基本版图。由于帝国版图迅速扩大，所统治的民族众多，文化各异，各种矛盾汇聚，引发了公元前522年的高墨塔暴动。出身于王族的大流士镇压了暴动，并借机夺取了王位。大流士一世继位后，从公元前518年起对波斯帝国的政治、军事、经济等进行了全面改革，以摆脱氏族贵族和部落制度的影响，促进农业、手工业和商业的发展，增强帝国的经济力量。

对于被征服地区，波斯采取保留原有国王的统治权和利益的做法，但要求其必须向帝国缴纳贡赋。为加强统治和真正实现帝国统一，大流士一世建立了行省制度，将帝国土地分为20个到31个行省，省长称“萨特拉帕”，全部由波斯

---

① 刘欣如：《印度古代社会史》，中国社会科学出版社，1990年版，第79页。

② ［德］黑格尔：《历史哲学》，上海书店出版社，1999年版，第179页。

贵族和王室成员担任[①]。萨特拉帕是具有独立权力的国王代表，其职责主要是处理一省的行政事务。为了加强对军队的控制，大流士一世自任最高统帅，并参照亚述的兵制，建立一支由波斯人组成的近卫军，把全国分为五个军区，每个军区长官统辖几个省的军事首长，军区长官直接对国王负责。上述行省制度和军区制度为后世的亚欧帝国所效仿。

为保证帝国有充足的财力，大流士一世明确规定了各省的贡赋数额，每省均须向中央交纳一定的金银和实物。各省的贡赋数额根据各省资源而定，统一输交国库。除交纳一定数量的现金外，还供给各种土贡，如谷物、家畜等，以满足宫廷和各地驻军及远征军的需要。大流士一世王朝的国库收入，主要来自被征服地区的贡赋和各种苛捐杂税。对于贡赋的征收，大流士一世采用包税制，即将各省赋税交给“包税人”来征收。除了正常税收外，各省还要向国王献礼，这些来自各地的特产构成王室的收入[②]。

波斯帝国幅员辽阔，其鼎盛时期的国土从欧洲的黑海沿岸一直延伸到中亚的阿富汗。为了实行有效的管理，大流士一世在原有驿道基础上又修筑了许多新的驿道，建立了四通八达的交通网。驿道沿途设有驿站，驿站附设旅馆，随时都有信差备马以待。全国最长的驿道是从苏撒到小亚爱非斯的“御道”，全程2 400千米，从苏撒发出的命令和文件，约七天即可到达终点。另一条重要干线起自巴比伦城，横贯伊朗高原，东达巴克特利亚（大夏）和印度的边境。畅通无阻的交通网也便利了帝国的贸易，埃及和两河的粮食、沿海地区的商业税收与货物、小亚细亚内陆的矿产、东方的马匹等，都被波斯帝国政府有效地利用了起来。

大流士一世统一了帝国的铸币，规定中央政府有铸造金币的特权，省区总督只许铸造银币，各自治城市只许铸造铜币。大流士一世铸造的金币称“大流克”，重8.4克，成色最好，含纯金98%，银币叫作“舍克勒”，重5.6克，20个舍克勒等于一个大流克。大流克通行帝国全境。大流士一世还统一了度量衡，以“国王的量器”代替了私家的量器，并引进一个新的重量单位，即卡沙（Karsha）。这是一种外形像金字塔的铜权[③]。统一币制和度量衡加强了帝国政府在经济上的集权，同时促进了商品经济的发展。

波斯帝国在较短的时期里征服了广大的地区，并在被征服的土地上建立起帝国的经济制度。在征服过程中，国王把被征服地区的土地一部分掠为己有，建立了王室领地；一部分赏赐给王室成员和立有战功的将士；还有相当部分留

---

① ［伊朗］阿卜杜勒·侯赛因·扎林库伯：《波斯帝国史》，昆仑出版社，2014年版，第214页。

② ［伊朗］阿卜杜勒·侯赛因·扎林库伯：《波斯帝国史》，昆仑出版社，2014年版，第215页。

③ ［美］A. T. 奥姆斯特德：《波斯帝国史》，上海三联书店，2017年版，第231页。

给当地的贵族，从而建立了贵族领地。被征服地区的神庙则被允许保留其自己的地产。这样就形成了波斯帝国的土地制度。另外，王室和贵族还通过兼并扩大领地范围。王室土地和贵族土地大多数是租佃经营的，并委托当地的地产管理人负责经营。这些大地产主要经营农业，也从事工商业，有的还从事高利贷活动。不过，也有少部分领地是由贵族自己经营的，其主要驱使自己的奴隶劳动，从事各种生产和经营活动。除了王室、贵族、官吏和神庙的土地外，波斯帝国在各地的驻军士兵也被允许拥有土地。这种地产被称为“弓的份地”或“马的份地”①。这些土地也是采取租佃方式经营的。这是因为当地驻军主要负责卫戍而不能从事生产，占有土地的目的是解决士兵军饷不足问题和改善他们的生活。

波斯帝国所征服的地区大多是具有古老文明的地区，如巴比伦和埃及等，因而这些地方的经济基础很好，不仅有发达的农业，而且有发达的手工业和商业。波斯帝国在此基础上建立了统一的集权国家，采取了一系列有利于经济发展的措施，促进了经济的发展。首先，帝国统一整治了各地的灌溉系统，并通过国家力量实施了一些新的水利工程，扩大了土地灌溉面积。波斯人别出心裁地建立了暗渠水利系统，将地下水引至地面，改善了农业灌溉系统。其次，帝国统一了度量衡，统一了货币制度，建立了统一的交通网，大大促进了商品经济的发展。最后，为保持强大的军事力量，必须保证武器制造，为此波斯帝国建立了大规模的国家工场。同时，波斯帝国王室和贵族的奢侈消费，也促进了手工艺和官营工场的发展。此外，为满足工场工业发展和铸币生产的需要，帝国还扩大了金属矿的开采。

波斯帝国十分重视对外贸易。在征服埃及时，大流士一世发现了废弃已久的运河的价值并重启运河工程②。运河开通后，贸易商队的船只可以从地中海出发，通过尼罗河和运河，进入红海，再到波斯湾地区，乃至一直到达印度。在两河流域，波斯人疏通了连接底格里斯河与幼发拉底河之间的运河。这样，腓尼基商人就可以更加方便地穿梭在亚洲内陆，并顺利地到达波斯湾和印度地区。

波斯帝国是一个迅速崛起的帝国，尽管其有不少制度方面的创新，但由于帝国征服地区广大，统治时间较短，不能有效地解决各种新旧矛盾，这就使帝国统治不可避免地具有脆弱性。一方面，帝国各地经济发展不平衡。帝国西部包括两河流域、腓尼基、埃及等地，是古代文明的发源地，历史悠久，经济发达，出现了许多工商业城市。帝国的东部包括中亚和伊朗等地，经济发展比较落后，

---

① 周启迪、沃淑萍：《波斯帝国史》，北京师范大学出版社，2014 年版，第 146 页。

② ［美］A. T. 奥姆斯特德：《波斯帝国史》，上海三联书店，2017 年版，第 177 页。

农业和畜牧业是这些地方的基本的经济部门，保有份地的村社农民还大量存在。中亚北部和东北部的游牧部落仍然保存着氏族制度。另一方面，波斯帝国是一个民族混杂的不稳固的军事性国家，在帝国内部不仅存在着征服民族与被征服民族之间的矛盾，还存在着奴隶主贵族与奴隶、平民之间的矛盾。

公元前 5 世纪，大流士一世及其后继者发动持续半个世纪的波希战争。在战争期间，埃及、巴比伦等被征服地区爆发了大规模的民族起义，大大削弱了波斯帝国的军事力量。统治阶级内部也不断发生争夺王位的宫廷政变，中央集权制逐渐变得有名无实。行省总督往往兼任军事首长，独揽军政大权，反而成为重要的离心力量，叛乱不断发生。公元前 330 年，大流士三世的军队被马其顿王亚历山大击溃，维持了 200 多年的波斯帝国遂告瓦解。

本章思考题

1. 为什么说中国是农业革命的重要发源地？
2. 古代东方国家经济制度的共同特点是什么？

第二章 古代西方各国经济

第一节　希腊城邦经济

古希腊（以下简称“希腊”）人把城邦叫作“Polis”，即一个由城市及其毗邻地区构成的共同体①。城邦的中心是一个全面设防的城市，这个城市把作为希腊地形特征的某一山谷或岛屿的全体居民联合起来，即以城市为中心，联合周围的农村公社，构建一个城邦国家。公元前 8 世纪至公元前 6 世纪，希腊人进行了其历史上最大规模的海外殖民运动。经过这一大殖民运动，希腊人在黑海、爱琴海、西地中海沿岸、南意大利、西西里岛，最远到达叙利亚和埃及等地建立了许多新的希腊城邦。一些新建的城邦，地处土地肥沃的农业区，可以为希腊本土的城市提供粮食及副产品，而希腊本土的城市成为专业性更强的工商业城市。希腊成为地中海的手工工场和贸易中心。

希腊城邦一般都“小国寡民”，辖地不过百里，人口不过数万。城邦的基本居民由两部分组成，即自由民和奴隶。自由民又分为地主和小生产者。大地主多半是氏族贵族的代表，他们是剥削奴隶的主体；而小生产者也分化出比较富裕但不显贵的农民，特别是手工业者，他们也剥削奴隶。

奴隶的来源主要是战争。城邦国家通过对外掠夺战争获得大量俘虏，然后就在奴隶市场上出卖。从法律的观点看，奴隶不能被当作人，不能组成家庭，男奴隶和女奴隶的结合不算婚姻关系；奴隶的子女，包括自由民和奴隶结合所生的子女，都属于他们出生时所在的那家奴隶主，女奴隶的子女只是属于主人的

① ［美］萨拉·B. 波默罗伊等：《古希腊政治、社会和文化史》，上海三联书店，2010 年版，第 99 页。

仔畜。在早期,奴隶的普遍使用主要是在家庭中,各个等级的公民家庭中都使用奴隶,甚至最贫穷的等级也有使用家庭奴隶的,当然,富有的等级使用的家庭奴隶数量最多。大量奴隶被用作家庭仆役,在监工的监视下劳动。公元前5世纪,许多生产部门也已普遍使用奴隶劳动。农业中使用的奴隶可以分为三种:①斯巴达式的国有奴隶,承担全部的农业劳动;②贵族田产中使用的奴隶,在管家的带领下劳动,这是农业中使用私人奴隶的集中方式,一般在二十人左右,但不很普遍;③自耕农或小农使用的奴隶,这是希腊农业中使用奴隶最常见的形式,数目从两三人到五六人不等。手工业中使用奴隶比农业中更为普遍。一般小作坊使用奴隶五六人至十人之间,大作坊使用奴隶二三十人,有的甚至多达上百人。此外,还有一类从事手工业和商业的奴隶,他们不与主人同居,而是另住别处,但要向主人缴纳一定的代役租。这些奴隶的境况稍好一些,有的甚至可以组成家庭。境况最差的要数多达几十万人矿山和采石场的奴隶,他们在有害健康的条件下劳动,而得到的仅仅是不至于饿死的少量食物。另外,还有一类国家奴隶,他们相比私人奴隶有较强的独立性,可以成家立业。雅典的警察通常是从斯基泰人出身的国家奴隶中补充的。在大型建筑工地做工的奴隶也是国家奴隶。

使希腊城邦实现高度文明的是发达的工商业,但这种工商业的发达仍然是建立在农业发达的基础之上的。希腊人从土地上获得三种植物性食物:谷物、果实和蔬菜。谷物主要是大麦和小麦。但对于希腊人来说,最重要的农作物还是葡萄树、橄榄树和无花果树。由于希腊幅员较广,地理条件差异较大,并不是每个地区都适于种植同样的植物,所以,在希腊农业中存在着比较合理的区域分工。一般来说,希腊本土主要生产葡萄和橄榄,并做成葡萄酒和橄榄油输出,其谷物不能满足自给而要依靠输入。希腊各城邦地产形式是多种多样的,有的是大地产,有的则是中小地产。但就土地经营方式来看,主要有直接经营和间接经营两种类型。直接经营主要有三种方式:亲自耕种、由奴隶和自由劳动者耕种、由束缚在土地上的隶农耕种。间接经营方式主要是指将土地出租,收取一定数量的收获物或者一定数额的租金。

雅典在公元前6世纪成为希腊的手工业生产中心。雅典通过征收贸易税,开发国家矿山,特别是通过奴役同盟城邦,积累了大量财富,从而有能力进行一系列公共工程建设。在伯利克利统治的时代,雅典大兴土木,显示了雅典城邦经济的高度繁荣。大规模建筑业的发展,带动了建筑材料业和其他相关产业的发展,也带动了各种手工业的发展。雅典的手工业规模都不大,但分工精细,有陶器作坊,以及皮革厂、武器制造厂和乐器制造厂,不仅有专门制造车、船、马鞍、马具、鞋的人,而且有只做缰辔的马具店,还有专做男鞋或女鞋的鞋店。奴隶占有制小作坊是希腊手工业生产的基本组织单位。

在某些城市里出现了集中交易的商场。这类商场一般将各种商品堆放在帐篷内或露天的场地中,所出售的商品包括农产品和手工业品,也包括奴隶和牲畜。每逢大的节日,寺庙附近成了特别的集市,许多希腊城市的卖主和顾客都集中到这里。市场上有特设的公务人员监管市场的贸易。波希战争结束后,希腊各城邦的商品生产和商品流通特别迅速地发展起来,形成了一些前所未有的商品流转的经济中心。希腊一些手工业发达的城市,如米利都、科林斯、卡尔乞斯、埃介那岛,最先成为海上贸易中心。在公元前5世纪中期,雅典海港比雷埃夫斯是爱琴海最大的商港,成为整个地中海的贸易中心,通过比雷埃夫斯出口的商品有橄榄油、葡萄酒、铜、铅、银、大理石、羊毛、金属制品、陶器等。在公元前5世纪,比雷埃夫斯俨然已成为来自整个地中海的商品的集散地。

货币在希腊经济生活中具有重要作用。公元前7世纪,吕底亚发行了最早的铸币。随后,其他城邦也陆续仿效[①],所流通的货币形形色色,这就产生了货币兑换的需求。兑换商在兑换货币时,收取一定数额的佣金,有时佣金相当高。对外贸易的扩大使希腊的货币制度更加复杂,也使兑换商的活动更加复杂,他们必须熟悉各种货币的行情和比价,必须鉴定每一种钱币的质量。货币缴款成了非常复杂的事,这就产生了非现金结算,并使得兑换商逐渐变成交易的中介人,即某种接受存款并替存款人购买商品付款的“银行家”。汇集于“银行”中的钱不是死的资本,而是被贷出去,投放于商业企业内,所以兑换商成为高利贷者。在公元前5世纪至公元前4世纪,高利贷在希腊已很普遍。

公元前338年,马其顿征服了全希腊。此后,马其顿王亚历山大经过将近十年的远征,建立了一个包括大片东方版图在内的大帝国。但在亚历山大死后,该帝国迅即分裂成一些独立的国家,即以叙利亚为中心的塞琉古王国、埃及、希腊、马其顿和其他国家,这些国家统称为希腊化国家。在希腊化过程中,富足的东方得到开发并空前地繁荣起来。这里的城市迅速兴起,广大的商路被开辟,进出口和转运的中心出现了,远方一些尚未接触的国家的物产也都被吸引来了,并与中亚细亚、印度、阿拉伯半岛、非洲东岸及西欧的市场有了往来。各式各样的物品都流入这个繁荣的世界,它们能满足人们的需要,或者引起人们的需要,并促进了希腊化世界经济的进一步繁荣。

亚历山大帝国的建立,既是希腊世界发展的高峰,也是希腊世界衰落的开始。亚历山大死后,亚历山大帝国随即瓦解。希腊的东方帝国在希腊文明的影响下迅速繁荣起来,相反,希腊本土却衰落下去。一方面,奴隶劳动的扩大,使

---

① [英]N. G. L. 哈蒙德:《希腊史》,商务印书馆,2016年版,第195页。

奴隶制经济加强了对自由民经济的竞争，不少公民失去土地变成了穷人。另一方面，亚历山大把国都定在巴比伦，自此东方成为希腊化世界的中心，该帝国的经济中心也逐渐转移到了东方。这就造成这样一个后果，即富裕的东方和贫穷的西方。

第二节　罗马帝国经济

一、共和国时期的经济

从公元前5世纪开始不断进行的侵略战争，使古罗马（以下简称“罗马”）在公元前2世纪中叶成为庞大的奴隶占有制国家的中心，统治着地中海的大部分地区。罗马把被征服国家的大多数居民变为奴隶，以补充其劳动力，这样就保证了其大奴隶占有制经济的发展。通过长期的对外侵略和掠夺战争，罗马国内奴隶的数量大大增加，奴隶成为其社会经济的基础，这就使罗马经济成为典型的奴隶制经济。

公元前111年，罗马共和国公布土地法，承认土地私有，大地产开始出现。罗马的大地产往往大规模使用奴隶劳动，进行大规模种植活动。连年的对外征服战争，使大量战俘流入并被当作奴隶出卖。当时是海盗最盛的时代，他们的最大获利来源就是出卖他们在各地俘获的男女奴隶。另外，同一地产上的奴隶结婚所生的子女，一生下来就是奴隶。所以，奴隶人数有增无减，罗马的大地产有足够的奴隶供应。通过各种方式形成的大地产往往与小地产毗邻，甚至包围着小地产。为了扩大地产，大地产的所有者常想获得邻接的土地，而在购买不能成功时，就采用各种阴谋诡计巧取豪夺，其所征服地区有不少都是著名的谷物产地。大规模的谷物输入使意大利的大批小农经受不住竞争，在这种情况下，大批小地产被消灭了，即使没有灭绝，也仅剩下零星的小地产。

在罗马共和国时期，罗马农业遭到战争的严重破坏。一方面，自由小农是国家的兵源，在三次布匿战争和其他地区的征服过程中，几乎年年征集士兵，在战争中大量兵员损失掉了，幸存下来的士兵也大多伤病缠身，很难从事正常的农业劳动；另一方面，在战争中，谷田常常被烧毁，被攻下的城市常常遭到报复。这些都使农业生产遭到破坏，从而加剧了小农经济的破产。

由于战争破坏，加上奴隶制庄园的竞争，大批小农陷于贫困破产的境地，他们或丧失了赖以生存的土地，或陷于债务危机。公元前5世纪末，为解决土地与债务问题，平民与贵族之间的斗争激烈起来。公元前376年，平民保民官李锡尼和绥克斯图提出三条法案，规定：①平民所负债务一律停止付息，已付债息一律作为偿还本金计算，剩余部分3年还清；②占有公有地的最高限额为500犹格（1犹格约为0.25公顷）；③取消军政官，重选执政官，两名执政官中必须有一名是平民。经过十年的斗争，平民取得胜利。公元前326年通过的《彼提留法案》，禁止人身抵押，废除债务奴役。公元前133年，提比略·格拉古当选为保民官后，参照《李锡尼-绥克斯图土地法》提出一个土地法案，规定罗马公民占有土地总数不能超过1 000犹格，即250公顷，超过部分一律收归国有，然后分成30犹格一块，分给无地或少地的农民。但这次改革由于元老贵族的反对而失败。公元前123年，盖约·格拉古当选为保民官，再次实行改革。这次改革恢复了提比略提出的土地法，并通过了粮食法、筑路法、审判法、亚细亚省法等。粮食法规定，城市贫民可以免费或廉价从国家领取定量粮食；筑路法的目的在于通过国家扩大筑路业，使失业者和手工业者得到工作和收入；审判法使骑士获得司法权；亚细亚省法则将亚细亚省的包税权交给骑士。但是，格拉古改革是在奴隶制商品和经济充分发展的情况下进行的，不可能通过几个法案阻止大地产的膨胀和小土地所有者的破产。

由于罗马城市的扩大，供应城市人口的工业品生产发达起来，食品工业、纤维工业、金属工业、陶器工业、制革工业、木材工业、造船工业和武器制造业等在罗马共和国经济中都占有重要的地位。不过这些工业多数还带有家庭工业的性质，在许多场合，面包仍由家庭来烤制，羊毛仍由用户自己来纺织，大农场也主要生产自己需要的生产资料和生活资料。在工业中，奴隶劳动占有重要地位，富有的罗马人开设奴隶作坊，由一个奴隶或一个被解放的人经营，有的供主人家庭需要，有的制造货物出售。

罗马因地理位置适中，变成了意大利中部的主要市场，由于离海岸很近，自然成为贸易中心。同时，罗马人口增加，消费扩大，而其自身的生产不能满足需要，越来越多的商品要由外地供应，这就促进了罗马商业的日益发达。随着罗马对意大利和其他广大地区的征服，特别是对海上贸易的控制，其进一步成为意大利和地中海贸易的中心。罗马彻底打败布匿人以后，完全控制了海外贸易。罗马经过一些年的努力，剿清了海盗，商船在海上航行更加安全了，海上贸易更加发达。另外，罗马的道路遍及意大利，所谓“条条道路通罗马”，这促进了贸易的发展。意大利的浦泰俄利是主要的商港，船主在那里设有事务所、船坞和货栈，并且有一个预售市场，进口商人在这个市场上能预售他们没有上岸的货物，或直接卖给消费者，或卖给零售商。不过，罗马乃至整个意大利的进口都大于出口，但由于罗马通过征服而获得大量金银，其能够实现收支平衡。

公元前4世纪左右，罗马开始官铸钱币。原始的铜钱重1罗马磅，其余铜钱则为1磅的倍数或分数。银币最初只是罗马人为了意大利南部的军事和商业需要而铸造的，其价值为2个达拉克姆。公元前269年，罗马采用新的货币制度。新的货币体系包括银币和铜币，银币称“第那流斯”，铜币称“阿斯”，一个银币值10个铜币，还包括“第那流斯”和“阿斯”的辅币。铸币的出现大大方便了流通，促进了罗马商业和经济的发展。从前在进行人口调查时，是根据地产将人民分为不同的等级；随着货币经济的发展，在衡量财产标准时，则将流动财富也计算进去了。

罗马的财政管理实行包税制度，即把收入包给出价最高的投标人。对于公共工程、军需物品的分配和水陆运输以及国有领地的经营和租税的征收，政府常常使用中间人而不是由官吏直接去办理。由于公共支出的增加，要投标包税权就需要更多的资本，有些个人的财力不足以承包这些契约，他们就组成金融公社和金融公司，这就是包税人的股份公司。公司的股东包括各阶级的人，有元老院元老、骑士和普通市民。由于法律禁止元老参加公开投标，所以他们往往以匿名股东身份加入公司。

罗马从不同国家的各个城市吸引来大批商人，并由此产生了货币兑换的需要。罗马法律规定了罗马的主要铸币的重量和价值，包括银币“第那流斯”“微克托利阿图斯”与铜币“阿斯”及其辅币。罗马的货币被推广到意大利全境，希腊人和东方人来到罗马和意大利时，必须先把本国铸币兑换成罗马铸币。由于兑换货币非常复杂，非由专职人员完成不可，这些人就成为银行家。他们除了从事货币兑换外，还做有价证券生意。此外，他们还接受活期存款，放款取利。

二、帝国时期的经济

公元1世纪至3世纪，由于内战的结束和对周边民族及地区征服的完成，地中海海盗大部分被剿清，罗马出现了前所未有的安定局面，史称“罗马和平”。这使得罗马过去的混乱状况逐步改善，商业状况有循着经济规律自行调整的趋势，而不再被政府的人为措施所影响。帝国时代的罗马还建立了统一的行政系统，权力集中于一人之手，各行省的人民都受到罗马法律的平等保护。由于帝国提供安全与秩序，而贸易障碍的消除使得贸易进一步加强，所以，帝国经济繁荣首先是贸易的繁荣，而且贸易发展又促进了地中海地区分工的发展。通过战争、贸易和财政掠夺，罗马集中了整个地中海地区的财富，可以进行大规模的公共工程建设。这种建设，一方面是为了显示罗马的强大和繁荣，另一方面也是为了供贵族们进行奢侈消费。这种公共工程建设和贵族的奢侈消费，也是带动帝国经济发展的重要因素。所有这些变化，都成为罗马经济繁荣的重要原因。

耕作方法和栽培技术的推广和相互传播以及农业在整个帝国范围内实现一定程度的区域分工，促进了罗马帝国农业的发展。帝国时代，罗马的工业并未脱离家庭，所以仍以小手工业为主。当然也出现了一些大作坊，这些大作坊大多是在大地产基础上组织起来的。此外，罗马的市营和国营手工业通常规模都很大，主要制造武器和军服等。罗马帝国时代，手工业达到很高的技术水平。可以断言，帝国时期的手工业作坊中已经实行了某种劳动分工，由每个工人完成一定的工序操作，作坊规模也扩大了，常常达到数十人。

意大利的手工业产品远销意大利境外，主要销往罗马帝国西部各行省。东方各国有比较发达的手工业。在帝国以前时期，贸易特别是海上贸易主要具有中介性质，并且无法与希腊进行贸易竞争，罗马商人主要贩卖东方的产品。如前所述，帝国时代，罗马控制的广大区域实现了持久的"罗马和平"，贸易获得空前发展。帝国贸易主要通过海路和陆路商队进行。交通路线的开辟促进了对外贸易的发展，著名的罗马大道把外省同京城连接起来。但总的来说，罗马的贸易仍呈现逆差，其出口商品的价值远低于进口商品的价值。输入意大利的主要是奴隶、粮食以及基本上来自希腊和希腊化东方各国的奢侈品。奴隶和粮食并不昂贵，但输入量很大，而奢侈品则是昂贵的，需要用贵金属支付，这导致金银外流，曾引起罗马皇帝的担忧。

地中海周围大多数国家都有自己的货币，有自己的币制。罗马皇帝极力在帝国内推行罗马币制，但又特许东方的安提俄克、亚历山大、罗德斯等各城市继续铸造自己的货币，并与罗马货币构成简单的比例关系。由于贸易发达，交易量较大，大宗交易通常通过银行进行清算，较少用付现金的方式，所以罗马的银行业务也发展起来了。

罗马帝国的城市经济十分发达，城市建设达到相当高的水平。几乎所有的帝国城市都有一套科学的排水系统，有精心设计的输水管道，有整齐的街道和广场，有繁荣的市场，有很大的浴堂和运动场，当然还有宏伟的宗教建筑。这类城市建设都由城市政府负责。除了开展市政建设外，城市政府的最重要任务是保证城市的供应，特别是粮食的供应。城市政府还负有公共教育和体育锻炼的任务，并承担宗教方面的开支。罗马各城市的开支主要来源于税收，此外富裕市民的慷慨捐赠也是十分重要的来源。在罗马盛世时代，富裕市民对公共事业大笔捐钱成为一种时尚。许多富裕市民都乐于就任行政长官、祭司、各种社会团体的主持人或保护人，而其中一个重要的附带条件就是为公共事业进行捐赠。

然而，在罗马帝国高度繁荣的背后，却潜藏着各种衰落因素。一方面，罗马的大地主大规模地使用奴隶劳动，具有多种优势，使小农无法与之竞争。结果，在一个时期以后，独立小农被逼得走投无路，不得不抵押自己的部分或全部土地并迁移到别的省去，或是流落到城市中做一个无产者，这导致农业一步步衰落。另一方面，随着大规模征服的完成，通过战争获取奴隶的数目大大减少，奴隶价格不断上升。而奴隶普遍没有劳动积极性，他们消极怠工、破坏工具、虐待牲畜，生产效率十分低下。这就导致以奴隶劳动为主的大地产经济衰落。

公元3世纪，罗马帝国出现了巨大的危机，具体表现为农业凋敝、城市衰落和贸易停滞，而最大的问题则是物价上涨。对于帝国来说，经济衰落的直接影响就是税收减少，帝国无法应付日益庞大的支出。罗马皇帝认为，应对经济危机的最直接办法就是强制。为了避免土地荒芜和保证政府税收，罗马统治者不得不设法把耕作者束缚在土地上，因此用法律限制农民的迁徙自由，令其必须留在土地上劳动并为统治者缴纳赋税。帝国后期，手工业者和商人也被固定在同业公会组织中，不许离开城市，每四年缴纳一次货币税。城市的市议员则被固定在公职上，担负监督对居民征税的任务。帝国法律规定，凡逃避职责的市议员，一律处以罚金甚至处死。为了压低物价，罗马皇帝戴克里先在301年颁布了限制物价的敕令，提供了一张用银币“第那流斯”做单位来标明的物价表，以及各种对于违反者的处罚方法。帝国晚期，为了保证帝国的赋税，实行地税和丁税合一的制度。于是，每个人只要耕作一块土地，就等于认定了其所耕种的土地和这块土地上的丁额。这种认定的办法，使每个人对其地和其丁负责：不论在什么地方，都必须缴纳分摊在这份地丁上的税。由于本人和土地合成了一个单位，人们就因此丧失了迁移的自由，被固定在他们的土地和工作上。

罗马帝国的衰落，表现在社会风气上就是奢靡之风日盛，腐败与堕落并存，人们只顾享乐，不思进取，甚至于不愿生育，从而导致社会生产和道德风尚的退化。奴隶主贵族经常纵酒淫乐，差不多每天晚上都沉溺于喧闹而又淫乱的酒宴之中。罗马奴隶主还进行疯狂的娱乐，角斗、斗兽、海战和赛马是最为罗马观众所嗜好的娱乐活动。在他们的影响下，罗马的下层群众也纷纷效仿，热衷于纵酒享乐。4世纪时罗马有不事劳动的流氓无产者计80万人，成为寄生于罗马帝国的“毒瘤”。帝国时代，节日不断增加。屋大维统治时，历法上的节日只有66天，提比略统治时增加到87天，到4世纪时又进一步增加到175天。此外，一年之中还要举行各种庆祝活动，图拉真皇帝曾安排过一个持续123天的庆祝。许多城市都开设有众多酒吧以供大众饮宴。例如，考古学家在庞贝古城发现了120个酒吧遗址①。这种全民纵欲和全民沉醉的状况，不能不导致罗马帝国走向衰亡。

① [英]迈克尔·格兰特：《罗马史》，国际文化出版公司，1980年版，第248页。

第三节　地中海地区的贸易

古代的克里特岛人是最早的海上贸易者，他们往来于地中海两端，成为这一内海的主人。但由于亚细亚人和多里安人的入侵，地中海地区的贸易活动一度受到阻碍并逐渐停止。此后，腓尼基人又将地中海贸易恢复起来。他们向东来的商队大宗买进没药、香料和美索不达米亚的各种工艺品，从海外国家进口各种金属、兽皮、谷物、橄榄油和奴隶；他们自己则制作精致的家具、珠宝饰物、金属器皿和纺织品运销外地。在这些出口品中，纺织品占主要地位。这是用他们自己畜养的羊身上的羊毛织成的，并用从沿岸海生介壳动物中提取的负有盛名的紫红染料加以染色，很受各地人民欢迎。腓尼基人擅长航海，在发展贸易的过程中，他们制造出一种由好几排水手划桨的船，这种船速度快，适于越来越向西推进的远航。公元前 11 世纪，他们开始与塞浦路斯进行贸易，还在该地建立了殖民地，此后，又从那里向爱琴海扩展。到公元前 9 世纪末，他们已进入地中海西部，并在非洲西北岸、西班牙南岸、西西里岛、马耳他岛和巴利阿里群岛等地建立起商业据点和殖民地。腓尼基人甚至还大胆地通过直布罗陀海峡，远航至英格兰的康沃尔。古代腓尼基人是有名的商业民族，从约公元前 11 世纪到公元前 8 世纪后期，差不多垄断了地中海贸易。

希腊人在建立城邦的过程中，在地中海地区进行广泛的殖民，同时也发展了贸易。他们设立了商业据点，这些商业据点后来在土地资源许可的地方都发展成为农业殖民地。尽管殖民地居民仍采用母邦的制度和宗教习俗，但这些殖民地完全不受母邦控制。因而，希腊殖民扩张运动的结果，是产生了大量独立的城邦，而不是构建一个帝国体系。希腊的主要殖民区在西西里岛和意大利南部，他们在那里建有许多殖民地，以至这一地区后来被称为“大希腊”。在大陆上，希腊人向北推进，远达那不勒斯等地，并和来自小亚细亚的移民埃达鲁斯坎人建立了联系。这些埃达鲁斯坎人由于受当地铁矿资源吸引，早在公元前 9 世纪便已前来定居，并发展起意大利最早的城市文明。希腊的兴起与腓尼基人的利益发生冲突，经过激烈争夺，希腊人最终取得了地中海贸易垄断权。

罗马时代，罗马人经过三次布匿战争，取得地中海统治权，并且建立了一个环地中海的贸易体系。地中海把南欧、非洲和亚洲联系起来，从罗马到达这些地区都很方便。在所谓的“罗马和平”时期，由于罗马帝国完全控制了地中海地区，罗马与各行省之间不存在严格的疆界，环地中海的贸易实际上是帝国的内部贸易，所以在这个区域内关税甚低，相当于自由贸易。在帝国强大的海军威慑下，商业不受海盗的侵扰，海上航行十分安全；帝国为维护贸易，精心设计了道路网，建设了有灯塔的港口等，这就使地中海贸易获得空前发展。罗马城作为贸易中心，有近100万人口，消耗了大量来自西西里、非洲和埃及等地以赋税名义征收来的货物，还有额外的完全根据商业交易而得到的谷物和西班牙的大宗油类。罗马的大规模建筑所需要的石材以及观赏用的动物也都来自遥远的地方。此外，驻扎在边境各省的军队也产生了对天然产品和人工产品的大量需要，这些物品大多是从海上输入的。帝国的殖民地城市也产生对外来物品的需求。这一切都在西欧各省和巴尔干等地引起了一种新的需求，即要求提供反映罗马生活方式的商品，如酒、橄榄油、武器、工艺性的金属器皿、精美的陶器和玻璃器皿，还有来自东方的丝绸等。

罗马法的形成

在罗马经济社会高度发展的基础上产生了罗马法。一切商品经济发达的社会，商品交换和商业贸易都是最经常、最基本的经济活动。它要求商品所有者彼此以平等的身份进行交易，要求商品有平等的价值标准和统一的等价物，同时它要求人们享有各种交易自由，不受束缚。这些要求都在罗马法中得到了反映。早在公元前451年至公元前450年，罗马就制定了《十二铜表法》，经过1 000多年的发展完善，到罗马帝国晚期，罗马法已经发展到极为完善的地步。

帝国前期是罗马法的鼎盛时期，其特点是法学的发展。在帝国社会中，庞杂的法令需要加以编纂整理，同时，由于社会经济生活日趋复杂化，也要求在财产关系方面明确规定权利与义务。这种社会需求促进了法学的发展和法学家的活跃。法学家们不仅协助国家进行立法和法令汇编工作，还负责解答各种法律问题、指导诉讼、编撰契约合同等工作。从公元1世纪起，法学家们纷纷著书立说，法律教育和法学研究相当流行。在2世纪至3世纪之交，罗马先后出现了五大著名法学家：盖约、巴比尼安、包鲁斯、乌尔比安和莫迪斯蒂努斯。罗马皇帝曾颁布引证法，规定凡在法律上遇有难题而成文法无明确规定时，则依照他们的著作来解决。从3世纪起，罗马统治者着手进行法律汇编工作。3世纪末和4世纪初，法学家编纂了《格里哥里安法典》和《赫尔摩格尼安法典》，前者包括3世纪下半叶的法律，后者包括294年以后30年的法律。到提奥多西二世时，颁布了《提奥多西法典》，这是帝国最早的一部官方法典。

罗马法是罗马社会奴隶制和简单商品经济高度发达的产物，是商品生产者社会的第一部世界性法律。商品经济的发展,要求确定人与人之间的关系,确定人对商品的关系,只有在这种确定的关系下,商品生产者才能顺利进行交换。所以,罗马法首先确定的是人与人之间的关系。罗马法学家乌尔比安曾经说:根据自然法,一切人生来平等。这就确定了所有交换主体的平等地位。更重要的是,罗马法确定了私有财产关系,认为私有财产神圣不可侵犯。罗马物法有极为明确的所有权概念,所有权是对其所有物的最完全的支配权,其中包括占有、使用、收益、处分和返还占有权等。罗马债法也很发达。债务发生的原因有四种,即契约、准契约、私犯和准私犯,其中契约之债的表达方式分为要物、口头、书面和合意方式缔结等。这些法律规范的确立,对于罗马经济的发展特别是商品交换的发展,具有重要的作用。

本章思考题

1. 希腊城邦经济的特点是什么?
2. 为什么说罗马的繁荣是建立在战争基础之上的?
3. 罗马帝国为什么会衰落?

第三章 中国封建经济

第一节　封建领主制经济

一、领主制经济的形成

公元前1046年武王灭纣，建立周朝。由于没有足够的力量来建立一个大一统的国家，周朝不得不采取分封制度。周朝建立后，立即宣布全国土地和人民归国王所有，即所谓“溥天之下，莫非王土；率土之滨，莫非王臣”，从而为土地分封制创造了前提。周武王把全国土地以封地形式分封给姬姓家族、异姓亲属、神职人员以及商朝投降的贵族和边地各部落酋长，按公、侯、伯、子、男等爵位分封不同数量的土地，这就是所谓的“列土封国”。受封的各个诸侯，又按照周王的办法，依次去分封该封地内的下级贵族，下级贵族再分封再下级的贵族，即诸侯分封卿，卿分封大夫，大夫分封士。分封土地时，连同土地上的人民一起分封给受封的诸侯，即所谓“授民授疆土”。

分封制还是一种宗法制度。封建领地里领主和农民的关系，不仅是统治者与被统治者之间的关系，往往还是血缘和非血缘的亲属关系。也就是说，这种契约关系具有很浓厚的亲亲色彩。正如《逸周书·大聚》记载，武王克商后，命周公“营邑制”，“合闾立教，以威为长；合族同亲，以敬为长。饮食相约，兴弹相庸……”。这种亲亲色彩使农民难以脱离封建领主，而对封建领主来说也是一种约束。一方面，封建关系的这种亲亲色彩，使封建领主地位的确认，更少地来源于上层，更多地来源于下层，即体现农民对其权威的认可；而另一方面，由于井邑领主利益与农民利益具有相当程度的一致性，因此领主能够提供有效的服

务，并尽可能地将其剥削限制在一定范围之内。这样就建立了农民与领主之间的共生共存、相互依赖、相互依附的关系①。

在土地分封制度下，土地上的人民成为附庸，即成为固定在土地上的依附农民，也就是农奴。这里，农奴对领主形成依附关系。与夏商时代的普遍奴隶制不同，领主制下的农奴有了明确的归属，即直接属于某个领主而不再直接属于国王，国王只在理论上拥有对整个人民的所有权。所以说，这已经是农奴制而不是奴隶制了。

受封的诸侯在领地上建立采邑。采邑有大小之分。大邑为领主的居住地，筑城池，用兵守卫 。大邑也称“国”，城中的居民称为“国人”，城外的居民称为“野人”。庶民居住的村庄称小邑。采邑被沟渠纵横的田地包围，土地分为“公田”和“私田”，庶民以无偿为领主耕种土地为代价，世代领有份地，即所谓“方里而井，井九百亩，其中为公田。八家皆私百亩，同养公田；公事毕，然后敢治私事”（《孟子·滕文公上》）。这就是所谓的井田制度。

井田制与农奴制是相辅相成的。这里，所有土地分为“公田”与“私田”。公田是领主的自营地，由农奴耕作；“私田”是农奴的份地，农奴通过为领主无偿耕种“公田”而取得耕种“私田”的权利。所以，井田制也是农奴制经济的基础。首先，农奴有了自己的土地即份地，事实上占有了最基本的生产资料——土地。其次，农奴要在领主的土地上、在固定的时间内无偿劳动，对此他们的劳动积极性很低，但在“私田”上的劳动效率却较高。最后，农奴以家庭为单位从领主那里接受份地，并经营自己的份地，有了相对独立的经济利益。这样，农奴经济的效率要大大高于奴隶制经济，农奴份地上的效率也大大高于领主自营地上的效率。

二、领主制经济的衰落

相对于奴隶制经济来说，领主制经济有其优越性，这主要是因为它赋予了农奴相对的独立性，调动了农奴生产劳动的积极性。不过，这种进步是相对于奴隶制经济来说的。随着生产力的发展，这种制度矛盾也越来越明显。

第一，农奴的劳动生产率极低，致使公田经营日益困难。如前所述，农奴在领主的公田上劳动，为领主提供无偿劳动，没有积极性，相反在自己份地上劳动积极性很高。正如《吕氏春秋》中所说 ：“今以众地者，公作则迟，有所匿其力也；份地则速，无所匿其力也。”但是领主为了维护自己的利益，必须用各种强制手段保证公田上的劳动，这样又反过来影响了份地上的劳动效率，结果导致整

① 冯涛、兰虹：《中国封建领主制度的起源与演进的制度经济分析》，《福建论坛》（人文社科版），2001 年第 4 期。

个经济效率低下。

第二，农业生产力的提高和人口的增加，使井田制遭到破坏。周初的分封制度是在地广人稀、土地相对充裕的情况下实行的，主要是为了保证土地上有足够的劳动力，鼓励土地开发。这一时期，农业生产技术有了较大的进步，出现了犁耕、人工施肥、人工灌溉等，同时也增加了对劳动力的需求。在这种情况下，将劳动力固定于某块土地之上的井田制就显然行不通了。同时，人口通过自然繁殖不断增加，而人口增加以后，原有的人口与土地的均衡关系被打破，出现"土地小狭，民人众"的情况，原来根据人口分配份地的制度由此无法实行。这样，以井田制为基础的领主经济制度也就濒临瓦解。

第三，商品经济的发展迫使封建领主采取新的剥削方式。在自然经济条件下，领主的消费需求是有限的，而商品经济发展起来后，这种需求大大扩张了。领主的奢侈消费和不断发生的争夺土地的战争，致使开支巨大，对货币的需求也相应扩大，而为了维持这种巨大的开支，就必须对现有的土地剥削制度进行改革。一方面，对领地的争夺导致原有的分封制度被破坏，即所谓"礼崩乐坏"；另一方面，封建领主要满足自己日益增长的需要，就必须改变剥削方式，提高劳动生产率，所以新的土地制度和生产方式就在酝酿之中了。

春秋时期，由于铁器、牛耕的使用和私田的大量开垦，公田上的集体劳动与之越来越不适应。于是以齐国为先导，各国先后进行了赋税改革活动，"均田分力"，"与民分货"，改劳役剥削为实物租税剥削，土地定期重新分配也变为一次性分配、永久性使用，井田制随之瓦解。同时，随着土地私有和铁器、牛耕的使用，个体劳动能力进一步增强，农奴对领主的人身依附关系日趋减弱，最终成为独立的小生产者。

随着封建土地制度逐渐瓦解，封建领主制经济开始衰落，并出现新的生产关系萌芽。这种生产关系的变化主要表现在三个方面：首先，封建领主之间争夺封土的战争不断发生，土地也就在各封建领主之间频繁转移，导致封建关系混乱，封君与封臣的关系逐渐削弱，出现所谓"君不君，臣不臣"的现象。其次，随着劳役地租向实物地租的转变，领主对农奴的控制逐步削弱。公元前594年，鲁国实行"初税亩"，承认私人土地的实际占有权和使用权，即承认土地私有的合法性。最后，农奴与领主的关系也发生了变化，农奴只要缴纳一定量的地租，就可以自由支配自己的劳动时间，支配原有的土地，并享有土地上的收益。农奴对领主的人身依附关系逐渐转变为对土地的依附关系。

到战国中期，随着冶铁技术的进步，铁制农具得到普遍使用，不仅有铁制犁，而且有铁制的锄、锸、镰、铲等，木石农具则比较少见了。利用畜力进行犁耕的出现，使"一夫挟五口"的个体农户，基本上可以独立完成"治田百亩"的任

务。这就大大加强了生产过程的个体性质,从而加速了土地制度的变革。

真正废除井田制度的是商鞅变法。秦国原先是比较落后的国家,各项改革措施的实施也比东方列国要迟。公元前408年,秦简公实行“初税禾”,开始对耕地征收实物税。公元前375年,秦献公实行“为户籍相伍”,即在承认个体农民合法性的同时,按什伍组织把他们编制起来。公元前350年,商鞅“为田开阡陌封疆而赋税平”,即把井田制的田界打破,并按新的240步为1亩的亩制把田地交给个体农民耕种。井田制废除后,秦国实行“爰田制”,即让劳动者“自爰其处”,长期固定占有和使用耕地。与此同时,商鞅实行了“名田制”,即以个人名义向政府申报自己所占有的土地,实际上是政府承认私人占有土地的合法性,同时按爵秩等级以名占田。在这种制度下,已基本实现了土地的私有化。

土地私有化的另外一种表现是领主封地的私有化。按周朝制度,分封给各级领主的土地,理论上仍属于国家所有,而所封领地具有禄田性质。在王室实力强盛时期,国王随时可以收回封地。但事实上,国王的这种权力很难实施,特别是随着诸侯势力的发展,国王势力的衰微,领地逐渐转变为领主的私有地产。至少从西周中期以后,各级封建领主在实际生活中已经开始将自己领地上的土地用于赏赐、赔偿和交换。例如,卫盉铭文记载,1件玉璋可以换30田。诸侯之间发生战争后,战败方也常常割地求和。可见,封建诸侯的领地已逐渐变为事实上的私有地产。

第二节　封建地主制经济

一、地主经济的发展

秦汉时代的民田或私田称为“名田”,而土地所有权称为“名有”。名有既表示对土地的占有,也表示对土地的所有,是官府律定以簿账登记形式承认的对土地的合法占有。“名田”之名始于商鞅变法,即“明尊卑爵秩等级,各以差次名田宅,臣妾衣服以家次”(《史记·商君列传》)。所谓名田,是国家根据人们所登记的载有各自爵级的户口所授予的土地。秦统一全国以后发布“使黔首自实田”(《史记·秦始皇本纪》)的律令,即令占有土地的地主和自耕农,按照当时实际占有的田数向政府呈报,如此即可取得国家的承认。

西汉建国后不仅承认百姓所持有的秦爵和田宅,而且对跟随汉高祖刘邦征战的将士进行大规模赐爵并根据爵级授予田宅,进一步确定了土地私有制。汉吕后二年(前186年)颁布的《二年律令·户律》(见诸1983年出土的张家山汉简)记载:根据二十等爵位制度,凡有爵位者可依各自等级授田,爵级越高,所授土地越多,差别很大。与此同时,二十等爵之外的公卒、士伍、庶人等平民,以及司寇、隐官等"贱民"也分别被授予土地①。当时法律规定,名田可以继承,但卿以下的各级爵位,其后子只能降等继承,降等继承所余下的土地要交还给政府;法律还规定名田可以买卖,但有一定限制,并要接受政府的监管。

历史上,汉代以后经历过改朝换代的新政府,都会通过国家权力创设土地管理制度。如西晋的占田制、北魏和隋唐的均田制,其间还有王莽推行的王田制。这些制度从本质上看,都是国家创设产权的活动。但是,这一时期国家的创设产权活动与西周时期的"封建"不同,国家不是要通过各级封臣掌握生产者和经营者,而是直接向地主和农民授田,地主和农民都是国家编户,国家直接与地主和农民发生关系,其结果是国家直接掌握生产者和经营者。宋代以后,国家不立田制,不抑兼并。所谓不立田制,就是不再以国家权力创设产权。所谓不抑兼并,就是不再干预土地市场。这就使土地产权关系变动频繁,有"千年田,八百主"之说。一方面,政治变动造成统治集团的更迭和社会阶层的升降,从而加快地权的变动。这里,一个重要的因素是科举,通过科举,庶民可以跻身统治阶级,并成为大地主。反过来说,在统治集团内部,一些臣僚可能因获罪而遭籍没,从而丧失土地,也会导致地权转移。另一方面,由于土地是最可靠的财富形式,不论是商业资本、高利贷资本,还是手工业利润,都朝地产方向转化,地租也朝地产方向发展。与此同时,出于各种原因,原有的土地所有者可能不得不放弃对土地的所有权,即出卖自己的土地。"贫富无定势,田宅无定主,有钱则买,无钱则卖"《袁氏世范·治家》,这样就加快了地权的转移。所以,中国古代土地制度的重要特征就是地权的频繁变动,而变动的总趋势是土地向地主集中。

土地买卖,必然导致部分农民破产并出卖其土地,而失去土地的农民不得不租种地主的土地,这就产生了租佃经营。汉魏至隋代,主要采取的是佃客分种制。在这种分种制下,主人向佃客抑配,有时配给耕牛、种子,生产过程和收割分配时都由田主或知庄、典计等监督。佃客不能"起移",即不能随意离开土地,有的则"随田佃客"。在这种制度下,农民依附于地主,是"依附农"。唐代至清代,农民对地主的依附关系逐渐松弛,地主的经营方式主要是佃农分种制和佃农租佃制。佃农分种制主要施行于中国北方和其他一些地区。地主向佃农提供耕牛、种子、住所等,而佃农则提供人工和农具,根据双方所提供的生产

① 杨振红:《秦汉"名田宅制"说——从张家山汉简看战国秦汉的土地制度》,《中国史研究》,2003年第3期。

要素，在收获时分成。这种分种制与佃客分种制的区别在于农民可以“起移”，即脱离地主及其土地，人身依附关系比较弱。佃农租佃制则主要施行于江南，佃户自居己屋，自备牛种，不过是借业主土地耕种，除交租之外没有其他义务。这种租佃关系是由契约规定的，一般是缴纳实物定额地租。

中国历史上的地租长期以实物地租为主，主要有两种形式，即分成制地租和定额制地租。分成制地租是秦汉时期的主要地租形式。据《汉书·食货志》所载董仲舒所言，秦代租佃制似未普及，“或耕豪民之田，见税什五”。在分成制地租下，经营风险由双方分担，佃户永远可以得到一半收获物，多收多得，因此可以激励农民投入更多的劳动。明清时期，分成制地租逐渐改为定额制地租。定额制地租的租额是按耕地的常年平均产量的一半来决定的。一旦在契约中写定，则以后不论年成好坏，佃户都必须定额缴纳，而地主也不能多收。所以，这种地租称为“硬租”或“铁板租”。在定额制地租下，如遇丰年，增收的谷物全归佃户所得；如遇荒年歉收，租额硬交不让，全部损失由佃方单独承受。在这种制度下，地主的收入是稳定的，而农民的收益和风险都增大了。施行分成制地租还是定额制地租，并与土地肥瘠、灌溉条件等有关①。

二、小农经济的发展

中国封建社会土地制度变动的基本趋势是土地兼并和大地产的产生，其结果并不是土地经营规模的扩大，而仍然以小块土地经营为主，也就是说，仍然保持着小块土地经营，所以仍是小农经济。小农经济作为一种生产方式，在中国封建社会历史上存续了 2 600 多年，是中国封建经济结构的重要组成部分，是中国封建时代中央集权专制统治的重要基础，对中国社会、经济、历史的影响极为深远。

战国初期，中原各国农村的基本生产单位已是李悝、孟子所说的“治田百亩”的“五口之家”或“八口之家”了。秦国地处边远，经济落后，但到商鞅变法时，也“令民父子兄弟同室、内息者为禁”，并规定“民有二男以上不分异者，倍其赋”（《史记·商君列传》）。这说明，个体家庭生产发展已经成熟，而政府为了促进社会生产力的发展，增强国家经济实力，利用行政手段促使个体小家庭从父子兄弟大家庭中分离出来。至此，个体小农生产组织形式完全形成。

中国封建时代的小农，主要由以下三部分构成：

第一，自耕农。政府通过户籍直接掌握平民的户口。自耕农是封建国家税收和徭役的主要征发对象，是封建时代中央集权统治的基础。封建国家的编

---

① 张雨：《赋税制度、租佃关系与中国中古经济研究》，上海古籍出版社，2015 年版。

户，既包括庶族地主，也包括小农，而且主要是小农。秦汉时期实行民爵制，如汉代实行二十等爵制，从第一级公士到第八级公乘，授予下级官吏及一般庶民。这样就形成了中国历史上特有的“编户齐民”制度。这种编户齐民在身份上是独立的，在经济上也是独立的，基本上是耕种自己的土地，有时也租佃别人的土地，但并不由于租佃土地而影响自己身份的独立。所以，他们是典型的自耕农。不过他们的地位很不固定，可能由于经营得好，通过买进土地而上升为地主，也可能由于经营不力或天灾人祸，不得不卖掉土地而成为佃农。但他们始终是中国封建农民最核心、最具代表性的部分。

第二，佃农。自耕农丧失土地，不得不租种地主的土地，就变成了佃农。佃农尽管没有自己的土地，但还有部分生产工具，有独立的家庭经济；其人身也是自由的，并不依附于地主。不过，在中国历史上，佃农的这种独立身份是经过一系列演变而来的。三国至唐代，租种地主土地的人主要是田客，宋代以后则以佃农为主。田客在法律上是良人，不属于贱口，但事实上其对主人仍有很强的依附关系，因为田客没有独立的户籍，身份上部分属于主人，主人可以将田客转让，即所谓“随田佃客”。田客多由主人提供种子、耕牛、屋舍等，收获物与主人分成。宋代以后，租佃关系发展，租地农民以佃农为主，佃农比田客在身份上要自由得多，法律规定，佃农在收获后可与主人商量去留。到这时，才形成完全意义上的租佃制，农民与地主的关系仅仅是契约关系。

第三，依附农。依附农是指人身完全依附于地主、贵族门下的农民。中国在三国时期形成一种身份制度，即良贱制，士人和庶民属于良口，部曲和奴婢属于贱口。部曲本来是汉初军队建制的一种名称，以后演变为部伍、私兵及私属等多种含义。到6世纪即北周初年，部曲成为法律身份的名称。部曲之人身依附于主人，“随主属贯，又别无户籍”（《唐律疏议・斗讼二・释文》）。主人不完全占有部曲人身。掠夺或利诱他人部曲，以盗窃罪论。部曲身份世袭，固定在土地上，有为主人服劳役的义务。但部曲可以拥有家庭和财产，仍然从事以家庭为主要单位的个体生产。这种依附农在中国历史上是不断减少的，特别是宋代以后，农民的依附身份大部分被解除。

中国封建社会的小农主要是自耕农和佃农。就中国的历史状况来看，唐代以前，自耕农数量较大，所占有的土地面积总数也较大，但每在王朝晚期都出现严重的土地兼并，小农的数量大大减少，土地迅速集中，出现大地产；而在唐代以后，自耕农数量减少，地主土地所有制占据统治地位，不过其中是中小地主占多数。在土地集中和大地产形成的同时，租佃形式也发达起来，地主将土地集中起来，但并不是采取集中的规模经营，而是将土地分成小块出租，取得地租收入。由于小农力量有限，不可能承租大片土地，加上地租很重，所以租地经营无

论如何都不可能获利，而只能维持生计。农民不论是自耕农还是佃农，一般都是穷人，生产资料和生活资料都比较贫乏，不可能购买或租用大片的土地。特别是在人多地少的基本条件下，土地价格较高，地租自然也较高，农民在经营土地之前，就必须将资金投在土地上，而租地的条件也是非常苛刻的，这就进一步降低了农民经营大块土地的可能性。所以，农民经营土地的数量少则仅三五亩，最多也不过五六十亩。

在中国历史上的大多数时期，相对于人口来说，土地都是稀缺的要素。在这种情况下，单纯依靠土地是不能维持整个家庭生计的，所以不得不采取充分利用剩余劳动力的生产方式。男耕女织是中国小农经济的典型写照。事实上，中国的家庭手工业在小农经济中的地位并不亚于农业，这不仅仅是因为小农贫困，不可能通过购买来取得农业以外的生产资料和生活资料，更是由于家庭手工业已经成为家庭收入的重要来源。在通常情况下，小块土地的产出除供一家人的口粮外，已经剩余不多，自耕农必须缴纳赋税和承担徭役，而佃农先要缴纳地租，所以农民常常是得不到温饱的。因此，农民必须通过家庭手工业来补充土地产出的不足，通过出售手工业产品获得收入以补充口粮的不足。在口粮不足的情况下，农民可以用家庭手工业产品代替粮食缴纳赋税和地租。这种农业与家庭手工业紧密结合的生产方式，阻碍商品生产，阻碍市场的形成和发展，导致自然经济顽固存在和资本主义生产关系难以成长。

从根本上说，在当时的生产力水平下，小块土地经营是一种最有效的经营方式。中国地少人多，这种基本的资源状况决定了中国的农业技术从一开始就朝着节省土地和劳动集约的方向发展。例如，中国很早就放弃了休耕制，轮作制发展较早，较早发明施肥技术等，这就使中国的土地利用率和土地产出大大提高。在这种情况下，只要有一小块土地，就可以养活农民全家。当然，农民家庭中仍存在劳动力过剩的状况，而过剩的劳动力又通过家庭手工业找到出路，这就形成了中国农业与小手工业结合的小农经济。

编户齐民制度

编户齐民制度源于战国时期。秦献公十年（前 375 年）秦国实行“为户籍相伍”制度，消除了“国”“野”之分，把个体小农按五家为一伍编入国家户籍。汉承秦制，实行十分严密的户籍制度，凡政府控制的户口都必须按姓名、年龄、籍贯、身份、相貌、财富状况等资料一一载入户籍。这种被正式编入政府户籍的平民百姓称为“编户齐民”。

编户齐民具有两方面意义，一方面是法律和身份意义，另一方面是经济意义。从法律和身份意义上讲，他们是纳入国家编户的人口，享有相对完整的法律权利与义务;他们既非贵者也非贱类,即所谓"齐民"。颜师古注引如淳语解释"齐民"曰:"齐,等也。无有贵贱,谓之齐民,若今平民矣。"(《汉书·食货志》)从经济意义上讲,他们是有稳定职业的自立人口,具体说就是士农工商。《汉书·食货志》载:"士农工商,四民有业。"编户齐民拥有独立的土地和财产,更重要的是,他们都必须独立承担国家的赋税、徭役和兵役。这些编户齐民作为国家"编户"是名副其实的,但作为"齐民"却并非等齐。由于他们的经济条件和市场境遇不同,贫富分化的发生不可避免,富者田连阡陌,贫者无立锥之地。

秦汉时期的国家编户以自耕农和庶族地主为主,他们是没有特权的人口。此外,社会上还有一小部分以士族地主为主的贵族。魏晋南北朝时期,士族地主的势力日渐强大,士庶之分"实自天隔"。而到了唐中叶以后,由于均田制度崩坏,土地买卖和土地兼并导致土地加速流转,士族地主的经济政治特权丧失,从而与庶族地主"等齐"了。魏晋南北朝时期,大批农民沦为士族地主的依附农,包括部曲、佃客和奴婢,丧失了独立身份和地位,从国家编户中脱离。中唐以后,良贱制度也逐渐被废除,大部分贱民转变成为"良人",都被纳入国家户籍管理,皆进入齐民队伍,成了编户齐民。

可见,经唐宋时代的历史变革,编户齐民制度由"编户"制转向"齐民"制,意味着社会发生"从身份到契约的转变",使人们摆脱了身份的束缚,可以自由地迁徙并从事各种不同的职业,从而大大提高了社会资源的配置效率,并实现了一定程度的社会平等。

第三节　工商业、城市与外贸

一、工商业的发展

夏商周三代的手工业,除家庭内部开展的简单加工制作业外,基本上都是官府手工业。官府经营的冶铁、煮盐、铸币等手工业部门的生产目的是满足"官家"的各种需求,但它们也不同程度地向民间开放。例如,官方经营的铁制农具向农民销售,以发展生产,这样就使官营冶铁业成为商品经济的一部分。国家一般都要控制食盐产销,但食盐总要满足民用,因而食盐经营也必须走向市场。铸币业更是官府手工业中一个特殊的商品生产部门。但是,在"工商食官"体制

下，劳动者的生产积极性很低，小则怠工，大则“皆执利兵，无者执斤”，即举行暴动，使官府不胜负担，因而“工商食官”政策逐渐被废除。

“工商食官”政策被废除以后，一些原来食官之粟的工商者及其官吏，还有一些由于衰国、丧国而失职或败亡逃遁的官工贾人员，以及一些获军功而解除奴隶身份者，甚至还有一些没落贵族，纷纷向自由工商业经营者转化。这样，私营工商业就迅速发展起来。只要“市价倍蓰”，就有人敢于去冒险经营。一些原先不占重要地位的私营经济，在时变和机谋中日渐发展壮大，有的还得到了煮盐、冶铁之类的经营权。春秋时代，私营手工业发展起来，专业化程度也进一步提高，出现了“百工居肆，以成其事”的盛况，如“邯郸郭纵以铁冶成业，与王者埒富”，蜀地卓氏“用铁冶富”，曹邴氏“以铁冶起，富至巨万”，“而巴寡妇清，其先得丹穴，而擅其利数世，家亦不訾”（《史记·货殖列传》），等等。盐铁产品是农民生产和生活的必需品，自己不能生产便只有仰给市场的供应，这样，城乡人民之间“以粟易械器”，“陶冶亦以械器易粟”（《孟子·滕文公上》），从而扩大了商品交换，促进了商品流通。

战国时期，南方的土特产是木材、矿产、海产和鸟兽等，东方的土特产是鱼、盐等海产以及丝、麻等织物，西方的土特产是矿物、铁、池盐、鸟兽、皮革等，北方的土特产是犬、马、驼等家畜以及枣、栗等果类。这四个地区的土特产是相互交流的。李斯《谏逐客书》中所提到的各地输入秦国的特产有昆山之玉、随和之宝、太阿之剑、江南金锡、西蜀丹青、阿缟（齐国东阿所产的缟）之衣、锦绣之饰。可见各地商品交换的繁多。在此基础上，商人资本也发展起来。从春秋中晚期直至战国，经商就成为“用贫求富”之路了。这一时期，各地都出现了“家累千金”的大商人。例如：绛之富商，“能金玉其车，文错其服，能行诸侯之贿，而无寻尺之禄”（《国语·晋语四》）；郑商弦高在西市于周的途中，竟能以国君之礼，“以乘韦先，牛十二犒（秦）师”（《左传·僖公三十二年》）；子贡“废著鬻财于曹鲁之间”，“家累千金”，以至“国君无不分庭与之抗礼”（《史记·货殖列传》）；范蠡弃官从商，“十九年之中三致千金”，“故言富者皆称陶朱公（范蠡）”（《史记·货殖列传》）；白圭经营丝漆谷物，生财有道，他用“人弃我取，人取我与”的经营办法，成为巨富，享有“天下言治生祖白圭”（《史记·货殖列传》）的盛誉；吕不韦是战国后期的大商人，他经营珠宝，“往来贩贱卖贵，家累千金”（《史记·吕不韦列传》），常和贵族、官僚往来，从事政治交易，位极人臣。此外，有些经营冶铁、煮盐的大富豪，也兼营商业。由此可见，工商业已经发展到一个较高水平[①]。

---

① 杜勇：《春秋战国城市发展蠡测》，《四川师范学院学报》（哲社版），1997 年第 1 期。

由于工商业的发展，专门的商品交易市场也逐渐出现和发展起来。在远古时代，中国就有“神农作市”和“祝融作市”的说法。最初的市是与聚落分离的，只是人们的“买卖之所”。《周易·系辞下》对市有比较清楚的认识，说：“日中为市，致天下之民，聚天下之货，交易而退，各得其所。”《管子·乘马》更认为，大约1 200户农户就该“有市”，而“无市则民乏”。手工业者要“以械器易粟”，农民要“以粟易械器”，这些都要通过市场进行交换。大小地主剥削来的农产品，也要通过商人换取奢侈品。同时，全国各个地区的土特产，也要通过交换进行沟通。

商品经济的发展，特别是商人资本的活跃，促进了社会经济的繁荣，但也加剧了土地兼并和农民破产。对此，汉武帝曾收回商人的铸币权，实行盐铁专卖，颁布算缗令并鼓励告缗，实行均输和平准等政策，沉重打击了富商大贾。东汉末期以后，中国陷入300多年的战乱，商品经济自然没有恢复的机会。直到隋朝实现了全国统一，修建了大运河，沟通了南北交流的大动脉；而唐代又进一步加强驿道建设，从而建成了全国统一的交通网。这就方便了长途贩运，促进了全国范围内的商品经济复兴。

与此同时，手工业也发展了起来。汉唐时代，丝绸纺织、陶瓷烧制、冶铁炼铜以及各种手工制造技术都有很大的进步，官营作坊和民间作坊的制造工艺都达到相当高的水平。到宋代，中国的工业领域发生了重要的技术变革，主要体现为煤炭的使用和冶铁技术的突破。北宋时的河东（今山西）、河北、陕西等地的煤炭采掘业已相当发达。煤炭不仅广泛用作生活燃料，而且用于金属冶炼，从而带动了中国冶铁业的巨大发展。北宋四大冶铁基地，即徐州利国监、兖州莱芜监、邢州棋村冶务和磁州固镇冶务，基本位于采煤区或靠近煤田①。可见，煤已成为冶铁业的新能源。其中，利国监位于徐州地区。徐州地区由于煤、铁资源丰富，北宋初年设官营铁冶工场，称“邱冶务”，庆历年间发展成利国监，“总八冶，岁赋铁三十万（斤）”（《乐全集·李宗泳墓志铭》），到元丰时，已是“三十六冶”了，可见发展之迅速。煤炭用于炼铁的技术革命带来铁产量的大幅提高。唐代铁产量的最高纪录是唐宪宗元和元年（806年），年铁课（税）为207万斤（《新唐书·食货四》）。这场“煤铁革命”产生了重要的影响，即铁产量的大幅度增加和更广泛的使用，大大提高了生产工具的效率，包括农具和手工业生产工具，特别是推动了手工业内部的技术革新和工场手工业的发展。宋代以后，除了冶金业外，陶瓷工业、纺织工业、造纸和印刷业以及造船业等也都获得空前的发展。

---

① 葛金芳：《宋辽夏金经济研析》，武汉出版社，1991年版，第178—179页。

随着工商业的发展,行会逐渐建立和发展起来。唐代两京的行都有100~120个,有的是商业行,有的是手工业行。最初出现的行可能只是一些临时的集合,形成比较松散的团体,以后逐渐发展成为工商业者的组织。后唐同光二年(924年),政府对"诸色牙人""店主人"与客商交易的支付作了规定。到了宋代,行业的进一步增多为行会制度的发展奠定了基础。一方面,工商业者为了应付政府的"科索",即官府对民间物品的无偿征调,不得不组织起来:每名工商业者必须加入一个同业组织的行,以便共同与官府打交道。另一方面,官府为了便于对工商业者实行征调,也强制工商业者组织起来,使每一个工商业者不论大小,都必须"投行",否则停止营业。在这种条件下,行会便迅速发展起来,各行各业无不成行。

明中期,农业生产力的提高促进了工商业的发展,形成四通八达的水陆商道,全国统一市场趋于形成。据李鼎《李长卿集》记载,"燕、赵、秦、晋、齐、梁、江淮之货,日夜商贩而南;蛮海、闽广、豫章、楚、瓯、新安之货,日夜商贩而北"。宋应星也说,"滇南车马,纵贯辽阳;岭徼宦商,衡游蓟北"①。东则齐、鲁、闽、越,"多贾治生不待危身取给,若岁时无丰,食饮被服不足自通";西到巴蜀、汉中、关外,"往来贸易,莫不得其所欲"②。随着工商业的发展,全国崛起了许多商业发达的城市和圩镇,成为商品集散和手工业制作的中心,如现在的北京、南京、天津、武汉、芜湖、苏州、杭州、松江、广州、佛山等地。城市中形成了包括行商坐贾、作坊主等在内的比较富裕的工商业者。不仅如此,还形成了以徽商、晋商、闽商、粤商等为名号的著名商帮。

二、城市的兴起与繁荣

中国城市的大量兴起是从西周开始的。《吕氏春秋》中说:"古之王者,择天下之中而立国。"武王灭商后以镐京为西周王朝的国都,成王即位后在周公和召公的主持下修建洛邑。周代行封建之制,诸侯在到达封地以后,都要建立城堡来保障自己的安全。周人以礼治国,按照周礼的规定,第一级是天子的王城,第二级是各诸侯封国的国都,第三级则是宗室和卿大夫的采邑。这三级城市在其范围大小、城墙高低等方面,都有严格的限制而不可逾越。

春秋战国时期是中国城市发展史上的一个重要时期。随着旧的封建领主势力的削弱或退出历史舞台,原有的城市开始出现衰退迹象,而反映新兴地主阶级力量发展的新兴城市,则如同雨后春笋一般不断出现。"三家分晋"以后,原晋国的国都新田(今山西曲沃县西南)逐渐衰退,而"分晋"的三家——赵、

① 宋应星撰:《天工开物译注》,潘吉星译注,上海古籍出版社,2008年版,第228页。

② 张翰撰:《松窗梦语》卷四《商贾记》,上海古籍出版社,1986年版,第73页。

魏、韩，新建立起来的国都，即邯郸、大梁和新郑却迅速发展起来。诸侯之间的竞争，也大大促进了城市的发展。一方面，各诸侯国割据称雄，不论是为了进攻还是为了防御，都积极扩大旧城和建立新城，在城的外围还兴建了外城（“郭”），促进城市扩大；另一方面，商品经济获得较大的发展，城市往往成为工商业中心，这也促进了城市的迅速发展。特别是战国时期，城市发展尤为迅速。当时，诸侯各国“城郭不必中规矩”，不少城市已大大超过王都之制的面积。根据考古材料提供的数据，超过10平方千米的东周故城有秦都雍城、鲁都曲阜、秦都咸阳宫城、魏都安邑、齐都临淄、楚都郢、赵都邯郸、郑韩故城、燕下都等。其中最小的秦都雍城面积是10.5平方千米，居中的齐都临淄面积为15平方千米，最大的燕下都面积约为32平方千米。这些东周列国的国都，其建制已超过天子之城方九里的规模，是当时头等的大城市①。《战国策》说，战国以前“四海之内分为万国，城邑大无过三百丈者，人数众，无过三千家者”，战国时期则“千丈之城，万家之邑相望”。城市大了，人口就集中，商业也随之很发达。《战国策》说“临淄之中七万户”。司马迁在《史记》中也曾记载，“临淄之途，车毂击，人肩摩，连衽成帷，举袂成幕，挥汗成雨，家殷人足，志高气扬”。《史记·苏秦列传》说，魏国都城大梁“人民之众，车马之多，日夜行不绝，輷輷殷殷，若有三军之众”。这些描写虽有夸张成分，但也足以看出当时城市发展的程度了。

春秋战国工商业发展的趋势一直延续到西汉。西汉都城长安有九市，三市在道东，六市在道西，统称东市、西市。到了唐代，长安的工商业更加发达，商业活动渐渐不限于两市。两市四周的各坊、重要道路的城门附近，以及大明宫前各坊也出现了大小工商行业。市内朱雀门大街东部多贵族、官僚住宅；西部是商贾处所和民居以及流动人口的寄寓处，还住有波斯、大食（阿拉伯帝国）等国的外国商人。像长安这样街衢绳直、整齐划一、气势宏伟的大都市，不仅中国前此未有，在当时的世界也属罕见。

由于商品经济发展，官府管制下的“市制”难以满足需要，因而民间自发的集市发展起来。从唐代起，州县之市以外的定期集市被称为“草市”。五代战乱期间，许多设在城中的官市衰败，城外的草市反而发展起来，逐步演变为繁荣的商业集镇。另外，许多交通要道上的军镇也逐渐转化成商镇。此时市和镇之间已经没有质的不同，“以商况较盛者为镇，次者为市”，“贸易之所曰市，市之大者曰镇”。唐代后期，在一些靠近交通要道、桥梁和津渡的地方，因过往行旅比较频繁，食宿交易比较兴旺，逐渐形成以商业活动为中心的商业集镇。这类城镇基本都是从村落发展而来的，城镇的格局基本上可以反映一种自然的发展。北

① 杜勇：《春秋战国城市发展蠡测》，《四川师范学院学报》（哲社版），1997年第1期。

宋中期，不少镇由于税收额超过县城而被升格为县。这类集镇纯粹因商业和交通发展而兴起，政府的管理也最为松弛。

宋代，工商业的集聚作用推动城市发生变革。首先，草市成长为市镇。入宋以后，关于市场设置的限令被取消了，草市合法化并且朝市镇方向发展。这种情况在江南经济繁荣的地区比较常见。有些市镇的规模和繁华程度甚至超过了府州县治所。其次，工商型城市得到发展。五代、两宋时期城市发展的一个显著特征是单纯的工商型城市开始出现，并成为城市发展的主体。这些城市不是作为府州县治所，而是作为商品集散地和加工制造中心成长起来的。这类城市在发展早期基本上没有政府管理，因而也没有政府干预，所以能够自由发展。再次，城市管理政策放开。频繁的商业活动在社会经济生活中的作用日益提高，特别是商税在政府财政收入中占据越来越大的比重，推动了政府商业政策的逐渐放开，具体包括坊市限制的打破、宵禁制度的放开、城关经济的繁荣等。最后，市民阶层形成。由于城市发展，城市居民比较彻底地摆脱了农村和农业，成为一个独立而稳定的人群。为此，宋代确立了与乡村户相对应的"城郭户"身份，将城市的全体居民纳入，同样作为国家的编户齐民。这标志着中国历史上市民阶层的形成，也标志着城市发展进入重要阶段。

到了明清时期，江南市镇发展成为中国城市发展的一大特色。明代城镇的勃兴，始于 15 世纪中叶以后的成弘年间，全盛于 16 世纪初至 17 世纪初的嘉万年间，江南其他城镇人口到晚明时期也大量增加，如松江府的市镇总数由明末的六十多个增加到乾嘉年间的一百一十多个，几乎翻了一番。一些市镇的规模也由"居民百家"增至"无虑数千家""烟火万家""景物繁昌与郡县等"①。吴江县(今吴江区)明嘉靖时有四镇七市，清康熙时有七镇十一市，百年间有三个市发展成镇，七个村发展为市②。明清时期，这一地区的一些大镇人口都在万户以上，如南浔镇、乌青镇、盛泽镇、罗店镇、双林镇、濮院镇等。当时这些市镇，名为镇而实具郡邑城郭之势。一些中小型市镇也有数千户人家，而且商贾辐辏，富庶繁华，迥然区别于乡村，成为新兴的小城市③。由于工商业的发展，城镇人口构成中工商业者占据了更大的比例。特别是在江南兴起的大批工商业城镇，其工商业人口甚至成了城市居民的绝大多数。

三、对外贸易的发展

秦汉时期，中国国力强盛，经济与文化繁荣，居于当时世界的前列。中国与

---

① 段本洛主编：《苏南近代社会经济史》，中国商业出版社，1997 年版，第 103—104 页。

② 顾朝林：《中国城镇体系——历史·现状·展望》，商务印书馆，1992 年版，第 115—116 页。

③ 樊树志：《明清江南市镇的"早期工业化"(之一)》，《复旦学报》(社科版)，2005 年第 4 期。

外部世界的交往逐渐展开。由于地理原因,与中国联系最多的是朝鲜和日本。汉武帝派遣张骞出使西域,创建连接中国与西亚、中亚、印度北部的陆上丝绸之路。通过丝绸之路,中国的商品可一直运达罗马。同时,中国从西域引进大量新的产品和技术。在海上,中国与不少南海国家建立了联系,汉朝派使节带着各种礼物由海道访问各国,包括中南半岛、马来半岛和印尼列岛的一些国家。

中国唐朝空前大统一,国力强盛,经济的繁荣和文化的发达激起了统治者强烈的对外开放愿望。唐太宗李世民的基本国策是:君临区宇,深根固本,人逸兵强,九州殷富,四夷自服。唐代中国与日本和朝鲜的关系发展到历史上的最高峰。中国与西域地区的交往在唐代进一步扩大。葱岭西的昭武九姓国、波斯、东罗马、天竺、大食等,在这一时期都与中国有联系,有使节往来,商队不绝于道。唐朝还在广州等地建置了掌管对外贸易的市舶机构,开创了在我国历史上长达千余年的市舶制度。唐代市舶使的职责之一,就是管理外贸外商事宜,保护外国商人的合法权益。大食、波斯、中亚诸国、南洋诸国及日本、新罗的许多商人长住中国,从事贸易。

宋代继承了唐代的对外开放政策。宋政府更加重视海外贸易,把拓展海外贸易看作开辟财源的重要渠道。宋太祖开宝四年(971 年),宋攻占广州,即在该年建广州市舶司——宋第一个市舶司。以后宋又先后设置杭州、明州、泉州等八个市舶司。为了鼓励海外贸易,每当蕃商来往之际,市舶司往往依例设宴慰劳,谓之“犒设”或“设蕃”。为招徕外商,扩大与其他国家和地区的交往,宋太宗雍熙四年(公元 987 年)“谴内侍八人持敕书、金帛、分四纲,各往海南诸蕃国……博买香药、犀、牙、真珠、龙脑……”(《宋会要辑稿 · 职官》)。以政府使者身份往返于各国以促进双方贸易,此举在中国历史上是前所未有的。为保证外商贸易的正常开展,宋政府在通商口岸建“蕃市”,以方便外商经营;还在通商口岸创办了专门的驿所,如杭州有怀远驿,明州、温州有来远驿,招待来中国贸易的外商。

13 世纪,元帝国三次西征,建立了横跨欧亚大陆的大帝国,与俄罗斯的联系自此开始,罗马教廷和法国都派了使节来中国,欧洲商人也络绎不绝地来到中国。与此同时,通过海上丝绸之路,中国与南海地区各国以及印度、波斯湾地区都加强了联系和贸易往来。当时中国的长安和大都成为国际性都市,汇集了世界各国的商人和商品,各种文化也集中在这里相互交流。

明代中国继续实行对外开放政策。1405—1433 年,郑和率领庞大的船队七次下西洋,共访问了 30 多个国家,最远曾达非洲东海岸、波斯湾和红海海口。郑和船队的访问在亚洲、非洲沿海国家产生了广泛的影响,也激起这些国家对明朝的强烈向往。当时,浡泥(今加里曼丹岛北部文莱一带的古国)和满剌加的

国王和王后都到过中国南京，明成祖盛情接待了他们。东非的麻林国王哇顿亲自率众访问中国，不幸在福州病逝。另外，在明永乐十九年（1421 年），有十六国的使臣抵达南京。郑和七下西洋加强了中国与亚、非沿海各国的联系和交流，也显示了中国人在造船、航海等方面的高超技术，证明在当时，中国在世界航海事业中居于领先地位，同时也反映了当时中国作为一个封建大一统的国家在政治、经济、文化上所取得的成就。这七次远洋航行规模盛大，功绩卓著，是史无前例的。而这一切发生时，葡萄牙人只是刚开始沿非洲海岸摸索前进，直到 1445 年，他们才到达佛得角。

中国铸币小史

中国最早的货币是贝币，主要出现在商代。周代仍使用贝币，但由于贝的来源有限，遂用铜代替，这就是铜币。除了仿造贝币外，周人还仿造刀币、铲形的布币，以及圜钱。一般来说，形状像贝壳的蚁鼻钱流通于楚，刀币流通于燕和齐，布币流通于韩、赵、魏，圜钱主要流通于秦。与铜币共同流通的还有珠、玉、黄金等。《管子》记载道："珠玉为上币，黄金为中币，刀布为下币。"这种状况一直延续到战国时期。周景王铸大钱，从此以后，铜钱就一直作为中国的一种主要货币而流通。黄金作为货币大约是在春秋时期开始的。最早以黄金作为流通货币的国家是楚国。在此之前，虽然有关于黄金作为支付手段的文献记载，但把黄金铸成一定的形状，并印上一定的文字标记，则是从楚国开始的。楚地盛产黄金，楚国所铸"爰金"是我国最早的黄金货币。根据春秋时期的文献，凡是大规模的交易都以黄金作为支付手段。

秦统一中国后统一了货币，规定以黄金和铜钱为主要货币，其他如珠、玉、龟、贝、银、锡等，不再作为货币使用，主要流通的货币是"秦半两"。

汉初采取比较宽松的经济政策，"令民铸钱，一黄金一斤，约法省禁"（《史记·平准书》）。武帝即位后，鉴于市面上因流通"半两""四铢""榆荚"等币量不一的货币对社会经济带来的不良影响，收回封国的铸币权，并严禁民间私铸。汉武帝元鼎四年（公元前 113 年），中央政府收回铸币权，由上林三官，即钟官、辨铜和均输专门负责铸币事宜，铸造新的五铢钱。此时所铸五铢，史称"上林三官钱"，币质上乘，钱文挺秀，郭圆周正，式样划一，币重如其文，且不易被盗磨。因此，汉兴以来私铸、盗铸钱币之弊一时衰竭，铸币权分散之积弊也同时根除，汉武帝统一币制的改革，至此终获成功。

五铢币制的确定，对于我国经济社会发展具有重要的意义。一方面，五铢钱的铸币权完全收归中央政府，有利于削弱地方割据势力，维护国家的统一；另一方面，五铢钱轻重适中，合乎古代社会经济发展状况与价格水平对货币单位的要求。因而，五铢钱流通范围极广，从东南沿海到新疆地区，从云、贵、川到蒙古高原和东北地区，都有出土。五铢钱历东汉、魏晋南北朝、隋代，至唐武德四年(621 年)废止，前后跨度为 738 年。

西汉以后，由于兵祸连年，社会生产和商品流通遭到严重破坏，商品货币关系发生严重的倒退，开始进入实物货币时期，布帛谷粟尤其是布帛，成为主要货币。

唐初期，社会安定，经济发展，外贸兴起，商品货币关系大大发展，这就导致货币经济复兴。这一时期铜钱与布帛并用，但铜钱地位上升，布帛地位下降。唐武德四年宣布废止五铢钱，铸“开元通宝”。这种钱大小仿照汉五铢，每十文重一两，每文一钱。其由于形制匀称，轻重适宜，在以后一千多年间一直是制钱的标准。唐钱在形状上较以往没有什么变化，但名称上变化很大。唐以前的钱都是重量钱，以重量为名称，唐钱则改称“通宝”“元宝”，并冠以年号。开元通宝的使用十分成功，史书均称“轻重大小最为折衷，远近甚便之”(《旧唐书·食货志上》)。从此，终唐之世，除高宗和肃宗时偶铸以年号为名的“乾封泉宝”“乾元重宝”外，钱文均以“开元通宝”为定制标准。

这是中国货币史上通宝制度的开始，标志着我国金属铸币制度正式脱离以重量为名的五铢钱系统，而发展为“通宝”钱制度。“通宝”币制反映了人们对货币本质的进一步认识，即反映了货币作为商品交换工具和一般财富的意义。

清代通宝自开国迄于宣统，铸行与清王朝相始终。直至民国时期，云南等省还曾铸造过民国通宝。因而，通宝币制创始于公元 621 年，迄于 1911 年，运行近 1 300 年，这是中外货币史上通行时间最长的一种铜铸币制度。

第四节　集权国家的经济职能

中国古代的社会制度和组织，具有显著的宗法色彩，如周天子既是国君又是宗主。这种君统和宗族的统一，使得封建早期方国政体及其统治方式具有浓

厚的宗法家长制特点。这种宗法制度与国家制度的统一,导致中国历史上的专制和集权传统,在经济上则表现为发达的国家经济和政府管理传统。作为专制主义和中央集权国家的政府,中国的封建政府必然在经济生活中发挥重要的作用。具体说,主要有以下几个方面:

第一,保护财产制度和调整土地关系。不论何种性质的国家政府,其首要职能都是实施产权和产权保护制度。同样,中国封建国家的政府,也必须通过各种方式实施产权和产权保护。在以农为主的社会经济中,土地是最重要的生产资料,也是最重要的财产。中国封建土地制度的最大特点,是土地私有和可以买卖。这种制度使作为最重要的生产资料的土地可以流转,从而实现更有效率的配置,提高整个农业的生产效益,但却导致整个封建经济史上起伏不断的土地兼并。而土地兼并往往使大批农民失去土地,造成社会生产的破坏。因而,封建国家必须采取各种方式抑制土地兼并,西汉时期的限田、王莽新朝的王田、东汉初期的度田、西晋时期的占田,以及北魏和唐代的均田等,都是为了抑制土地兼并而实行的政策。到宋代,政府不再抑制土地兼并,更不再实施均田,但政府仍要通过政权的力量来确保土地制度的稳定和合理的流转。此时,政府主要通过法律制度来实施对土地财产的保护,包括规范土地市场和促进公平交易。

第二,建设水利设施和管理农业生产。中国历朝历代都实施重农政策,对农业生产进行促进和管理。劝农是中国地方官吏的一个经常性职责,政府还设置专门的劝农官,负责管理农业生产事务,包括督促农民按时令播种收获,不误农时,组织、协调生产资料的使用,特别是协调共同利用灌溉系统,以及备荒、赈灾等事务。秦《田律》规定:“雨为澍,及秀粟,辄以书言澍稼、秀粟及垦田无稼者顷数……近县令轻足行其书,远县令邮行之。”①农业发展一直是封建集权政府考核地方官员的重要内容,并在很大程度上决定其升迁或贬谪。唐代以后,地方官员对农业的管理和监督已写入法典,《唐律》规定:“诸部内有旱涝霜雹虫蝗为害之处,主司应言而不言及妄言者,杖七十,覆检不以实者,与同罪。”②政府还组织农业新技术的开发和推广,如著名的代田法和区田法,都是由政府推广的,对农业发展发挥了重要作用。政府历来承担着水利设施建设、管理和维护的职责,不仅专门设置治河官员,而且年年都为治河做出专门的财政预算。中国古代的一些重要水利设施无一不是在政府支持下建设的。据《新唐书·地理志》记载,唐初至开元年间,兴修的水利工程就有160多项,遍及全国各地。宋代王安石推行农田水利法,利用放淤和灌溉改造盐碱地,取得显著成效。

---

① 《睡虎地秦墓竹简·秦律十八种释文注释》,文物出版社,1990年版,第19页。

② 《唐律疏议》卷十三《户婚》,中华书局,1983年版,第247页。

第三，防灾减灾和实行社会救济。秦汉以来的历代政府，都把修筑堤防、疏浚河道、治理河患，特别是治理黄河作为防洪减灾的重要措施。政府还建立气象、灾情和汛情监测体系。例如，汉代建有“自立春至立夏尽立秋，郡国上雨泽”制度，以后为历朝所沿袭。金代有专门的《河防令》，明朝开始建立黄河飞马报汛制度，清代的黄河速报制度更加完善。政府制定了一系列有关救济灾荒的法令、制度与政策措施，统称为荒政。荒政包括报勘灾情、赈济灾民、蠲免与缓征赋役、劝奖社会助赈，以及抚恤安辑等。特别是，在灾情发生后，政府采取移民就食、移粟救民和平粜等措施。隋唐开始设立社仓（后称义仓），职能是赈济、借贷（无息）和出粜，“王公以下垦田，亩纳二升。其粟麦粳稻之属，各依土地，贮之州县，以备凶年”①。自从建立仓储制度以后，平粜举措史不绝书。此外，政府为恢复生产，还将钱、粮借贷给灾民，秋后偿还，政府收取少量利息，或干脆免息。

第四，利用税收政策调节社会经济。在经济发展的不同时期，政府根据需要采取不同的赋役政策调节社会经济。一般来讲，在王朝建立之初，为了鼓励生产，总是采取轻徭薄赋的政策，而在社会经济得到一定发展以后再作适当的调节。秦汉之后，各代为适应形势需要，对赋役制度均有所改革。如唐德宗推行两税法，不再按丁征税，改为按资产和田亩征税，即：根据资产定出户等，按户等征收户税，先“定税计钱”，再“折钱纳物”；按田亩数量征收地税。两税法把原来按丁征税转入按贫富征税，立法原则较为公平，在一定程度上改变了赋税集中于贫苦农民身上的不合理状况。明神宗万历九年（1581 年）实行“一条鞭法”，就是将田赋、丁赋和各种杂税合并为一，以县为单位，按地亩向土地所有者征收银两。这种办法有利于简化税制、平均税额，有利于商品经济发展。这里已经把过去按人征派的丁役部分分摊到田亩上去，所以也就部分实现了公平。到清代实行摊丁入亩，最终结束了中国历史上人丁地亩的双重征税标准，将丁役分摊到土地上。改革后，原来独立的丁税已不存在，丁随地起，田多丁税多，田少丁税少，无田无丁税，从而调整了国家、地主和自耕农三者之间的利益分配关系，消除了“富者田连阡陌，竟少丁差；贫民地无立锥，反多徭役”的状况。同时，摊丁入亩使农民不再被强制束缚在土地上，大量剩余劳动力可以流动，可以做佣工、经商、从事手工业等，大大促进了工商业的发展。此外，历代政府都设立专门机关负责征收商税。西周的“司关”，唐代的“税场”，宋代的“都商税院”“都税务”“税场”，明代的“钞关”，清代的“户关”“工关”，近代的海关、常关等都是这样的机关。征税的方法大抵有两种：一是政府直接向商人征收；二是通过牙人、牙行等中介组织间接征收②。

① 《唐会要》卷八十八《仓及常平仓》，中华书局，1955 年版，第 1612 页。

② 参见丁长清：《中国历史上政府干预市场问题的考察》，《南开学报》，2001 年第 7 期。

第五节 传统经济的长期波动

中国传统经济的特点是长期波动。自秦汉以来,中国历史上的经济波动可以分为五个大的阶段。

第一阶段:秦汉到三国时期。这一时期,中国经历了秦末农民战争和楚汉战争、西汉末年的农民战争以及三国之间的战争,战争造成三次大的破坏。秦的暴虐导致秦末农民大起义。西汉时期,政府实行"与民休息"的政策,社会经济逐渐得到恢复,出现"文景之治"。东汉末期直到三国结束,一直群雄混战,生产力遭到严重破坏。但总的来看,西汉和东汉两代保持了较长时期的稳定,社会经济得到较为充分的发展,所以是中国历史上第一个黄金时期。

第二阶段:魏晋南北朝时期。曹魏时期,"天下户口减耗,十裁一在"《三国志》卷八。直到西晋初年,才出现"家给人足""牛羊被野"的繁荣景象。但西晋的内乱导致北方少数民族的入侵,经"五胡十六国"和南北朝直到隋文帝开皇九年(589 年)才重新实现全国统一,混乱时期长达 280 年,社会经济遭到严重破坏。这是中国历史上最混乱的时期,持续了三个世纪。

第三阶段:隋唐五代时期。隋王朝在其存在的 37 年中,社会经济没有得到恢复。到唐代,持久的和平与统一,使得社会经济得到高度发展,这是中国封建社会经济最繁荣的时期。这种繁荣景象一直维持到"安史之乱"。从唐亡到"五代十国",又是一个混乱时期,但持续时间并不算长。这一时期,经济稳定发展主要是在盛唐,盛唐时期被称为中国历史上的第二个黄金时期。

第四阶段:宋代到元末。北宋和南宋两代,尽管战争不断,中国社会经济仍然获得了发展,并出现过几个持续的繁荣时期,特别是商品货币经济获得较大发展。元统一中国以后,社会经济的恢复和发展都是很有限的,阶级矛盾和民族矛盾导致元末农民大起义,使刚刚有所恢复的社会经济遭到严重破坏。

第五阶段:明清时期。明清两代是中国历史上维持和平统一时间较长的时期,社会经济有一个长期的恢复和发展,所以被称为中国历史上第三个黄金时期。不过,这个时期发生过两次大规模战争,一次是明末农民战争和清朝对中国广大地区的征服战争,另一次是太平天国战争。这两次大规模战争对中国社会经济的破坏程度也不可低估。

从主要社会波动的周期看,每次波动时间长短不一,无明显规律,但是每两次波动的间隔时间却有一定的规律性。主要朝代如西汉、东汉、唐、北宋、明、清社会波动的间隔时间在200年上下,平均间隔期约为210年。也就是说,中国封建社会在一般情况下每隔200年左右就会发生大规模社会波动和王朝更替①。

对周期性社会波动现象,人们早有察觉。东汉仲长统就认为,秦末和西汉末社会波动的发生是有一定规律的,社会发展就是治与乱的"周复",这是"天道常然之大数"(《后汉书》卷四九)。关于这种周期性的波动,古代思想家也做过各种解释,如所谓"五德终始"说和"三统"说,但这种历史循环论并不能揭示中国封建社会经济周期波动的原因。在中国封建社会地主经济和小农经济并存的特殊经济机制下,经济周期波动的产生主要基于以下四个方面的原因:

第一,中国是一个多灾国家,水、旱、虫等自然灾害频频发生。由于农业社会生产力水平低,相应的抵御自然灾害的能力也很低,完全靠天吃饭,所以,一旦发生自然灾害,就会出现人口大量死亡现象,使社会生产力大倒退。另外,中国小农经济的特点也使中国农业抵御自然灾害的能力较弱。所以,中国历史上的气候周期是构成经济周期波动的基本原因。

第二,中国北部的少数民族一般比较强悍,向往中原的物质文明和精神文明,不满足于在北部草原游牧,经常南侵,而大规模南侵往往使经济社会遭到严重破坏,并使生产力发展水平倒退。因此,北部少数民族的南侵也是构成中国封建社会经济周期性波动的原因。

第三,中国一直存在土地自由买卖制度,土地兼并成为不可避免的趋势,并导致大批农民无地,其结果就是周期性地通过农民战争实现土地再分配和重建自耕农体制。这种生产关系调整的方式使社会生产力遭到严重破坏。

第四,小农经济能够最大限度地调动生产者的劳动积极性,最大限度地利用土地和剩余劳动力,所以,可以最大限度地养活土地上的人口。但是,小农经济是一种十分脆弱的经济体,既要抵御自然风险和其他风险,其中的自耕农还要为保住自己的小块土地与地主经济竞争,而佃农则要千方百计保住小块租地。所以,小农经济的主体始终处于贫困破产的边缘,一旦出现意外的变故,包括发生自然灾害,他们就大批破产,从而不得不出卖土地或被夺佃。所以,中国历史上的土地兼并现象在自然灾害严重的年份更为突出。土地兼并的结果不是土地的集中大规模经营,仍是小块经营。土地上的小农如果能保住自己的佃农地位,就仍然是小农;如果不能保住自己的佃农地位,就要变成流民。大规模流民往往在天灾与人祸并行的时期出现,并导致整个社会的动乱以及社会经济

① 徐平华:《中国封建社会周期波动与人口关系初探》,《中国史研究》,1997年第3期。

的破坏。

总的来看,在中国封建社会的2 000多年历史中,经济社会真正稳定和发展的时期主要集中在两汉和唐代,明清两代也曾出现较长时期的稳定和发展,其他时期都充满战争和动乱。从中国封建社会2 000多年的历史来看,只要社会稳定,经济就获得充分发展,而社会稳定的基础是农民自耕体制的存在,不稳定的因素主要是土地兼并。所以说,地主经济与小农经济的矛盾,决定中国封建经济的盛衰。而少数民族的侵扰,大多是在中国经济内部矛盾突出的情况下发生的。这种内外矛盾,往往导致一个王朝的灭亡。

表3-1显示了1—2001年中国和西欧的双边比较。

表3-1　1—2001年中国和西欧的双边比较

年份	人口(百万人)	人均国内生产总值(1990年美元)	国内生产总值(10亿1990年国际元)**
	中国/西欧*	中国/西欧	中国/西欧
1	59.6/24.7	450/450	26.8/11.1
1000	59.0/25.4	450/400	26.6/10.2
1300	100.0/58.4	600/593	60/34.6
1400	72.0/41.5	600/676	43.2/28.1
1500	103.0/57.3	600/771	61.8/44.2
1820	381.0/133.0	600/1 204	228.6/160.1
1913	437.1/261.0	552/3 458	241.3/902.3
1950	546.8/304.9	439/4 579	239.9/1 396.2
2001	1 275.4/392.1	3 583/19 256	4 569.8/7 550.3

* 西欧包括奥地利、比利时、丹麦、芬兰、法国、德国、意大利、荷兰、挪威、瑞典、瑞士、英国12国。

** 国际元(Geary-Khamis Dollar)是多边购买力平价比较中将不同国家货币转换为统一货币的方法。

资料来源:安格斯·麦迪逊:《世界经济千年统计》,北京大学出版社,2009年版,第256页。

本章思考题

1. 如何理解地主经济在中国封建经济史上的作用?
2. 小农经济包括哪几种类型?其经济特点是什么?
3. 中国古代商品经济发展的规律是什么?
4. 中国古代国家的经济职能是什么?
5. 如何理解中国历史上的经济周期波动?

第四章 西亚封建经济

第一节　波斯封建经济

经历与希腊的长期战争后，古波斯帝国被亚历山大击败而亡国。随后，波斯处于塞琉古帝国统治之下，并经历了一个希腊化过程。但希腊化仅仅影响到比例较小的上层人士，广大波斯人民的社会生活仍保留了自己的独特方式。公元前3世纪中叶，伊朗高原东北部的帕尼部落征服了帕提亚地区，在阿尔沙克一世领导下逐渐壮大，并最终摆脱塞琉古帝国的统治，建立了帕提亚帝国①。帕提亚帝国长期与罗马对峙，成为古典世界最强大的国家之一。226年，帕提亚帝国被萨珊帝国取代。萨珊帝国全面继承了帕提亚帝国的遗产，并进一步加强国力和扩张国土，甚至接近古波斯的版图。波斯帝国这两个王朝前后共存续了900多年，直到公元7世纪中叶被阿拉伯帝国吞并。在这一漫长的历史过程中，波斯人既保持了自己的独特文化，也吸收了希腊文化和阿拉伯文化，创建了一个庞大的多元文化的帝国。

帕提亚帝国国土范围没有阿契美尼德王朝那么大，基本承袭塞琉古王朝的诸侯制统治，中央集权的程度更不能相提并论②。全国划分为四大行政区，大行政区的长官称“马尔兹班”，拥有极大的权力，辖区内的行省总督必须服从他的指挥。地处偏远的行省可以享有一定的自治权，但必须承认帝国的主权，并向中央缴纳贡金及提供军事援助。萨珊王朝时期，国土进一步扩大，国王以“众王之王”为号，成为中央霸主，并建立了中央集权体制。国王之下设御前会议，御

① 帕提亚帝国即我国古称的安息帝国。

② ［伊朗］阿卜杜勒·侯赛因·扎林库伯：《波斯帝国史》，昆仑出版社，2014年版，第359页。

前会议之下设中央行政机构，管理帝国的行政、军队、税收、国库等方方面面。萨珊帝国和帕提亚帝国一样分为许多属国、行省和地区。各行省总督由国王任命，名义上听命于朝廷，但实际上有些行省由地方贵族任总督，有一定的独立性。萨珊王朝承认各省地方古老家族的首领们为他们治下地方的国王，也允许他们保持本族的风习和仪礼，但是却要求他们与中央政府保持密切联系。也就是说，承认他们一定程度上的独立，但这种独立以不妨碍中央集权为度[①]。萨珊王朝也在行省之上设行政区，每个行政区管辖若干行省，以加强对各地区的控制。

帕提亚帝国的土地制度包括王室土地、祆教神庙土地、贵族土地、村社土地和私有地等多种占有形式。王室土地分为许多地产，每个地产又分为不同类型的葡萄园，缴纳不同的赋税。王室土地税收由专门官吏负责，有严格的管理制度。王室土地还分成小块地出租给世袭佃农，佃农按永佃制原则耕种，必须按时缴纳地租。祆教神庙土地主要是王室捐赠的"祭田"，须向"王库"缴纳赋税。其余土地为村社农民占有。但随着农民的分化，出现了土地买卖和土地兼并，土地日益集中到商人地主手中。萨珊帝国基本继承了前朝的土地制度，但祆教祭司和军事贵族占有更大量的土地，他们还享有向纳税人征收什一税的权利。6 世纪中叶，萨珊帝国皇帝科斯洛埃斯一世在镇压了马资达克起义后，推行有条件的军事封土制，封建制度也获得初步确定。

由于地处东西方贸易的必经之地，帕提亚帝国和萨珊帝国的工商业和贸易都很发达。帕提亚在里海东南及木鹿地区（今土库曼斯坦马雷州）建立了一些城市，在中国张骞凿空西域打通丝绸之路后，这些城市的商业价值大大提高，工商贸易也随之发展起来。例如，木鹿城是绿洲的手工业中心，城内有专门的手工业区，比邻近地区先进得多。制陶业发达，主要生产釉陶，特别是绿釉陶器的制作颇为盛行。纺织业很发达，毛织品是著名的出口品，亚麻布以实用和耐穿出名，丝织业特别是锦缎制造业已有较大发展。金属加工和武器制造等都达到相当高的水平，特别是以制作精美的金银细工著称于世，主要出口到欧洲市场。角杯是帕提亚著名的手工艺品，最初是用动物角做成的，后来也有陶质或金属仿角形杯，雕刻图案十分精美，代表当时的工艺水平。较发达的城市已经有了商行，每个商行都有一套规章制度，如锦缎制造业对原料进口、工场规模、产品品质、出口方向等都做了一系列规定，还有关于银器制品、化妆的芳香品和调味的香料等的规定。

帕提亚和萨珊两朝都十分重视利用特殊的地理位置发展对外贸易。公元

---

① ［伊朗］阿卜杜勒·侯赛因·扎林库伯：《波斯帝国史》，昆仑出版社，2014 年版，第 442 页。

前121年，汉帝国遣使张骞拜访帕提亚帝国米特里达梯二世，建立了正式的贸易关系。帕提亚帝国通过向过境的欧亚商旅抽税而获得巨额收入。除了丝绸贸易之外，还有其他物品的贸易，如罗马商人购买印度的铁、香料及皮毛，穿越帕提亚帝国的商旅将西亚及罗马的贵重玻璃器皿带到中国。为了争夺丝绸之路贸易的控制权，帕提亚和萨珊两朝与罗马帝国发生过多次战争①。

第二节　阿拉伯封建经济

6世纪以前，阿拉伯半岛还没有进入世界文明的舞台。6世纪下半叶，受战乱影响，传统的红海至尼罗河流域和波斯湾至红海的道路无法通行，这就使阿拉伯半岛的汉志商道兴盛起来，麦加城作为东西方商旅的必经之地，成为半岛的宗教祭祀中心和商贸重镇②。于是，阿拉伯人借助宗教的力量，在较短的历史时期里建立了跨欧、亚、非三大洲的阿拉伯帝国。

阿拉伯帝国是政教合一的国家。穆罕默德在创建伊斯兰教和国家之初，即宣称创造天地的真主安拉为万物之主，土地是安拉的财产，只有安拉的使者才有权支配。穆罕默德时代，伊斯兰教自麦加兴起并向周围地区逐渐扩展，初步实现了阿拉伯半岛的统一。与此同时，阿拉伯半岛的土地关系和相应的经济关系都发生了深刻的变化。

按照《古兰经》的规定，一切土地皆属安拉所有。在这一名义下，全部土地都为国家所有，只有安拉的使者先知才有支配权，而在先知死后，国有财产的支配权即转移给先知的继承人哈里发。632年穆罕默德去世后，伊斯兰国家开始大规模对外扩张。在征服战争中所获得的土地，大部分作为国有土地由原来的耕种者使用，另一部分土地收归国家直接经营，称为“萨瓦菲”（Sawafi）。然而，这种国有土地制度并没有持续多久，很快就向封建土地所有制转变。

倭马亚王朝时期，哈里发王族占据大片的土地，成为最大的封建主。随后，大批军事贵族、僧侣贵族、游牧贵族和地方官吏以代领或租借方式私吞国有土地，这样的土地称为“卡提亚”。这种土地可以买卖和转让，与个人私有地已无多大区别。阿拉伯血统的穆斯林也占有小块土地，这样的土地称为“木尔克”。另外还有清真寺占有的土地，称为“瓦尔夫”。这部分土地不许买卖和转让，只许用土地的收入供养僧侣。

封建土地制度还以封建采邑“伊克塔”（Iqta）的方式出现。“伊克塔”就是

① ［伊朗］阿卜杜勒·侯赛因·扎林库伯：《波斯帝国史》，昆仑出版社，2014年版，第509页。

② 纳忠：《阿拉伯通史》上卷，商务印书馆，2005年版，第82—83页。

采邑。穆罕默德以伊斯兰国家的名义将一部分土地作为宅地赐予来自麦加的“迁士”,这就是最初形式的“伊克塔”。奥斯曼哈里发将大量“萨瓦菲”赐予古莱氏人和其他部落首领作为“伊克塔”。接受分封采邑的封建主对土地有占有权,在本领地内有向农民征税的权利,但必须向哈里发缴纳国税和服兵役。采邑作为封地一般享用到封建主死亡时为止,死后将土地交还哈里发。但“伊克塔”被继承和转让的事经常发生。随着越来越多的阿拉伯人涌向新领土,“伊克塔”也大量增加,逐渐成为封建土地的主要形式。

根据伊斯兰教的规定,所有的穆斯林都必须缴纳“天课”,这是早期阿拉伯国家的主要财政来源。而在“萨瓦菲”土地上,耕作者作为佃农直接向国家缴纳租赋①。随着疆土的进一步扩大,土地税开始成为国家岁入的最重要来源。土地税的征收大体实行“密萨哈”(Misahah)制,即无论土地耕种与否,均根据已知的面积征收固定的地税。《古兰经》规定,凡不信奉“安拉”的异教徒或无信仰的人,在被征服后都必须缴纳人头税。人头税的数额由家庭财富等级决定,一律以货币形式缴纳②。

倭马亚王朝前期,农业发达,商业兴旺,帝国政府财政收入充足。然而,由于倭马亚王朝的征税政策是歧视性的,不少非穆斯林改信伊斯兰教以获得税收优惠。这就导致大量非阿拉伯穆斯林即“麦瓦利”出现。他们成群结队涌入城市,充当雇员、工匠、店主和商人,为阿拉伯贵族的需要服务。随着帝国的扩张,“麦瓦利”的数量和力量不断壮大,但他们仍受到各种各样的排挤,从而导致社会内部发生种种矛盾冲突。公元750年,倭马亚王朝被阿拔斯王朝所取代。

阿拔斯王朝兴起后,对国有土地进行重新调整和分配,军事封土制即“伊克塔”获得普遍推行。此时的“伊克塔”不仅指土地,也包括土地之上的农户和水利灌溉设施,其规模小至一村一庄,大至一县一省。由中央僚臣、地方总督、军事将领和普通士兵占有的大小“伊克塔”遍及整个帝国。8世纪时,所有的土地都被封建主瓜分。他们把土地以份地形式租给农民耕种,把一切地租和赋税负担压在农民身上。

封建制度的形成,促进了阿拉伯帝国的社会经济发展。在阿拔斯王朝早期的百年间,帝国的对外扩张已达极致状态,国内政治稳固、社会安宁、农商发展、文化昌明、声威远播,是帝国国势极盛的“黄金时代”。

首先,农业生产更加发展。叙利亚、两河流域、埃及、伊朗等被征服地区,古代就是举世闻名的农耕发达区域。哈里发政府十分重视农业生产,动用国家力量兴修水利,开垦荒地,使许多荒芜和不毛之地变成了良田。埃及、美索不达米

① 哈全安:《麦地那国家土地关系初探》,《历史研究》,1994年第5期。

② [美]汤普逊:《中世纪经济社会史》上册,商务印书馆,1984年版,第244页。

亚、呼罗珊、大马士革和俄波拉等地，都是农业最发达的地区，主要农作物有小麦、大麦、水稻、棉花、亚麻等，园艺也很发达，盛产椰枣、橄榄、桃、李、杏、桔、苹果、西瓜、葡萄以及蔬菜等。发达的农业成为哈里发政权财政收入的主要来源之一。

其次，手工业生产日趋发达。埃及是传统的亚麻工业中心，丝绸手工业主要集中在波斯东部省份，地毯手工业几乎到处都有。当法兰克查理大帝和他的伯爵们还在内穿粗麻衣、外披羊皮袄时，阿拉伯的哈里发及其臣僚们早已身着精美绝伦的锦缎绣袍了。阿拉伯的玻璃、武器、皮革、造纸、珠宝和家具制造业也十分兴旺。8世纪中叶中国的造纸术首先传入撒马尔罕，以后传入巴格达、大马士革、埃及、摩洛哥直到西班牙。阿拉伯帝国生产的纸张不仅供本国需要，而且远销欧洲各地。此外，阿拉伯还经营金属制造、陶器、肥皂和香水等手工业。

最后，商业贸易异常发达。阿拉伯民族本是商业民族，伊斯兰教具有强烈的商业色彩，《古兰经》明确规定鼓励和保护商业是所有穆斯林必备的义务和道德。特别是阿拉伯所占据的东西方过境贸易的垄断地位，为商业的广泛发展提供了条件。麦加是叙利亚和也门之间重要商路的中间站，也是东方和西方之间国际贸易的通道，有时这里会经过动用两千头骆驼的庞大商队[①]。大批穆斯林商人活跃于亚、欧、非三大洲，从事着以中介贸易为主的商业活动。他们贩卖丝绸、香料、宝石、铜镜、金银及玻璃器皿、药材、纸张、蔗糖、各种毛皮，以及奴隶和阉人等。从东南亚的苏门答腊、马来亚、印度，直到北欧波罗的海沿岸和斯堪的纳维亚半岛，都有阿拉伯商人的足迹。大规模的阿拉伯商业贸易，促进了亚、欧、非三大洲各个封建文明区域间的经济文化交往，推动了中古时代印度洋区域和地中海区域海上贸易的繁荣与发展。

为了维护中央集权的统治，帝国在全域范围内建立交通网，沿途开设了驿站，政府拨出专款加以维护。修建这些道路，一方面是为信徒到麦加朝觐提供便利，另一方面也是为了方便商旅。政府还鼓励和资助私人沿道路挖井、建造旅舍，设置里程碑等。这个道路系统以巴格达为中心，通往各省的城市，其中一条通向东北的赫尔文，通向东部的柯尔曼沙，前行到东朱巴尔的雷，越过沙漠到尼沙普尔，经塔斯和麦尔夫，再经喀布尔和苏格第亚那的撒马尔罕到印度和中国的边境[②]。阿拉伯人还开凿了运河，运河从尼罗河通到红海北端的克列斯马，长约90英里[③]，这使得埃及小麦可以从尼罗河直达阿拉伯海岸[④]。

随着工农业生产和国内外贸易的发展，阿拉伯帝国的城市也发展和繁荣起

① ［美］汤普逊：《中世纪经济社会史》上册，商务印书馆，1984年版，第234—235页。

② ［美］汤普逊：《中世纪经济社会史》上册，商务印书馆，1984年版，第444页。

③ 1英里约合1.609 344千米。

④ ［美］汤普逊：《中世纪经济社会史》上册，商务印书馆，1984年版，第247—249页。

来。阿拉伯人在征服过程中建立了许多军事城堡。随着征服战争的结束，这些军事城堡变成了市场和交易中心。城镇的主要居民不再是各部落的阿拉伯人，而是经营商业或手工业的阿拉伯化的“麦瓦利”人。帝国首都巴格达不仅是政治中心，而且是世界巨大的商业城市，有约100万人口。城市中心是一座城堡，直径约两英里，里边有哈里发的宫廷、官员们的宅邸和禁卫军的营房。城堡外围建立了巨大的商业中心，由富饶的两河流域地区提供充裕的产品①。此外，巴士拉、安条克、开罗、亚历山大、凯鲁万、撒马尔罕等城市也都是东西方中介贸易的重要商埠。

第三节　奥斯曼封建经济

奥斯曼帝国的建立者是游牧于里海东南部呼罗珊一带的一支突厥人。他们最初依附于塞尔柱突厥人建立的罗姆苏丹国并得到一块封地。1242年，罗姆苏丹国在蒙古人的打击下瓦解，奥斯曼于1300年自称苏丹，建立独立的爱米尔国。1326年，奥斯曼夺取拜占庭在小亚的重镇布鲁萨，控制了马尔马拉海峡，并把首都迁到布鲁萨。这一新的国家称为奥斯曼帝国。

奥斯曼帝国建立了正规的常备军。除封建采邑主提供的军队外，还建立了一种全新的军队。这种军队装备精良，训练严格，待遇优厚，享有特权，是奥斯曼帝国的主要战斗力量。到16世纪中期，奥斯曼帝国已经成为一个庞大的帝国，版图囊括了过去阿拉伯和拜占庭两大帝国的大部分地区，地跨欧、亚、非三大洲。

15世纪上半叶，随着对外征服过程的基本完成，奥斯曼帝国土地关系的封建化逐渐开始。根据奥斯曼帝国的有关法令，所有征服的农业土地和牧场统统为国有，全部土地的终极所有权都属于苏丹。他可以把征服的田产划归自有，也可以将其赐予私人和宗教慈善基金管理机构。帝国的大部分土地则给予了封建领主，他们也就成了采邑承受人。这些采邑承受人既要履行地方的行政职能，也要履行帝国的军事职能。这类土地称为“木尔克”。在帝国不断扩张的历史时期，帝国以军事采邑的形式将土地赐予军事贵族和立有战功的骑兵将士②。分封给勇猛骑士的采邑称为“西巴哈”，属于有条件的世袭领地。其中：小型采邑叫“提马尔”，这种领地的财产可装备5名骑兵；大型采邑称为“扎米特”，可装

① ［美］斯塔夫里阿诺斯：《全球通史——1500年以前的世界》，上海社会科学院出版社，1999年版，第361页。

② 黄维民：《奥斯曼帝国》，三秦出版社，2000年版，第184页。

备5名以上骑兵。奥斯曼帝国规定,凡领有军事采邑的骑士,必须经常住在本领地内,以便招之即来,随同苏丹远征。奥斯曼帝国还将土地按官阶的高低分封给各级官吏,这事实上是以土地上的收入作为他们的俸禄。这些土地后来都成为私人占有的世袭土地。土耳其则把它同皇族的土地都称为“哈斯”。此外,伊斯兰教僧侣也可以保有土地,这就是寺院地产,称为“瓦克夫”。

这些封建土地,大部分使用依附农民耕种。政府规定,凡穆斯林农民,可向国家或各级封建主缴纳什一税,而非穆斯林农民要缴纳份地收获量的四分之一,有的地区还实行对分制地租。此外,非穆斯林农民还要缴纳人头税。16世纪初,奥斯曼帝国的人头税为每人20~25阿克切,17世纪初增加到了140阿克切。由于地方官吏的层层加码,有的地方达到400~500阿克切。老百姓除了承担土地税、什一税、牲畜税、冬夏季牧草税等,还要服各种徭役,如修筑道路、桥梁、寺院、宫殿,要为官方的驿站提供马匹、粮草等①。

采邑的年收入都由承受人征收,这实际上就是他的薪俸。农民缴纳的农产品什一税,是他最主要的收入来源。除此之外,采邑承受人还享有其他的一些政治权益,如参与地方政务和军事的管理,监督司法公正等。他所应尽的义务是:和平时期要进行军事训练,战争时期要根据采邑的规模和价值向苏丹提供一定数额的骑兵和辎重。为了计算财政税收和分封采邑,苏丹每年都要对每个省进行详细的调查,这种调查被称为“塔里尔”,是奥斯曼帝国行政管理的基本手段。调查时,苏丹派出的官员将村庄的人口、土地、庄稼、牲畜一一登记在册。这些调查是帝国对采邑承受人实施控制的有效工具。据有关史料记载,奥斯曼帝国欧洲部分的各采邑封建领主向苏丹提供的骑兵数额为8万人,亚洲部分各采邑领主提供的骑兵数额为5万人。

奥斯曼帝国的军事实力建立在强悍的骑兵队伍基础上。但随着热兵器的出现,骑兵的原有优势逐渐丧失,而供养骑兵的采邑制度也失去应有的作用。为适应新的军事技术变化,奥斯曼帝国需购买大量新式武器。为此,帝国试图把原有的采邑封地变为国家土地,以便为供养军队和改变军事技术装备提供财源。但这些采邑封地有的以纳税农场的形式租了出去,有的则一劳永逸地改为纳税农场。而在通货膨胀形势之下,采邑主从采邑上获得的实际收入日益减少,当国家向他们发出征召时,他们往往无力应征。这样,他们的采邑就可能被政府收回。而这些被收回的采邑,逐渐落入近卫兵团的军官或有权势的官吏手中,他们通过各种非法手段将其变为世袭占有。因此,到16世纪,封建采邑制度就逐渐瓦解了。

---

① 黄维民:《奥斯曼帝国》,三秦出版社,2000年版,第219页。

帝国各级政府对各类市场实行严格的监督和管理，如度量衡、进口和出口、价格和利润、行会和原料等，都必须在政府的控制之下。为了国家财政需要，政府长期实行两种价格体系，一种是市场价格，另一种是政府规定的价格，后者一般都比前者低 1/4 左右。长期以来，奥斯曼帝国的铸币都以白银为基础，市场价格也基本稳定。16 世纪后期，美洲白银大量流入，政府对物价失去控制，导致严重的通货膨胀。通货膨胀使得依靠薪俸为生的政府官吏和近卫军士兵生活水平下降，不得不通过一些非正常手段取得额外收入，这就导致政府的腐败。

帝国重视对外贸易发展，派重兵对重要的商贸路线加以保护，既要增加关税收入，也要防止敌方得到必要的战争物资。16 世纪，奥斯曼帝国利用有利的地理条件，垄断东西方贸易，靠转售东方丝绸和香料而获利。16 世纪以后，奥斯曼人与波斯人之间发生旷日持久的战争，使传统商路遭到破坏，欧洲商人开始绕过奥斯曼帝国开辟其他商路，最终使奥斯曼帝国丧失了贸易垄断优势[①]。

本章思考题

1. 帕提亚帝国和萨珊帝国经济的特点是什么?
2. 阿拉伯帝国与奥斯曼帝国经济的共同点和区别是什么?

---

① 黄维民:《奥斯曼帝国》，三秦出版社，2000 年版，第 229 页。

第五章 西欧封建经济

第一节 西欧封建制度的起源

西欧封建经济主要起源于日耳曼氏族公社制度,是与罗马奴隶制经济完全不同的经济形态,但西欧的封建经济制度是在罗马的废墟上建立起来的,不可能不受罗马社会经济形态的影响。然而,日耳曼人所接触到的罗马,已经不是全盛时期的罗马,而是一个衰落的罗马;所接触到的罗马奴隶制,已经不是典型的奴隶制,而是开始封建化的奴隶制。这是我们理解西欧封建制度的关键。所以说,西欧封建经济有两个源头:一个是日耳曼所有制或者说是日耳曼氏族公社所有制,另一个是衰落的或变态的罗马奴隶制。整个西欧封建制度的形成和演变过程,就是日耳曼制度与罗马制度的融合过程,正如美国经济史学家诺斯指出的:"在总结这1 000年的结构特征时,我们可以说,这是一个日耳曼制度和罗马制度融合的时代。"①

一般来讲,新的生产关系是从旧的生产关系内部萌发和生长出来的。封建生产关系也不例外,它是在罗马奴隶制衰落过程中逐渐出现的。日耳曼民族在向罗马帝国渗透过程中,基本上处在氏族公社向奴隶制转变过程中,本来没有封建经济的经验。他们是在与罗马接触过程中,学习罗马的经营模式,结合自己的社会结构发展起封建制度的。"西欧的兴起基本上是以继承希腊-罗马文化为条件的,希腊-罗马文化被保留、继承(特别是在南欧)、改造,并最终塑造了在6世纪到10世纪间出现的许多制度安排。庄园似乎是从罗马村社直接派生

① [美]诺斯:《经济史中的结构与变迁》,商务印书馆,1996年版,第143页。

出来的,有人身依附的隶农可以说是封建社会农奴的前身。奴隶制也延续到了中世纪。罗马法的传统被保留下来,而且出于规定产权结构的需要,它在现代欧洲的早期又充分地再现出来。”①

然而,日耳曼制度与罗马制度的融合,是一个极为漫长的过程。尽管早在帝国兴盛时期,日耳曼人就通过与罗马人的交往不断学习罗马的文化,但真正的融合是在日耳曼人对罗马的征服过程中发生的。日耳曼人在对罗马的侵蚀和征服过程中将氏族制度带入罗马,日耳曼人侵占了罗马的土地,将全部土地的2/3由自己分配。这种分配是按照氏族制度进行的,由于征服者的人数比较少,广大的土地未被分配,一部分归全体人民所有,一部分归各个部落和氏族所有。在每个氏族内,则用抽签的方法把耕地和草地平均分给各户。不过,这样的做法不久就在罗马行省被取消了,单块的份地变成可以转让的私有财产即自主地,森林和牧场没有分配而留作共同使用。这种使用以及对所分得的耕地的耕种方式,都是按照古代的习俗和全体的决定来调整的。

不过,在对罗马的征服和统治过程中,日耳曼的古老氏族制度逐渐发生着变化。恩格斯指出:氏族在自己的村落里定居越久,德意志人和罗马人越是逐渐融合,亲属性质的联系就越让位于地区性质的联系;氏族消失在马尔克公社中了,但在马尔克公社内,它起源于各成员的亲属关系的痕迹往往还是很显著的。可见,至少在保存马尔克公社的各个国家,如在法国北部,在英国,在德国,在斯堪的纳维亚,氏族制度不知不觉地变成了地区制度,因此能够和国家相适应。但是,它仍保存了它那种自然形成而为整个氏族制度所特有的民主性质;甚至在它后来被迫蜕变的时候,也还留下了氏族制度的片段,从而在被压迫者手中留下了一种武器,直到现代还有其生命力②。

日耳曼人所到之处,基本上摧毁了罗马帝国的国家机器。这主要是由于日耳曼人处在较低的政治发展水平上,没有能力继承复杂的罗马国家管理体系。但是,日耳曼人原有的政治结构也遇到了严峻挑战。在大征服、大迁徙和建立新国家的过程中,日耳曼原来以血缘关系为基础的职能较为简单的部落组织,开始让位于以地域关系为基础的职能较复杂的国家组织。氏族中的血缘关系很快就丧失了自己的意义,这是氏族制度的机关在部落和整个民族内由于征服而蜕变的结果。这是因为,对被征服者的统治是与氏族制度不相容的。罗马的大片土地不可能用氏族制度来统治。日耳曼人做了罗马各行省的主人,就必须把所征服的地区加以组织。“但是,它们既不能把大量的罗马人吸收到氏族团体里来,又不能通过氏族团体去统治他们。必须设置一种代替物来代替罗马国

① [美]诺斯:《经济史中的结构与变迁》,商务印书馆,1996年版,第141—142页。

② 马克思、恩格斯:《马克思恩格斯选集》第4卷,人民出版社,1995年版,第152页。

家，以领导起初大都还继续存在的罗马地方行政机关，而这种代替物只能是另一种国家。因此，氏族制度的机关必须转化为国家机关，并且为时势所迫，这种转化还非常迅速。但是，征服者民族的最近的代表人是军事首长。被征服地区对内对外的安全，要求增大他的权力。于是军事首长的权力转变为王权的时机来到了，这一转变发生了。”①

更重要的是经济关系的变化。在罗马帝国晚期，奴隶制已经衰落并转变为隶农制。日耳曼人征服罗马，占领了罗马的土地，但既不可能用原有的氏族公社制度来经营罗马的土地，更不可能恢复奴隶制，这是因为奴隶制在罗马已被证实是一种腐朽没落、毫无效益的制度。事实上，日耳曼人所做的是将罗马的隶农制与原有的氏族制度相结合。所以，我们看到的西欧封建制大量保留着氏族制度的残余。美国的中世纪经济史学家汤普逊指出：“封建制度的辽远根源在于：教会和日耳曼人所采用并继续的过去罗马世袭所有权制度以及日耳曼个人忠诚的古老概念，就是最初的战争队伍的全体成员对他们首领的忠诚概念。所以，罗马贡献了财产的关系，日耳曼人贡献了人身的关系。它们的结合形成了封建制度的主要性质。这两种制度成为同一东西的正反面。”②

第二节　主要地区的封建化过程

一、法兰克的封建化

形成于5世纪的《撒利克法典》表明，这个时期的法兰克人还未实行土地私有制，马尔克很盛行，只有房屋和宅旁的土地是私有财产。但农村公社已经出现分化，如耕地和草地已停止分配，而且可以继承。511年克洛维死后，法兰克王国分裂成四个独立的王国，造成长期的封建混战，大大加重了农民的负担，农村公社土地所有制遭到进一步破坏。大约到了7世纪，法兰克公社土地所有制开始瓦解，耕地和草地都已经私有了，份地可以自由转让，因而称为自由地。

克洛维在征服罗马帝国的过程中，没收了2/3的土地，这些土地一部分分给了公社社员，一部分收归公有。他将公有土地部分分封给自己的亲兵、廷臣和主教，从而产生了大地产。法兰克人不仅完全占有广大的罗马国有领地，而且完全占有以往不曾分配给马尔克公社的大片无主土地和森林地区。克洛维把这种人民的财产变为王室的财产，而以礼物或恩赐的方式分给他的扈从队。

① 马克思、恩格斯：《马克思恩格斯选集》第4卷，人民出版社，1995年版，第152页。

② ［美］汤普逊：《中世纪经济社会史》下册，商务印书馆，1984年版，第325页。

这种土地在早期是王室的财产，王室保留着所有权，但逐渐变成封建领主的私产，以领地形式存在于整个封建形态中。

714年，查理·马特继任宫相，对土地占有形式进行重大改革，采取"采邑"分封制。受封者的领地在一般情况下不能世袭，而且以服兵役为条件。但随着社会经济发展和领主实力的扩大，采邑逐渐成为事实上的世袭地产。877年，秃头国王查理颁布"凯尔西敕令"，规定："领主可以把自己的特权与荣誉（爵位）移交给自己的儿子或亲属。"这就从法律上承认了采邑允许世袭的既成事实，从而使采邑具有了"完全的所有权"。

在连年战争和公职贵族的压迫下，自由农民无法生存，不得不把自己的土地献给封建主，然后再从封建主那里领来土地。前一个过程被称为委身制，而后一个过程被称为请地。这样，农民失去了对土地的所有权，只保留占有权和使用权，被迫将自己剩余劳动和剩余产品的一部分交给领主。以后他们又逐渐丧失人身自由，变成依附于领主的农奴。8世纪至9世纪，加洛林王朝时期，农奴已按惯例缴纳租税和服劳役，这些义务被登记在特别的地籍册上。到9世纪中叶，法兰克国家的封建化已经达到相当高的程度，以至于秃头国王查理在847年的墨尔森法令中明确规定："任何自由人都必须选择一个主人，或是国王，或是国王的臣属。"

在土地关系发生变革的同时，封建豁免权也得以确立。这种豁免权就是封建主在自己的领地内掌握重要的国家政治权利，包括审判权、征税权、罚款权等。一方面，豁免权加强了封建主的政治独立性，使封建主不受中央政权的节制。政权的中心开始从宫廷转到封建主的领地，领地获得了一些极为重要的国家职能。封建主站在农民和国王中间，从农民那里得到原先王权以赋役形式征得的一切贡物，包括土地税、通行税和关税等。另一方面，教会取得免税的特权。所以，到加洛林时代，几乎所有的税款都由地方当局征收，也由地方当局使用。反过来，在这种情况下，国家也基本上不提供任何公共产品。

二、英吉利的封建化

英国封建化过程始于5世纪。5世纪中叶，日耳曼人中的盎格鲁人、撒克逊人和裘特人进入不列颠东部和南部。7世纪至9世纪，形成七个王国，史称"七国时代"。930年，国王发布敕令，自由人必须在封建主中认定一个主人，向主人依附，否则格杀勿论，这就使自由人大部分依附于封建主。同时，国王还给予封建主"特恩权"，领主在封地内有审判、收缴讼金、收缴罚金以及征收贡赋捐税等权力。至此，英国的封建化过程基本完成。

1066年，法国诺曼底公爵威廉征服英国。在征服过程中，诺曼底公爵将征服的土地没收,将其中大部分土地作为国王直领地,而将其他土地分封给他的亲兵、近臣,效法大陆的方法制定了一个封建等级。经过多年的征服和分封,英格兰形成与大陆基本相同的封君封臣关系。这是英国的第二次封建化。但威廉的分封及封建制与法兰克的封建制有一些区别。由于威廉是靠征服夺得王位的,因而他本人得以获得数量极为庞大的王室直领地。这样,国王就成了全国最大的封建主,其他封建领主都比较小,土地比较分散。诺曼底征服后,威廉一世不仅占有了盎格鲁-撒克逊王朝的全部王室领地,还把没收来的原英吉利贵族土地中最肥沃、最广大的地段据为己有,其私人土地多达 1 420 处庄园,占全国耕地面积的 1/7 至 1/5①。此外,威廉还将占全国领土 1/3 的森林宣布为国王专有。威廉一世每年的地租收入高达 17 650 镑,封建大贵族中没有一个人的收入能与国王相比。在威廉一世的直属封臣中,占地最大的年收入只有 1 750 镑,不到国王的 1/10。

威廉时期,大约有 170 个大封建贵族直接获得威廉的封土,成为威廉的直属封臣。在这些直属封臣中,尽管有些人的地产也很大,但由于这些土地的分封是威廉一世随着征服战争的进展而逐渐进行的,所以落入每个封建主手中的领地散布全国各地,彼此相隔,互不相连,有的甚至分散于 10 个到 20 个郡。如威廉一世的同父异母兄弟摩尔汀伯爵罗伯特的领地分散在 20 个郡内,切斯特伯爵休的领地分散在 19 个郡内。因此,英国贵族很难像法国贵族那样割据一方,形成地域性独立王国。这样英国就奠定了国王集权的基础。这些直属封臣除了自己的直接领地外,也将土地分封给他们自己的封臣,他们也从封臣那里获得骑兵兵役。威廉时期,在直属封臣之下至少有 4 000 名骑士②。1086 年,威廉一世命令全国的封建主出席索尔兹伯里贵族大会,强迫全部与会者向国王行臣服礼,宣誓"永远忠于国王",为国家服兵役,承担各种义务。威廉既是所有王国居民的国王,又是可直接控制各级封臣的最高封君,因此,英国国王作为最高领主对其下面的一级级封臣有着直接支配权。这种做法改变了西欧大陆流行的"我的封臣的封臣,不是我的封臣"这样的惯例,形成了英国独有的主从关系——一体化的政治结构。

1085—1086 年,威廉派人到英国全境几乎每一个城市和村庄,对所有各级封臣及自由人的土地财产、收入数额进行详细的核对与查证。调查的内容包括:土地有多少,谁占有土地,地价如何,耕犁有多少,佃户有多少,牛、羊、猪有多少头,等等。调查之细,追查之严,可谓锱铢必较,使下级贵族和农民怨声载道,称之为"末日审判"。这次调查的结果为:全英国人数最多的是维兰,占总人

---

① 马克垚:《英国封建社会研究》,北京大学出版社,1992 年版,第 72 页。

② [英]阿萨・勃里格斯:《英国社会史》,中国人民大学出版社,1991 年版,第 65 页。

口的41%,其土地占全部土地的45%;其次是边境居民或茅屋农,占总人口的32%,其土地占全部土地的5%;再次是所谓"自由民"或"索克曼",占总人口的14%,其土地占全部土地的20%;此外还有占人口9%的奴隶①。这次调查的结果被编纂成《土地赋役调查书》,即著名的《末日审判书》。至此,英国完成了第二次封建化过程。

三、德意志的封建化

德意志的封建化过程比英、法都要慢。843年查理曼帝国分裂后,"德意志"地区由日耳曼人路易所控制,是为东法兰克王国。德意志分为诸多封建领地,其中最强大的有萨克森、法兰克尼亚、巴伐利亚和士瓦本四大公国。由部落领袖发展而来的各国公爵,将新兴封建制度与传统血缘、地域关系紧密结合为一体,具有极强的独立性。作为国王的封臣,公爵向国王负有一些义务,作为封君的国王也有义务保护公爵的权益不受损害,这种封君封臣关系就是当时的"国家秩序";作为具有自身特质的地方共同体的首领,公爵的独立意识很强,也有与国王抗衡的实力②。

919年,各大公国贵族代表会议推选萨克森公爵亨利一世为德国国王(919—936年),开始了萨克森王朝的统治。亨利一世审慎处理与公爵的关系,一方面承认公爵的自主性,另一方面依靠教会和中小封建主,使政局逐渐有利于国王。936年,奥托一世加冕为王。为抑制各大公爵,奥托一世对日耳曼教会施行笼络政策,以借教会势力强化王权。他赐给教会大片领地,并把领地上的行政权与司法权也一并授予主教,建立所谓"国家教会体制",史称"奥托特权"。这样一来,教会封建主与世俗封建主形成均势,都听命于王权。奥托还建有赫赫战功,他彻底击败马扎尔人,一举解除了他们对国家东部的威胁。962年,教皇约翰十二世为奥托一世加冕,称"神圣罗马帝国"皇帝。

大小封建主因这种君臣关系而形成不同等级,有不同的贵族头衔。在德意志,封建等级叫作"盾",划为七等:①国王;②作为王室附庸的教会公侯;③大公爵和侯爵以及后来享有王权的伯爵;④保有教会封邑的世俗公侯;⑤属于世俗大王公附庸的伯爵和男爵;⑥自由骑士,即伯爵或男爵的附庸;⑦"半骑士",即由于服军役和表现勇猛而从农奴地位被提拔到半骑士地位的人③。另外,加洛林王朝的官职如伯爵、公爵等,这时也变成一种大贵族的等级称号,但它们之间还没有严格的尊卑之分。

---

① [英]肯尼斯·O.摩根主编:《牛津英国通史》,商务印书馆,1993年版,第171页。

② 侯树栋:《德意志封建王权的历史道路》,《河南大学学报》(社科版),2002年第3期。

③ [美]汤普逊:《中世纪经济社会史》下册,商务印书馆,1984年版,第335页。

到11—12世纪,德国的封建化仍没有达到英、法那样的程度。这种较低的封建化程度,一方面表现为自由农民数量较大,另一方面表现为王权的强大。从11世纪中叶起,德国建立了强大的王权,即萨克森公爵的王朝。萨克森王朝不仅控制了德国的封建主,还控制了部分意大利领土,并在查理四世之后宣布恢复神圣罗马帝国。到12—13世纪,德国封建主义全面发展,形成大土地占有制,大部分国王的领地已经转入军事贵族手中,公社土地已经被世俗封建主和教会封建主侵吞,村社农民已经转变为农奴。

第三节　封土制与庄园经济的兴衰

随着西欧封建制度的确立和发展,社会上层进一步从高到低分化为僧侣集团和以国王为首的骑士贵族集团,社会下层分化为以农工商业者为主体的平民集团,从而也就形成了僧侣、骑士贵族、平民的等级秩序。在这种封建等级制中,各等级排列秩序是由其在社会政治经济文化领域中的作用与影响决定的,同时每个等级内部又都有着各自的等级秩序。

这种封建等级制是以封建土地等级所有制为基础的。在英国,11世纪中叶诺曼底征服以后,国王成为全国最高领主,直接向国王领有土地的封建主称"总佃户",总佃户下还有佃户(封建主),佃户下面还有几层佃户,直到直接经营该土地的封建主,称直接领主。通过土地的层层封受,封建主之间形成君臣关系,赐地者是封君,受地者是封臣。土地的封受是有条件的,随着土地的封受,君臣之间相互建立权利、义务关系。君臣关系一经结成,就很难改变,随着土地的世袭继承,双方人身关系也世代相传。根据封建原则,任何一个封建主都可以把受自别人的土地再转封出去,而且还可以设定其领有条件。在当时的情况下,一个封建主通常向好几个封建主领受土地,他可以有不止一个封君,同时他也可以把得来的土地再转手分封出去,因此可以有好几个封臣。这就使封建关系十分复杂。

封臣领有封土的最重要义务是为封君服军役,一般是封臣亲自服役,自备马匹、武装和粮草,并率领自己的封臣。服役的时间一般为每年40天,如超过40天,封君要对封臣支付费用。在封君有紧急需要时,封臣有义务向封君提供金钱协助,这种款项称协助金。此外,封臣还有义务出席封君法庭,招待出巡至当地的封君。封君对封臣也有相应义务,主要包括:维持封臣的生活供应,赐予封臣土地,让其取得经济收益;在封臣受到不正当攻击时,要出兵协助。同样,封君可以享有封臣对他的义务,主要是军役,如果封臣不履行该义务,封君可以实行扣押,即取走封土上的动产,待封臣履行义务后归还。

封建领主在自己的封土上采取庄园式的经营方式。一个典型的庄园土地基本上可以分为两个部分,区分十分明显,但又相互联系,极为紧密地结合在一起。一方面,领主亲自管理或委托代表管理相当大的一部分耕地,这种地产就是领地或称为领主产业,实际就是领主的自营地;另一方面,还有众多的中、小型地块,他们的持有者要向领主提供各种服务,特别是在领地上劳动,这种地产被称为"采地",实际上也就是农奴的份地。"从经济角度看,一份大地产与许多小地产在同一个组织中的共存是领主制的最基本特征。"①

领主的自营地是领主自己直接管理经营耕种的那部分土地,主要是耕地,有时包括草地、果园、菜圃以及住宅建筑等,有些巨大的自营地还包括荒地、森林等。自营地的大小,每个庄园各有不同,并且随时间的变化而变化。像巴黎的圣日耳曼修道院的大庄园,其自营地面积可达 250 公顷,而中小庄园如圣彼得修道院的自营地面积一般在 5~50 公顷。英国 13 世纪大庄园上领主的自营地面积平均为 416 英亩②,中等庄园为 232 英亩,小庄园为 92 英亩。自营地总处于不断的运动之中,越到后来自营地越小,这是自营地在各种力量作用下解体分化的结果,如向教会或其他宗教团体虔诚捐献、在继承人中间分割、作为封地和请地而赐予下属。自营地中的果园、菜圃之类可能为篱笆或栅栏所圈围,但耕地多以条田的形式与农民的份地交错分布,很少连成一片。这部分土地主要依靠农奴的无偿劳役来耕种。领主的自营地除了由农奴耕种外,还有一部分租给贱农和租户耕种,称为"围地"。在领主的自营地上,通常施行共耕制,有的庄园农民组成耕牛队来耕种领主的土地。当然,也有的土地是分配给农奴耕种的。这就可以理解为什么土地要分成条田。农奴必须首先在领主的自营地上劳动,工作完毕后才能在自己的份地上工作。这就是领地的优先权。

农民份地是农民从领主处领有的小块土地,所有权是领主的,农奴只有占有权和使用权。一般来讲,农奴在死后要将土地交还给领主,农奴的儿子要继续耕种这块土地,必须从领主那里再领取一次,而且要缴纳继承金。农民份地在各国有不同的称呼,法国称曼苏斯,英国称海德(后来称维格特),德国称休夫。份地基本上是按人分配的,为体现公平原则,面积大致相等。曼苏斯在法国的大小一般在 13 公顷左右。英国 1 海德标准为 120 英亩,后来的维格特一般为 30 英亩。德国 1 休夫的标准面积为 30 摩根,合 10.45 公顷。与领主的自营地一样,农民份地也是分成许多零散的条田与其他人的土地交错分布的,有时一户份地会由几十块条田组成。条田交错分布,使农民的份地彼此相连,从外观上很难区分。这是为了使各户土地的肥沃程度、距离远近相差不多。以后,随着

① [法]马克·布洛赫:《法国农村史》,商务印书馆,1991 年版,第 79—80,84 页。

② 1 英亩约合 4 046.86 平方米。

封建土地制度的衰落，份地可能通过买卖和交换而流转，产生土地合并的趋势①。

庄园上的劳动力主要是农奴、贱农和其他半自由劳动力。在社会最底层的劳动阶级当然是奴隶。但是，到8世纪以后，奴隶阶级基本被消灭了，奴隶的残余是家庭仆役，而主要的劳动力是农奴和贱农。这两个等级的依附农有着不同的历史根源、不同的社会地位和不同的经济状况。不自由的农民在各地的称呼不一，法国叫赛尔夫，英国叫维兰，人们将其统称为农奴。农奴领有土地的条件就是为领主自营地的生产与生活提供必需的劳动。劳役的份额由领主决定。由于农奴自身或其份地的法律地位不同，其劳役时间也不同，通常为每周三天，称为"周工"②。周工最重要的劳役是犁田、播种、耙田、割草等，这种每周三天的固定劳役实际上不能固定，而是经常突破，特别是在农忙季节，超时劳役往往成为惯例。

在庄园内部，农民除从事农业生产外，也从事一般性的制造活动，力求满足自己和家庭的需要。庄园内部设有最基本的工业设施，包括磨坊、面包坊、酿酒坊等，农奴中有一部分人从事专门的手工业活动，如鞋匠、铁匠、泥水匠、木匠等。通常领主和教堂掌管这些工业设施，并利用对这些设施的垄断加重对农民的剥削。在这种自给自足的庄园生活中，工业的作用是极其微小的，对生产关系变革和社会进步的意义不大。

第四节　工商业发展与城市复兴

中世纪初期，工业活动处于萌芽状态。从11世纪起，商品经济刺激了手工业的复兴。这种工业首先出现在城市和城市周围，不仅向城市提供产品，而且经商贩的活动为农村提供商品。最初是工匠在家庭中从事某些不需要高度专门化的生产，或个人单干，或在家庭成员的帮助下工作。随着订货的增加，有的工匠开始雇工，这样就产生了作坊。作坊一般由师傅、帮工和学徒组成。师傅、帮工和学徒是中世纪手工业者中的等级。根据行会的规定，要成为某个行业的师傅，必须先从学徒做起，然后升为帮工，最后才是师傅。学徒经过长时期的学习可以升为帮工。帮工在积累足够的经验后才可以成为师傅独立开业。师傅是行会的全权成员，参加本行会的大会。

从13世纪起，工业技术有了一定进步，在某些工业中出现了机械，这种机械在纺织工业和手工艺品生产方面达到很高的水平。工业的规模开始出现增

① ［英］克拉潘：《简明不列颠经济史》，上海译文出版社，1980年版，第124—128页。

② ［法］马克·布洛赫：《法国农村史》，商务印书馆，1991年版，第88页。

大的趋势，在少数特殊行业中和国际贸易发达的地区，如低地国家、意大利和法兰西北部，出现了较大的工业。这些工业不少是为国际市场而生产的，如根特、里尔、亚眠、佛罗伦萨的织布工业，威尼斯的丝织品工业，佛兰德斯的羊毛工业等。英国托斯卡纳的羊毛工业，在12—13世纪垄断了英国的羊毛和来自佛兰德斯以及法国北部的半制成的纺织品，并且对这些半制成品进行加工、染色，最后出口到地中海市场。尽管这些企业还不是工场，但是企业内部已经有了一定的分工，出现了简单的管理和专门的管理者，资本和劳动的分离已经出现。此外，这个时期，工业扩展到许多部门，包括采矿业、冶金业、皮革业、造船业以及手工艺品制造业。欧洲的工业水平，从14—15世纪开始，逐渐超过东方。

中世纪早期经济生活的特点是自给自足。这一时期交通工具落后，强盗时常出没，封建主对经过领地的一切商人小贩处以罚金，课以重税。所以，在中世纪相当长的一段时期，商业非常落后。10世纪以后，西欧商业活动增多，商品交换日益普及，范围不断扩大。11—12世纪，在广大农村涌现出许许多多的乡村市场，成为当时商品经济发展的重要特点。早期的市场仅仅是地方市场，交易范围较小，主要在当地的小生产者之间进行，起互通有无的作用。随着经济的发展，交易越来越频繁，市场也日益增多，还出现了定期的专业市场，即规定每月的某一天或某几天在某地专门进行谷物、牲畜、木材、葡萄酒等的交易。到12—13世纪，随着商业和工业的勃兴，各地集市大大增加。地区性和国际性贸易的发展，使得欧洲两大贸易区逐渐形成。一个是地中海贸易区，主要经营奢侈品，如香料、丝绸、瓷器、宝石、象牙、明矾等，特别是香料贸易占有非常重要的地位。另一个是北海、波罗的海贸易区，它把北海和波罗的海沿岸国家联结起来。东欧的罗斯国家也通过诺夫哥罗德与这个贸易区的国家发展贸易关系。

商业组织形式有了很大发展，出现了商业合伙制度。商业合伙制度产生于海上贸易。为了分散风险，人们在合伙组成船队的同时，把货物分散在不同的船上，也就是说，在每一条船上都装载着不同商人的货物。这样，即使一条船遭难，对每一个商人来说，损失也只是一小部分。还有一种情况是由两方合伙，一方是坐商，主要提供资本；另一方是行商，将商品运到目的地，进行具体交易。这里又分为两种形式，即委托制和协作制：委托制是指坐商提供全部资本，坐商收益为2/3，行商为1/3；协作制是指坐商提供2/3的资本，行商提供1/3的资本，所得利润平分。一般来讲，这种合伙以一次贸易为限，该次活动结束和利润分配完后，合伙即告解散。

最早的商业公司出现于13世纪。初期的公司以家族成员为主，并以家族名字命名。公司经营一两年后便自行解散，进行结算，然后另行组织。但事实上，由于公司以家族为主体，家族成员往往不希望公司解体，所以，虽然在形式上到一两年后解散公司,但并不是使公司真正消失,而是在原有基础上重组并继续经营。公司的经营管理,一般由一个有能力、有经验的人负责。商业公司组织最早出现于海上贸易,以后出现在一般的商业领域。

行会出现于11—12世纪。在早期的城市手工业中,家庭作坊的规模较小。为了捍卫同业者的共同利益,手工业者组成本行业的特殊联盟即行会。行会成员由每个手工业作坊的作坊主组成,称匠师或师傅。行会按行业组织,有时划分极细,每一个行业都有自己的行会。

行会具有经济、政治和社会三种功能。作为经济组织,行会使小手工业者在自然经济条件下能够保持其地位,进行正常的再生产。例如,行会规章主要是关于生产规模、生产过程、价格、原料以及市场等方面的内容。作为政治组织,行会有时是城市管理机构的有机组成部分,有时是城市当局下面的一个自治团体。行会自身有比较完整的组织系统,有严格的纪律,不仅自我管理,而且为市政当局组织市民选举、征收税款、建立城市武装等。作为社会组织,行会具有互助合作的成分,行会内部往往建立互助基金,举办慈善事业,扶贫济困,等等。

行会制定严格的行规,规定产品原料和其他辅助原料的质量和数量;规定作坊的规模,包括作坊所使用的学徒和帮工的数量;规定劳动时间,严禁夜间工作;规定生产和技术,包括规定生产工具、技术设备和生产程序等;规定产品的质量和数量,不仅不能生产质量低劣的产品,也不能生产过量的产品。行会的这些规定,对于保证商品质量和消费者利益,保证行业内公平竞争等具有一定意义。但是在市场逐渐发育和发展的情况下,继续保持这种规定和限制,就成为阻碍经济发展的因素。生产工艺保密,禁止使用合理化的技术和操作方法,违者要受到处罚,甚至直接销毁发明并对发明人进行迫害等,都直接阻碍了技术的进步。所以,到中世纪后期,行会已经成为剥削和垄断团体,成为严重阻碍经济发展的保守落后组织。

在日耳曼征服罗马的几个世纪里,城市遭到毁灭性的破坏。在中世纪初期,城市已经没有什么经济意义,西欧经济生活的中心转到乡村。随着经济社会的发展,特别是商业贸易的恢复和发展,到10世纪时,西欧的城市才开始复兴。从11世纪中叶到14世纪,城市运动变得特别普遍,欧洲大部分地区的城市都复兴起来了。最先复兴的仍是意大利在罗马时代的城市,如威尼斯、那不勒斯、米兰、佛罗伦萨以及罗马等。法国在罗马时代已经出现的一些城市如马赛、图卢兹、波尔多、巴黎等,德国在莱茵河和多瑙河沿岸地区的城市如科隆、奥格斯堡、勒琴堡等,英国的伦敦、约克等也都复兴了。

从地区说,意大利北部和法国南部是城市兴起最早的地方,其在9世纪或

者更早已有城市。10—11世纪，法国北部、尼德兰、莱茵河流域以及邻近地中海和北海、波罗的海两大贸易区的城市纷纷兴起。其他地区的城市兴起则稍晚。由于历史条件不同，新兴的城市大抵可分为三种类型。首先是为满足地方市场需要而生产的中小城市，其经济活动受地方市场的制约。这种城市各国都有，数量最多。其次是主要生产和经营某种专业产品的城市，而且产品主要供出口，其经济活动很大程度上受国际贸易制约。意大利的佛罗伦萨是最著名的代表，它生产的毛纺织品享誉欧洲。最后是主要从事国际贸易的商业城市，靠经营中介贸易起家，其手工业占次要地位。意大利的威尼斯、热那亚、阿马尔非和德国北方的汉堡、吕贝克等，都属于这一类城市。

香槟集市

香槟集市是中世纪最著名的集市。这一地区物产丰富，交通便利，是诸河流的汇合地。从9世纪开始，这里先后出现一系列集市，其中有六个最为著名，包括巴尔集市、拉尼集市，以及普罗文斯的两个集市和特鲁瓦的两个集市。起初集市开放的时间比较短，经过一再的特许和核准，开放时间不断延长，直到每个集市可连续开放约六周。香槟集市轮流在特鲁瓦、拉尼、普罗文斯、奥布河上的巴尔四个城市举行，每个集市的时间为一个半月，而特鲁瓦和普罗文斯则各举行两次。所以，除了极少的中断以外，整个香槟地区可以说全年都有市。

这一地区的集市都归香槟伯爵管理。在每次开市之前，商人有8天的准备时间，正式开市以后，各种类商品轮流开市，每市10天，包括布匹、皮革、杂货等。最后是钱币兑换时间，还有5天的宽放日期，以供办理未了之事，包括编造货物清单，结清账目，领取“汇划票”，在所有的重要契约上加盖集市印章等。集市还发展了一种职员制度来从事集市的管理，包括集市监督、集市书记、集市监印官、集市警卫官等。为了规范和调解集市期间的各种商务纠纷，集市设有集市法院，由集市监督人员以及他们的助理掌管，属于伯爵的行政机关，成为香槟集市上的一种上诉法院，从这里可以上诉于王国的最高法院。

香槟集市具有国际贸易市场的性质。香槟位于佛兰德斯至意大利的商路上，东方来的香料、丝绸等奢侈品以及染料等经意大利商人之手，翻过阿尔卑斯山，到香槟再输往西欧各地。佛兰德斯的呢绒通常也在香槟集市上集散，运往意大利和东方。香槟伯爵和许多国家签订条约或公约，根据这些条约，凡是往香槟去的商人经过其领地时，可减免部分通行税，即使在没有订立条约的地方，伯爵的声望也足以保护过往的商人。伯爵还采取各种措施，例如发放“通行证”，保护其顾客不受封建主的勒索和强盗的抢劫。所以，香槟集市上云集着世界各地的人群，从苏格兰到西西里、从卡斯提尔到大马士革等地区的埃及人、叙利亚人、希腊人、英国人、西班牙人、意大利人和德意志人等都到这里来经商。由于交易发达，这里流通着各种货币，为了便于交换，香槟集市发展了一种“钱兑商制度”。这种制度起源很早，随着香槟集市的成长而发展起来。

香槟集市约在 12 世纪初始见于文献记载，13 世纪臻于鼎盛。1286 年，香槟伯爵女继承人嫁给法王菲利普四世，伯爵领地随之并入王室领地，被法王勒索大量钱财。旷日持久的百年战争，加之威尼斯人开辟了新的商路，使香槟集市失去昔日的繁荣。到 14 世纪初，香槟集市逐渐衰落。不过，香槟集市在中世纪商业史上的影响却是十分深远的。香槟集市不仅活跃了中欧的贸易，带动了当地经济发展，而且在商业制度和货币兑换制度等方面都有重要的贡献。

本章思考题

1. 为什么说西欧封建制度是日耳曼制度与罗马制度的融合？
2. 西欧各地区封建化过程的特点是什么？
3. 西欧庄园经济的特点是什么？
4. 西欧城市复兴的原因和历史意义分别是什么？

第二编

近代中外经济史

第六章 西方资本主义兴起

第一节 资本主义萌芽的产生

一、资本主义萌芽的形态

资本主义萌芽是在封建主义生产方式的母体内产生的。尽管中世纪早期西欧的自然经济占统治地位,但随着经济的发展,商品经济还是潜移默化地发育起来。11世纪以后,商品交换活动受到拓殖运动的大力推动,地区分工也扩大起来。到中世纪中期,城市恢复起来,这就更进一步刺激了商品经济的发展。到中世纪后期,货币在欧洲经济生活中的地位和作用进一步扩大,商业信用也发展起来。更值得注意的是,随着商品货币经济的发展,封建关系开始商品化甚至货币化。这种变化首先是劳役地租向实物地租和货币地租的转变,以后,封建领主为国王承担的骑士役也货币化了。这样,相互承担义务的封建依附关系转变为商品货币关系。这种封建关系向商品货币关系的转变,是资本主义萌芽的最基本条件。到1300年,货币经济已大体上取代了自然经济①。

资本主义萌芽产生的前提条件是人身解放。在商品货币经济发展的情况下,封建主为了获得更多的货币以满足奢侈消费,往往出卖自己土地上的各种封建权利,而农奴为了自身经济利益,也乐于以货币赎买的形式获得人身解放。封建领主以各种方式限制农奴的解放,而农奴往往以逃亡方式获得自由。一个农奴如果在城市里住满了一年零一天,他就取得了城市居民的身份,从而摆脱

① [美]汤普逊:《中世纪晚期欧洲经济社会史》,商务印书馆,1992年版,第8页。

了原来作为农奴对领主的种种义务。新兴的市民阶级为发展资本主义经济，同封建统治者进行激烈的斗争。1289 年，佛罗伦萨政府正式宣布取消农奴制，不再承认封建主对农民的各项特权，而城内毛织等行业的发展也迫切需要大量劳力，从而吸引大批农民进城加入手工业工人的队伍。

封建财产制度的特点是共有或共同体所有，即同一份财产，不仅国王拥有产权，封臣也拥有产权，不仅领主拥有产权，农奴也拥有产权。所以，在中世纪，没有任何一个阶级拥有独立的财产，没有任何一个人对一份财产拥有完全的产权。一方面，11 世纪以后长达数百年的拓殖运动创造了大量"非封建地产"；另一方面，土地逐渐稀缺和技术进步使土地上的产出增加，大大提高了土地的价值，"导致人们为建立排他性的所有制和可转让的权力而努力"①。在英国，这一过程的具体形式就是圈地运动。圈地者最初圈占的是公有地和牧场，将其变为私人地产。以后，不仅公地，就连农民的份地也被圈占了。马克思指出："掠夺教会地产，欺骗性地出让国有土地，盗窃公有地，用残暴恐怖手段把封建财产和克兰财产变为现代私有财产——这就是原始积累的各种田园诗式的方法。"②

随着商品和货币经济的发展，市场制度也不断创新。商品交易所、货币交易所、博览会等形式纷纷出现。更重要的是，由于各阶级人身的解放和产权的独立，在商品经济中，各个生产经营者之间、各个生产经营者与消费者之间的经济联系和经济往来，逐步摆脱了中世纪那种最典型的非经济强制，而是通过自由、平等和自愿的方式进行了。这是资本主义发展的最重要前提条件。

二、意大利的资本主义萌芽

马克思在《资本论》中指出："资本主义生产的最初萌芽，在 14、15 世纪已经稀疏地可以在地中海沿岸的若干城市看到。"③资本主义关系最早在地中海沿岸的意大利萌芽，这与意大利的历史和地理因素有很大关系。尽管古罗马的城市在蛮族入侵时遭到严重破坏，但城市文明仍然对这一地区产生着影响。因此，这里的城市较其他地区发展较早较快。在中世纪，意大利在名义上附属于神圣罗马帝国，但是帝国皇帝对这一地区没有实际控制权。正是在这种统治者缺位的情况下，一批城市在中世纪晚期发展起来。14—16 世纪，佛罗伦萨、米兰和威尼斯都是当时水陆交通枢纽和贸易的集散地，在那里最早出现工商业，那里也是文艺复兴运动的发源地。

佛罗伦萨是资本主义经济关系萌芽比较典型的城市。13—14 世纪的佛罗

---

① ［美］诺斯：《经济史中的结构与变迁》，上海人民出版社，1999 年版，第 151 页。

② 马克思：《资本论》第 1 卷，人民出版社，1975 年版，第 801 页。

③ 马克思：《资本论》第 1 卷，人民出版社，1975 年版，第 373，406，748，806—807 页。

伦萨已有近10万人口，完全是一个工商业城市，主要发展毛织业、银行和商业贸易。在商品货币关系的冲击下，到13世纪后期，这里的封建关系进一步瓦解，分成制地租成为农村中的主要剥削形式，因而农民可自由迁入城市。与此同时，通过工商业经营，佛罗伦萨城内出现了握有大量金钱的资本家和市民。通过开展信贷、汇款等资本主义的金融业务，佛罗伦萨银行业掌握着当时数额最大的现金资本。而这些各色资金相当一部分被用于投资，特别是投资于当时利润最大的毛织业。

当银行家们开始投资于毛织业时，该产业还是一种纯粹的家庭工业。这种企业制度不能与巨大的市场和越来越激烈的竞争相适应，因此，一套改良的工场体系被制定出来。在这种体系下，大部分工作仍在家里进行，商家向工人分发原料，加工完成以后再收集起来，统一做进一步加工或直接销售。有的商家则建立了固定的中心工场。在工场中，受雇的工人在工头的监督下劳动。行会还做出各种规定对工人进行管理。工场主为加深对工人的盘剥，还规定了名目繁多的罚款制度：染工如果把鲜红色呢绒染成深红或紫色要受罚，梳毛工如果工作后未及时整理羊毛要受罚，洗毛工弄脏羊毛要受罚，织工产品上有疵病要受罚，精纺工产品不合格也要受罚。一部分工人（如织工）由于经济拮据求借高利贷，结果除了劳动的双手外，丧失掉了一切。因此，1378年褴褛汉起义提出的要求之一就是延期还债。可见，随着毛织业的发展和生产制度的演进，产生出一个靠劳动和工资生活的阶级，这就是工人阶级。

佛罗伦萨早期的雇佣工人不仅在经济上受剥削，而且在政治上受压迫。他们被禁止建立自己的任何组织，从而完全被排斥于共和国政权之外。为了争取自身解放，早期工人阶级自形成之始就开展了反抗斗争。1343年，佛罗伦萨爆发了历史上第一次大规模的雇佣工人起义，斯蒂芬尼编年史记载，近4 000名“梳毛工人和贫困的小人物”参加了起义；1344年，染工柯拉查领导雇佣工人举行起义；1345年，在梳毛工楚托号召下，掀起了罢工运动，使“全市沸腾起来”。工人们波澜起伏的反抗斗争终于酿成了1378年褴褛汉起义。

三、尼德兰的资本主义萌芽

尼德兰是中欧北海沿岸由莱茵河、默兹河和斯凯尔德河带来的泥沙冲积而成的低地，这里群集着一些世俗和教会的诸侯领地。在尼德兰的商业活动中，海外贸易，尤其是中介贸易，明显居于主导地位。从1200年起，布鲁日与伊普尔、图鲁和墨西拿一起，组成佛兰德交易会网。自此，城市的地位大大提高，工业生产异常活跃，城市居民激增。布鲁日至少开辟了四条直通北海和波罗的海沿岸地区的商路，1309年建立了著名的布鲁日交易所，从事比交易会更高级的

商业活动。1336 年，汉萨同盟在布鲁日建立了一个商业代理处，汉萨同盟的船只从德国、俄国和瑞典等国运来建筑木材、小麦、熏鱼、金属和毛皮等货物。佛兰德议会为外国商人提供了重要的便利条件，如降低进口税，调整海上捕拿法，使批发贸易完全自由，从而吸引了大批外国商人来到布鲁日。条顿骑士团也在布鲁日设有固定的银行。城内有许多伦巴第人，汇票可以支付给那里的意大利银行家。

14 世纪中期，安特卫普成为佛兰德地区的经济中心。这里没有行会制度的困扰，也没有各种传统的清规戒律，各国的商业组织纷纷来到这里设立代理处、开办银行，开展各种贸易。从 15 世纪起就有外国商人来到安特卫普。1407 年，英国人在安特卫普建立了自己的公司；1460 年，该市又为他们设立了英国交易所。当葡萄牙在安特卫普发展起香料贸易时，德意志的各大商业公司纷纷派遣常务经理人作为代表①。到 16 世纪繁盛时期，安特卫普的外国商人越来越多，活动也越来越活跃，安特卫普的海上贸易和陆路贸易多数控制在他们手里。

佛兰德是呢绒业最发达的地区，该地区在 10—11 世纪时形成了一批以呢绒织造业为主要产业的城市，如根特、伊普尔和杜埃等。佛兰德生产的呢绒种类繁多，质地优良，色泽美丽，在欧洲无与伦比。佛兰德每一个城市的产品都可由每匹呢绒的长度及附在呢绒上的铅印加以识别，在伊普尔，每年使用的这种铅印标记将近 80 万个。佛兰德毛织业的原料，一部分靠香槟集市购进，但主要靠英格兰供应。佛兰德毛织业的繁荣，使英格兰养羊业获得极大发展。佛兰德的呢绒不仅销往全欧洲，而且在东方的集市上也可见到。威斯敏斯特的马修曾经说：“佛兰德人用英格兰羊毛织成的呢绒温暖着世界上的所有民族。”因此，佛兰德成为欧洲最早的“世界工场”②。

在城市中，富裕的商人和工业家构成政治和社会的贵族团体，或称为商人贵族，他们控制了市政府。从经济方面来看，他们是雇主或资产阶级，他们组成了行会或商业公会。而在这些大商人的另一面，是广大的手工业者和工匠。他们的原料依靠这些大商人供应，而他们的产品也必须由这些大商人运销到各地，因此受到两方面的盘剥。与此同时，还有大批依靠富裕雇主的日工资为生的无产者。14 世纪中叶，根特有织工 4 000 多名，漂工 1 200 名，而该城的人口不超过 5 万人，可见工人的比例是很大的③。他们工作时间长，劳动条件差，收

① ［德］汉斯·豪斯赫尔：《近代经济史——从十四世纪末到十九世纪下半叶》，商务印书馆，1987 年版，第 93 页。

② ［美］汤普逊：《中世纪晚期欧洲经济社会史》，商务印书馆，1992 年版，第 84 页。

③ ［比］亨利·皮朗：《中世纪欧洲经济社会史》，上海人民出版社，2001 年版，第 178 页。

入不稳定，且常常遭到失业厄运。由于害怕工人骚动，城市规章禁止7名以上的工人聚会，禁止他们携带武器。在一些城市中，贵族可以殴打工人而免于受罚，而侮辱贵族的行为则要处以苛重的罚金。因此，城市里阶级矛盾非常尖锐。

四、资本主义萌芽与国家政策

在中世纪晚期，意大利和尼德兰是资本主义萌芽出现最早的地区，也是经济最发达的地区。资本主义萌芽的出现和经济的发达，与意大利各城市政府和尼德兰各领地的领主实施鼓励工商业自由的政策有关。然而，这两个地区最后都衰落了。它们的衰落当然与世界贸易航路转移和欧洲政治格局变化有关，但更重要的还是当地政府所采取的政策。

中世纪的西班牙也是商品经济发展较早的地区之一。巴塞罗那的手工业和商业都曾有过一个较高水平的繁荣。14世纪加泰罗尼亚的银行就使用了汇票。但是，西班牙政府管制传统源远流长。1240年巴塞罗那产生了第一部银行管理的立法，1258年市议会支持国王颁布了第一部巴塞罗那海洋法。这在欧洲历史上都是领先的。不过，这些管制措施，有的是有利于工商业发展的，有的则限制了工商业发展。例如，1240年的银行立法把银行利息限制为18%，但1258年的海洋法却是在代表工商业者利益的200多个市议会成员的主张下通过的，对巴塞罗那寻求海外市场和倾销剩余产品起到了推动作用[①]。在15和16世纪之交，西班牙的工商业已发展到相当水平，并产生了一个虽不能说十分强大但人数不少的市民阶级，正是这些人而不是西班牙的君主，促成了对美洲的发现。据统计，哥伦布第一次探险的费用计200万马拉维迪，除由路易斯·桑坦海尔提供了140万马拉维迪国家贷款外，其余都是由哥伦布和他的朋友及商人提供的[②]。

但是，西班牙的工商业繁荣并没有使之进入资本主义阶段，而是很快就衰落了。这里除了客观原因外，重要的主观原因就是西班牙缺乏有效的产权设置。羊毛加工业是西班牙的主要产业，是国家税收的主要来源。1273年，西班牙从事养羊业的封建主建立了牧主协会，称为“麦斯塔”。该组织获得王权的保护，并制定了一系列保护养羊业和毛织业的政策。在王权的保护下，牧主为了获得牧场，养成了烧毁林木、培育雏嫩的低矮林木的习惯。1517年，牧主协会拥有游牧羊186万头。每年9月，大规模羊群在牧羊狗的驱赶下，从高地南下来到平原，来年4月又北归寻找牧草。而羊群对所经之地的庄稼造成严重的

① ［美］汤普逊：《中世纪晚期欧洲经济社会史》，商务印书馆，1992年版，第477页。

② ［德］保罗·维尔纳·朗格：《哥伦布传》，新华出版社，1986年版，第53,56页。

破坏①。

与意大利和尼德兰地区相比,英国资本主义萌芽较晚,甚至比西班牙还要晚。这是由于英国被孤立在一个岛上,不仅远离传统的东西方贸易通道,而且长期处于欧洲经济发展的边缘,商品经济发展较晚。11 世纪诺曼底征服以后,英国与欧洲大陆的联系大大增加,商品经济和贸易开始发展起来。特别是佛兰德毛织业的发展,对英国羊毛产生了大量需求。这种需求成为英国圈地运动的最初动因,从外部瓦解了英国的封建土地制度,使土地私有化进程得以开启。所以,中世纪晚期英国的农业是欧洲效率最高的农业。在以后的制度变迁过程中,英国议会通过大量法令保护私有财产不受侵犯。而产权制度的建立,使以后英国工商业发展得到法律制度的保障。例如,1215 年的《大宪章》第一次以成文法形式界定国王的封建权力和利益,确立未经纳税人同意不征税的原则,限制国王非法勒索臣民财产的权力,宣告臣民拥有武装反抗国王侵犯私有财产的权利。事实上,13 世纪以后,英国的政治经济体制,就是沿着《大宪章》的路径发展的,即沿着产权保护的路径发展的。所以,英国资本主义萌芽及其发展,是从产权保护开始的,这与其他国家从贸易开始有所不同。正是这个特点,决定英国资本主义萌芽产生并不是昙花一现,而是持续发展,并最终使工业革命发生。

第二节 商业革命与市场兴起

一、大航海时代与商业革命

中世纪晚期,特别是到了 14—15 世纪,西欧的商品经济获得长足发展,极大地提高了对货币流通量的需求。同时,封建贵族为了购买东方精美昂贵的消费品,需要更多的金银通货,因此,他们积极组织了多次大规模的海外探险活动。1453 年,土耳其人占领了君士坦丁堡,不仅控制了地中海的商业通道,而且还在海上大肆劫掠,致使北路交通基本断绝。而中路和南路被阿拉伯人控制,欧洲商人的利益得不到保障。为了摆脱东西方贸易出现的危机,欧洲国家,尤其是非地中海沿岸的西欧国家组织了多次探险,希望找寻一条通往东方的新航路。同时,"地圆学说"的发展也为探寻新航路奠定了理论基础。14 世纪普遍使用中国发明的罗盘,还增加了观象仪、风向仪,以及经过改良的绞盘、铁锚和

① [美]汤普逊:《中世纪晚期欧洲经济社会史》,商务印书馆,1992 年版,第 473 页。

锚链等其他器械。同时,在西班牙和葡萄牙等国,相继出现经过改良的多桅轻便帆船。造船事业的发展和航海技术的提高,克服了远航的技术困难,为航海探险准备了技术条件。15 世纪末至 16 世纪初,在西班牙和葡萄牙政府和商人的支持下,陆续完成了一系列到达东方和美洲的航行,开辟了东西方交通的新航路,并且在世界各地发现了大片前所未知的土地,世界历史进入大航海时代。

地理大发现意味着世界市场和贸易规模的急剧扩大,为人类经济活动提供了更加广阔的舞台。对利润的追求成为商业活动的原动力,这种商业冲动有别于满足基本需求的互通有无的简单交换,使商业发生革命性的变化,带动欧洲社会经济生活发生重大的变革。一方面,大量新的廉价的商品进入市场,商品经济的规模空前地扩大了;另一方面,这种大规模的商品已经突破了中世纪贸易的狭小范围,进入大众消费领域。商业开始满足多数人的需要,开始依靠大众的消费,进入普通人的日常生活领域。茶叶、糖和烟草取代胡椒、香料和丁香,变成主要商品。可见,“商业不但开始具有新的规模,并且也具有新的性质”①。

地理大发现后的商业扩张,使商业组织开展创新。这一时期商业组织形式的创新主要有两种方式:一是将意大利早先发明的商业技巧推而广之,如推广合伙制;二是出现商业组织的真正创新,如特许公司。特许公司由政府授予一定的对外贸易垄断权,享有其他一些优惠待遇。例如,特许公司拥有自治权,有的甚至拥有军事力量和自行铸币的权力,代替国家行使部分主权。特许公司分为两类,一类是契约公司,另一类是早期的股份公司。契约公司由一些独立经营、自担风险的商人组成,他们有各自独立的资本,但受公司组织的庇护和支持,条件是要在共同的经营条件所规定的范围内经商,并且服从集体的纪律。1564 年建立的英国的商人冒险家公司、1579 年成立的东方公司以及著名的利凡特公司都是契约公司。1550 年,第一批英国股份公司成立,专门经营对俄国和几内亚的贸易。最著名的英国东印度公司,1600 年得到英王的特许,每年可以运出价值 3 万英镑的白银、黄金和外国货币,垄断英国与印度、中国及亚洲其他国家的贸易。在荷兰的股份公司有 1602 年成立的荷兰东印度公司和 1621 年成立的荷兰西印度公司。法国科尔贝时代也创立了一些股份公司。股份公司后来成为各种经营规模较大的企业的组织形式。

新航路开辟后,特别是 1501 年葡萄牙人把第一批香料运到安特卫普之后,完全依赖优越地理位置进行转运贸易的意大利诸城邦受到了竞争者的挑战。西欧国家不仅可以向南经过非洲西海岸到达东方,也可以向西越过南美洲前往

---

① [英]哈孟德夫妇:《近代工业的兴起》,商务印书馆,1960 年版,第 20 页。

亚洲。这些新航线连同另一条驶往北美的航线,都从欧洲大陆西海岸或英国出发。这样,欧洲与外界的联系纽带,由地中海转移到大西洋。地中海变成交通闭塞的内陆海,意大利失去原有的重要地位,经济逐渐衰落。与意大利商业联系较为紧密又临近地中海区域的德意志南部诸城市也遭到了同样的打击。而大西洋沿岸国家的经济地位大为提高,其中,葡萄牙的里斯本、西班牙的塞维利亚、尼德兰的安特卫普和英国的伦敦等重要港口尤为突出。世界贸易中心随着新航线的开辟从地中海转移到了大西洋,相应地,继意大利诸城邦后,16 世纪中期的安特卫普、17 世纪的阿姆斯特丹成为欧洲的经济中心。

二、市场制度的初步建立

由于对市场的管理源于对领地的垄断权,因此在分封领地盛行的欧洲,各领主对其领地都享有这种权利,这就造成各国境内关卡林立的现象。只有取消这些关卡,国内统一市场才能形成。1290 年,英国国王迫使通行税征收者负责维修他们控制的道路,并规定他们的征税特权仅维持几年。采取这种措施后,进出英国只在多佛尔入境和在哈里奇出境时接受仔细检查,在王国境内再也没有别的检查关卡。到 18 世纪,欧洲大陆一些国家开始把海关移到政治边界上。法国在 1726 年至大革命期间撤除了 4 000 多个路卡。减少或者取消关卡无疑促进了民族市场的形成。值得注意的是,越来越密集的零售商店网更好地满足了需求。在英国,零售商店的数量在 18 世纪上半叶增加了两倍。它们以永久的方式提供范围更广的商品,并且保证商品价格比巡回小贩更有竞争力,使消费的量和质都有所提高。相对于英国来说,法国在市场管理制度方面落后了,这是法国民族市场形成晚于英国的原因之一。

在商业革命和以后的一些年代里,出现了一系列市场制度的创新。“这些创新包括:使人们能够做出带预见性而不是带随意性决定的法律体系;开始使用汇票以便利货币的转移并为商业交易提供所需贷款;保险市场兴起;政府收入制度从任意剥夺转为系统地征税。”①但是,这一系列制度创新都必须有法律保证。在英国,1215 年以《大宪章》的形式正式确定了臣民保有自己财产不被君主任意剥夺的权利,在 17 世纪英国资产阶级革命期间,通过《权利法案》等一系列法令,私有财产的保护制度得以逐步建立和健全。与此相应的是,政府确立了规范的赋税制度,以此代替对财产的任意没收制度。17 世纪的伊丽莎白时代被称为英国历史上的重建时代,当时通过的立法内容广泛而全面。到 18 世纪后半期,英国的法院在保险、汇票、包租船只、销售合同、合伙协议、专利和其

---

① [美]内森·罗森堡、L. E. 小伯泽尔:《西方致富之路:工业化国家的经济演变》,生活·读书·新知三联书店,1989 年版,第 128 页。

他商业交易方面开始积累起经验，并在此基础上逐步建立和健全了法律系统。这里，英国的法院和法律成为促进商业发展的一个积极因素。在英国法律管辖的商业范围内，交易、保险单和信用票据似乎更可靠，对它们产生的后果也更能预测，而较少受到君主的朝三暮四和交易各方改变主意的影响。英国保险业的发展、伦敦成为世界金融中心、英国贸易的全面发展以及英国较低的利息率，都是这些优势的反映①。

在市场制度建设过程中，新兴的工商业阶级发挥了重要的作用。在 18 世纪最后 25 年中，在较大的城市掀起了一场建立商会的运动，这也是现代商会的萌芽时期。1785 年，英国一度出现了代表制铁业、陶瓷业和棉花业的制造商总会。这些商会作为商界和工业界的代表，对与工商业有关的法令和其他事件都产生了极大的兴趣②。事实上，在混乱的市场上建立秩序的需要，正是由它们最早提出的。它们在早期的商业革命浪潮中获得"第一桶金"，并在日后的发展中逐渐积累起经济实力。一方面，它们担心得到的利益在以后的混乱中丧失掉；另一方面，它们积累起来的商业力量也使它们足以通过"正常"的商业活动而获利。因此，它们成为市场制度建设中的主要力量。

在商业革命过程中，由于需求迅速膨胀，物价飞速上升，人们放弃了中世纪的道德观念，疯狂地追逐利润，人人都幻想通过投机与欺骗，在某一天早上一下子成为拥有巨额财富的骑士。在当时，除大规模投机之外，商业欺诈是极为普遍的现象，缺斤短两、制假售假、坑蒙拐骗，不一而足。在普遍的交易活动中，很难找到守信誉的商人，没有人懂得所谓现代商业道德。短期行为、贪得无厌、重利轻义，不仅不是罪恶的标志，反而成为德行的象征。然而，"正在兴起的商业界需要有一个道德体系。它需要一种道德，以使人们信赖其开展的各项活动和做出的承诺：信贷、对质量的说明、交货或者购买期货的承诺以及分享航运收益的协议等。除此之外，还需要一个道德体系使家庭以外的企业在发展中具备必要的个人忠诚"③。这个与市场经济相适应的商业道德体系，也是市场制度建设过程中非常重要的内容。

三、资本主义世界市场的形成

地理大发现后的 300 年间，欧洲商人奔走于世界各大洲，把欧洲原有的区

---

① [美]内森·罗森堡、L. E. 小伯泽尔：《西方致富之路：工业化国家的经济演变》，生活·读书·新知三联书店，1989 年版，第 130—131 页。

② [英]W. H. B. 考特：《简明英国经济史》，商务印书馆，1992 年版，第 125 页。

③ [美]内森·罗森堡、L. E. 小伯泽尔：《西方致富之路：工业化国家的经济演变》，生活·读书·新知三联书店，1989 年版，第 129 页。

域性市场同亚洲、美洲、非洲、大洋洲的许多国家和地区的地方性市场联结起来,贸易扩大到全球范围。大西洋、太平洋贸易圈的形成以及各个区域市场之间的贸易,将世界联系在一起,形成以贸易为主要内容的世界市场。在贸易拓展的背景下,由于各个地区生产率和自然禀赋不同,不同地区在贸易中处于不同的地位,出现国际分工的萌芽,形成以西欧为中心的世界市场。伊曼纽尔·沃勒斯坦认为,各个国家和地区在世界市场中扮演不同的角色,贸易地位的差异也将世界市场分为中心区、边缘区和半边缘区①。中心区利用边缘区提供的原材料(包括用于铸币和饰物的贵金属)和廉价劳动力,生产加工制品向边缘区销售牟利,并控制着世界金融和贸易市场的运转。边缘区除了向中心区提供原材料、初级产品和廉价劳动力外,还提供销售市场。半边缘区介于二者之间:对中心区部分地充当边缘区角色,对边缘区部分地充当中心区角色。三种区域共同组成完整的世界市场。三种区域所扮演的角色是由劳动分工决定的,在此基础上发展出不同的阶级结构,使用不同的劳动控制方式,它们从世界市场的运转中获利也不平等。

16 世纪末,在国际分工出现萌芽的基础上,世界市场的中心区、边缘区和半边缘区基本形成。世界市场的中心区处于西北欧,它们是荷兰和泽兰、伦敦、东英格兰、法国北部和西部,边缘区已经扩及美洲、亚洲等地,半边缘区也主要在欧洲。17 世纪,世界市场的中心区是英国和联合省,缓慢发展的是法国、斯堪的纳维亚、德意志、波希米亚以及除了波兰以外的东欧和中欧的其他国家,停滞或倒退的有西班牙、葡萄牙、意大利以及波兰。

西北欧的商人构造了一个精细的贸易路线网络,主导着全球主要商品的贸易,形成一个全欧洲的再分配体系,安特卫普、阿姆斯特丹、伦敦和汉堡是这个体系的一些最重要的中心。西北欧来自海外的商品和欧洲商品相互竞争,一些主要的市场成为商品的集散地,由此形成的价格是国际价格。在西北欧的商品中,有来自爪哇、孟加拉国、马德拉、圣多美岛、巴西、西印度群岛和地中海地区的糖,热带、亚热带和温带的烟草,中国、波斯和意大利的丝绸,日本、匈牙利、瑞典和西印度群岛的铜,亚洲和美洲的香料,莫卡、爪哇和西印度群岛的咖啡。阿姆斯特丹商品交易市场的价格是国际市场最好的晴雨表。

从 15 世纪起,由东欧流入西欧的产品首先是大宗商品(谷物、木材,后来还有羊毛),而从西欧流入东欧的是纺织品(奢侈品和中档的都有)、盐、酒、丝绸。到 15 世纪末,小麦已经成为东欧最重要的出口产品,出口到伊比利亚半岛和意大利,荷兰和英国因为运输东欧的谷物、木材、大麻、沥青和油脂而大发其财。

---

① [美]伊曼纽尔·沃勒斯坦:《现代世界体系》第 2 卷《重商主义与欧洲世界经济体的巩固(1600—1750)》,高等教育出版社,1998 年版。

英国 1553 年开辟的北方航线，为西欧优质的纺织品、金属制品和其他物品与俄国裘皮交换提供了巨大市场，随着边区的哥萨克人和斯特罗加诺夫人向东部和北部推进，这个市场也在开拓新的区域。

到 16 世纪时，西属美洲成为金、银等矿产品的主要供给者，东欧主要供应某些食物。美洲和东欧的生产活动在技术上都是劳动密集型的，其社会制度都是剥削劳动力型的，剩余产品全部输往中心区。企业的直接利润在中心区的各集团、国际贸易各集团和地方管理人员（包括诸如波兰的贵族、西属美洲的文职人员和委托监护主）之间分配。

马克思明确地指出了世界市场形成和生产方式之间的关系。他说，现代意义上的世界市场起步于 15 世纪末至 16 世纪初，形成于 17 世纪中期，它是在资本主义市场经济逐渐取代传统的自然经济的过程中形成的。世界市场的产生和发展是和资本主义生产方式紧密相连的。“世界市场本身形成这个生产方式的基础，另一方面，这个生产方式所应有的以越来越大的规模进行生产的必要性，促使着世界市场不断扩大”①，所以“对外贸易和世界市场既是资本主义生产方式的前提，又是它的结果”②。尽管这个时期的世界市场与机器大工业后形成的世界市场相比，还没有建立在国际分工的基础上，贸易仍属于互通有无的性质，交换的商品还未成为再生产过程的必要环节，在市场上处于支配地位的是商业资本，而不是工业资本，但是“15 世纪末各种大发现造成新的世界市场”，“世界贸易和世界市场在 16 世纪揭开了资本的近代生活史”③。

第三节　各国的农业革命

一、英国圈地运动与租佃农场制度

“圈地”一词是针对“敞地”而来的。“敞地”是由一个庄园分散成数百条形状狭长的条田构成的，条田之间仅用小径或草垄分隔，收获后更无明显界限，它没有永久性的围垣。1235 年，亨利一世颁布了麦尔顿圈地法，规定允许领主圈占土地，标志着英国圈地运动正式开始。当时领主圈地是为了使耕地连成一片，使分散的经营成为集中统一的经营，以便从事农业技术的改良，或者扩大牧场，或者建立私人的动物园、猎场、体育竞技场等。直至 14 世纪，在各郡圈地的

① 马克思、恩格斯：《马克思恩格斯全集》第 25 卷，人民出版社，1973 年版，第 372 页。

② 马克思、恩格斯：《马克思恩格斯全集》第 26 卷Ⅲ，人民出版社，1973 年版，第 278 页。

③ 马克思、恩格斯：《马克思恩格斯全集》第 23 卷，人民出版社，1973 年版，第 167 页。

领主还很少，圈地规模不大，并不具有资本主义的性质，也没有造成深刻的社会影响，以后又曾一度处于停滞状态。

自 15 世纪末以来，尤其是进入 16 世纪后，人口有了较快的增长。人口的迅速增加给土地造成了巨大的压力，而旧有的敞地制经营方式比较落后，不重视共同合作，收割时是各自收割自己条田的产品，此外播种时间、作物种类都必须相同。这种旧的耕作制度已不能满足人口日益增长对农产品的需求，圈地势在必行。地理大发现后，随着羊毛价格上涨和养羊业的刺激，以及工业和城市发展对农产品需求的扩大，圈地运动又迅速兴起，遍及英格兰各郡，它是消灭封建土地所有制的一场农业革命，被称为"圈地运动"。不过，18 世纪以前，圈占土地是一种"暴力行为"，它只造成了圈地者对土地的实际占有，直到圈地成为"合法圈地"以后，圈地者才真正拥有对土地的合法权利。

英国资产阶级革命后，新贵族和新兴资产阶级掌握了政权，议会获得畅行无阻的立法权。由于地主议员在议会中占据压倒性的优势，因而议会相当于一个巨大的地主委员会，成为土地资本家的工具，资产阶级化的地主依靠国会的立法完成了圈地运动。一方面，他们将在革命中没收的国王和保皇党人的土地按 20 年地租收入的价格大块出售，使这一时期的圈地运动规模更加宏大；另一方面，他们迫切需要界定占很大比例的份地的私有产权，因而开始了议会圈地的时代。事实上，早在 1607—1608 年，国会就通过法令对赫里福德郡的马尔登和布登汉姆进行圈地。后来，英国议会不断颁布新法令，法令规定，申请圈地者在得到本地区土地所有者 4/5 的当事人同意后，就能向国王提出申请。一般只凭一两个大地主的意志就可以向议会申请圈地。随着圈地运动的进行，公有地和世袭的份地都变成了私有土地。19 世纪中叶，英国土地私有制确立。

圈地运动和土地私有制的确立，为农业资本主义经营创造了条件。在英国农业中，资本主义生产最初表现为富裕农民和中小领主用资本主义方式经营农场。一些富裕起来的佃册持有农和契约租地农，通过租进领主的土地、购买破产农民的土地租佃权，把土地集中起来，使用雇佣劳动者进行生产，每年向领主缴纳固定的货币地租。15 世纪末叶，在英国西南部、中部和东部农村出现用资本主义方式经营的贵族，他们逐渐分成两个部分：一部分是大领主，他们往往把土地全部出租，自己成为住在城市的坐食租地者；另一部分是中小领主，他们往往将自己的领地变成带有资本主义性质的农场。租入土地经营的租地农场主分为两类。一类是租佃农场主，他们雇用农业工人，按照契约规定，向土地所有者支付地租。这些农场主就是马克思在《资本论》中所说的"真正的租地农场主"，"他靠使用雇佣工人来增殖自己的资本，并把剩余产品的一部分以货币或实物的形式作为地租交给地主”①。这些租地农场主大部分是原来封建庄园中的管家。另一类是个体农民,他们一般以家庭为单位,不雇用工人,既是经营者,又是劳动者,向土地所有者缴纳地租。

16 世纪价格革命中农产品价格上涨最快,而实际工资下降,支付固定货币地租的租佃农场主因此而致富。到 16 世纪末,英国出现了租种 200 英亩、300 英亩、500 英亩或更多土地的大农场主,他们雇用大量工人进行资本主义生产。1640 年英国发生经济危机,随后爆发革命,战争使赋税大幅度增加。1680—1720 年,农产品价格发生剧烈波动之后下跌,与 16 世纪相比,农民的实际收入减少。越来越多的土地所有者迫于竞争将农田交给租地农场主经营,而租地农场主中的个体农民也由于经济力量薄弱,不但受到土地所有者的剥削,而且受到资本主义大农场的排挤,纷纷破产。到 18 世纪后半期,英国农村中土地所有者很少自己经营,个体农民也在减少,大片土地被长期租给大农场主经营,大租佃制经营在英国农村中已经居于统治地位。

二、德国废奴运动与容克地主经济

1807 年的拿破仑战争激起德国的民族意识,普鲁士率先开始自上而下的改革。1807 年 10 月,普鲁士首相斯太因颁布《十月敕令》,规定从 1810 年圣马丁节(11 月 11 日)起,废除农民对地主的人身依附关系,允许农民有支配自己财产、自由选择职业和决定婚事的权利;城乡居民可以自由购买贵族的土地;无论地主或农民,都可以自由从事手工业或经营商业。法令允许地主把拿破仑战争时期“无主”的那些农民土地占为己有;同时,不管农民的意见如何,如果地主给农民一定的代价,或者以同样大小的土地相交换,地主便可占有农民原来的份地,把小块土地连成大块土地。

1811 年 9 月 14 日,新首相哈登堡颁布《调整法令》,法令第一条宣称:“迄今还没有转归农民自有的产业,应按照本法所定的规章和条件转归农民所有。附着于这些产业上的一切权利义务都应通过双方公平合理的物质补偿而解除。”这就是说,农民可以通过赎买来解除封建义务。但赎买的条件很苛刻,农民必须向地主缴纳相当于常年地租 25 倍的赎金,才能摆脱封建义务成为自己份地的所有者;或者用出让部分土地给地主的方式进行,即有份地世袭权者出让其耕种土地的 1/3,而无份地世袭权者要出让 1/2,然后才可以成为余下的土地的所有者。1816 年,普鲁士政府颁布了“皇家宣言”,规定只有至少拥有一辆双套马车,而且是两三代以来一直占有份地的农户,才能按

① 马克思:《资本论》第 1 卷,人民出版社,1975 年版,第 811 页。

1811 年颁布的《调整法令》赎免封建义务。而且，森林、沼泽和牧场都归领主所有，农民失去了利用它们的权利。到 1821 年，普鲁士政府又颁布了《义务解除法》和《公有地分割法》。前者重申只有富裕农民才能赎免封建义务；后者规定将农村公社的公有土地分割，变为私人所有。根据法令，有资格和有能力通过赎买解除封建义务的只是少数富裕的大农户，在普鲁士仍有 3/4 以上的小农户没有能力进行赎买。

1850 年 3 月 2 日，普鲁士政府颁布了新的调整法。新的调整法虽然取消了赎买人的财产限制，降低了赎金，但仍要赎买，并且像过去的法令一样保护容克地主的土地占有制。尽管如此，该法仍具有一定的进步意义，如规定了无偿取消农民的一些次要封建义务，并准许不仅富裕农民，一般农民也能用相当于年货币地租 18 倍的金额高价赎买主要的封建义务（各种强制劳役和地租）。赎买的办法有两种，一是缴纳赎金，二是出让相当于赎金的一部分土地。同时，还设立了专门办理缴纳赎金业务的土地银行。从此，赎买过程大大加快。在其他邦国，农民对地主的封建义务也进行了类似赎买。到 19 世纪 70 年代初，农奴制在德国大部分农村消失了。

废除农奴制以后，德国形成了容克地主经济。所谓容克，是指普鲁士东部及中部各省的大土地占有者，他们的祖先都是封建时代的贵族。在农奴制改革过程中，容克地主把庄园经济纳入市场经济的轨道，以适应资本主义的生产方式，还有一些容克地主利用改革中获得的土地以及巨额赎金建立大农场，并且从事农产品的加工工业。这样，德国的容克地主便逐渐向资产阶级转化，成为资产阶级化的容克地主，农奴制地主经济缓慢地转化为资产阶级的容克式经济。广大农民在赎买后获得了人身自由，随后竞争使农民严重分化，许多人破产后沦为半农奴地位的雇农。他们在经济上备受资本主义和封建主义的双重剥削，政治上毫无权利可言，结社和罢耕遭到《雇农法规》严格禁止。同时，土地日益集中在少数人手中。土地所有者尝试着实行资本主义经营，但是人数众多的半农奴式雇农的存在使得地主可以实行半封建的剥削，而不必采用新技术，这无疑妨碍了农业生产力的迅速提高。

在农业生产转化为资本主义生产后的 100 多年里，容克仍然保持着封建统治的地位。容克在普鲁士以及后来德国政府中、军队里和外交上都占据着重要的职位，形成一个特权社会阶层，从而巩固了容克地主的地位。直到 20 世纪，军官仍然是容克的传统职业，他们利用职权，从经手士兵给养和兵器费中谋取利益。除了农业以外，军队成为容克地主重要的收入来源渠道。而国内狭小的市场促使资产阶级和容克地主拼命加紧夺取海外市场和领土，把德国变成特别富有侵略性的军事主义国家。

三、美国西进运动与自由小农经济

美国在独立后的领土扩张过程中，形成了大规模的国有土地，为美国农业发展拓展了空间。最初，美国政府把国有土地上的收入作为国家财政收入的重要来源，希望土地大块出售而且尽快收到款项。1785 年政府出售土地的最低限额为 640 英亩，每英亩售价为 1 美元，款项在 1 个月内交齐，这使小农购买土地的机会几乎等于零。于是，小农和移民成群结队向西挺进，强行占用荒田进行垦殖。公平地获得国有土地日益成为当时农民运动的主要斗争目标。

农民争取土地的斗争反映在 19 世纪上半期美国的土地立法中，具体表现在售地最低限额、每英亩的价格、支付条件的不断变化上。1800 年，国会通过的新土地法把售地最低限额降低到 320 英亩，支付条件也有较大的改变。地价的 1/4 交现款，1/4 在 40 天内交清，1/4 在两年内交清，剩下的 1/4 可以在四年内交清。1804 年的土地法又把售地最低限额降到 160 英亩，每英亩售价为 1. 25 美元。1820 年的土地法令进一步将最低售地面积降为 80 英亩，每英亩售价不少于 1. 25 美元，同时取消了延期付款的支付办法。1820 年以后，联邦政府通过一系列土地法令，售地最低限额一度降到 40 英亩。1841 年通过的先买权法案又使“占地人”获得了按最低价格优先购买所垦殖土地的权利。

为了争取“自由土地”，美国农民组成了“真正的美国人协会”和“土地权利协会”。后来成立的自由土地党和共和党，都把“自由土地”作为重要的斗争目标。1862 年 5 月 10 日，林肯总统签署了《宅地法》。按照《宅地法》的规定，每个家庭的户主，或者年满 21 岁的美国公民，以及申请取得美国国籍而又未曾使用武力对抗过美国的人，都可以无偿地从西部公有土地获得至少 160 英亩土地，连续耕种 5 年以后即获得该土地的所有权。

《宅地法》颁布后，小农的数量不断增加，出现小农经济发展的“黄金时代”。但是，小农经济本身很不稳定。在经历大生产排挤小生产、兼并、破产之后，土地集中的趋势日益加剧。土地集中的结果，一方面是大农场数目增加，另一方面是小农迅速地失去土地沦为佃农和农业工人。

在美国，生产集中的形式有两种：一种是兼并小农户土地，扩大资本主义大农户的面积；另一种是提高集约化的程度，在比较小的土地上投入大量资金，建立近代化的、生产规模较大的农场。19 世纪末 20 世纪初，在大西洋沿岸北部和中部地区，由于人口众多，土地面积比较小，农业集约化程度已经相当高。那里有许多农场，土地面积虽然不大，但投资大，设备多，施肥多，产量高，生产规模相当大。1900 年，农户平均拥有土地最少的新英格兰地区，每个农户平均拥有奶牛 5. 8 头，而全美国的平均数字只有 3. 8 头。相应地，小农户最多的新英格

兰反而成为美国最大的产奶基地之一。

随着土地集中的加剧，小农丧失土地沦为佃农的人数不断增加，失业工人和相当数量的移民也不断涌入农村。在西进过程中到西部地区开发土地的小农，大部分依靠向东部资本家或者公司借高利贷来获取必需的资金，他们不得不以开垦后的土地、有限的动产，甚至未收割的庄稼作为抵押。随着西进运动的进展，向农户发放贷款逐步成为十分有利可图的行业。而许多小农户由于无法偿付高利贷而沦为抵押农户，甚至完全失去土地成为佃户和雇佣劳动者。

第四节　工场手工业的繁荣

一、工场手工业的兴起

1500 年左右，欧洲发达的工业地区集中在佛兰德斯、意大利北部和德意志南部，即北至布鲁日，南至佛罗伦萨之间的狭长地带。这三个地区的制造业曾向欧洲各地输送了最好的毛织品、丝织品和亚麻品，精致的玻璃器皿和陶瓷，日用金属制品和武器盔甲，皮革制品和书写纸等，当时产品的质量和产量都达到了较高水平。其他地区的某些产品也很出名，如英国未经漂白的布匹、诺曼底历史悠久的亚麻纺织品、荷兰制造的船舶和加工包装的鱼，都因大量参与国际贸易而闻名遐迩。但是，狭长地带的工业繁荣是其他地区所望尘莫及的。16 世纪以后，像商业、农业一样，工业的地理分布也发生了变化。17 世纪末，荷兰和英国成为最具有工业发展优势的国家。

荷兰不仅在商业贸易上占据了霸主的地位，其工业也取得了不俗的成绩。造船业是荷兰古老而又最具竞争力的行业。1500—1700 年，荷兰船舶的吨位增加了 10 倍。1700 年，荷兰商船队吨位已远远超过 50 万吨，相当于英国商船队的 3 倍，可能比欧洲所有船队的总吨位还要多。荷兰的造船业不仅满足本国发展的需要，还承接西班牙、英国、法国和意大利的订货。造船业带动了其他相关行业，如木材加工业、小冶金业、船帆与绳索制造业、船锚浇铸业的发展。毛纺织业的发展也十分引人注目。莱顿成为欧洲绝无仅有的最大的毛纺织中心，其年产大约 10 万匹布。哈勒姆在亚麻纺织业中居于首要地位，这个城市不仅漂白本城及周围乡村地区生产的亚麻布，还漂白从德国、西属低地国家以及法国北方送来的亚麻布。后来荷兰的纺织业在遭到英国产品竞争时，转而生产精美品和奢侈品。另外，荷兰还发展了一些新兴行业，像印刷业、陶瓷业、精密仪器制造业及地图绘制业等，它的陶瓷业与印刷业很快就赢得了国际声誉。

不过，荷兰的工场手工业的发展水平还是不及英国，有人把这一时期英国工场手工业的发展称为“小工业革命”。从16世纪开始，英国原有工业部门迅速扩张，许多部门如毛纺织、采矿、冶炼、造船等传统部门，早在中世纪就已有所发展，但由于行会的限制、社会需要呆滞而发展极其缓慢。16—17世纪市场规模的扩大，分料到户制、集中的工场手工业的发展，使这些部门获得了新的机会。例如，16世纪的毛纺织业，由于海外需求扩展和禁止羊毛出口以及技术上、组织上的改进空前地发展起来。到17世纪末，毛织品的产值已达700万英镑，1774年又增加到1 300万英镑。毛纺织业的有关税收也成了王室收入的主要来源。采矿业由于煤炭作为一种新能源的出现和采煤业的兴起而兴旺。煤炭早在罗马不列颠时代就已用作燃料，但只是在16世纪后半期才被广泛应用。17世纪，煤已被视为主要能源的一部分。酿酒、漂洗、制盐、煮皂等大量地以煤炭代替木炭作燃料。因此，煤被称为“制造业的灵魂”。根据J. U. 纳夫的统计，1551—1560年英国主要矿区煤产量约为21万吨，1681—1691年已达296万吨，增长了13倍多①。在传统部门迅速扩张的同时，出现了大量新部门。1495年英国出现了第一个造纸工场。英国的造纸业虽然一直限于生产低质纸张，但它的产量自都铎王朝初期以来一直稳步上升。另一个新部门是玻璃制造业，它的产品品种繁多，有窗户、饮器、医药器皿、眼镜等。英国从16世纪后期开始大量生产玻璃制品，但是质量长期不能与意大利、洛林和波希米亚这些地区的产品相竞争，直到新技术的采用。1615年普通的玻璃器皿占领了英国国内市场，达到可以代替进口的水平。17世纪末，英国玻璃产量约为10万箱，即1万吨，而1560年以前的产量还不到这个数字的1/5②。而且英国制造的一种被称为燧石玻璃的新产品因为其透明度很高而畅销国外市场。此外，这个时期发展起来的新兴工业还有明矾、硝石、肥皂等的制造业。

法国的工场手工业在这段时期也获得了长足的发展。法国丝绸的生产规模在当时的欧洲已位居首位。法国在亚麻布市场上夺取了一大部分先前由佛兰德斯制造商控制的西属美洲市场，它的玻璃制品，尤其是大镜子，已开始取代威尼斯的玻璃制品。在造纸业和印刷业方面，法国是当时最大的两三个纸张和书籍供应者之一。诺曼底与多菲尔的铁工业、朗格多克的毛纺织业以及布列塔尼的造船业也取得了进展。

英国、荷兰、法国手工业的兴起，加速了老工业地区的衰退，意大利和西班牙成为竞争中彻底失败的国家。意大利、西班牙的兴起都因其拥有优越的地理位置，而不在于本身经济增长和有效率制度的建立。意大利很长时间以来一直

---

① ［英］R. K. 默顿：《17世纪英国的科学、技术与社会》，四川人民出版社，1986年版，第213页。

② ［苏联］波梁斯基：《外国经济史》，生活·读书·新知三联书店，1963年版，第249页。

是一个四分五裂的国家,各城邦为了自己的利益在境内设置了重重关卡。16世纪以后,英国、荷兰的纺织业使里尔、佛罗伦萨、威尼斯这些原先的毛纺织业中心出现了衰落的现象。荷兰的造船业挤垮了意大利的造船业。佛兰德斯著名的铸炮厂也倒闭了。米兰和威尼斯的丝织工败给了里昂与图尔的丝织工。西班牙则被美洲的金银冲昏了头脑,一心只想获取殖民地贸易的丰厚利润。从16世纪后期起,西班牙不仅丧失了国外市场,而且丧失了国内市场,它已成为法国、荷兰与英国商品的一个重要倾销地。荷兰造的船舶、英国的精纺毛织品和玻璃器皿以及法国与意大利的丝绸逐渐取代了西班牙产品。而用于换取这些舶来品的则是西班牙所能提供的一些初级产品,如原毛、橄榄油和铁。从来都不被重视的西班牙工业终于落了个惨败的结局,连后来被西班牙辖属的尼德兰地区的经济也很快萎缩和衰落了。

旧的工业国家只在自然资源和新兴工业国未掌握的手工艺方面保存领地,例如,奢侈品制造业。17世纪西属低地国家的挂毯制造业还很兴旺,纽伦堡仍然是制造玩具、时钟与珠宝的中心。意大利在造纸业上对产品质量的重视,使其在不断扩大的市场中仍占有很大份额。17世纪后期从热那亚海岸运出的优质书写纸数量尤其庞大,这些书写纸不仅运往西班牙及其殖民地,也运往英国、荷兰这些仍主要生产劣质纸张的国家。同样,意大利的丝织工生产的图案精致、刺绣华丽的织物仍在世界上享有盛誉。佛兰德斯的亚麻纺织品因做工精美而大量流入英国。波希米亚和奥格斯堡的亚麻纺织业和印花棉布工业,在30年战争后随着民族国家的兴起而复兴。

二、工场手工业的意义

16—17世纪工场手工业的发展,从技术上看,并没有出现后来工业革命时那种革命性的变化。1700年左右,尽管有一些技术革新(炼铁部门的大风箱、落锤、捣矿机、滚轧机、碾铁机,纺织业的手摇织袜机、丝带织机等,以及威尼斯和整个波河流域视为珍宝而严加保护的动力丝织机),但是整个工业的技术水平仍旧与中世纪后期相差无几。漂洗机、造纸机、机械风箱、跳动锤之类的动力机械的使用范围十分有限,织布、打铁、玻璃制造以及造船这样的工作仍旧要靠体力来完成。这一时期经济上巨大收益的取得不是依靠技术革命性的突破,而是依靠原有技术的扩大使用和完善。法国资产阶级经济史学者伟·桑巴特认为,大体上讲,当时的技术是在中古时代曾经有过的同一途径上向前进展的,它的基本特点是经济的、有机的,它和早先技术不同的地方,不在于到处有新发明和新发现,而在于认识与熟练,特别是人们向来使用的方法在这个时期达到一种非常完善的程度,达到“量变质”的程度。这就是说,技术难度的提高,在实际上所发生的作用和一种根本上的革新一样①。

工场手工业提高劳动生产率的秘密不是技术革命，而是建立在劳动分工、劳动协作、共同利用固定资本设备上的企业组织形式。斯密曾高度评价手工工场中的分工、协作。手工工场这种组织形式最大的特点是：细致的分工使劳动过程简单化、标准化，提高了考核个人绩效的效率，集中的手工工场又使团队的聚集效应充分显现，这就降低了设计机器代替人手的费用。以后的技术革命就是在这样的背景下发生的。

这一时期工场手工业发展的另一个特点是它的普及性。这一时期工场手工业与中世纪传统的手工业不同，它的技术不是一种特殊的"手艺"，不需要特殊的传授就可以掌握，而且当时的生产工具都比较简单，开办费用低，具有普遍发展的可能性和大量吸收剩余劳动力的潜力。16 世纪英国从事毛纺织业生产的人数几乎占全国居民的 50%，17 世纪有至少 1/5 的人口靠毛纺织业生活。当时几乎没有一个城镇和乡村不把毛纺织业作为主要的家庭副业。其他工业部门如采煤、造纸、制盐、冶炼等都是较为普及的工业部门。

16—17 世纪的工场手工业与后来的机器大工业不同，它不是兴起于城市，而主要散布在农村。这一时期的城市功能与中世纪差别不大，兼做政治中心和商业中心。工场手工业在城市中规模有限，其产品的定价、人员的招募、生产的规模、生产的工艺和程序都由行会制定的严格的行规规定。市场规模的扩大并没有立即引起城市中手工工场扩大生产的反应，原因在于行会的严格规定。为了弥补供给缺口，商人把目光投向了农村。农村虽然远离销售与转运产品的市场中心，而且生产还经常被农忙的需要打断，但是农村有优于城市的地方。首先，在农村可以支付较低的工资，劳动成本比较低，因为农村的手艺人或农民只是部分地依靠工资生活，在农闲时，如果不接受雇用，基本就无事可做，因此他们能接受低工资。其次，农村税收低，不必受严格的行会规定的限制。最后，城市行规的束缚没有波及农村，生产者有组织生产、决定生产工艺和程序的自由。于是分料到户制和集中的工场手工业在农村找到了合适的发展土壤。分料到户制和集中的手工工场使原来受行规限制、不能使用的农村劳动力得到利用，而且在不对劳动力进行重大培训的基础上保证了劳动力的充足供应。集中的工场手工业大多也坐落在乡村，而不是城镇，农民并不需要改变居住地就可以参与工业的直接发展②。这种情况在实行粗放经营和节省人工的畜牧业占优势的英格兰乡村表现得更为明显。法国的农业一直倾向于精耕细作，所以法国劳动力的供给不如英国充分。分料到户制和集中的工场手工业充分利用了分工

---

① ［德］伟·桑巴特：《现代资本主义》第 1 卷，商务印书馆，1958 年版，第 316 页。

② ［意］卡洛·M. 奇波拉：《欧洲经济史》第 2 卷《十六和十七世纪》，商务印书馆，1988 年版，第 347 页。

协作产生的效益,使生产力得到很大的提高。工场手工业广泛散布于农村,不仅是手工业本身发展的特点,对于农村经济来讲也有十分重要的意义。它一方面吸纳了农村中的剩余劳动力,同时不至于使粮食产量下降;另一方面将市场引入农村经济,改变了农村的传统面貌。

工场手工业为工业革命培养了企业家和近代产业工人。工业革命时期的企业家有相当一部分来自工场主,特别是来自小工场主,他们根据市场变化,抓住技术革新带来的机会,采用新机器、新生产方式,逐渐将小工场发展成大企业。从手工工场中还涌现出大批发明家,他们主要通过实践积累知识,完成了工业革命的大部分革新,而这些发明家只不过是大批技术工人的一部分。

“南海泡沫”事件

南海泡沫指的是在1720年春天到秋天之间,发生于英国的由脱离常规的投资狂潮引发的股价暴涨和暴跌,以及之后的大混乱。造成“南海泡沫”危机的祸首是南海公司,这是一家与英国政府、王室和贵族有着密切联系的特权公司,于1711年得到国会特许而创建。它对外声称要开发以南美洲为中心包括南太平洋广大地区的西属殖民地这一地区有诸多开发项目和广阔的开发前景。而事实上,公司的建立与政府的国债危机有关。在西班牙王位继承战争中,英国政府发行了9 471 324镑的公债,财政上压力沉重,公司企图通过发行公司股票以换取公债,使公债持有人变成公司股东,借以整理国债,这就是1720年被国王批准并实施的“南海计划”。

南海公司接受整理公债的消息一经传开,股票价格犹如脱缰之马,狂升不已,原为每股126镑的股票价格一下子涨到500镑,后竟狂涨到2 000镑。在股票价格狂涨的形势下,出现全民炒股的狂潮。贵族、市民、商人、乡绅、法官、教士等都争购股票,连王室也被卷入这一大潮之中。社会上兴起一股“南海热”,涌现出“南海服饰”“南海马车”“南海钻石”,甚至“南海仆役”,各种时髦货无不以“南海”为名,否则滞销无疑。民众的狂热达到近乎癫狂的地步。

南海公司股票价格的狂涨,导致各种股票价格的上涨和创办公司的热潮,各种莫名其妙的公司如雨后春笋般出现。这些公司大多数是子虚乌有的泡沫公司,其公开业务往往荒诞不经,但从只有几便士的穷汉到百万富翁,无不上当受骗。南海公司担心公众的钱会被截走,便鼓动政府于7月颁布了“禁止泡沫公司条令”(乔治6年法令第18章),命令这些公司解散。消息传出,股票市场大乱,股民们纷纷抛售手中的股票，于是股市狂跌。公众的怀疑也扩展到南海公司，它的股票价格也一落千丈，到 12 月 12 日竟落到每股 128 镑。过去高价买入股票的人赔得倾家荡产，随后便出现倒闭风和自杀风，整个英国经济也濒于崩溃。

本章思考题

1. 什么是资本主义萌芽？
2. 欧洲国家市场经济制度是如何建立的？
3. 欧美主要国家农业资本主义发展的特点是什么？
4. 资本主义工场手工业发展的意义是什么？

第七章 英国的工业革命

第一节　大机器生产革命

一、纺织工业的技术革命

棉纺织业的机器革命是从工具开始的。1733 年，约翰·凯伊发明飞梭，这个简单的装置使织布效率提高了一倍，导致棉纱生产供不应求，甚至出现“纱荒”。这就诱发了棉纱生产的创新。1735 年，英国技工约翰·怀特发明自动纺筒和翼形纺锤的卷轴纺车。这项发明成为手工纺纱向机器纺纱过渡的关键性突破，标志着 18 世纪英国工业革命的开端。

大约在 1764 年，英国技师 J. 哈格里夫斯发明了珍妮纺纱机，又称多轴纺纱机。一人手摇纺机，可同时带动 8 枚纱锭。后经多次改进，纱锭增加到 16 枚、80 枚、130 枚。1769 年，R. 阿克莱特发明水力纺纱机。一台纺纱机能带动几十枚纱锭，纺出的纱线十分坚韧。1774—1779 年，英国织工 S. 克朗普顿综合珍妮纺纱机与水力纺纱机的优点，发明了一种性能更为优良的纺纱机，称为“骡机”，又称走锭精纺机。这种利用水力推动的纺纱机，一次可以带动 300～400 枚纱锭，纺出的棉纱质地优良，格外精细，优于印度棉纱，且生产效率很高，使昔日贵如丝绸的棉布变成廉价商品。纺纱机的发明和应用，又反过来刺激了新式织布机的发明。1787 年，英国教士 E. 卡特莱特发明用马做动力的织布机，以后改用蒸汽，效率提高 10 倍，使织布基本实现机械化。随后，英国人 J. 纳恩罗普和德国人 J. 盖普勒又先后制造出自动织布机。1813 年，英国已有 2 400 台自动织布机运转，其中一部分用水力推动，一部分用蒸汽机推动。

在工业革命史上，蒸汽机的发明具有革命性意义。在瓦特之前，蒸汽机已使用多年，不过仅仅是用来抽水。纺织部门的机器发明之后，人力不能推动巨大、笨重的机器转动。最初，机器借助风力和水力推动。但是，自然力受地理和季节变化的影响，遇到枯水季节和无风天气，机器不能运转。因此，急需发明一种超越人力、畜力或自然力的动力机。瓦特在两位企业家罗金斯和波尔顿的支持下，对蒸汽机进行了再发明，于1782年成功试制复动式蒸汽机，其于1785年作为动力运用于纺织业。蒸汽机的使用使工厂进一步摆脱了自然条件的限制，因为蒸汽机消耗煤和水而自行产生动力，它的能力完全受人控制，而且它可以移动，在厂址选择上不受地点条件的制约。蒸汽机加速了机器的运转，要求工人密切协作，使工厂管理技术得到进一步提高。

二、采矿业和冶金业的创新

英国采煤业是采矿业中最重要的部门之一，17—18世纪是煤炭业发展的黄金时期。1711年后纽考门的蒸汽泵和1769年后詹姆斯·瓦特的蒸汽机成功地用于抽水和在矿井里运送工人和煤炭。1813年采用了蒸汽凿井机；1815年发明了安全灯；1820年用曳引机代替人工背运；1844年凯特、1848年法宾安发明了不同类型的钻探机，钻探深度达200米。这一系列技术发明用于采煤，使煤炭业成为当时最先进的部门之一。采煤技术的进步以及煤产量的增加，使煤成为工业、农业、采矿业、交通运输业的主要燃料和能源。在家庭和工业用煤量方面，不列颠更居欧洲国家的首位①。

在冶炼技术方面，1709年，亚伯拉罕·达比初次采用焦炭冶炼生铁。1735年，其子A.达比改进了制造焦炭的方法，并加大水力鼓风机，提高高炉温度，除去硫黄和其他杂质，将生石灰和其他催化剂与矿石混合，避免金属在熔化时变质，结果用焦炭炼出了熟铁。这项发明是冶金工业的一次重大革命。1783年，彼得·奥尼恩斯和亨利·科特发明了"搅炼"和"碾压"精炼法，使产量提高20倍。

在铸造加工和机器发明方面，为提高铁的产量，扩大了高炉的容量，继续改进鼓风系统，增加鼓风机的风力。18世纪50年代，离心鼓风机得到广泛运用。1788年之前，已经出现了金属拉长、切削和加工的机器，后来又发明了钻枪炮筒的钻孔机。1790年托马斯·克利福德、1796年S.格皮先后发明和改进了制钉机。1797年，亨利·莫兹利发明了导轨和制造螺丝钉的机器。此外，还出现了许多较为复杂的专用机器。

---

① ［英］考特：《简明英国经济史》，商务印书馆，1992年版，第54—63页。

三、机器制造业的产生

蒸汽机发明之前，机器大都是木制的，靠手工即可完成。18 世纪末 19 世纪初，机器多由手工工场制造，机器制造本身尚未摆脱手工业的范畴。蒸汽机发明之后，木制的机器因不能承受蒸汽动力的震动而改为铁制。铁制机器的出现，明显地超出人力的负荷范围。同时，纺织机与蒸汽机的出现和广泛应用，推动了各产业部门的机械化。这时，如果利用手工制造机器，则产量少、价格昂贵，制造过程还极其缓慢，不能解决对机器数量和质量的需求，机器的可靠性和精确度也存在问题。因此，制造机器的问题只能通过工作母机加以解决，即由机器来制造机器。因此，对工作机的需求量急剧增长。

从 18 世纪 70 年代开始，机器制造业取得了惊人的发展。1774 年，一位大炮制造者约翰·威尔金森注册了蒸汽机气缸钻孔的专利，用他的方法增强了钻孔的精确性，把误差率降低到了当时最小的限度。1794 年，英国机械师亨利·莫兹利发明了车床上的滑动刀架，它可以方便、迅速、准确地加工直线、平面、圆柱形、圆锥形等多种几何形状的部件，使车床真正成为机器制造业自身的工作机。从 19 世纪初期到 40 年代，一系列的机器工具相继出现，有较大型的炮筒镗床，有专门加工平面零件的刨床、多刀切削的铣床、自动螺丝车床，还有加工大型零件的立式车床、刀具以及做垂直运动的插床等。不仅如此，这一时期还发明了许多精密的检测手段，如测量平面的平规、可量出万分之一英寸①误差的螺丝规，还设计了多种精密机床，改变了过去那种工程师们只能使用直尺、圆规等简单地检测工具的状况，使机械加工技术多样化、专门化和标准化。

1839 年，纳斯密兹发明了蒸汽锤，它促进了锻造技术的改革，使人们能生产出安全可靠的远洋轮船主轴和制造机床。同时，工程师们还制造出了结构较为复杂的锻造机，用以锻造纺纱机的纱锭、螺栓、锉刀等机器零件和金属工具。至此，机器制造业成了一个完整独立的工业部门，并日益发展起来。当时，英国著名的机器制造厂有博尔顿和瓦特工厂、夏尔伯·罗伯特和赛伊工厂以及惠特渥斯工厂等。英国制造的蒸汽机、各种工作母机、火车头、农业机器等，质量优良，远销世界各地，在国际市场上占有垄断地位，并直接影响着欧洲大陆和美国工作母机的制造业，英国成为“世界工厂”。1851 年在伦敦举行的世界博览会上，英国工作母机的技术显示出较高的精确性、有效性及专业性。

---

① 1 英寸约合 2.54 厘米。

四、交通运输业的革命

交通运输业的革命是指运输工具和运输方式的突破性进展，它是从解决煤炭运输问题开始的。1759—1761 年，冯·布里奇沃特公爵开凿了沃尔斯利煤矿到曼彻斯特之间的运河。这是英国第一条现代意义的运河，它的开通解决了曼彻斯特运煤问题，并使英国从此开始了兴建内河运输网的热潮。到 19 世纪 40 年代初，英国已修建人工河道 3 960 千米（不包括苏格兰和爱尔兰），运河网已经形成。

19 世纪初，英国造船业是用进口的木料制造帆船。自从蒸汽机用在帆船上之后，英国开始用铁来制造轮船。但这项技术发展较缓慢，到 19 世纪 60 年代，造船业仍以生产木船为主。这种情况到 19 世纪末发生了变化，这时英国建立了世界上最大的蒸汽机船队。在造船业兴盛的同时，英国投入大量资金发展航运业配套设施，沿海岸修建灯塔、灯船，扩建港口、船坞、堤岸、堆栈等，置备起重机和其他装卸设备。

1814 年，乔治·史蒂芬孙发明了第一台实用机车。1825 年，英国建成世界上第一条铁路，由史蒂芬孙指挥修建，全长 27 千米，列车由 12 节货车和 22 节客车组成，能载乘客 450 名，时速 18 千米。1830 年 9 月 15 日，48 千米长的利物浦—曼彻斯特铁路线通车，客货两用，很快就成为兰开夏棉纺工业原料和成品运输的交通动脉。此后，英国两度掀起修建铁路的热潮。到 1850 年英国的铁路总长为 6 625 英里，1860 年为 9 070 英里，居欧洲各国的首位①。

交通运输业的革命对英国经济产生了持久、深刻的影响。交通运输业不仅为原材料、燃料、制成品、劳动力的运输提供了更为廉价、快捷、便利的方式，而且它本身还是一个有相当关联带动性的产业。据统计，每建设 1 英里的铁路，铁轨、机车、车辆和道岔就需要金属制品 5 000 多普特②。从 19 世纪 70 年代起，钢取代熟铁做路轨后引起炼钢业的大发展，世界各国钢的产量从 1870 年的 50 万吨猛增到 1900 年的 2 800 万吨。更值得关注的是，运输业的经济效益远远超过了提供运输的意义，它连接了城市和乡村，结束了农村的封闭状态，打破了时间和距离的古老关系，改变了人类几千年来的生活方式，增加了无法估计的社会效益。

① ［英］H. J. 哈巴库克、M. M. 波斯坦：《剑桥欧洲经济史》第 6 卷《工业革命及其以后的经济发展：收入、人口及技术变迁》，经济科学出版社，2002 年版，第 216 页。

② 1 普特约合 16. 38 千克。

第二节　社会生产方式的变革

一、工厂制度的建立

生产方式的转变始于分散的工场手工业向集中的工场手工业发展时期。为了适应市场规模的扩大,分料到户制依靠分工来提高效率,由于直接管理和监督生产过程的需要,集中的手工工场出现,生产场所由家庭进入工场。集中的手工工场能够对个人贡献进行较好考核,降低了设计机器代替人工的费用,它管理、组织生产的方式是工厂制的雏形。随着机器的增加,使用单一机器扩展到使用整个机器系统,使最重要的生产过程机械化,更增加了专业化,从而使组织得以创新——工厂制度的全面建立。工厂制度在机器生产的基础上,发展了手工工场监督管理生产过程的组织模式。

1771 年,阿克莱特在克罗姆福德建立的纺纱厂是首批建立的工厂之一,其规模远远超过当时存在的纺纱工场。该工厂的动力由一台巨大的水车提供。1788 年,英国建立的阿克莱特式纺纱厂已达 143 座,其中许多工厂拥有 700~800 名工人。1791 年,阿克莱特建立了第一个织布工厂,装配系列机器,半制成品由机器相继传送,取代过去手工业工人之间的手工操作。阿克莱特被称为“工厂制度之父”。

工厂制度以其强大的竞争力,逐步排挤一个个行业的手工作坊,掌握一个个产业部门,使社会生产方式彻底变革。工厂内部劳动的分工和专业化的发展,使生产、设计和管理等部门各司其职,改变了以往凭经验工作和思维的方式,向科学化过渡。技术设计部门由工程师组成,负责设计生产工艺和生产流程,以达到更有效地考核个人绩效和更快地提高生产率的目的。在产量扩大的情形下,销售部门越来越重要。19 世纪 60 年代,销售部门的主要工作是推销部分库存产品和代表厂方签订承办合同。各个部门分工的明确使工厂主不再需要直接管理生产过程、进行产品开发或推销产品,他的工作重心转移到平衡各个部门的发展、做出重大决策和监督各部门的工作绩效上。工厂的管理出现层次化。

二、增长方式的革命

经典经济增长通常被定义为一国或一地区与商品和劳务生产的增长相结合的生产能力的增长,它一般以一国的国民生产总值经价格变化调整后的年增长率来衡量,较好的衡量尺度是人口平均的实际国民生产总值的增长。美国经济学家西蒙·库兹涅茨还为经典经济增长描述了六个特征:①按人口计算的产量的高增长率;②生产率本身的高增长;③经济结构变革的高速度,即迅速从农业转向非农业,从工业转向服务业;④社会结构与意识形态的迅速改变;⑤增长在世界范围的迅速扩大;⑥世界各国增长的不平衡性。相对于传统社会的经济增长,工业革命使经济增长速度、经济结构有了新的含义。

工业革命使经济增长速度大大提高。机械力代替人力,极大地提高了劳动生产率,机器生产使工业生产的增长速度大大高于生产机械化以前的增长速度。例如,英国在其工业生产高涨的19世纪50年代到90年代,采煤量从5 000多万吨增加到1.4亿多吨,铁矿石产量从900多万吨增加到1 500多万吨,棉花消费量从8.5亿多万磅增加到15.2亿多万磅[①]。增长的速度超过了以往任何一个行业和任何一个部门。马克思和恩格斯在《共产党宣言》中写道:"资产阶级在它的不到一百年的阶级统治中所创造的生产力,比过去一切世代创造的全部生产力还要多,还要大。自然力的征服,机器的采用,化学在工业和农业中的应用,轮船的行驶,铁路的通行,电报的使用……河川的通航,仿佛用法术从地下呼唤出来的大量人口——过去哪一个世纪料想到在社会劳动里蕴藏有这样的生产力呢?"[②]

工业革命最显著的表现莫过于让人类社会从农业时代走入工业时代,它使经济结构发生了翻天覆地的变化。在英国,1688年约有75%的劳动人口从事农业,1801年减少到35%,1841年减少到23%。同期英国的国民收入中农业的比重,1801年为32%,1841年为22%;工业所占比重却由23%提高到34%,若再加上服务业(包括交通运输业和通信业),1841年工业比重增加到78%[③]。工业的地位已大大超过农业,改变了过去以农业为主的经济结构。工业的迅速增长和较高利润,吸引了越来越多的资本和劳动力。工业已从原来附属于农业的部门,上升为举足轻重的国民经济部门。

三、社会生活的变革

人民生活的变化表现为收支水平和结构的变化以及生活观念的改变。收入受到劳动力市场上供求关系的影响。18世纪的人口革命带来了人口数量的增加和人口结构的变化,即人口的年轻化,扩大了劳动力供应量。英国人口增

① [日]宫崎犀一、奥村茂次、森田桐郎:《近代国际经济要览》,中国财政经济出版社,1990年版,第19,35页。

② 马克思、恩格斯:《马克思恩格斯选集》第1卷,人民出版社,1995年版,第277页。

③ [日]宫崎犀一、奥村茂次、森田桐郎:《近代国际经济要览》,中国财政经济出版社,1990年版,第28,30页。

长的势头一直延续到19世纪末,被认为是工业化发展时期劳动力无限供给的典型模式。18世纪的前70年,英国实际工资有所增长,但是1770年以后,实际收入出现下降的趋势,尤其是在1790—1815年,实际收入下降的幅度较快。19世纪二三十年代,实际收入呈缓慢增长,40年代发生停滞,50年代进入增长较快的时期,并在该世纪的最后30年或40年间达到较高水平,20世纪初又重新出现停滞的局面。这说明广大劳动者在工业革命初期付出了生活水平下降的代价,直到工业革命后期人民才部分地分享到工业革命的成果。

收入的变化不仅表现在总量上,而且表现在结构上。地域性收入差距扩大。一般地,工业化给城市和工业区带来的财富大于给农村带来的财富。17世纪末在英格兰南部,从塞文河至沃什一线以南地区,是英国最富庶的地区。但是在工业化以后的两个世纪中,英格兰北部和威尔士南部都富裕起来,人均收入高于英格兰南部工业不发达的农村地区。收入在人口中的分布也不平衡,而且这种不平衡在工业化中有加剧的趋势。上等阶级的收入高于全国平均水平,商人、工厂主的收入超过社会上的任何其他群体,而广大的小农、工人和穷人的收入等于或大部分低于平均水平。据统计,第一次世界大战前夕,英格兰和威尔士占全部人口不到1%的25岁和25岁以上的人占有国家财富的2/3,占人口87%的人只占有全部财富的8.5%,而那些财富仅仅是些衣服和简陋的家具[①]。

家庭支出的结构也反映了生活水平状况。一般只有在满足了基本的生活需要后,才考虑娱乐、奢侈品和教育、旅游费用的支出。工业化时期,满足吃、穿、住基本生活需要的支出,在社会各阶层中占有不同的比例。穷人将收入的大部分用于食物支出,英国的恩格尔系数在20世纪初仍保持在50%以上。富人则能够把自己收入中较大的部分用于个人服务、奢侈品、教育、娱乐、旅游和其他形式的阔绰消费。随着工业化的深入,英国恩格尔系数普遍降低,而且食物的营养提高了。19世纪六七十年代,英国工人阶级的饮食不够维持健康,食谱中只有很少的肉类,马铃薯是主要食物,水果的消费很少,很多中产阶级和上等阶级也把水果视为奢侈品。19世纪末,英国的饮食出现重大变化,马铃薯的消费减少,一些经济状况比较好的家庭蔬菜消费量增加。1900年,香蕉在城市穷人家庭中得到普及。肉类由于进口的刺激(主要是从美国、澳大利亚、新西兰以及阿根廷进口的罐头和冷冻肉),人均年消费量从1863年的52磅增加到1880—1884年的108磅,1904年达到130磅[②]。第一次世界大战后,住房条件得到改善。工业化时期房屋拥挤不堪,卫生条件极差,但是住房的支出却呈上升趋势。1801年房租大约占支出的5%,1851年增至

---

① [意]卡洛·M.奇波拉:《欧洲经济史》第3卷《工业革命》,商务印书馆,1989年版,第91—92页。

② [意]卡洛·M.奇波拉:《欧洲经济史》第3卷《工业革命》,商务印书馆,1989年版,第109页。

8%,1901 年达到 9%。广大的工人、农民穿的仍然是廉价的纺织品或自己编织的衣服[①]。

此外,新的生产方式影响着人们的生活观念。有迹象表明,新的生活理念正在形成。工业革命早期,一部分人仇视大机器生产,不能习惯地遵守工厂的纪律,旷工、早退、迟到的现象十分普遍。为了使人们打破旧的思想观念,工厂主为建立新的社会规范和伦理规范做出努力。社会上受到尊敬的人通过星期天的学校、布道坛等不厌其烦地向工人灌输刻苦、劳动、储蓄、节俭和节欲的社会新准则,以中产阶级为榜样,建立具有资产阶级特点的金科玉律。同时,工业革命造成了人与物的异化。劳动对象由一种工具进行加工,这一工具由动力机推动,排斥人力;生产过程中的合作由机器来进行;在生产过程中客观分散了各组成部分,各个部分的任务由机器完成,人成为机器的"附庸"。

第三节　走向世界工厂

一、成为世界工业中心

工业革命的巨大成就,使英国主要工业部门的产品产量大幅度增长。在棉纺织工业中,英国在世界上已经处于垄断地位。1810—1812 年,英国棉纺织业机纺锭数为 506.7 万枚,法国为 104 万枚,德国为 27.5 万~30 万枚,美国仅为 9 万~12.2 万枚。19 世纪 20 年代初,英国拥有的纱锭数比法国多三四倍,比德国多 10 倍以上[②]。在冶金工业中,英国更是遥遥领先。1825 年,英国的生铁产量为 59 万吨,而同年法国、俄国、美国和德国四国生铁产量加在一起才 48 万吨。1850 年,英国生铁产量又猛增到 229 万吨,生产了全世界 50.9%的铁,超过同年法国、美国、德国产量总和的 1 倍[③]。在 19 世纪 20 年代初期,英国煤的产量已经超过 1 400 万吨,而法国和普鲁士各为 100 万吨左右,美国仅有 5 万~6 万吨。1850 年英国煤的产量超过 5 000 万吨,同年法国、美国、德国产量的总和仅为英国产量的 1/3 多一点。1850 年英国生产了全世界 60.2%的煤,1870 年英国产煤量仍占世界的 51.5%。1825 年,英国已有 1.5 万台蒸汽机,总功率

① [意]卡洛·M. 奇波拉:《欧洲经济史》第 3 卷《工业革命》,商务印书馆,1989 年版,第 123 页。

② [苏联]门德尔逊:《经济危机和周期的理论与历史》第 1 卷上册,生活·读书·新知三联书店,1975 年版,第 293—294 页。

③ [苏联]门德尔逊:《经济危机和周期的理论与历史》第 1 卷上册,生活·读书·新知三联书店,1975 年版,第 294 页。

达37.5万马力[①],而法国仅有328台蒸汽机,总功率为0.5万马力,只相当于英国总功率的1/75。1837年,德国工厂仅使用423台蒸汽机,总功率不过7 500马力[②]。而美国在19世纪的头25年内对蒸汽机的应用只是凤毛麟角,工业中使用的动力主要来自水力。

1820年,英国占世界工业生产总额的一半,把其他国家远远甩在后面。1840年,英国工业生产在世界工业生产中的比重为45%,法国为12%,美国则为11%[③]。此后,它的比重虽然由于其他资本主义国家工业的发展而有所降低,但是一直到19世纪70年代,英国在世界工业生产中仍然占据优势地位。1870年英国的工业总产值在世界工业生产中的比重为32%,美国为23%,德国为13%(见表7-1)。1870年,英国的采煤量占世界采煤量的51.5%,生铁产量占50%,棉花消费量占49.2%[④]。其国民收入按人口统计也比其他工业国家高得多。据统计,1860年英国公民的人均年收入已经是32.6英镑,而法国1859年为21.1英镑,德国1860—1869年平均为13.3英镑[⑤]。

表7-1　1820—1870年主要工业国家在世界工业中的比重(%)

年　份	英　国	法　国	德　国	美　国
1820	50	15~20	—	10
1840	45	—	12	11
1850	39	—	15	15
1870	32	10	13	23

资料来源:宫崎犀一、奥村茂次、森田桐郎:《近代国际经济要览》,中国财政经济出版社,1990年版,第21页。

英国工业的巨大生产能力,使英国成为世界各国工业品的主要供应者,世界各国在不同程度上成为英国的原料供应地。产业革命后,英国经济发展中的一个显著特点,就是大机器工业所生产的产品在出口产品中一直占很大比重,英国输出品几乎全部是工业品,英国50%以上的工业品销往国外市场,进口的则是原料、粮食等初级产品。棉纺织品在出口中占重要地位。英国棉纺织品的

① 1马力约合0.735千瓦。

② [苏联]门德尔逊:《经济危机和周期的理论与历史》第1卷上册,生活·读书·新知三联书店,1975年版,第294页。

③ [德]库钦斯基:《资本主义世界经济史研究》,生活·读书·新知三联书店,1955年版,第41页。

④ [德]库钦斯基:《资本主义世界经济史研究》,生活·读书·新知三联书店,1955年版,第41页。

⑤ [英]H. J. 哈巴库克、M. M. 波斯坦:《剑桥欧洲经济史》第6卷《工业革命及其以后的经济发展:收入、人口及技术变迁》,经济科学出版社,2002年版,第333页。

出口值占总产值的比重1819—1821年为66.6%，1829—1831年为67.4%，1844—1846年上升到71.4%。而棉纺织品的原料——棉花则完全依赖国外进口。这些棉花大部分来自美国南部,其余来自埃及、印度、巴西和西印度群岛等地。“1846—1865年英国从印度输入棉花从34 540 143磅增加到445 947 600磅,从澳大利亚输入的羊毛从21 789 346磅增加到109 734 261磅,从美国输入的棉花从401 949 393磅增加到1 115 890 608磅。”[①]19世纪上半期,英国的煤、铁、机器的输出不断增加。特别是这一时期各个大陆出现大规模铁路建设的热潮,英国成为世界各地修建铁路的承包商和煤、铁轨、机器设备、机车车辆的主要供应者。这一时期先后发生在美国和欧洲大陆各国的工业革命,都是在不同程度上靠从英国输入的技术装备进行的。

二、对工业技术的垄断

英国工业产量在世界主要资本主义国家中遥遥领先,其中一个重要原因是英国垄断了当时最先进的生产技术。19世纪20年代,英国已经用煤炭取代木炭冶炼生铁了,而在其他国家中木炭炼铁几乎占了绝对统治地位。英国炼铁企业的设备比欧洲大陆的企业大,其中最大的威尔士高炉在19世纪40年代末期每周要熔炼120吨铁,英国的平均数是89吨。在欧洲大陆国家,炼铁工业发展最快的比利时的总平均数为60吨。1846年法国的焦炭高炉铁产量为每周66吨,所有高炉的平均周产量还不到18吨。在炼铁发展最慢的德国,西里西亚的焦炭高炉因为燃料易碎,到1847年平均周产量只有14吨[②]。先进的技术设备使英国生铁在19世纪三四十年代以前都非常便宜,欧洲大陆的产品根本无法与之竞争。欧洲大陆的棉纺织技术落后于英国一代人以上。英国棉纺织业随着技术进步,劳动生产率提高,产品价格大幅度降低。1786年,英国每磅棉纱的价格为38先令,1800年降为9.5先令,1830年又降到3先令。这极大地冲击了技术落后的欧洲大陆的棉纺织业。19世纪上半期,法国只有少量的动力织布机,大部分棉纺织厂是手动的或畜力的。德国传统的工业中心集中于莱茵河谷地、萨克森、西里西亚以及巴伐利亚等地。这些老工业中心直到19世纪40年代还没有建立起新式的纺纱厂。当时只有整理清洁机以及梳毛机是动力驱动的,有时用水力,有时用畜力,最后的纺纱工作是用手工骡机完成的。织布方面的机械化进程比纺纱还要缓慢。在机器制造方面,18世纪欧洲大陆几乎所有的蒸汽机都来自英国。19世纪中期以前欧洲大陆生产的机器很少出口,机器制造

① 马克思、恩格斯:《马克思恩格斯全集》第23卷,人民出版社,1972年版,第494—495页。

② [英]H. J. 哈巴库克、M. M. 波斯坦:《剑桥欧洲经济史》第6卷《工业革命及其以后的经济发展:收入、人口及技术变迁》,经济科学出版社,2002年版,第386—387页。

业的规模比英国小得多。而且欧洲的机器制造业在标准化方面没有多少进展，人们对零部件互换一无所知，基本没有使用标准尺，锉刀仍然是重要的工具。

英国先进的技术使所有国家都竞相学习和效仿。来自欧洲大陆国家的政府代表和私营商人纷纷到英国进行考察，考察的高峰时期是在18世纪70年代。而英国意识到保持竞争优势的关键在于保护技术不外流，因此为防止技术向国外扩散设置各种障碍。1825年以前，英国禁止工匠迁居国外。而机器、零部件以及设计图纸的出口禁令一直维持到1842年。但是这种禁令有很多漏洞，走私很容易，而且工业间谍也很多，所以英国禁止机器出口的禁令从长期来看是徒劳无功的。到1825年有2 000多名英国熟练技术工人移居到欧洲大陆。而合法的机器出口（根据财政大臣的特别许可）总值在1840年一年就达到60万英镑（官方计算的价值），来自欧洲大陆国家的资料充分证明，它们成功地购买并安装了英国的机械设备①。同时，欧洲大陆国家意识到人才是关键，为此制定了各种优惠措施引进英国技术工人。迁居国外的英国技师很多通常也是企业家，他们集技术才能和管理才能于一身。有的在欧洲大陆国家合作伙伴的帮助下，有的在政府补助金的帮助下最终兴办了自己的企业。他们中的许多人后来成为相关领域的工业巨头。而大多数人只是工头或者熟练工匠，雇主们为他们付高额薪水。这些移民的最大贡献不在于他们做了什么，而在于他们所教授的东西②。由于欧洲大陆国家的技术很大程度是通过在工作中人与人之间的技能传授来获取的，所以不论是作为雇主还是雇员，他们培训出了一代熟练工人，其中一部分熟练工人成为所在领域的企业家。

三、推行自由贸易政策

早在18世纪，英国就在殖民地贸易和航海方面确立了世界霸权地位。工业革命以后，英国进一步垄断了世界贸易。1801—1850年，官方估价的出口额从2 490万英镑增加到17 540万英镑，即增加了600%强③。随着19世纪中叶以后海外新市场的开拓和欧美大陆各国工业革命的积极推进，英国对外贸易的增长比工业的增长更快。1821—1873年，英国人均商品出口额年均增长率为4.3%，约为同期人均收入增长率1.57%的3倍，对外贸易被誉为经济增长中的“发动机”。1850—1870年，英国棉纺织品的出口价值从2 826万英镑增加到

---

① ［英］H. J. 哈巴库克、M. M. 波斯坦：《剑桥欧洲经济史》第6卷《工业革命及其以后的经济发展：收入、人口及技术变迁》，经济科学出版社，2002年版，第355页。

② ［英］H. J. 哈巴库克、M. M. 波斯坦：《剑桥欧洲经济史》第6卷《工业革命及其以后的经济发展：收入、人口及技术变迁》，经济科学出版社，2002年版，第357页。

③ ［苏联］波梁斯基：《外国经济史》（资本主义时代），生活·读书·新知三联书店，1963年版，第270页。

7 142 万英镑,铁和钢的出口价值从 540 万英镑增加到 2 350 万英镑,煤和焦炭的出口价值从 130 万英镑增加到 560 万英镑,各种机器的出口价值从 100 万英镑增加到 530 万英镑,分别增长了 1.5 倍、3.4 倍、3.3 倍和 4.3 倍。1870 年,英国在世界贸易总额中的比重上升为 25%(1850 年为 22%),几乎相当于法国、德国、美国三国的总和。在 1876 年至 1885 年的 10 年中,英国工业产品的出口额大约占世界出口总额的 38%,即使到 1899 年有所下降,仍占世界工业国家总出口额的 33%,是当时西欧、加拿大、美国、日本和印度的总和①。英国这一统治或优势地位在世界经济史上是独特的,只有美国在 20 世纪中叶才达到这个水平。

英国在 18 世纪确立的海上霸权的基础上,建立起世界最大的商船队。早在 1815 年,英国商船吨位就已达到 220 万吨;1850 年接近 360 万吨,占世界商船总吨位的 47%;1870 年上升到 569 万吨,超过美、德、荷、法、俄等国商船吨位的总和②。到 19 世纪末,英国建立了世界上最大的蒸汽机船队,以强大的海运业,从世界各地获得廉价的原料,控制着其他国家的贸易往来,取得巨额的“无形收入”。英国的商船队穿梭往来于世界各大洋的航线上,运送着世界各国的商品,伦敦成为最繁忙的国际贸易港口。英国不但是名副其实的世界工业中心,而且还是“世界的造船厂”、“世界商人”和“世界的搬运夫”。

英国工业上的垄断地位确立以后,从原始资本积累时期延续下来的保护关税政策,就越来越成为英国经济发展和对外扩张的障碍。从 19 世纪初开始,在工业革命中迅速成长起来的工业资产阶级,从自己的切身利益出发,同土地贵族、金融贵族和大垄断商人进行了近半个世纪的斗争,最终废除了贸易保护主义政策,取得了自由贸易政策的胜利。1813 年和 1833 年,英国废除了东印度公司对印度和中国的贸易垄断权。19 世纪 20 年代,英国与各主要国家订立了互惠关税协定,把工业品的进口税率降低到平均 30%的水平,取消了丝织品进口的禁令,降低了生丝、羊毛、煤等原料的进口税率,废止了包括机器在内的所有输出品的限制条例。1841—1846 年,英国又取消了 605 种商品的进口税,降低了 1 035 种商品的进口税。英国于 1846 年废除了直接损害工厂主利益的谷物条例,1849 年终止了从 17 世纪 60 年代保留下来的航海条例。到 1853—1860 年,英国消除了贸易保护主义的最后残余,这使英国成为实行自由贸易的国家。1860 年,英国同法国按自由贸易原则签订了英法条约,规定两国互享最惠国待遇,减免双方重要商品的关税。以后,英国又与许多国家订立了带有自由贸易性质的通商条约。虽然 19 世纪 70 年代末欧洲掀起了保护关税的新狂潮,但英国作为世界最大的进出口贸易国仍坚持自由贸易原则。自由贸易政策的确立,

① 宋则行、樊亢:《世界经济史》上卷,经济科学出版社,1995 年版,第 235 页。

② [德]库钦斯基:《资本主义世界经济史研究》,生活·读书·新知三联书店,1955 年版,第 107 页。

使英国价格低廉的机器工业品在国际市场上充分发挥竞争优势，为大宗工业品的输出和大宗原料、粮食的输入打开了世界大门，促进了英国对外贸易的飞速发展。表 7-2 显示了 1820—1870 年主要工业国家在世界贸易中的比重。

表 7-2　1820—1870 年主要工业国家在世界贸易中的比重(%)

年　份	英　国	法　国	德　国	美　国
1820	27	9	—	6
1840	25	9	8	7
1850	22	11	8	7
1870	25	10	10	8

资料来源：宫崎犀一、奥村茂次、森田桐郎：《近代国际经济要览》，中国财政经济出版社，1990 年版，第 21 页。

四、英镑成为世界货币

随着英国对外贸易的扩大和英国资本市场的成长，从 19 世纪初开始，伦敦作为欧洲以及世界金融中心的地位超过了阿姆斯特丹、汉堡和巴黎。许多外国银行都在伦敦建立分支机构。19 世纪英国在与世界其他地区的贸易往来中，国际收支账户一直保持顺差。1870 年以后，伦敦资本市场上英镑逐渐成为一种国际货币。英镑等同于黄金，而且在某些方面甚至比黄金更好，因为它更方便，因此，主宰着世界贸易的英国进出口商宁愿使用英镑进行收付。而且英格兰银行具有几十年管理外汇储备和贴现操作的经验，外国金融机构和商人相信英国维持英镑自由兑换为黄金的能力。英镑的稳定性是无与伦比的，很多人认为，英镑几乎没有贬值的可能性。在英镑为国际经济所普遍认可的情况下，黄金在结算国际债务中只扮演次要角色。绝大多数支付或者通过转移应付英镑的票据来进行，或者通过买卖应付外汇的票据来进行，或者只通过银行账户上的信贷转移来进行。因此，英镑汇票不仅用来为英国进出口融资，而且用于为世界其他大部分地区的进出口融资。整个世界都选择英镑作为国际支付手段。

总之，英国是世界上最大的贸易国，是世界贸易中的主要运输者和外国资本的最大来源；英镑价值在 1821—1914 年因坚持金本位制而保持稳定；同时，英国承兑行和保险机构具有崇高的地位，经过它们背书的任何票据在伦敦贴现市场上都可以按世界最优惠贴现率贴现。所有这些因素加在一起把伦敦变为世界金融中心，而且把英镑变为国际上普遍接受的货币。

工业革命与"城市病"

在英国，工业化和伴随而来的城市化如此迅速，大大超出了人们的想象。它所带来的福祉和祸患同样使人们感到措手不及,不可避免地引致一系列灾难。如果在工业化迅速发展的情况下,大量人口进入城市,而相应的资源却没有相应地向城市集中,即资源城市化,就必然出现城市设施不足和组织混乱,即“城市病”。英国经济史学家哈孟德夫妇用“迈达斯灾祸”来形容这段历史①。

城市人口迅速膨胀和资本家为追求利润在自认为合适的地方建工厂,使住房奇缺。同时,在需求和投机的刺激下,地价一涨再涨。在英国,房租占总消费开支的比例1801年为5%,1851年达8%,1901年上升到9%②。许多人不得不住在简易房屋和临时工棚中。恩格斯在《英国工人阶级状况》一书中记载:每一个大城市都有一个或几个挤满了工人阶级的贫民窟。的确,穷人常常是住在紧靠着富人府邸的狭窄的小胡同里。可是通常总给他们划定一块完全孤立的地区,他们必须在比较幸福的阶级所看不到的这个地方尽力挣扎着活下去。英国一切城市中的这些贫民窟大体上都是一样的:这些城市中最糟糕的地区的最糟糕的房屋,最常见的是一排排的两层或一层的砖房,几乎是排列得乱七八糟,有许多住人的地下室。这些房屋每所仅有三四个房间和一个厨房,叫作小宅子。在全英国,这是最普通的工人住宅。这里的街道通常是没有铺砌过的,肮脏的,坑坑洼洼的,到处是垃圾,没有排水沟,有的只是臭气熏天的死水洼。这里的住宅非常集中,以至于空气很难流通,特别是很多人挤在一个小小的房间里,空气之糟是可以想象的③。

工业革命时期的城市卫生问题主要是环境污染。环境污染部分来自生活污染,部分来自工业污染。早期城市居民大都从农村迁移而来,农村的散居养成的习惯尚未改变。生活垃圾随处倾倒,污水随处泼洒,不少城市到处是猪圈、鸡圈等,没有正式的厕所。由于厕所不够,人们不得不随地大小便。根据记载,曼彻斯特的议会街,每380人才有一个厕所,在居民区,每30幢住满人的房子才有一个厕所。公共产品的特性和外部性的存在,使城市中水源和排水都成为关键问题。早期城市的水源靠打井和取就近的河水,大部分城市没有排水系统。一般污水都是通过大大小小的“阴沟”通往厕所或死水塘,情况最好的是将污水排入流经城市的河流。经过曼彻斯特的艾尔克河成了一条

① 迈达斯是希腊神话中的人物,梦想点石成金,但是目的达到后却几乎饿死。

② [意]卡洛·M.奇波拉:《欧洲经济史》第3卷《工业革命》,商务印书馆,1989年版,第123页。

③ 马克思、恩格斯:《马克思恩格斯全集》第2卷,人民出版社,1972年版,第306—309页。

大污水沟。甚至在伦敦，大大小小的污水池和污水沟到处可见。流经城市的河流成为藏污纳垢之所，伦敦的泰晤士河夏季臭气熏天，河面布满腐烂污物，以至于有人建议议会迁址。固体垃圾的清除更成问题。1842 年，曼彻斯特的干路每星期打扫一次，普通街道一个月打扫一次，小胡同、大杂院根本无人打扫。环境卫生恶化导致瘟疫流行。对于工人居住区来说，猩红热、伤寒、霍乱等是最容易发生的，而一旦发生就不可收拾，往往危及成千上万人的生命。工业革命时期英国人口死亡率回升，与此有直接联系。

本章思考题

1. 工业革命为什么首先发生在英国？
2. 工业革命的本质和历史意义分别是什么？
3. 为什么说英国是世界工厂？
4. 英国为什么积极推行自由贸易政策？

第八章 欧美国家的工业革命

第一节 法国的工业革命

一、拿破仑的经济政策

18 世纪后半期的法国政府也进行了工业化的尝试,但是它对工业革命的理解却陷入技术革命的误区,专注于引进英国的技术和机器,聘请英国的工厂家和技术工人。通过高效地模仿英国模式,法国掌握了棉纺织业的各项技术发明,诸如纺纱机、走绽精纺机、水力纺织机等。英国人米尔恩和霍克尔在法国政府的鼓励和保护下,在法国定居并开设纺纱厂,为法国棉纺织工厂提供了样板。1790 年前后,法国已经有几家规模巨大的纺纱厂,每家都拥有大约 1 万枚纱锭,其中最著名的是坐落于奥尔良市的奥尔良公爵的纺纱厂。但是很多纺纱厂因为市场狭小和资金短缺而倒闭。

从 1799 年拿破仑雾月政变上台,到 1815 年拿破仑最后失败,这 16 年是法国历史上的拿破仑时代,也是法国大工业初步奠定基础的阶段。在这一阶段,拿破仑政权推行了一系列促进资本主义发展和工业革命的政策。

首先,为从法律上维护和巩固资本主义所有制和资产阶级的社会经济秩序,促进资本主义经济的发展,有力地打击封建复辟势力,拿破仑在 1804—1810 年先后颁布了《法国民法典》《民事诉讼法》《商法典》《刑事诉讼法典》《刑法典》,保障私有财产的不可侵犯性。拿破仑还废除了阻碍资本主义发展的其他障碍,如:废除对盐、烟等商品的专卖制度,取消贵族特权的等级制度,将旧制度中不合理的税收制度废止,过去对非特权阶级征收的直接税和间接税改为根据财产

状况对全体公民征收，废除卖官鬻爵制度，取消封建的长子继承制，等等。

其次，为加速资金的周转和流通，拿破仑政府于1800年2月将往来存款银行和商业贴现银行等私人银行进行改组，创办了新的国家银行——法兰西银行。法兰西银行除了履行中央银行的义务外，还兼营放款、贴现等商业银行的业务。1803年，法国进行货币改革，用法郎代替利弗尔。法郎分金银两种，有无限法偿资格，可以自由铸造。从此以后，法国长期实行金银复本位制。为了进一步帮助和指导工商业的发展，1801年法国成立"奖励民族工业协会"，1810年建立"工厂和作坊管理委员会"，1811年又设立工商部。

最后，为了把法国的经济势力扩展到国外，控制整个欧洲市场，拿破仑还接连发动侵略战争，占领了欧洲一半的土地，并从战败国搜刮到大量财富。1804年，法国仅从欧洲各国强征的"特别收入"就有1.23亿法郎，相当于国家总收入的1/6。1807—1809年，法国从普鲁士及其盟国勒索了约10亿法郎。军事上的胜利使法国的商品源源不断地输入被占领国，1801—1811年输入意大利的法国商品增加了6倍。为了打击竞争对手英国，拿破仑还于1806年11月21日在柏林颁布了《大陆封锁令》，1807年又颁布《米兰法令》，实行大陆封锁政策，联合欧洲各国一起对英国实行经济封锁，既不向英国出口粮食和工业原料，也不让英国工业品行销欧洲大陆，严禁欧洲大陆各国与英国发生任何经济关系。

上述各项政策，保留了大革命彻底破坏封建专制的成果，有利于国内市场的统一和私有产权的发展，大大促进了法国的经济繁荣，推动了工业生产的发展，初步奠定了工业革命的基础。但是，拿破仑的经济政策也产生了一些相反的结果。大陆封锁政策试图抵制英国产品的竞争，建立大陆市场，但是却隔绝了法国与外部世界的联系，使法国接触不到先进技术，而且使法国工业原料极端缺乏，生产大为缩减，对外贸易急剧下降，刚刚发展起来的棉纺织业也由于原料供给紧张而中断。大陆封锁还使法国在18世纪苦心经营的海外市场轻而易举地丧失了。更为严重的是，拿破仑时代政治斗争和军事斗争耗费了过多的财力、物力，致使国家财政困难，物价上涨，工农大众处境艰难。战败后法国又负担着沉重的赔款，经济发展被置于次要的地位，法国工业化受到影响。

二、工业革命及其特点

1815年后法国恢复和平，尽管政局依然动荡，但是大革命时期和拿破仑时代打破封建束缚、有利于国内市场统一和鼓励工商业的立法开始慢慢发挥作用。法国又废除了大陆封锁政策，恢复了与英国的经济联系，大量的技术设备、技术人才流入法国，工业化在艰难的环境中进行。

纺织业是采用机器最快、最广泛的部门，1848 年革命以前，工厂制度在纺织业的各部门都已普遍推广。棉纺织业大部分集中在卢瓦尔河以北地区。阿尔萨斯地区的纺纱业发展尤为迅速。诺曼底也是重要的棉纺织工业中心，尽管技术相对落后，但生产规模较大[①]。1818 年法国全国的纱锭为 11.2 万枚，到 1849 年已达到 55 万枚。丝织业是法国传统的工业部门，从 19 世纪 20 年代起开始采用机器。1835 年以后，较大型的丝织厂开始建立。法国的丝织机器比英国的还要精良，它的丝织品将近一半销往国外。尽管这一时期纺织业发展很快，但由于农村大量廉价劳动力的存在，家庭手工作纺很普遍。

从 19 世纪 20 年代中期起，由于设备更新和新技术的推广，煤、铁生产迅速增长。1818 年，生铁产量只有 11 万吨，1830 年增至 25 万吨，1848 年高达 400 万吨。煤产量由 1815 年的 88 万吨增加到 1848 年的 400 万吨。在 19 世纪 50—60 年代，煤和生铁的产量各增加了 2 倍。尽管法国政府支持采煤业的发展，但是由于法国境内煤矿少，铁矿含磷量高，再加上煤、铁的分布很分散，运输不便，因而法国工业发展所需要的煤、铁不能自给，每年仍要从国外输入需用量的 1/3。1860 年，法国工业生产中所消费的煤仍有 43%依赖进口，进口铁的昂贵价格也限制了冶铁业的发展。1850 年，法国用木炭炼的铁大大超过用煤炭生产的铁。不过直到 1860 年以前，法国的冶铁业仍居世界第二位。1869 年，煤产量为 1 346 万吨，生铁产量达到 138 万吨，其中有 3/4 都是用焦炭冶炼的。1864 年，法国工程师比埃尔·马丁发明平炉炼钢法。70 年代末，托马斯-吉尔托莱斯法解决了从生铁中脱磷的难题，使洛林地区含磷铁矿得到利用，从而大大推进了法国钢铁工业的发展。钢产量在 1851 年只有 1 万吨，60 年代开始采用贝氏炼钢新技术后，到 1869 年增至 10 万吨。但是此时美国和德国从新炼钢技术方面获益更大，其钢铁生产量大大超过法国。法国在化学工业方面也取得巨大成就，发现了苯胺染料，从而引起了染料工业的巨大变革。

在动力使用方面，工业中使用的蒸汽机不断增多，这是工业革命大规模展开的重要标志。在纺织工业等重要部门，机器生产已经普遍代替了手工劳动，蒸汽动力的作用也更加广泛。1815 年大约只有 15 个各种各样的企业有蒸汽机。1830 年，蒸汽机总数为 625 台，1848 年为 5 200 台[②]。随着蒸汽机使用量的激增，法国在 19 世纪 20—30 年代已初步建立了机器制造业，开始制造机器和蒸汽机。

交通运输业获得很大发展。1823 年，法国建造了第一条从圣太田至安德雷

① [英]大卫·兰德斯：《解除束缚的普罗米修斯》，华夏出版社，2007 年版，第 161 页。

② [英]克拉潘：《1815—1914 年法国和德国的经济发展》，商务印书馆，1965 年版，第 81 页。

齐奥的铁路，长 20 多千米，以运煤为主。1830 年起在圣太田至里昂的铁路线上使用了火车头。第一条客运路线是 1837 年从巴黎至圣日耳曼的路线。1842 年的铁路法规定，铁路建设由国家掌握规划、征用土地、承担地面建设和车站建设，而由私人特许公司承担铁轨和车辆的修造，私人公司营业期限为 99 年，此后全部财产由国家无偿接收。政府与私人的合作加快了铁路网的建设，1848 年，法国通车的铁路只有 1 800 千米，1860 年约有 9 000 千米，到 1870 年，通车的铁路几乎增加了 1 倍，达到 1.75 万千米，法国铁路网形成。交通运输上发展最显著的是公路和运河。1824 年，只有 40%的皇家公路是可以运行的。此后经过七月王朝的修复，到 40 年代末，皇家公路已达 3.5 万千米，其中 98%是可以运行的。在航运方面，1820 年公路局长贝克的计划获得批准，被称为“贝克计划”，该计划的目标是完成被大革命中断的运河修筑任务，把巴黎地区同北部和东部正处于工业化过程的地区连接起来，以促进采矿部门和冶金部门的发展。在整治原有运河的同时，又开凿了许多新运河。运河的总长度从 1822 年的 730 千米增加到 1845 年的 3 200 千米，并和铁路相配套。

从 1815 年到 19 世纪六七十年代，法国经济呈现出欣欣向荣的景象，经济增长有所加快。1870 年法国工业发展水平居世界第二，仅排在英国之后。

但是，法国各产业和产业部门之间的发展很不平衡。与工业相比，法国的农业显得缺乏活力。1850—1870 年，法国农业总产值虽表面增长 58%，但扣除农产品价格上涨的因素，实际农业产量只增长不足 25%。而且普法战争后，人口大量滞留农村的状况依然没有太大改观，农村人口比重下降十分缓慢，农村人口占总人口的比例 1872 年为 69%，1901 年为 59%，1931 年为 50%。就工业本身而言，冶金、钢铁等工业虽有了很大发展，但纺织业，特别是生产精美时装、名贵家具和高级奢侈品的部门，仍占重要地位。在 19 世纪 60 年代末期，服饰和奢侈品的年生产总值为 15 亿法郎，而全部采矿和金属加工业的年产值只有 5.65 亿法郎。另外，虽然工业中出现了不少千人以上的大企业，但中小企业仍占绝对优势。1868 年法国有各类业主 133.4 万人，而工人为 289.8 万人，平均每个业主只雇用工人 2.17 名①。

普法战争失败后，法国不得不支付大量战争赔款。赔款所造成的资金短缺越来越严重，影响到法国工业的发展。在整个 19 世纪，法国工业都表现出资金来源紧张的问题。法国公司大部分是家族公司，资金来源主要依靠自身财力的积累，这些公司也发行企业债券，银行在工业筹资中只起到较次要的作用。直到 19 世纪中叶，法国尚无帮助工业企业的商业银行。一些银行试图对国内工

① 金波：《主要资本主义国家近现代经济发展史》，当代中国出版社，1994 年版，第 199 页。

业进行投资，但是收效甚微。同时，投资者对工业部门的投资活动普遍谨慎，他们感兴趣的是海外市场和国内有政府背景的交通运输业。19 世纪末，法国的对外投资是国内投资的 3 倍。1910 年，法国用于国外的新投资为 30. 98 亿法郎，而用于国内的新投资仅为它的 1/4①。法国在国内资金缺乏的情况下，资本输出的增加无疑扩大了资金供给缺口。

三、小农经济的长期存在

法国早在 14—15 世纪就已经基本废除农奴制，但是并没有解决农村中的土地所有权和封建义务问题。在大革命期间，雅各宾派通过三个法令彻底解决了农民土地问题。1793 年 6 月 3 日的第一个法令规定，将没收的逃亡地主的土地分成小块出售，地价分 10 年摊付，很多农民因此购得了土地；6 月 10 日的第二个法令，规定领主把近 200 年来占取的公有地完全还给当地农民，按人口平均分配；7 月 17 日的第三个法令，规定无条件废除一切封建义务。雅各宾派的土地命令把农民从封建剥削下解放出来，封建土地制度被推翻，大多数农民分到了土地。法国成为一个小农经济的国家。

但是法国废除封建土地所有制后产生的小农经济，并不像英国和美国那样在竞争中被淘汰，而是广泛长久地存在着。拿破仑执政后，“巩固和调整了某些条件，保证农民能够自由无阻地利用他们刚得到的法国土地并满足其强烈的私有欲”②，使自由农民的小土地所有制获得了很大的发展。法国政府的关税保护政策，也保护了小农经济。在高关税壁垒的保护下，法国的农业几乎没有受到外国的竞争，在过时的生产方式和不符合时代的田园诗般的社会条件下，小农制度逐渐僵化。工业发展迟缓又反过来强化了小农经济的存在，工业和农业相互牵制，形成恶性循环。地产的升值使农民更加珍惜自己的土地，拿破仑法典保障农村的小土地所有制，规定农民的既得权利可以永久保持。这些因素加强和稳定了农民与土地的关系。法国农村中异常猖獗的高利贷活动，对于小农与土地分离的进程起着延缓的作用。贫困的农民抵押土地向高利贷者借款，本来是为了竭力保存自己的小块地，而在他们陷入高利贷资本的罗网后，又被迫“不仅把地租，不仅把营业利润，总之，不仅把全部纯收入交给资本家，而且甚至把自己工资的一部分也交给资本家”③。因此，贪婪的高利贷者宁愿把已经破产而不能清偿债务的农民仍然保留在土地上，以便继续吮吸他们的膏血，这就使得

---

① 宋则行、樊亢：《世界经济史》上卷，经济科学出版社，1995 年版，第 349 页。

② 列宁：《关于用自由平等口号欺骗人民》，《列宁选集》第 3 卷，人民出版社，1972 年版，第 851 页。

③ 马克思：《1848 年至 1850 年的法兰西阶级斗争》，《马克思恩格斯选集》第 1 卷，人民出版社，1972 年版，第 473 页。

法国的小土地所有制能够长期保存下来。另外，随着人口的增长，农民的土地也日益被分成更小的地块，出现了不少新的小农户。所以，直到19世纪下半叶，法国的小农经营不仅在农业中占绝对优势，而且在数量上还有所增加。1892年，占有土地40公顷以上农户的土地面积占总土地面积的47%，有10～40公顷土地农户的土地占30%，有1～10公顷土地农户的土地占23%①。

小农经济的广泛存在对法国的工业化产生了不利的影响。小农经济阻碍了农村劳动力的转移。由于大多数居住在农村的人口有土地作为私有财产，所以小土地所有制将广大农民束缚在小块土地上，限制了自由劳动力的形成，这就解释了为什么法国19世纪没有出现过劳动力大规模向城市工业转移的现象。为了能够利用散居在农村的劳动力，分料到户制在19世纪上半叶的法国十分盛行。这种企业组织形式不利于大规模利用新技术进行大机器生产，法国工业走上了生产精致品和奢侈品的道路。小农的经济力量极为薄弱，无力购买价格昂贵的机器，也没有力量去购买更多的商品，他们基本上都自给自足，直接生产供自己消费的大部分产品。所以，法国国内市场极度狭窄，阻碍了商品经济和资本主义工业的发展。

第二节　德国的工业革命

一、关税同盟与统一市场

拿破仑战争后，根据1815年维也纳会议协定，德意志减由34个邦和4个自由市联合组成，各邦、市仍保持独立主权，只在莱茵河畔的法兰克福设立邦联议会，各邦派代表参加。国家组织十分松散，仍处于四分五裂的状态。各邦各自为政，法律、币制、税收繁杂多变。各邦在边境上设卡，使得道路不能贯通，河流切成多段，关税之外又征通行税。人们很快就意识到了经济分割对发展造成的危害。1818年，普鲁士进行关税改革，废除国内关税，进口原料免税，对进口工业品平均征收10%的关税，货物通过普鲁士边境时征收很轻的税，国产税只向少数货物征收。普鲁士的关税改革成为关税同盟的第一步。

1819年，德意志各邦代表在维也纳集会，商讨如何促进邦际贸易的问题。尽管这次会议并没有达成共识，但各邦分别组织了不同地区的关税同盟，有南部关税同盟、北部关税同盟和中部关税同盟。在关税同盟建立过程中，普鲁士

① ［法］弗朗索瓦·卡龙：《现代法国经济史》，商务印书馆，1991年版，第117页。

始终发挥着重要作用。从 1818 年以来，普鲁士一直致力于说服其他邦一起纳入统一的关税体系，执行一致对外的关税政策。1828 年，普鲁士与黑森-达姆施塔特缔结了一个条约，规定各自保持独立的关税行政，但税率如有变动，需由双方会商决定，所获收入按人口分摊，水陆通行税一律豁免。1834 年元旦，在普鲁士的努力下，全国性的关税同盟成立，普鲁士与德意志中部和南部一些邦的关税卡在这一天取消。当时加入者有 17 个邦，总计面积 7 719 平方英里，居民 2 300 万人。到 1867 年，关税同盟的吸引力使其他邦纷纷放弃成见，加入了关税同盟。但是不来梅和汉堡分别直到 1885 年和 1888 年才包括在德意志帝国关税国境之内，而奥地利因与普鲁士意见不合，始终没有加入关税同盟。

经过多次辩论，关税同盟采取了一项温和的保护工业的政策。盟约规定，参加同盟的各邦间货物往来无须纳税，但对未参加同盟的各邦货物须课以一定税率；关税政策应由参加同盟各邦每年开会共同决定；设法统一币制与度量衡；税收收入按各邦人口比例分配；各邦关税行政自主，各有任命税吏的权利；设置特定机构，研讨各成员邦修改税率的建议，并考察关税制度的施行；在不违背关税同盟规定下各邦仍有订立条约之权。关税同盟实行效果良好，各邦商业繁荣，走私绝迹，制造工业在保护下得以发展。瑞士、比利时和阿尔萨斯的企业在德意志扩大了的国内市场中寻找机会，纷纷转移到关税同盟地区。关税同盟后来取得国际地位，有权与他国缔结商约。关税同盟使德意志在政治还未统一之前先实现了经济统一。1871 年，德意志帝国成立，关税同盟融合在帝国之内，结束了它的历史使命。

二、工业基础的初步奠定

德国在 19 世纪 30 年代出现工业革命的迹象。与其他资本主义国家一样，德国的工业革命也是从纺织工业开始的。萨克森的谢姆尼兹是棉纺织工业的中心，当时有“德国的曼彻斯特”之称。到 1846 年，普鲁士各种纺织工业部门共有 16 万台织机，其中属于工厂所有的为 8.3 万台，占一半多。机械化的织机只有 4 600 台。19 世纪五六十年代，德国纺织工业进一步发展。在 1850 年至 1870 年的 20 年间，德国的棉花工业消费量从 1.8 万吨增加到 8.1 万吨，增加了 3 倍以上。1852 年时，德国生产的棉纱只能满足本国需要的一半，到 1871 年自给量已达 80%。机器织布业也取得很大进展。1843—1861 年，德国的机器织布机由 5 018 台增加到 15 258 台，手摇织布机则由 79 992 台减少到 28 012 台。工厂制度在棉纺织业中已获得统治地位。

采煤和冶金业由于采用新的技术设备而获得较大发展。在 19 世纪以前，德国的煤炭资源很少得到利用，其冶铁业一直采用木炭熔矿和手工操作的古老方式经营着。随后焦煤取代木炭成为冶金业的燃料。到 1847 年,在普鲁士的 227 个熔铁炉中只有 32 个使用煤炭进行冶铁。1815 年以后,鲁尔煤田开始得到有效开采。莱茵河左岸的鲁尔区和萨尔区成了德国采煤业和冶金业的中心。到 19 世纪 40 年代,德国的一些矿井已开始运用机械采煤。对煤炭的需求使煤产量扶摇直上。1820 年,德国的煤产量仅为 120 万吨,1830 年为 140 万吨,而 1840 年则猛增至 260 万吨,1850 年更增至 670 万吨。在同一时期,德国的冶金工业也得到较大发展。1824 年,德国的冶金工业中开始采用搅炼法这一新技术炼铁,第一座搅炼厂在拉塞尔施泰因建成。1833 年以后,萨尔区、萨克森、拿骚和西里西亚的冶金厂都改用了搅炼法。新技术的应用使德国的铁产量得到提高。1823 年,德国的生铁产量仅 4 万吨,1830 年为 12 万吨,1840 年增至 17 万吨,1850 年达到 21 万吨①。19 世纪 50—70 年代,金属冶炼业出现重大的技术创新。1864 年西门子和法国的马丁发明平炉炼钢法,使世界钢产量在 1865—1870 年增加了 70%。1867 年克虏伯父子发明坩埚法,进一步推动了冶金工业的发展。

化学工业在德国获得重大发展。霍夫曼和柏林大学的一些学者集中研究了煤焦油染料化工技术,先后合成了多种染料、香料、杀菌剂、解毒剂等,促进了德国煤化学工业的迅速扩大。一项重大成果是化学肥料的制造。1837 年,德国化学家李比希分析了土壤的化学组成,提出合成肥料理论。19 世纪 50 年代,氮肥、磷肥、钾肥的生产技术有了很大发展,大大提高了土地单位面积的产量。

关税同盟建立之后,德意志各邦致力于修筑铁路。1835 年从尼恩贝格至富尔特的铁路通车,这是德国的第一条铁路。19 世纪 40 年代是对铁路大量投资的时期。1848 年,德国铁路线长达 2 500 千米,已超过法国,但只有英国的一半。到 1850 年,德意志联邦的东部、西部、北部和南部都已连接起来,整个铁路网长约 6 000 千米,其中将近 2 000 千米是国营铁路。1851—1870 年,全国铁路线的长度从 6 000 千米增加到 19 600 千米;机车的数量由 498 辆增加到 3 485 辆,增加了近 6 倍;火车车厢由 6 825 节增加到 76 824 节,增加了 10 倍多②。19 世纪四五十年代,铁路是长距离大批量运输的工具,它使运费降低了约 80%或 85%。同时汽船航运业也发展起来。1824 年,第一艘汽船开始在莱茵河上航行。1825 年,普鲁士莱茵汽船公司创立。1869 年,成立了促进德国航运业发展的专门公司。在莱茵河、易北河上,有铁制驳船和大轮船运送煤炭、矿石、谷物、石油、煤油等大宗商品。在海运方面,1839 年创立了汉萨汽船公司,1847 年创立了汉堡-美洲汽船公司。1850—1870 年,船只数量增加了 30%,总吨位数增加了 80%。汉堡成为海运业的中心。

---

① 樊亢、宋则行等:《主要资本主义国家经济简史》,人民出版社,1993 年版,第 347—348 页。

② [苏联]波梁斯基:《外国经济史》,生活·读书·新知三联书店,1963 年版,第 373 页。

19 世纪五六十年代的德国具有工业高涨的有利条件。关税同盟于 1852 年扩大到德国全境。1863 年,德国各邦又统一了贸易法、票据法和度量衡制度,这些措施进一步缩小了国家分裂状态,促进了国内市场的统一,便利了资本主义工商业的发展。为了用武力统一德国,普鲁士政府从备战和战争的实际需要出发,加紧修筑铁路,定购大量军用品。在普鲁士带动下,全德出现了修筑铁路的高潮,对煤炭、铁轨、机车、车厢等提出了巨大需求,有力地推动了采煤、冶金、机器制造等一系列重工业部门的扩展,掀起了创办企业的热潮。人们热情高涨地开发新矿山、建设新工厂、修筑新铁路,尤其是向股份公司投资和做股票投机生意,几十家银行陆续开业。在短短的 20 年里,普鲁士创设了资本总额达 24 亿马克的 295 家股份公司。德国的社会游资被大量集中起来投入生产中。同时,荷、比、英、法等外国的资本也源源不断地涌入莱茵区。德国克服了资本原始积累不足的困难,工业革命迅猛地向前推进。总的说来,19 世纪五六十年代,德国工业的发展异常迅速。50 年代工业生产增长了 1 倍以上,60 年代又增长了 16%。重工业的发展十分迅速。1860—1870 年,生产资料的生产增长了 23%,消费资料的生产增长了 9%①。在此期间,德国的纺织、采煤和冶金等工业的发展速度都快于英国和法国,特别在煤铁产量、铁路长度和蒸汽动力的使用等方面,德国已经超过了法国。到 1870 年,德国在世界工业总产量中所占的比重已达到 13.2%,虽仍低于英国、美国,但已超过了法国,加入先进资本主义国家的行列。

三、工业革命的完成

1870 年,普鲁士战胜法国,并统一了除奥地利以外的德意志各邦。1871 年 1 月 18 日,普鲁士国王威廉一世称帝,建立了中央集权制的德意志帝国。统一的联邦国家成立之后,首相俾斯麦着手整顿全国经济。他统一了全国的度量衡制度、商业法规和币制,确定马克为货币单位,1875 年又改建了中央银行,统一了纸币发行权。同时对交通运输的纷杂状况进行了大力整顿,扫除国内贸易的障碍,完成了国内市场的统一。在对外贸易方面也采取了统一的政策,政府为了鼓励本国工业的发展,改革原有的关税制度,从 1879 年起,实行保护关税政策,对工农业都实行保护。以上这些措施,促进了统一的国内市场的形成,提高了德国资本主义的竞争力量,扫除了资本主义大工业前进道路上的障碍。

德国统一后,工业出现跳跃式发展。普法战争的胜利,使德国从法国夺得

① [苏联]波梁斯基:《外国经济史》,生活 · 读书 · 新知三联书店,1963 年版,第 386 页。

了阿尔萨斯全省和洛林的一部分,并向法国勒索了50亿法郎的赔款。阿尔萨斯和洛林有发达的棉纺织业、丰富的钾盐矿藏和铁矿资源。合并这些地区,使德国棉纺织业规模扩大了1/2以上,并使洛林的铁矿和鲁尔煤矿一起成为德国发展重工业的一个重要基地。几十亿赔款用于工业建设和加强军备,又掀起了新的创办企业的热潮。仅在1871—1874年的4年里,在德国兴修的铁路、工厂、矿山等比过去25年中建造的还要多。政府出于军事或政治的原因,从19世纪70年代起分阶段实行铁路国有化。1873年后,修筑铁路多半由政府出资,政府逐步购买独立公司的铁路,到1900年,全部铁路中只有6%掌握在私人手里。铁路员工都是政府工作人员,服从准军事部门的纪律。到第一次世界大战前,德国完成了铁路网的建设,铁路长度共9.33万千米。1850—1913年,铁路吨千米运输量增长了20倍。

德国还抓住新技术革命的机会大力发展以电力、化学工业为核心的新兴工业,及时调整产业结构,加速了工业现代化进程,迎头赶上了英国和法国,成为欧洲大陆最发达的国家。在化学工业方面,德国优势显著。19世纪末20世纪初,德国的酸、碱等基本化学品的产量已居世界首位,染料、医药、照相用化学品也都驰名于世。20世纪初,德国已经确立世界染料工业的领导地位,1913年全世界至少有3/4的染料由德国生产。在电气方面,德国在19世纪末和20世纪初掀起了电气化高潮,形成通用电气公司和西门子电气公司两大电气集团,使以发电、配电为主要内容的电力工业和制造发电机、变压器、电线、电缆等电气设备的工业迅速发展。随着电站的增多和电力网的扩大,在照明、车辆、电信和工业生产等领域内都逐渐采用了电力,迅速实现了工业的电气化。在内燃机方面,德国取得重要技术突破。1876年,奥托研制成功第一台四冲程往复活塞式内燃机。1892年,狄塞尔发明了柴油机。内燃机的发明使汽车工业和石油工业得以兴起。1885年,卡尔·本茨制造出四冲程发动机和用电引燃的三轮汽车,早于美国的福特。在1896年以前德国还没有大规模的造船业,1872年在不来梅创建了第一家造船厂,1878年在汉堡兴建了第二家造船厂,以后其他造船厂相继建成,船的吨位也迅速增长。在1900年时,德国造船的吨位略胜法国一筹,但远远落后于英国。同时,工具机床、缝纫机等较精密的机械生产也取得了长足的进步。

从国家统一到第一次世界大战前夕,德国工业有了飞跃发展。以工业发展速度而言,德国当时远远超过了法、英两国,仅次于日本和美国。1870—1913年,德国生产年均增长率为4.7%,工业生产增长了4.6倍,同期法国增长1.9倍,英国只增长1.3倍,德国工业产量在世界工业总产量中的比重由13%上升到35.7%,超过英国和法国,居欧洲第一位,世界第二位。到第一次世界大战前夕,德国已在最新技术基础上建立起较完整的工业体系,成为一个以重工业为主导的资本主义工业强国。1895—1913 年,全国工人总数中,重工业部门工人的比重已由 35.1%上升到 54.5%,同期,德国生产资料生产增加了 6.5 倍,消费品生产增加了 2.4 倍。但是,德国的轻工业技术革新迟缓,一直到 1914 年德国手织机还没有完全被淘汰,纺织厂规模比较小、分散而且不集中,产品中约有半数在农村加工。

第三节　美国的工业革命

一、工业革命的启动

美国曾是英国统治下的殖民地,因此,它的经济结构长期保持了殖民地特征。美国独立后,工业化问题很快被提上议事日程。1791 年,美国财政部长汉密尔顿提出著名的《制造业报告》,该报告提出,一个国家如果没有适当的工业基础,在经济上或政治上就不能强大。他认为,英国的工业建立得较早较好,能够比美国新建工厂出售更廉价的商品,而为了使本国工业建立并发展起来,必须实行保护关税制度。1816 年,经过激烈斗争,美国通过第一个保护性关税法案。对一般进口货平均征收 20%的关税,而对某些特别需要加以保护的工业进口产品征收特别税。以后,尽管有多次反复,但保护关税政策基本保持下来。高额关税限制了来自英国的竞争,抬高了本国工业品价格,给工业发展创造了有利的条件。

美国最早的工业是棉纺织业。英国人斯莱特 1789 年抵达美国,于次年建成了美国第一家水力纺织厂。这是美国大机器生产的开端。1814 年,第一家比较成功的美国棉纺织厂在马萨诸塞的沃尔瑟姆开始投产。1820 年,美国的棉纺织工厂的生产处于蓬勃发展阶段。棉纺织工厂高额的利润不仅排挤了家庭纺织,而且吸引更多企业家投资棉纺织业。棉纺织业在 1860 年已成为美国最大的制造工业,棉纺织业的纱锭从 1840 年的 220 万枚增加到 520 万枚,棉花消费量从 23.7 万包增加到 105.7 万包①。

殖民地时期,美国就有比较发达的炼铁业。独立后,美国开始建立自己的制造工业,对钢铁的需求迅速增加。从 19 世纪初起,美国相继引进了热风炉、焦炭炼铁法等先进技术,建立起近代炼铁业。由于基础较好,资源丰富,炼铁业

① [苏联]波梁斯基:《外国经济史》,生活·读书·新知三联书店,1963 年版,第 356 页。

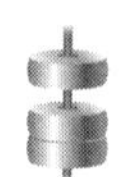

发展很快。但美国产的生铁质量较差，只能用于制造农具、铁管、大炉等。美国于1844年才引进搅炼铁法，开始生产精炼铁，但远远不能满足需要。1860年，美国的生铁产量达83.4万吨，居世界第三位。

19世纪初，美国的蒸汽机、机车等主要机器基本从英国进口。通过仿制和改进，美国很快建立了自己的机器工业。随着运输费用降低和需要量增加，机器生产出现专业化，到19世纪30年代，有些工厂内部的机器生产部门自动和工厂脱离，成为独立的公司。在大量使用机器的工业部门，产生了最早专门生产机器的公司。

动力的使用主要依靠水力和蒸汽。在1840年后的40年中，水力始终是美国固定动力的最重要的源泉。从总的马力来看，蒸汽发动机主要用于交通运输。在1860年，单是轮船所使用的马力就占当时美国的蒸汽动力的一半以上，如果和使用于火车头上的动力合计在一起，则占当时蒸汽发动机的额定马力的80%以上。在19世纪50年代，蒸汽机制造商开始生产小型的可替换部件的标准化产品，其配上适当的附件后，能从事多种工作，如碾磨玉米、开动车床或钻床。这些产品适合农场或有机床的车间等小规模单位使用。

二、技术革命和新兴工业

19世纪下半叶，世界科学技术革命方兴未艾，新技术和新发明不断涌现，如新炼钢法、电力技术、内燃机技术等，为美国工业化提供了良好的机会。这一时期，美国一方面依靠大量引进欧洲先进技术，另一方面自己完成了一系列重大发明，发展起钢铁、电力、汽车、石油采炼等一系列新工业。

19世纪50年代，转炉炼钢法和平炉炼钢法先后取得突破。到19世纪末期，平炉法逐渐成为美国钢铁生产的主要方法。用新方法生产的钢，兼具熟铁和工具钢的优良性质，坚固而有弹性，比其他材料便宜得多，钢铁替代木头和石子成为主要的建筑材料，钢铁工业成为规模庞大的一个部门。

在电力电气工业方面，美国一开始就走在世界前列。电可提供小型、分散的能源，电动机可以用在使用水电系统或蒸汽动力系统太昂贵的地方，它也可使企业家的生产布局不致受到动力系统集中而造成的严格限制。1882年，美国建立了第一座商业电站。到19世纪90年代，大小电站遍地开花，为居民、工矿企业和电车提供电力。19世纪90年代，美国家庭已利用电来烹调、洗涤、熨衣、打扫和冷藏食品。随着电力工业的发展，电气制造业也发展起来。由于美国在电气技术上领先，并且较早建立起电气工业，美国的电气产品一开始就在国际市场上有较强的竞争力，并很快成为美国的重要出口商品。

19世纪末20世纪初，美国的汽车工业逐步实现了简单设计和起码的批量生产，作为一个重要产业出现。尽管其产值与其他产业比起来还很小，但发展迅速，尤其是出口增长很快。1905 年美国生产汽车 2.5 万辆，到 1910 年已达 18.7 万辆。同期，汽车（包括发动机零件）出口额也由 200 万美元增加到 1 100 万美元，到 1916 年出口额达到 1.23 亿美元[①]。

石油工业也取得重大突破。1859 年，爱德温 · 德雷克开凿了第一口油井。19 世纪末，离心式钻井机问世，钻头和井壳采用了优质钢，石油运输工具改用专门建造的输油管。起初炼油者只提取煤油，1860 年后的 20 年里，煤油基本上取代了内战前使用的煤和动物油。到 1880 年左右，大部分比较轻的石油馏出物已用作润滑剂，当转速很快的重型机器的产量快速增长时，润滑剂的需求量增加了。炼油者还发现，较重的馏出物可以变为取暖或燃烧用油。1900 年，在美国西南部和加利福尼亚州，大多数家庭都已改烧石油取暖。

这一时期，新工艺和新技术使很多原材料得到更加广泛的运用。1880 年前，铜是次要的金属，仅当作耐腐蚀材料使用，如用作顶梁或船舶外壳。但是新兴的电力工业极大地增加了对铜的需求，两英里半长度的电线就要用一吨铜。架设在野外的电线、发电机、变压器和电动机上的电线、电话系统，以及后来兴起的汽车工业对铜产生的巨大需求，使一个新的重要的工业应运而生。铜的产量从 1880 年的仅 2.5 万吨增加到 1890 年的 13 万吨。第一次世界大战期间，美国每年铜产量近 2 100 万吨。19 世纪 90 年代，人们发现电可以使铝分解而且分解费用很便宜，这是铝工业兴起的关键。19 世纪 60 年代，人们广泛采用分解钠和氯化物的方法，从普通盐中制取纯碱。结果，对盐的需求量更大了。除了传统的采盐和海水蒸发等方法以外，还利用石油创造了新的采盐技术。另一个重要化学品是硫黄，它的基本用途是做硫酸，硫酸是一系列新产品的重要成分，这些产品包括肥料、石油、纸张、橡胶和杀虫剂。19 世纪末 20 世纪初，工程师改变采盐方法，使它适用于硫黄开采。新技术成功降低了硫黄的成本，扩大了硫黄衍生物在工业中的运用。

三、美国工业化的完成

南北战争后到第一次世界大战期间，是美国工业化突飞猛进和最终完成的时期。1859 年美国有 14 万个工业生产单位，其中许多是手工作坊，这些生产单位全年生产总值低于 24 亿美元。40 年后，美国有 20.7 万家工厂（手工作坊除外），全年产值超过 140 亿美元。到 1914 年，工厂总数增加到 27.5 万家，全年生产总值超过 240 亿美元。工人总数在 1859 年有 130 多万人，在 1914 年超过

① 中国科学院经济研究所世界经济研究室：《主要资本主义国家经济统计集（1848～1960）》，世界知识出版社，1962 年版，第 135 页。

700万人①。到1894年，美国工业产值比世界上其他任何国家都高，到第一次世界大战前夕甚至达到英、法、德的总和。美国从欧洲工业的模仿者发展为工业领头人，美国工业及其实践为世界其他地方提供了典范。而且，一些美国公司，如可口可乐、杜邦、福特、通用电气、海茵茨、国际收割机公司、柯达、辛格、标准石油、斯威夫特、西屋和其他一些公司不断向海外扩张，不仅在其他国家的工业发展中起了重要作用，而且形成了以后的国际经济格局。

技术进步造成高速连续的生产，行业资本密集度上升，企业规模急剧扩大。美国制造业产值越来越多的份额来自这些更加机械化、较少季节性的大企业。机械化工厂渐渐代替工匠铺、“血汗工厂”和手工工厂，成为美国制造业的来源。但到1870年，美国将近1/4的靴子和鞋子是工厂生产的，家具业工厂产出的份额也达到67%。工厂在相同数量的劳动力和资本下，能以更低的成本提供相同的产出。

新技术和新产品大量出现，使全新的行业得以产生，影响着工业结构。1860年，棉纺织业和木材加工工业增加值在全国分别排名第一和第二，1880年和1920年下滑为第三和第四。南北战争后钢铁工业异军突起，并有三个新兴行业上升到十大行业之列。造船业在1900年还未进前二十五强，1920年已排名第五；电力机械业起初只是一个很小的行业，1920年却排名第九；汽车制造业1900年还不存在，1920年却排名第六。到1880年，机器和铸造业已成为美国的主导行业，它所供应的机器维持和促进了工业增长。1900年和1920年它仍是主导行业。

在这一时期，随着西部开拓、南部归入统一的市场体系，美国工业布局出现了新的变化。1860年，美国大部分制造业集中在纽约和费城附近，这些地区是美国的工业中心。到1880年，中西部也建立起一个庞大的工业部门。芝加哥有近8万工人从事工业，其作为工业城市已经超过波士顿。芝加哥工业就业人数在1860年至1870年增长了4倍以上，并在1870年至1880年增长了大约50%。其他中西部城市也建立了庞大的和发展迅速的工业部门。到1880年，辛辛那提工业就业人数超过5.9万人。中西部拥有全国制造业就业人数的11%。到1890年，中西部制造业份额翻了一番。到1920年，制造业中心西移了几百英里，位于俄亥俄州的托莱多和斯普林菲尔德之间。中西部已成为美国的工业心脏。

美国的关税保护

美国独立后，工业化问题很快被提上议事日程。1791年，美国

① ［美］吉尔伯特·C.菲特、吉姆·E.里斯：《美国经济史》，辽宁人民出版社，1981年版，第449页。

财政部长汉密尔顿提出著名的《制造业报告》，报告认为一个国家如果没有适当的工业基础，在经济上或政治上就不能强大。相对于较早建立的英国工业来说，美国的制造业还非常“幼稚”，因此必须实行保护关税制度。1816 年，经过激烈斗争，美国通过第一个保护性关税法案，对一般进口货平均征收 20%的关税，而对某些特别需要加以保护的工业进口产品征收特别税。同样出于保护工业的目的，1824 年和 1828 年的关税法曾两度提高关税，其中 1828 年的关税法令因规定了南北战争前关税的最高税率而被人称为“可憎的关税”。其后，因受南方大部分州的反对和财政赤字的影响，联邦政府几次下调关税。但总的说来，以 1816 年的关税法为标志，关税开始被当作保护国内工业的重要手段。

1916 年，美国制定了第一部反倾销法(即《1916 年关税法》，其中第 301 节规定反倾销条款)，经过多次立法和频繁修改，成为美国保护国内产业的一种重要的非关税壁垒。第一次世界大战结束后，各交战国在经过短期经济景气之后出现经济萧条。1922 年 9 月，美国通过以保护农业为主旨的福德尼-麦坎伯关税法案，不仅农产品，而且工业产品都受到了高关税的保护，如恢复了钢铁的关税，提高了纺织品的进口税，这一法令还对“战时幼稚工业”主要是化学工业和染料工业给予特别保护。

随着 1929 年 10 月肇始于美国证券市场大崩溃进而蔓延至世界的全球经济危机的开始，在美国国内，不仅农业要求保护，工业部门也强烈要求增加保护，在美国经济从衰退走向萧条这一背景下，美国国会通过了臭名昭著的斯穆特-赫利关税法，使美国平均关税从 38%上升到 52%。这是美国历史上税率最高的关税法令，农作物原料的平均税率提高了 28.3%，工业品及其他商品的平均税率也提高了 10.58%。罗斯福当选美国总统后，开始有步骤地降低关税税率。

总的看来，从 19 世纪初直到 20 世纪三四十年代，美国的关税保护政策坚持了 120 多年。贸易保护政策对美国工业化的发展及新兴产业的诞生和产业国际竞争力的提高起了十分重要的作用。

第四节　俄国的工业革命

一、工业革命的准备

19 世纪上半期，俄国工场手工业的发展和机器在个别部门的使用可视为工

业革命的准备阶段。俄国自 17 世纪后半期起，就出现了类似手工工场的大规模作坊。18 世纪，彼得大帝和叶卡捷琳娜二世实行鼓励和扶持手工工场的政策，使工场手工业获得很大发展。但这一时期，占统治地位的工场手工业形式还是以使用农奴劳动的官营手工工场、特许手工工场和地主经营的手工工场为主，使用雇佣劳动者的商人手工工场还很少。19 世纪上半叶，由于农奴制开始解体，法令正式允许把农奴劳动应用于工业中，加之政府实行保护关税、币制改革、兴办专门工业学院等一系列有利的政策，工场手工业得到较快的发展。

在工场手工业发展的基础上，俄国的个别工业部门运用进口机器设备开始了机器生产。最早的机器生产出现在棉纺织业中。1793 年，什利雪里堡的印花布工场安装了第一台纺纱机。1798 年，第一个使用蒸汽动力的官营亚历山大洛夫纺纱工厂建立。从 19 世纪 40 年代末，特别是从 19 世纪 50 年代起，棉纺织等主要部门才明显从手工工场向机器生产过渡。到 1866 年，俄国已有 42 个机器棉纺织工厂①。

但直到 1861 年以前，手工作坊，即"没有机器的工厂"仍起着决定性的作用，产业革命并没有开始。这是因为，农奴制把农民束缚在土地上，限制了自由劳动力的形成。大量手工工场使用农奴劳动，劳动生产率极为低下；即使是雇佣性质的劳动者，大部分仍是负担代役租农民，他们必须向地主缴纳贡税。此外，农奴劳动排斥新技术和新发明的采用。例如，乌拉尔采矿工匠波尔祖诺夫早在 1763 年就发明了蒸汽"火机"，但被抛弃不用，最终被埋没。这种情况严重影响了俄国工业的发展。18 世纪初叶，俄国工场手工业水平在世界上是首屈一指的，大量的铁和麻布甚至输出到英国，但从 19 世纪起就大大落后了。

1861 年，俄国实行了自上而下的农奴制改革。农奴制改革使广大农民摆脱了对地主的人身依附，并且使农民丧失了大量份地，从而造成大量无地农民。他们包括地主的农婢和包月工，各种手工工场和矿场中的农奴制农民、有份地的工人等，计有 400 多万人。这就形成了自由劳动力市场。法令规定农民必须缴纳高额赎金，以取得自己的份地。这个赎金数量很大，在 30 年里，有领地的贵族通过改革获得了近 9 亿卢布的资金，如果加上利息，则超过 10 亿卢布②。这些赎金大部分存入银行或转移到铁路、工厂，有的转变为股份资本。此外，改革后农民的分化和农村中富农经济的发展，增加了对工业品的需求，从而扩大了市场。这样，俄国的产业革命便迅速展开了。

---

① ［苏联］梁士琴科：《苏联国民经济史》第 2 卷，人民出版社，1954 年版，第 38 页。

② ［苏联］梁士琴科：《苏联国民经济史》第 2 卷，人民出版社，1954 年版，第 17 页。

二、工业兴起的途径

俄国工业发展经历了三个阶段:小商品生产、资本主义工场手工业和机器大工业。农奴制改革后,随着自然经济的衰落,小商品生产如雨后春笋般迅速而广泛地发展起来。通过竞争,这些小商品生产者不断发生分化,少数人上升为作坊主,大多数人成为雇佣劳动者。同时,他们当中还分化出小商品人和包买主,逐步控制小商品生产者,组织较大的手工工厂。工场手工业的发展存在两种趋向,一方面是世袭占有性质的地主作坊的衰落,另一方面是商人作坊向纯粹的资本主义工厂的发展。在工场手工业和原有机器工业发展的基础上,俄国真正开始了使用机器的高潮。

在俄国,机器大工业是通过两条途径建立起来的。一条途径是通过家庭手工业—工场手工业—机器大工业这条演进式道路建立起机器大工业。这种情况可以在沃尔姆斯克-巴甫洛夫区的金属工业中看到。在那里,由于小生产有使用机器的可能,于是出现了许多拥有雇佣工人的小机器工厂。其后,从这些小工厂中产生了著名的查维亚洛夫、康德拉舍夫、阿那尼也夫等人的大工厂。另一条途径是政府、外资或股份公司通过建立规模巨大的企业,成为生产集中和垄断的骨干。这些企业大部分是在新兴的重工业部门中建立的,如钢铁、石油、煤炭等,一些具有生产远景的大工业区也随之被开辟出来。

19 世纪 60—80 年代,俄国工业发展取得了巨大成就。就各部门来看,轻纺工业发展较为迅速。但重工业才刚刚起步,不仅产量有限,技术也很落后。70 年代,俄国铁路建设需要的铁轨、机车、车厢等差不多全是从国外进口的。工业发展的许多条件,如大量资本、熟练工人、商业和信贷组织以及建立新工业部门的组织经验等尚不具备。因此,俄国工业发展很不稳定,致使 70 年代出现企业滥设现象,表现为狂热地组织股份公司,急剧地扩大银行信贷机构,大肆修建铁路,等等。1873 年,在西欧经济危机影响下,俄国也爆发了经济危机,并且在危机过后出现长期萧条,紧接着到 1881 年又爆发第二次经济危机,危机过后又一次出现长期萧条,一直延续到 80 年代末 90 年代初。这两次危机和萧条打断了俄国工业迅速发展的势头,使产业革命的完成大大推迟了。

三、工业革命的完成

19 世纪 90 年代是俄国资本主义工业发展的一个重要阶段。在这一时期,铁路的大规模建设、外国资本和技术的大量输入以及政府实行国家资本主义政策等,使俄国工业出现了一次巨大的高涨。通过这次工业高涨,俄国最终完成了工业革命。90 年代俄国工业发展,不论在速度还是规模上都是空前的。1890—

1900 年,企业数目由 32 254 个增加到 38 141 个,增长了 18. 3%;工人数目由 142. 47 万人增加到 237. 34 万人,增长了 66. 6%;生产总值由 15 亿卢布左右增加到 30 亿卢布左右,增长了 100%。这一时期的特点是重工业得到特别迅速的发展。1887—1897 年,全部工业产值增长 112. 8%,其中矿业产值增长 152. 4%,金属制品工业增长 175. 8%,化学工业增长 177. 2%,均高于全部工业产值增长率。特别是,俄国的煤炭产量增长 2 倍,石油产量增长 20 倍,钢产量增长 5 倍。而纺织工业的增长率低于全部工业产值增长率。1887—1897 年,化学工业生产价值由 0. 2 亿卢布增加到 1 亿卢布①。

俄国的煤炭工业也是 19 世纪 60 年代建立的,40 年间有很大发展。40 年前还是一片荒野的顿巴斯盆地,40 年后已成为巨大的煤炭工业中心。石油采炼业是 19 世纪后半期兴起的工业。这一部门在俄国起步较晚,但发展很快,巴库城则由一个极小的城市变成有十几万居民的俄国第一等工业中心。石油采炼业的巨大发展,引起俄国煤油消费量的增加,而把美国的产品完全排挤出去了。由于引进大量外国资本和先进技术,南俄的冶金中心迅速发展起来,到 1902 年,南俄提供了俄国一半以上的生铁产量。自从采用贝塞麦炼钢法和西门子-马丁炼钢法以后,钢产量增长很快。此外,化学工业的发展也具有重要意义。

19 世纪 90 年代的工业高涨,与铁路的大规模建设有着直接关系。俄国第一条铁路是 1836 年建设的从彼得堡到皇村的铁路,全长 27 千米。但大规模铁路建设是从 19 世纪 60 年代开始的,并在 60 年代末 70 年代初兴起了第一次铁路建设的高潮。90 年代,由于政府实行了铁路国有化政策,并大量向铁路投资,加上大量外国资本的涌入,俄国又一次出现铁路建设高潮。俄国铁路长度仅次于美国,居世界第二位。

19 世纪 90 年代的工业高涨,还受到政府的保护和扶植政策的促进。农奴制改革后,俄国试图沿袭西欧先进国家的自由放任和自由贸易经济政策。但由于工业基础薄弱,资本缺乏,国内市场有限,无力与外国竞争等,这种政策遭到失败,引起创业投机、企业滥设和流通机构片面发展。从 19 世纪 80 年代起,俄国开始采取国家资本主义方针。到 90 年代,政府更通过国有经济、保护关税、政府订货和赋税制度等政策措施,有力地推动工业发展。

经过 19 世纪 90 年代工业高潮,到 19 世纪末 20 世纪初,资本主义机器大工业完全排挤了手工业,以钢铁、煤炭、石油为主的重工业已经建立,至此,俄国完成了工业革命。到 1913 年,俄国工业已经居世界工业生产的第五位,具有中等经济发展水平。但从整体工业发展的情况看,俄国和其他资本主义国家相比还

① [苏联]梁士琴科:《苏联国民经济史》第 2 卷,人民出版社,1954 年版,第 200 页。

有一定的差距。

表 8-1 显示了 1750—1900 年主要资本主义国家人均工业化水平。

表 8-1　1750—1900 年主要资本主义国家人均工业化水平(1900 年联合王国为 100)

年　份	1750	1800	1830	1860	1880	1900
整个欧洲	8	8	11	16	24	35
联合王国	10	16	25	64	87	100
法　国	9	9	12	20	28	39
德　国	8	8	9	15	25	52
美　国	4	9	14	21	38	69
俄　国	6	6	7	8	10	15

资料来源:保罗 · 肯尼迪:《大国的兴衰》,中国经济出版社,1989 年版,第 186 页。

本章思考题

1. 法国工业革命的特点是什么?
2. 德国为什么要建立关税同盟?
3. 美国工业化为什么能后来居上?
4. 俄国工业革命的特点是什么?

第九章 印度、非洲和拉美国家经济

第一节 殖民地时期的印度经济

一、东印度公司的掠夺

东方国家中,最早遭到西方侵略同时也是最早接受西方文明的国家是印度。1757 年,英国东印度公司在普拉西战役中取得决定性胜利,征服了孟加拉地区,以后不断蚕食印度,到 19 世纪 40 年代末,控制了印度大部分地区。东印度公司对印度采取直接掠夺的方式,包括直接索取战争赔款、向农民征收田赋、发行公债等,攫取了大量财富。据估计,1757 年至 1815 年的 58 年间,英国从印度掠夺的财富约 10 亿英镑,主要来自产业发达、财富集中的孟加拉地区。

1813 年,英国议会在工业资本家的压力下,取消了东印度公司的部分贸易垄断权,只保留茶叶贸易和对华贸易的垄断地位。1833 年,议会完全取消了该公司的贸易业务,东印度公司成为一个受国王及议会委托在印度进行殖民统治的军事和行政机构。东印度公司还在印度建立了一种对印度手工业者进行商业剥削的稳定制度,实行片面的"自由贸易"。

当印度沦为英国殖民地时,印度的棉纺织品大量输往英国,几乎占据了英国棉纺织品市场的全部。1720 年,英国议会决定完全禁止印度花布和印度丝织品进口。后来虽然允许进口,但制定了高额关税。而同一时期英国输入印度的商品则以"自由贸易"为名,只征收极低的象征性关税,棉和丝织品 3.5%,毛织品 2%。在印度境内,殖民当局征收的过境税也带有歧视性,对英国布只征 5%,

而对印度布则征20%[1]。结果,印度工业品出口迅速缩减,英国工业品对印度的出口迅速增加。1814年,印度向英国输出棉布127万码[2],21年之后缩减了3/4以上。1824—1837年,英国输往印度的棉织品却由不到100万码猛增到6 400万码以上,增加了63倍多[3]。英国其他工业品如铁器、陶器、玻璃、纸张等,也大量涌向印度市场,使印度进口英国产品价值逐年增加。19世纪50年代末,英国货已占印度进口货总值的50%以上,这个纪录一直保持到19世纪末。

片面的自由贸易政策不仅将印度变成英国商品的销售市场,而且也把它变成了原料产地。英国当局用行政手段强令推广种植经济作物和用税制改革刺激地主和农民种植经济作物的积极性,还采取预付定金的方法引导农业和手工业纳入商品生产轨道,这被称为"达德尼制"。这使印度向英国提供的农产品和原料大幅度增加。从1850—1851年度到1870—1871年度,印度棉花出口增加近9倍,黄麻原料出口增加22倍。从1850—1851年度到1890—1891年度,在饥饿中挣扎的印度向英国提供的粮食也增加了将近8倍,而且19世纪八九十年代粮食在印度的出口中上升为第一位[4]。

英国殖民当局为了便于经济剥削,还对印度的金融进行改革。1818年开始统一全印的货币制度,确立银本位制,规定银卢比为唯一合法的支付手段。1823年还把卢比的对外汇率稳定在1卢比折合2先令的比率上。为了便于英国商人和印度买办把英国商品渗入全国各地并从各地攫取原料,英国资本在殖民当局的支持下设立了管区银行。最先成立的是孟加拉国管区银行(1809年),后来在1840年和1842年分别成立了孟买管区银行和马德拉斯管区银行,这些银行为较大规模的国内贸易提供信贷并为英国工业资本服务。随着英、印之间贸易结算业务的增长,出现了主要从事对外贸易信贷的汇兑银行。1842年第一家汇兑银行——东方银公司成立,接着在1853年又成立了两家新的汇兑银行——麦加利银行和亚洲特许银行。

二、农村经济结构的演变

莫卧儿帝国时期,印度的封建土地制度主要有:直属国王的封建领地(约占全国耕地的1/2)、贾吉尔(Jagir)的非世袭领地和柴明达尔的世袭领地。而封建土地上的农民在世代相传的村社里耕种封建王公的土地,向国家缴纳田赋,并对其所耕种的土地有永久的占有权。同时家家户户都纺纱织布,供自家消

① 范铁城:《东方的复兴——中印经济近代化对比观照》,湖南出版社,1991年版,第61页。

② 1码合0.914 4米。

③ 宋则行、樊亢:《世界经济史》上卷,经济科学出版社,1995年版,第175页。

④ 范铁城:《东方的复兴——中印经济近代化对比观照》,湖南出版社,1991年版,第68页。

费。每个村社形成一个自给自足的经济单位。

1765年后,东印度公司授权孟加拉国当地官员征收田赋,公司派人监督。1772年,英督华伦·黑斯廷斯收回管理权,实行土地整理,并于1793年完成。东印度公司首先在孟加拉国、比哈尔、奥里萨地区建立固定柴明达尔制。自18世纪初以来,柴明达尔是孟加拉国世袭的包税人,总督之下最大的封建地主。1765年,东印度公司直接掌管孟加拉国的财政管理权后,经常以"公开拍卖"的方式把原来的包税区包给出价最高的税额人。这样相当一批公司成为新柴明达尔。实行固定的柴明达尔制,就是确认包税区的土地为柴明达尔的私有财产,柴明达尔向公司缴纳的田赋确定为1793年柴明达尔实际地租收入的10/11,剩下的1/11归柴明达尔自己所有,并且固定不变。柴明达尔作为土地的私有主,不但可以自由买卖或转让土地,还可以任意增加地租。柴明达尔要把田赋按期如数上缴公司并为自己留下较大的份额,就只有加紧对农民的压榨。由于许多旧柴明达尔欠缴税款,所以他们的土地被拍卖。到1815年,孟加拉国有一半的土地就这样转入了更为奸诈的高利贷者、投机商人之手。

19世纪初以后,随着印度农产品出口的激增,农产品价格日渐上升,由此而来的利益落入柴明达尔地主和其他中介人之手,公司在农民缴纳的地租中所占的份额日趋缩小。为改变这种状况,1820年东印度公司在马德拉斯省的南部普遍实行莱特瓦尔制,即农民租佃制。根据这个制度的规定,村社农民直接置于公司控制之下,每个农民应缴的田赋额分别由公司直接确定。确认村社农民在按期缴纳田赋的条件下,对其耕地具有占有权,可以出卖、转让或出租。在这种制度下的农民保留了较多的权利,但他们的田赋负担却比柴明达尔制下的农民更为沉重,农民必须向殖民当局缴纳相当于全年收成1/3~2/3的地租,农民实际成为英国殖民者的佃农。这种土地税制使英殖民者的土地税收迅速增加,1800—1801年度土地税收为420万英镑,1857—1858年度土地税收猛增至1 530万英镑①。

1822年,在北印度地区,殖民当局推行了马哈尔瓦尔制。按照这个制度,耕种者个人不属于政府,而属于一个村庄,耕地归农民占有而由村社统一纳税,通过村社头人课征,但公司税吏有权决定村社农民之间税额分配的比例。一般来说,归地主所有的土地田赋额为地租的80%,由政府直接租给农民的土地田赋额占95%,余额作为给予拒绝土地整理的所有人的津贴(土地所有者不接受整理的,土地由政府直接管理或代为出租)。但这个制度税率过重,很快就行不通了。

---

① [印]萨拉夫:《印度社会》,商务印书馆,1977年版,第235页。

自1833年起,英印当局又对非永久性地税制的地区实行税制改革,内容包括:降低税率,由占产出的80%以上降到50%~60%;按土质的好坏来确定土地的等级和税额的多少;延长修订周期,将10年期延长至30年;承认地主和农民自由支配土地的权利。这次税制改革仍保留了"租赋合一"的特点,即土地税和地租合并征收。英印政府在法律上确认了柴明达尔的土地私有权,但实际很难兑现。在实行莱特瓦尔制的省以产出的50%或净产量的50%作为标准税率,但在实际中均大大超出这个比例。

两轮改革,不但改变了印度农村的阶级结构,使以农村公社为基础的土地权制逐步趋向单一的地主所有制,而且改变了农村经济性质,使自给自足的封建经济结构逐渐瓦解,农村和商品市场越来越紧密地联系在一起。农村土地关系的变动使印度失去了千百年来赖以生存的基础,而又没有更多的生产领域去吸纳被剥夺了土地的农民。这样,英国破坏了印度社会的整个结构,却没有为其重建打下"人和"基础,所以说,印度失掉了它的旧世界,而没有获得一个新世界。

三、近代殖民工业的建立

18世纪末期,东印度公司为印度引进西方技术,主要是一些零星的军用或民用项目。19世纪上半期或更早一些时候,印度的近代工业已经开始了最初的酝酿和萌动。最早建立的印度近代企业是英资1818年始建的加尔各答棉纺织厂。1830年,英国人又试图建立采用比较先进的冶炼技术的马德拉斯炼铁厂,但未获成功。印度近代工业真正起步以1851年孟买第一家近代棉纺企业筹建作为开端。印度较早的近代产业是铁路、采矿业和原料初加工业。

19世纪40年代,英国殖民者开始在印度修筑铁路。1845年,伦敦成立了两家私营铁路公司——东印度铁路公司和大印度半岛铁路公司,专门负责对印度铁路的投资。1849年,加尔各答附近修成了第一条试验性铁路。1853年,孟买到塔纳的铁路投入使用。1854年,第一条商业性铁路——孟买—塔纳线通车。接着加尔各答、马德拉斯等主要海港通往内地的线路也相继通车。1861年,印度铁路全长1 588英里,1871年达5 077英里,1881年达9 891英里,到1900年时已长达24 700英里①。铁路干线从东海岸的加尔各答横贯印度半岛到达西海岸的孟买和南海岸的马德拉斯,四通八达的铁路网为印度的对外贸易提供了便利。1913年,印度铁路网长达3.4万英里,居世界第四位。

印度的采矿业主要是采煤业、石油开采业和锰矿开采业。1843年,印度成

① [印]罗梅什·杜特:《英属印度经济史》下册,生活·读书·新知三联书店,1965年版,第293页。

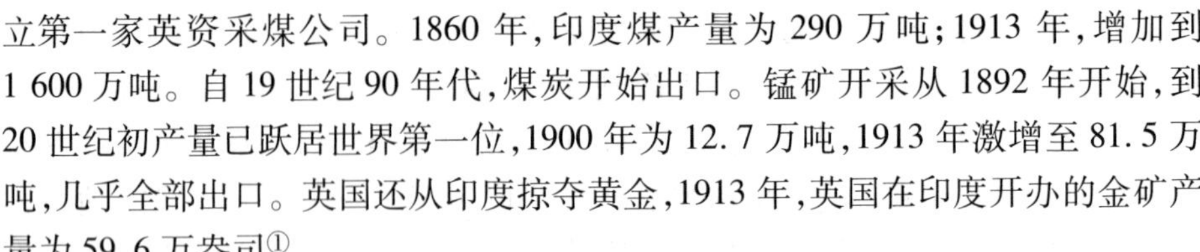

立第一家英资采煤公司。1860 年，印度煤产量为 290 万吨；1913 年，增加到 1 600 万吨。自 19 世纪 90 年代，煤炭开始出口。锰矿开采从 1892 年开始，到 20 世纪初产量已跃居世界第一位，1900 年为 12.7 万吨，1913 年激增至 81.5 万吨，几乎全部出口。英国还从印度掠夺黄金，1913 年，英国在印度开办的金矿产量为 59.6 万盎司①。

原材料加工业以黄麻加工最著名。1855 年，英国人乔治·奥克兰德在加尔各答开设第一家使用近代技术的小型麻纺厂，至 1859 年麻纺厂发展为黄麻纺织厂，到 1868 年黄麻纺织厂已增至 5 个厂家，共拥有 950 台织机。19 世纪 70 年代初以后黄麻工业迅速发展。其他加工业还有丝织、造纸、棉花加工、榨油、碾米、制糖等。

印度的近代工业严重依赖英国资本。在各部门里，黄麻加工业中英资比例为 85.4%，棉纺织业中占近 1/3，英国公司 1904 年的采煤量也占总产量的 82%。1889 年孟加拉国钢铁公司成立，到 1901 年年产量已经达到 2.5 万吨，1913 年超过 5.9 万吨②。

四、民族资本的产生

在印度近代工业建立的过程中，民族工业也在艰难发展。第一次世界大战前，印度民族工业基本是轻纺工业，而且主要是棉纺织业。1851 年，C. N. 达瓦尔在孟买集中城内 50 个大商人的资本 50 万卢比，办起了第一家蒸汽动力轧花厂。同年孟买又另设两家新厂，至 1860 年至少已有 10 家。1861 年，苏拉特、坎普尔、艾哈迈达巴德等地都兴办了近代棉纺工厂。到 1875—1876 年，全印度棉纱厂已增至 47 家，拥有 9 100 台织机和 110 万枚纱锭。1893—1894 年，印度棉纺织业工厂已增至 142 家，共有纱锭 365 万枚，织机 3.1 万台，其中 78.1% 集中在孟买地区。全印棉纺厂数目由 1875—1876 年的 47 家增至 1913—1914 年的 271 家，增长近 5 倍；织机数由 0.91 万台增至 10.42 万台，增长 10 倍多；纱锭数由 110 万枚增至 677.9 万枚，增长 5 倍多。这些厂家中印资开办或控制的占绝大多数③。第一次世界大战期间，英国和欧美国家忙于战争，无暇顾及印度市场，而且由于物资紧张，英国还给印度工业大量军事订单，这样印度的棉纺织业获得迅速发展。

第一次世界大战期间，印度建立了自己的钢铁工业。19 世纪末，老塔塔开始筹建钢铁联合企业，其筹建计划得到了官方的支持。1907 年 8 月，其继承人

---

① 宋则行、樊亢：《世界经济史》上卷，经济科学出版社，1995 年版，第 394 页。

② 范铁城：《东方的复兴——中印经济近代化对比观照》，湖南出版社，1991 年版，第 93 页。

③ 范铁城：《东方的复兴——中印经济近代化对比观照》，湖南出版社，1991 年版，第 89 页。

J. N. 塔塔以“塔塔钢铁公司”的名义在孟买集股，三周内有 8 000 多名股东征购，注册资本达 2 317.5 万卢比，股金比例中印度本国人占 92%。1911—1912 年出第一炉铁，次年出钢，1913—1914 年已有年产 15.5 万吨生铁和 7.8 万吨钢的生产能力。第一次世界大战开始后，塔塔公司通过向英国提供在近东战区的军需物资获得巨额利润。1916 年，塔塔公司生产了 14.7 万吨生铁、13.9 万吨钢、9.8 万吨钢材。塔塔公司产量稳步上升，加上 1936 年迈索尔钢铁厂和 1939 年孟加拉国钢铁公司的先后投产，至印度独立时其钢材自给率达 80%[①]。

第一次世界大战结束初期，英国殖民当局在印度民族资本的压力下，对印度某些工业部门采取了保护措施。1921 年，将棉布进口税从 7.5% 提高到 11%。1924 年，印度钢铁工业取得 33.3% 的保护关税率和按产量计算的补助金。为了排挤美国和日本在印度市场上的力量，1932 年渥太华会议以后，提高了非英国工业品的进口关税而降低了英国工业品的进口税，印度的民族工业得到一定程度的保护，因此加快了发展。棉纺织、黄麻加工、采煤、钢铁冶炼和机械配件等原有部门获得增长，水泥、制糖等新兴工业部门也发展迅速。到独立前，印度民族资本已经具备了一定的与外国资本抗争的实力。

第二节　殖民地时期的非洲经济

一、罪恶的奴隶贸易

非洲历史上的奴隶买卖起源很早，14 世纪已经有西班牙人贩卖从北非带来的黑奴，随后葡萄牙人也开始了这项贸易。15 世纪和 16 世纪早期，奴隶主要来自塞内加尔和冈比亚地区，并被转运到西班牙南部地区和葡萄牙的农场。随着西班牙美洲殖民地的开发，殖民者开始将奴隶运往美洲。第一批跨过大西洋被卖作奴隶的非洲俘虏是 1532 年运来的[②]。但这个时期，奴隶贸易体制还没有建立起来，奴隶贩运的数量较少，而且几乎全部来源于非洲西海岸。自 17 世纪中叶以后，荷兰经过与葡、西、英、法的争夺，在奴隶贸易中占了上风，但随后又为英、法势力所排挤。英国凭借强大的海军及雄厚的资本，于 18 世纪上半叶战胜了其他贩奴国，成为最大的奴隶贩子。1713 年《乌得勒支条约》签订后，奴隶贸易逐渐达到高潮，奴隶贸易体制逐渐形成。1807 年英美禁止奴隶贸易之后，奴隶贸易进入走私阶段，但是从非洲输出的奴隶数量并不低于前几个世纪。这时

① 范铁城：《东方的复兴——中印经济近代化对比观照》，湖南出版社，1991 年版，第 149 页。

② [美]凯文·希林顿：《非洲史》，东方出版中心，2012 年版，第 212 页。

由于美国南部、古巴、巴西种植园的兴起，美国的奴隶贩子异军突起，所贩奴隶既有来自西非的，也有来自东非的。美国于1862年正式废奴。但全球范围内的奴隶贸易直到19世纪70年代才最后结束。

从1532年开始后的300年里，至少有1 000万非洲人是活着到达美洲的。16世纪里，每年运出的人口维持在数千人规模，17世纪每年可达2万人，而在18世纪更高达每年5万~10万人[①]。大约在1817年，一名黑奴的收购价为2~5英镑，在哈瓦那的售价为100英镑，在佛罗里达和新奥尔良的售价高达200英镑[②]。西班牙、荷兰、英国、法国，以及最先垄断奴隶贸易的葡萄牙，都在贩奴运动中发了横财，但奴隶贸易至少夺走了1亿非洲人的生命。1650—1850年的200年间，非洲人口处于同一水平，甚至有所减少，这在人类历史上是前所未有的[③]。而且被贩卖的大多是男女青壮年。由于人口锐减，田地荒芜，城镇、村落成为废墟，贝宁、安哥拉及刚果地区都面目全非了。

二、殖民地经济的形成

欧洲殖民者来到非洲，最早从事的是各种方式的直接掠夺，包括掠夺黄金和象牙等。大规模奴隶贸易是第二种掠夺方式。随着欧洲对热带经济作物的需求日益扩大，殖民当局把掠夺的土地以各种形式分配给欧洲移民和欧洲公司，鼓励其建立种植园或农场，从事经济作物生产，同时也推动土著居民投入热带经济作物生产。首先，宗主国采取各种支持和鼓励措施。宗主国成立专门的机构，如英国的棉花种植协会和德国的殖民地经济委员会等，致力于组织土著居民从事经济作物生产。还建立试验站和苗圃，提供优良种子和苗木，指导栽培技术，给予优惠贷款，提高收购价格，等等。其次，用货币征收直接税，迫使当地居民不得不种植可在市场上出售的出口经济作物。最后，采取各种强制性行政手段。例如，在英属西非，殖民当局把种植出口经济作物作为农民拥有土地的必备条件，以强迫农民从事殖民者所需产品的生产。

通过殖民者的推动，非洲各地已初步形成以生产和出口单一经济作物为特征的畸形的殖民地经济结构。黄金海岸是当时世界上最大的可可产地；尼日利亚农民种植经济作物已呈现地区专业化趋势；棉花与花生的种植主要在北部；可可种植业几乎全都集中在以阿贝奥库塔为主的西部诸省；油河地区仍是西非最大的棕榈产品产地；塞拉利昂也以种植棕榈产品为主，产量在第一次世界大

① ［美］凯文·希林顿：《非洲史》，东方出版中心，2012年版，第213页。

② ［法］布罗代尔：《15至18世纪的物质文明、经济和资本主义》，生活·读书·新知三联书店，1993年版，第507页。

③ 杨人楩：《非洲通史简编——从远古至一九一八年》，人民出版社，1984年版，第251页。

战前仅次于尼日利亚，此外还出口可拉果；花生是冈比亚和塞内加尔输出的主要商品；象牙海岸（科特迪瓦）和达荷美主要输出棕榈产品；法属几内亚输出橡胶；多哥农民种植咖啡、可可；等等。

随着经济作物生产的扩大，非洲的传统农业生产结构遭到破坏。封闭的、自足的传统结构趋于解体，而与西方市场的联系则明显加强。大批来自利物浦、曼彻斯特、马赛、波尔多和汉堡的英、法、德各国的贸易公司在西非各地操纵、垄断经济作物的收购与出售。大批廉价的欧洲日用品输入非洲市场，给非洲原有的手工业以致命打击。昔日著名的卡诺纺织业和塞内加尔土布业日趋衰落。片面的自由贸易使欧洲的垄断贸易商在非洲低价收购当地生产的经济作物，高价出售非洲所需要的粮食、布匹等日用品。最严重的结果是粮食作物生产面积大为缩小，从而不得不从海外进口粮食，这成为非洲殖民地发生饥荒的根源。

传统的村社土地所有制也因大面积种植经济作物而遭到破坏。经济作物的种植改变了维持土地公有关系基础的休耕制和定期分配制。例如，可可树为长年生作物，连续种植 10 年而无须休耕，这就需要小农拥有土地的长期固定使用权，而长期使用权经过登记后往往变为所有权。种植出口经济作物提高了小农对土地价值的认识，出现了土地继承权、租赁权和所有权等问题，土地通过出租、转让而日趋私有化。

三、工矿交通业的发展

欧洲殖民者在非洲各地推广经济作物种植，而非洲自身的工业品都要从欧洲输入。这种经济结构严重阻碍了非洲的工业发展。非洲最早的工业活动是矿业的开发。非洲的采矿业重心在南部非洲。19 世纪 60 年代，在瓦尔河和奥兰治河汇流处发现钻石。同时，在离此不远处的赞比西河和林波波河的河间地带又发现了金矿。19 世纪 80 年代，在德兰士瓦的兰德发现黄金。由于西方密集投资，南非成为世界头号黄金生产国。南部非洲的采矿业很快出现集中的现象，欧洲最大的财团控制了这一地区。兰德的黄金开采业为南非统一金矿公司、维尔纳-拜特公司以及矿业同业公会所垄断。英国的开普殖民地还发现钻石，诞生了世界最早的垄断联合组织之一——德尔比斯矿业公司。非洲很多地方都发现了钻石。1936—1938 年，非洲生产的钻石占世界生产份额的 97. 3%、出口份额的 52. 6%①。其他地区的矿产品，如西非加纳黄金海岸的金矿、刚果的铜矿等也逐渐进入开采筹备阶段。黄金海岸金矿的主要产地在塔克瓦，1878 年法商邦纳特的非洲黄金海岸公司获得了第一个租借地，开始运用科学方法采金。在中非地区，19 世

① 舒运国、刘伟才：《20 世纪非洲经济史》，浙江出版集团、浙江人民出版社，2013 年版，第 32 页。

纪末英国成立上喀坦加联合矿业公司，从事勘探和开采喀坦加的铜矿和钴矿，该地区后来成为世界最大的铜矿产地之一和钴矿产地。19 世纪 90 年代初，西方已经有近 50 个公司在非洲各地矿区活动，资金总额近 700 万英镑①。

但西方宗主国对采矿业以外的工业部门投资很少。较早出现制造业的是南非和埃及。这里的制造业虽胜于其他地区，但也仅限于少量的粗加工工业（食品和烟草）。在南非，炸药制造与水泥生产由于与采矿业密切相关，所以得到一定程度的发展。而在西非，工业极不发达。英、法、德资本家只在沿海城镇开办为数不多、规模不大的农副产品初级加工厂，如榨油厂、轧棉厂、锯木厂、碾米厂，以及棕榈油、椰子干、鱼类罐头加工厂等，分别对花生、棉花、木材、粮食、棕榈产品、椰子和鱼类等各种农副产品在出口前进行初步加工，而将原料运往欧洲，变成最终产品。

19 世纪与 20 世纪之交，欧洲各国开始在非洲修建铁路、公路和港口。不过，这些交通设施的建设都是为了运出非洲经济作物产品和矿产原料，以及满足殖民统治的战略需要。当时西非所有的铁路都是从沿海向内地辐射的，往往有着特殊的用途。例如，洛美到阿内乔的铁路被称为"椰子线"，此外还有"可可线""棉花线""铁矿线""棕榈线"。西非各地还修筑了许多通往火车站和水路码头的公路，新建和扩建了一批港口。一切铁路、港口均是靠借款建筑的，借款利息多由当地居民以各种捐税形式支付。随着殖民地经济的发展，一批近代城市在矿区、贸易中心、铁路与公路沿线以及沿海港口地区兴起。但这些新兴城市十分孤立，并没有与当地经济融合，对于地方经济发展缺少正面影响。

第三节　拉美国家的依附经济

一、殖民地时期的经济

在完成对美洲地区的征服以后，西班牙殖民者实行了日臻完善的贸易垄断制度。典型的西班牙贸易垄断制度盛行于 16 世纪 30 年代至 18 世纪七八十年代，具体内容包括：①为了便于控制贸易和征得各种税收，国王把通商限制在少数几个特许港口；②指定每年两支商船队负责对美洲的贸易，船队按规定时间和路线往返美洲，并有大型舰队护航，即"双船队制"；③禁止外商参与西属美洲贸易，严禁将非西班牙产品直接运进西属美洲；④限制和禁止西属美洲各地区

① 舒运国：《试析非洲经济的殖民地化进程（1890—1930 年）》，《世界历史》，1994 年第 1 期。

之间进行贸易;等等。

在西属美洲,殖民者通过各种强制性劳动制度剥削和压榨印第安人和黑人,发展了采矿业以及为采矿业服务的农牧业,并聚敛了大量的财富。西班牙王室官员于16世纪中叶在墨西哥和秘鲁建立起了巨大的白银采矿业,从而使所有其他经济活动都从属于矿业中心。据统计,在300多年的殖民地统治期间,总计约有259万千克的黄金、1亿千克的白银被输入到宗主国,但殖民地本身的经济却未得到有效的发展。为了满足矿业和城市中心的需求,农业和畜牧业也随之发展起来,到17世纪,大庄园作为农业地区的主要经济形式出现了。由于制造业的发展意味着与有实力的商业垄断者发生竞争,拉美建立制造业的尝试受到商人和殖民当局的严格限制。

在葡属巴西,由于最初没有发现贵金属矿藏,所以以发展出口农业经济为主。从16世纪中叶到17世纪中叶,巴西是世界上最大的产糖国。1693年,在米纳斯地区发现了黄金富矿后,巴西进入"黄金周期"。巴西红木、食糖、黄金、钻石这些能在欧洲市场上牟取暴利的单一产品,相继成为葡萄牙国库的重要财源,支撑着庞大的殖民帝国。但对巴西来说,生产区域在国内彼此隔绝,只能进行分散的殖民开拓,无助于全国经济一体化的形成。

16世纪中期以后,在西属美洲,一方面,随着矿业经济的发展和西班牙人口的增多,对欧式农牧业产品的需求日益增长;另一方面,印第安人口大量死亡而腾出大片可耕地,于是大庄园制便逐渐发展起来。西班牙大地产主所拥有的地产一般来源于土地赐予(如王室恩赐的"骑兵份地"、牧场)、廉价购买、不平等交换(用次地换好地)、蚕食侵占相邻印第安人的土地、通过与印第安人结婚而得到土地、利用种种欺骗手段得到土地、印第安人自愿捐献的土地等。1591年到17世纪末,陷于财政困境的西班牙国王为增加财政收入,下令对殖民地的土地所有权进行全面审查,凡持有土地者必须交纳一笔费用方可获得土地所有权。大地产主便乘机通过这种法律程序实现所侵占土地的权利合法化。

大庄园早期主要使用奴隶劳动。自从1532年第一批黑人奴隶到达美洲后,大约300年时间里,被出售到西属美洲的黑奴达300万人,出售到巴西的黑奴达500万人,其中约2/3被用于各类种植园。19世纪30—80年代,拉美国家先后废除了黑人奴隶制,种植园的奴隶逐渐转化为佃农和雇工。种植园还使用短期从事非熟练劳动的劳力,这部分劳力先是由委托监护制提供,后来依靠殖民当局建立的劳役摊派制提供。1632年,农业中的劳役摊派制被取消,取而代之的是债役农制,这是一种以代为缴纳人头税、预付工资(多为实物)、出让小块土地的使用权等方式将劳动者束缚于大庄园的制度。到18世纪末,在原来土著人口密集的新西班牙和秘鲁总督辖区,大庄园制已在土地制度中占据支配地位。

二、独立后的经济发展

独立战争刚结束时,拉美存在着不同形式的制造业,但向国内市场提供的产品大都是在采用传统工艺的小厂家生产的。而在19世纪70年代后,由于拉美大陆逐步地、全面地介入世界经济,拉美制造业发生了深刻的变化,工业基础结构出现了现代化。一开始,工业化主要涉及对天然产品,如矿产品和农产品的加工,以供当地消费或出口。这一时期,面粉厂、炼糖厂、肉类加工厂、制革厂、木材厂及酒厂在资源条件合适的地方发展起来,而煤气及电力、维修铺和铸件厂以及建筑企业等服务性行业也随之出现。受保护的工业开始生产其他供家庭消费的产品,主要是纺织品和食品。到19世纪,在移民的影响下,拉美一些国家和地区的国内生产被工厂作业所取代,但生产规模很小。

从19世纪70年代起,拉美的现代工业率先在出口部门获得了大发展。到第一次世界大战前夕,拉美的资本密集型出口加工工厂在规模和结构上,都可以与世界上任何地方的同类采掘企业和加工企业相媲美。智利引进的矿产品采掘方法和生产工艺在很大程度上扩大了铜矿的生产规模。到1914年,埃尔特尼恩特和丘基卡马塔这两座铜矿分别成为世界上最大的露天矿和矿井。而坐落在阿根廷布宜诺斯艾利斯的阿穆尔和斯威夫特肉罐头加工厂在20世纪20年代则可与美国芝加哥同类公司在经营上相提并论。

19世纪末,拉美国家大力发展能源动力设施建设和运输工程。巴西火力发电始于19世纪80年代,到1900年在规模上已被水力发电量所超过。从水力资源中获得电力使巴西圣保罗地区在工业化的开始阶段就能以极低的成本获得电力能源,为其工业化发展提供了有利条件。1890年,巴西的总发电能力超过1兆瓦,1900年为10兆瓦,到1908年达到100兆瓦。

铁路网络也在这一时期快速形成。从19世纪中叶起,主要拉美国家积极筹措资金修筑铁路。1851年,秘鲁建成了从利马到卡亚俄的南美第一条铁路[①]。到1913年,拉美各国铁路总长达83 246千米,其中阿根廷达31 859千米,巴西达24 737千米,墨西哥达25 600千米,这三国铁路占整个拉美铁路总长的90%以上[②]。铁路将矿山、农场与城市和港口连接起来,初步形成了一个交通网络。铁路的修建降低了运输成本,带来了进口数量的增加和商品经济的不断增长,加速了手工业和其他传统制造业衰落的进程。

在大力发展能源动力和运输工程的推动下,拉美工业部门在国民生产中的

① 1838年,古巴建成了从哈瓦那到古伊内斯全长30千米的铁路,这是拉美的第一条铁路。

② [英]维克多·布尔默·托马斯:《独立以来拉丁美洲的经济发展》,中国经济出版社,2000年版,第107页。

地位日益提高。1929 年,工业部门在各国国内生产总值(GDP)中所占的比重,阿根廷为 22.8%,墨西哥为 14.2%,巴西为 11.7%,智利为 7.1%,哥伦比亚为 6.2%①。1929 年以前,阿根廷工业产值增长 120%,出口值增长 140%。在墨西哥,1900—1910 年 GDP 年均增长率为 4.2%,工业增长率为 3.6%。1914—1922 年,巴西工业生产指数提高了 150%。

随着工业规模的扩大,拉美出现明显的人口增长和城市化趋势。1850—1900 年,拉美人口从 3 050 万人增至 6 190 万人(增加人口中有近一半是外来移民),1930 年又增至 1.04 亿人。城市规模迅速扩大。1870—1930 年,城市人口比重大幅度增长,其中居住在 1 万人以上的城市中的人口占全国人口的比重,阿根廷从 17.3%增至 38.1%,智利从 15.2%增至 38%,委内瑞拉从 16.8%增至 36.7%。古巴 1899 年该比重就达到 30.7%。另外,巴西、墨西哥、秘鲁和哥伦比亚的这一比重在 1930 年接近 15%,乌拉圭则在 30%以上②。

但是,拉美传统的农业制度和土地制度并没有得到根本改造,大庄园制既是生产体系的一个组成部分,又是决定社会组织的重要因素。有些国家残存着封建和半封建的生产关系,有些地方甚至保留着印第安人的村社生产方式。尽管墨西哥在 1856 年颁布旨在打击教会大地产势力的《莱多法》,巴西在 1850 年颁布拍卖王室土地的法律,阿根廷曾试图实行租佃制,但土地问题都没有从根本上得到解决。在 1910 年墨西哥革命以前,11 000 个大庄园主占有全国 57%的土地,而奇瓦瓦州的特拉萨斯家族就拥有 15 个大庄园;与此形成鲜明对比的是农村中有将近 97%的家庭没有土地③。直到 1920 年,巴西 10 平方千米以上的大地产占全国土地面积的 37%;而在圣保罗州,2 平方千米以上的大地产占全州土地面积的 70%。由于没有实行地权分散,巴西农村中贫富两极分化被长期延续下来,即使在由前资本主义向资本主义转变的过程中,劳动者的赤贫状态也没有得到改变。

土地的高度集中制约了农业生产率的提高,使农业生产严重滞后,无法为工业提供充足的原料、市场和劳动力。更为重要的是,在很多情况下土地拥有者和工业家这两个集团是部分重叠的,甚至是合二为一的。所以,工业也日益集中在少数人手中。这种利益集团之间的勾结关系阻碍着拉美工业化的进程。在拉美工业化开始及进行的过程中,社会不平等、新的封建主义、家长式统治、特权及依附性始终存在,成为社会发展的强大阻力。大庄园制和大种植园制的长期存在,成为拉美工业化启动和发展的桎梏。

---

① [巴西]塞尔索·富尔塔多:《拉丁美洲经济的发展》,上海译文出版社,1981 年版,第 91 页。
② [英]莱斯利·贝瑟尔:《剑桥拉丁美洲史》第 4 卷,社会科学文献出版社,1991 年版,第 235,242 页。
③ [美]斯塔夫里亚诺斯:《全球分裂——第三世界的历史进程》,商务印书馆,1993 年版,第 433 页。

三、早期工业化的特点

在拉美国家,其工业化发端于为满足国际市场而非本国市场需求的矿业和初级农产品加工业,每个国家几乎都具有单一产品出口的特征。最为典型的是智利的铜矿业、墨西哥的麻加工业、巴西的咖啡业及阿根廷的畜产品加工业①。从 19 世纪 40 年代开始,拉美国家逐渐形成了三种类型的初级产品出口,即温带农产品出口、热带农产品出口和矿产品出口,从而形成了单一产品制,使整个国家的经济依赖于某一种或两种供出口的农矿产品。从 19 世纪七八十年代到 20 世纪 30 年代,由出口部门的繁荣带动的工业及社会生活各个领域的发展变化,使拉美经济出现了前所未有的大幅度增长。

拉美工业化的另外一个特点是外国资本是其主要的资金来源,其主要工业部门控制在外国资本或外国移民手中。1870 年后,大量外国资本涌入拉美。一些原来由拉美企业家控制的企业纷纷被外国公司所购买,制造业中的本国企业不断减少。如在阿根廷,1913 年拥有工业企业 4.9 万家,其中 3.15 万家是外资企业,1.5 万家是合资企业,本国资本企业只有 0.25 万家。在墨西哥,1904 年外资控制的铁路占 40%,采矿业占 98%,电力工业占 87%,加工制造业占 84%,石油工业占 100%,金融业占 76%②。外资主要投向基础设施、公用设施、出口加工业和采矿业。1914 年,拉美吸收了资本主义国家对外投资额的 8.5%,仅次于欧洲,而高于除去美国的北美、亚洲(含日本)、非洲和大洋洲③。

大量资本涌入拉美,带来了资金和技术,带动了工业发展,同时,拉美的发展以适应投资国的需要为条件,结果造成了经济结构的畸形化。进行工业生产主要是为了供应国外市场,因为优先得到发展的是由外资控制的出口加工业和采矿业,而面向国内市场的制造业特别是冶金工业和机器制造业极其薄弱。从面向国内市场的工业生产结构看,主要是轻工业得到了一定的发展,其中食品加工业和饮料业占整个制造业产出的比重最大,除巴西(占 40.7%)和墨西哥(占 37.7%)外,其他国家均在 50%以上。在整个制造业产出中,纺织业和成衣业居第二位的国家分别为巴西(占 33.4%)、墨西哥(占 29.5%)、智利(占 20.4%)、委内瑞拉(占 18.4%)、乌拉圭(占 11.3%)、阿根廷(占 9.6%)、秘鲁

---

① Roberto Cortes Conde,"The First Stage of Modernization in Spanish America",Harper & Row, Publishers,Inc.,1974.

② [英]郝名玮、冯秀文、钱明德:《外国资本与拉丁美洲国家的发展》,东方出版社,1998 年版,第 75 页。

③ [英]维克多·布尔默·托马斯:《独立以来拉丁美洲的经济发展》,中国经济出版社,2000 年版,第 104 页。

(占 7.5%)和哥伦比亚(占 5%)[①]。1910 年,巴西的纱锭达 100 万枚,墨西哥紧随其后;由于受比较利益学说的不良影响,到 1930 年,阿根廷的纺织业仍不发达。19 世纪末 20 世纪初,城市化的发展为建筑业提供了绝好的机会,到 1914 年,除阿根廷外的主要国家都建立起了水泥工业。拉美国家的金属工业仍很落后,只有墨西哥建立了一个现代钢铁工业部门。在拉美早期工业化中,整体工业化水平仍很低。现代工业发展仅仅局限于少数国家,就这些国家而言,到 1913 年,制造业产出占国内生产总值的比重仍很低:阿根廷占 16.6%,智利占 14.5%,墨西哥占 12.3%,巴西占 12.1%,哥伦比亚占 6.7%。而且到 1913 年,食品加工业、纺织业和成衣业占大多数拉美国家制造业的 75%[②]。

从技术水平和工厂规模来看,除出口部门外,没有大规模的现代工厂。1914 年前,阿根廷的基尔梅斯酿酒厂和洛马斯德萨莫拉酿酒厂,巴西圣保罗的安塔尔蒂加酿酒厂和里约热内卢的面粉加工厂,墨西哥、巴西和秘鲁的纺织厂,都是规模较大和技术较新的工厂,但它们都不具有代表性。在大多数情况下,工业企业的规模较小,技术也较落后。如 1882 年布宜诺斯艾利斯工业企业平均雇用工人为 6 名。到 1914 年,小工厂仍是绝大多数工业机构的主要特征,智利 1914 年雇用 5 名以下工人的企业仍占本国制造业企业的 1/2 以上[③]。巴西 1920 年的工业调查表明,全国工厂工人人数约为 27.5 万名,即使不包括许多小作坊,平均每个工厂也只有 21 名工人[④]。

本章思考题

1. 印度殖民经济体系是如何形成的?
2. 非洲殖民地经济的特点是什么?
3. 拉美国家的经济近代化与印度有什么不同?

① [英]维克多·布尔默·托马斯:《独立以来拉丁美洲的经济发展》,中国经济出版社,2000 年版,第 138 页。

② [英]维克多·布尔默·托马斯:《独立以来拉丁美洲的经济发展》,中国经济出版社,2000 年版,第 137 页。

③ [英]莱斯利·贝瑟尔:《剑桥拉丁美洲史》第 4 卷,社会科学文献出版社,1991 年版,第 276—277 页。

④ [英]莱斯利·贝瑟尔:《剑桥拉丁美洲史》第 4 卷,社会科学文献出版社,1991 年版,第 326 页。

第十章 日本经济的迅速崛起

第一节 开港危机与明治维新

1545 年 8 月 25 日，一艘装载枪炮的葡萄牙大船，来到了日本九州南部，向日本地方官员赠送大炮和枪支，以达到传教和通商的目的。这是日本接触西方文化和技术的开始。从 16 世纪下半期到 17 世纪上半期，西方殖民主义浪潮冲击日本，使幕府感到严重威胁。从 1635 年到 1639 年，幕府一连五次发布锁国令，开始了闭关锁国的历史时期。然而，锁国政策并不能阻挡西方的侵略。1853 年，美国东印度舰队司令贝里率领 4 艘军舰开到江户湾的浦贺，带来了美国总统要求日本开国的国书，并威胁以武力占领琉球和小笠原群岛。1854 年 2 月 11 日，贝里又率 7 艘军舰开入江户湾，3 月 31 日，日本被迫与美国签订了通商条约。日本封闭了两个多世纪的门户最终还是被迫打开了。

日本开港后不久，很快沦为西方国家的原料产地和商品销售市场，陷入半殖民地的危机。1868 年，德川幕府的封建统治被推翻，日本以“王政复古”为口号，建立了以天皇为首的明治政府。明治政府为摆脱财政困境、振兴本国经济和增强国家实力而实行改革，史称“明治维新”。在明治维新中，一些封建特权和制度被废除，制定了帝国宪法，确立了君主立宪形式的国家政体，大力鼓吹文明开化，特别是大力推行资本主义生产方式。可以说，明治维新是日本工业化的起点。

“奉还版籍”是明治维新中废除封建特权的主要内容。1869 年，各藩的大名为形势所迫，向明治天皇“奉还版籍”。版是版图，籍是户籍，奉还版籍就是大名将自己对土地和人民的领有权交还天皇。1871 年，明治政府进一步颁布“废藩置县”的命令,取消藩的界限,以设县来代替藩,迫使大名离开领地,迁移到东京居住,消除了封建割据。1873年,政府着手改革禄制,实行“家禄奉还”,即命令部分武士“献出俸禄”,由政府一次性发放4~6年的俸禄,一半用现金,一半用公债。1874—1876年,献出俸禄者13.5万人,政府发放的现金为1 932万日元,公债约为1 656万日元①。少数大名和武士利用公债的流动性,将公债变为现金投资于近代工业中,成为银行、铁路和其他资本主义企业的投资者。明治政府废除等级身份制度。等级身份制度禁止农民自由择业和迁徙,还禁止武士从事工商业。1871年和1872年,政府废除旧的封建称号,宣布“四民平等”,即士、农、工、商各个等级一律平等,规定各个等级都有居住、迁移、选择职业和订立契约的自由。此外,明治政府彻底废除行会、商会和各种封建特权。封建割据和封建特权的废除,使日本实现了真正意义上的统一,建立了中央集权的政权,为以后各项政策的贯彻实施提供了保证。

明治维新的另一个重要内容是地制改革和租税改革。地制改革的主要内容包括:个人对土地可以有所有权;农民世袭租种的土地,归农民所有;抵押过期的土地,归接受抵押的人所有;山林和原野一切公用地收归国家所有。1872年,政府废除了禁止土地买卖的法令。地制改革建立了农民土地所有制和地主土地所有制,明确了土地私有制,废除了封建土地领有制。明治政府在地制改革之后,接着实行租税改革,目的是增加财政收入。封建时代,日本农民缴纳地租与赋税合一的“年贡米”,其数量与收成相联系,随年成而变化,按村摊派,加之领主的层层克扣,最后缴至天皇国库的赋税很不稳定。1873年,政府宣布农民不再向领主缴纳年费,但佃农必须向地主缴纳地租,土地所有者向政府缴纳地税。地税一律用货币缴纳,税率为地价的3%,一般占土地收获量的25%。地税既与年成米价无关,又无地区差别。这样就稳定了税收,确保了政府收入。

通过地制改革和租税改革,部分农民拥有了土地所有权,但是沉重的地税和商品货币关系的发展,使土地日益集中在地主手里,农民变成一无所有的劳动者,成为工业后备劳动力。然而,当时工业发展水平有限,无法吸收剩余劳动力,这就造成大量农民滞留农村,希望租种地主的土地谋生。地主发现自己经营土地不如将土地分成小块租给破产农民耕种有利,于是在日本农村形成一批“寄生地主”,他们向佃农征收的地租一般占收获量的70%左右。高额地租作为农村封建制度残余,阻碍了日本后来彻底的工业化。地税收入成为国家财政的主要来源。在开始实行地税制度的1873年,地税收入在国家财政收入中的比重是70%,到1875年增加到80%。19世纪90年代,尽管酒税、关税和掠自中国

① [日]楫西光速、大岛清等:《日本资本主义的发展》,商务印书馆,1963年版,第27,29页。

的赔款使日本财政收入大为增加，但农业税仍占30%以上。政府从地税收入中拨出大量款项创办模范工厂和资助私人企业，地税收入为大工业的发展提供了基本的启动资本。而且，由于有稳定的地税收入，在整个工业化过程中，一般工业中的税收相对比较轻，保护了工业发展。

第二节　殖产兴业与工业革命

在日本幕府统治的后期，已经出现了近代机器工业，如1852年日本修筑了炼铁的反射炉，1863年建成了制造蒸汽动力军舰的船厂，1866年建立了一家机器棉纺织厂等。但这些零星的机器工业远没有形成规模。

明治维新时期，政府提出“殖产兴业”的口号，希望动用国家的力量尽快完成工业化。日本在政府内部设立了专门的工部省，1875年以后又由内务省代管工业部门。1874年，大藏相大久保利通向政府提出“殖产兴业建议书”，声称“大凡国之强弱，决定于人民之贫富，人民之贫富则系于物产之多寡，而物产之多寡，又起因于是否鼓励人民手工业。因此，归根结底是依靠政府官吏渗导奖励之力”。最初，日本试图发展以军事工业为中心的采矿、冶金、化工、机器制造等行业，把“富国强兵”作为目标。明治政府为此建立许多工厂。著名的工厂有1868年接收幕府的关口制造所后创办的东京炮兵工厂；1870年创立的大阪炮兵工厂，专门生产和修理大炮；1868年创立的横须贺海军工厂；1871年政府接收水户藩和古贺藩的工厂后改革创办的海军兵工厂和赤羽工作分局；等等。到1885年，政府对兵工厂的充实和扩建工作基本完成。这些兵工厂都大量引进西方的技术和设备，生产军用或民用机器。东京炮兵工厂聘请法国和比利时的技师，又从英国进口先进技术设备。大阪炮兵工厂采用欧洲近代技术生产钢铜炮。横须贺海军工厂到1871年又建成炼钢、炼铁、蒸汽锅炉、铸造及船台、船渠分工厂。赤羽工作分局的机器设备多达130种，生产发动机、机床等，还有玉米脱粒机、造苹果酱的机器、挤葡萄汁的机器等民用机器。此外，为了鼓励采矿业发展，国家成立矿山局，专门负责领导官营模范矿山的开矿事宜。

为了提高官营工厂和矿山的示范性，政府在国内开办“劝业博览会”，设立“工业试验所”，希望大批拨款资助的官营工厂能起到“模范”的作用。因此，这时期大批的官营工厂被称为“模范工厂”。模范工厂一般规模大，技术水平高，确实刺激和影响了民间投资人，他们纷纷向模范工厂学技术，向工厂投资，有的给工厂加工产品，一度出现官营民助的好景象。但是，只注重引进外国技术和设备的工业化战略很快破产。官办工厂的低效率使政府财政状况恶化、贸易逆差严重、货币贬值,明治十四年(1881 年),金银价格暴涨、纸币暴跌,政府主导的官营模范工厂失败。

模范工厂失败后,明治政府断然放弃官营主义政策,将殖产兴业的重点放在民间产业的兴起和官方的扶植上。明治政府建立农商务省领导振兴产业,向全国府县发布通告:凡关于奖励农工商品的事情,官厅向来采取种种方法来加以诱导,不过现今事业渐渐地都开发起来,人民自身努力从事,政府今后"专依赖法规公平不偏地来做适当的保护"。1869 年,明治政府以劝业为名,建立了一项国家基金,用于资助私人投资。1872 年,这项基金高达 1 133 万日元。1873—1881 年,通过"劝业资本贷款"的名义,发放 5 300 万日元帮助享有特权的"政商"创办企业和银行。明治政府把原来官办的工厂(除部分军事工厂外)低价出售给私人经营。1880 年,内务省颁布了处理官办企业的条例,将三池煤矿、新町纺织厂、福冈缫丝厂处理给三井,将高岛煤矿、佐渡金银矿、生野银矿和长崎造船厂处理给三菱,将足尾铜矿、院内银矿、阿仁铜矿处理给古河市卫兵。这些官营企业的处理价格十分低廉,条件优惠。例如,长崎造船厂投资资金为 62 万日元,并有 44 万日元库存,三菱仅以一次付款 9.1 万日元的低价得到该厂。投资 59 万日元的兵库造船厂,仅以 5.9 万日元的价格售出。此外,对大工业企业,尤其是三菱、三井、古河、久原、川崎、原野等与政府有良好关系的商家,政府给予特殊优惠。不仅将官办企业廉价处理给它们,而且发放巨额补助金(如三菱共同运输公司、日本邮船公司等都得到过补助金)或给予足够的银行贷款等。

明治初年政府制定了各种保护中小企业的政策,认为中小企业与大工业是互相补充的关系,不可缺少。明治十九年(1886 年),从中央到地方普遍建立了针对中小企业的技术指导所或讲习所,制定了经费补助制度、府县工业技师制度、机器购入制度等,保证中小企业不断得到新技术。在工业化的进程中,政府对主导产业给予重点扶持。一般采用增加政府投资、军事订货、实行保护关税等政策。1911 年,日本取得关税自主权,《关税定率法》生效。1926 年和 1932 年,日本政府对关税进行了两次修订,1932 年使关税平均增加 50%。此外,政府颁布法令、法规对造船业、钢铁业采取各种鼓励和保护措施。1896 年,日本颁布《造船奖励法》,帮助建立和扩大生产,规定民间造船厂凡建造千吨以内的钢铁船,每吨奖励 12 日元,千吨以上的每吨奖励 20 日元。1901 年,日本民间造船厂的生产量达 3.2 万吨,到第一次世界大战结束时已居世界第三位,1933 年达到 6.8 万吨。1917 年,日本制定《钢铁业奖励法》,规定对钢铁企业支付奖励金,免征营业税和所得税。

日本工业化是一场自上而下的革命,在国内市场狭小、经济发展不充分的情况下,政府对企业的大力扶植和直接帮助是实现工业化的主要原因。民间工业如果没有政府的有力支持,是不可能发展的。政府对民间资本的支持是日本工业化的重要特点。

第三节　贸易立国与对外扩张

明治维新时期,西方列强强加给日本各种不平等条约,其中以《日美友好通商条约》为代表的"安政条约"规定日本的关税率为5%以下。明治初年,日本由于国力衰微,无法奉行独立的关税政策保护国内市场。同时,刚刚摆脱封建专制的维新人士还没有认识到开拓国际市场的重要性,直到1890年爆发纺织业危机。

19世纪末20世纪初,日本选择棉纺织业与丝织业作为工业化第一代主导产业部门。明治政府在建立模范工厂时有四大纺织工厂,即福冈缫丝厂、新町纺织厂、千住呢绒厂和爱知纺织厂。1883年由私人投资建立大阪纺织厂,工厂有1.2万枚纱锭,设备是进口的精纺机,直接学习英国兰开夏的经验。第二年,大阪纺织厂获得成功,由此掀起了1887—1897年私人投资开办大机器纺纱厂的热潮。结果棉纱产量不断增加,逐渐排挤进口纱。进口纱在1888年占国内消费量的50.3%,1895年仅占12%,1899年更降至6.1%。但是,棉纺织业的发展很快遇到国内市场狭小的障碍。1890年日本爆发经济危机,纱价低落,销路堵塞,许多公司倒闭。政府意识到只有开辟海外市场才是出路,由此确立贸易立国的原则。

在其贸易政策中,积极的出口政策效果明显。据估计,在工业化起步的开始几年,日本的出口额在国民生产总值(GNP)中的比重比较低,甲午战争后的1895年情况出现了明显变化。1890年出口占国民生产总值的比重只有6.2%,1895年上升到9.7%,1900年为10.7%,1905年为13%。具体表现为:纺织品和生丝出口大增。1891年,大阪纺织公司向厦门输出100捆棉纱,这是棉纱第一次出口。甲午战争后,日本废除棉纱输出税,棉纱输出量大大增加,从1891年的100捆增加到1897年的140 100捆,1899年达到341 200捆,远远超过进口。中国、朝鲜等亚洲国家是日本主要的海外市场,其中,中国占重要地位,1893年中国吸收的日本棉纱占其总出口量的81.4%,1898年为94.1%,1903年为95.9%[1]。生丝是日本另一项大宗和传统的出口产品,其出口一直占重要地位,

① 万峰:《日本资本主义史研究》,湖南人民出版社,1984年版,第150,155页。

1880 年占 30.3%,1890 年占 19.8%,1900 年占 21.8%。1906—1910 年,日本生丝出口跃居世界第一,到 1934 年,棉布出口才超过生丝。到 20 世纪初,日本已成为世界上最大的纺织品生产国①。

日本不仅通过逐步扩张开辟了海外市场,而且逐步废除了与列强的一些不平等条约,取消了列强在日本的经济特权,开始推行独立的贸易政策。贸易政策的另外一个重要方面是有选择的进口政策。日本工业化的后进性,使它可以充分利用先进国家的技术。第二次世界大战前日本的新技术几乎完全依靠进口,主要是进口一般机器设备、蒸汽机、纺织机等。同时,由于日本缺乏发展近代工业的原料,所以原料进口也占有很重要的地位。棉花、铁矿石、煤炭是主要的原料进口品。

鼓励出口和有选择性进口的贸易政策的执行使日本在 20 世纪 20 年代之前形成了一种全球贸易战略:向北美和欧洲出口生丝,从美国进口机器;向英国的殖民地出口棉织品,输入煤炭、生铁等工业原料;向中国输出各种轻重工业制成品,换回粮食和原料。

贸易立国原则得到了对外扩张政策的支持。政府通过发动侵略战争直接为私人企业开拓市场。值得一提的是,日本的每一次经济繁荣都与侵略战争紧密相关。1894 年,日本通过甲午战争占领了朝鲜和中国台湾市场,并加紧向中国东北市场渗透。1904 年,日本通过日俄战争巩固了中国东北市场。两次战争使日本工业品出口迅速增长。

日本最早抢占的殖民地是中国台湾。它在中国台湾建立了以陆海军大将为总督的军事警察统治体制,并在居民中实行了恐怖的保甲制度和连坐制度。1899—1906 年,日本修筑了纵贯中国台湾的铁路,加强对中国台湾的统治,掠夺中国台湾资源和把中国台湾变成侵略中国大陆、东南亚国家的军事基地。以后,靠这条运兵线,从 1910 年至 1914 年,日本把中国台湾森林、原野的 97%攫为己有。这些土地,一部分成为总督府的殖民地,一部分卖给了日本的特权商人。以三井为首的财阀先是从事商业活动,垄断中国台湾的砂糖、大米、茶叶等贸易,对鸦片、食盐、樟脑、烟草等重要产品实行专卖,继而在 1900 年创建了台湾制糖公司,垄断了中国台湾的蔗糖生产,把中国台湾变为日本的糖仓。仅 1911 年日本从中国台湾运进的砂糖就占自中国台湾输往日本商品总值的 2/3。

日俄战争以后,日本开始肆无忌惮地向中国东北扩张,不仅把辽东半岛作为租借地置于日本总督府的统治之下,而且通过掌握南满铁路的控制权将侵略势力扩展到整个东北。日本以关东军(军事)、领事馆(外交)、关东厅(行政)和

① [日]守屋典郎:《日本经济史》,生活·读书·新知三联书店,1963 年版,第 314 页。

南满铁道股份公司(经济)作为其殖民掠夺的四大体系。其中,1906 年由国家资本和私人垄断资本合营的“满铁”,是日本掠夺东北的经济中枢。日本政府原决定“满铁”投资资金为 2 亿日元,政府投资和民间募集各半。由于有利可图,财阀争相购买,引发购股热潮。南满铁道股份公司完全垄断了中国东北的交通、煤炭、电气、航运、仓库以及铁路的全部附属企业,后来发展成为无所不包的“满铁王国”。

日本对朝鲜也进行了残酷的殖民掠夺。经过中日、日俄两次战争,日本把清政府和俄国在朝鲜的势力驱逐出去之后,于 1905 年 11 月强迫朝鲜接受了《保护条约》,控制了朝鲜的对外关系;继而于 1910 年 8 月公布《吞并条约》,将朝鲜从日本的保护国变成日本帝国的一部分。在经济方面,1906 年日本把过去属于朝鲜皇室的耕地、荒地、林地、驿屯地等宣布为日本国有,1908 年成立了东洋拓殖股份公司,收买和出售朝鲜耕地。日本在霸占了朝鲜全部公有地以后,1914 年又开始了以掠夺农民私有地为目的的“土地调查”,以种种名义把大批朝鲜农民赶出家园,并将土地转售给日本垄断资本的地产公司,迫使朝鲜农民为其种植大米和棉花。1915 年,日本从朝鲜运走的大米就比 1912 年增加 3.5 倍。与此同时,日本控制了 90%以上的铁、煤、云母、钨、锌等重要矿源。

日本一方面对中国和朝鲜加紧掠夺,另一方面借助战争发展机器制造业、造船业等。第一次世界大战前,造船业和机车车辆制造业已接近自给自足的水平,造船业达到国际先进水平。日俄战争还推动了钢铁等行业的发展。1901 年建立的官营八幡制铁所,在日俄战争后于 1906 年、1911 年两次进行扩建,生产了全国 70%~80%的钢铁。此外,一些民营企业,如神户制钢公司、住友铸钢、日本制铁公司等也在战争的刺激和政府的扶持下获得发展。钢铁业的发展是战争推动作用的典型反映。第一次世界大战期间,英国、美国、印度等国纷纷禁止钢铁出口,为日本让出大片亚洲市场,而且英、美等国还向日本大量订货,刺激了日本钢铁工业的发展。1918 年,日本生铁和钢产量分别达到 58 万吨和 53 万吨,自给率分别为 73%和 48%。20 世纪二三十年代,日本钢铁工业受到政府大力扶植,得到迅速发展,到 1938 年,钢材产量已达 548.9 万吨,自给率达到 103.2%①。

第四节　日本工业化的特点

日本工业化的核心是“追赶”,就是追赶欧美先进工业国。日本将自己定位

① [日]楫西光速、大岛清等:《日本资本主义的发展》,商务印书馆,1963 年版,第 116—117,351—352 页。

为后进国家，利用“后发效益”，以引进技术为主要手段，避免承担自主开发技术所必须付出的时间成本和资金成本，直接购买欧美先进的技术和设备，在短时间内形成生产能力，甚至能够通过改良和完善部分地超过欧美，从而高速地发展经济和快速地赶上欧美先进工业国。这是只有追赶型经济才能获得的后发效益。为了筹集引进技术的资金，日本政府实行出口主导、贸易立国、统制金融等手段以保证“追赶现代化”所需的外汇。其内容是按照国际比较优势的原则，在政府产业政策的具体支持下，通过积极引进外国资本和技术，面向国际市场组织生产，并通过扩大出口，带动经济增长，缓和国际收支压力。为了解决购买外国技术和设备的外汇问题，日本拼命出口价格低廉的轻工业品以换取外汇，这就是“贸易立国”的实质。实行统制金融，主要表现为外汇管制和利率管制。为了保证将有限的外汇主要用于引进技术和设备，日本实行了外汇统制，即根据《外贸外汇管理法》实行外汇集中制：个人和法人获得的外汇必须出售给外汇银行，个人和法人需要外汇要经政府批准。这就保证了有限的外汇用于政策目标，而购买技术和设备是优先考虑的目标。为了筹措到充足的和低成本的资金，日本政府通过《临时金利调整法》规定利率最高限制，实行了“人为的低利率”。为了在低利率条件下扩大储户范围，日本政府实行“小额储蓄免税制度”，争取城乡劳动者的零散资金。为了把筹措到的社会闲散资金最大限度地转化为产业资金，日本政府又实行“超额放款”制度，即鼓励银行最大限度地把存款转为贷款，甚至超过百分之百也不怕挤兑，因为当银行资金紧张时，中央银行可向其贷款。

日本工业化是政府主导型的工业化。日本政府干预经济的范围和力度远远大于欧美，这是日本工业化过程中的主要特征。当时外部和内部的条件决定了政府推动工业化政策的实施。就外部条件来说，19 世纪中叶，欧美资本主义国家强迫日本签订了一系列不平等条约，使日本意识到民族自强自立的重要性。就内部条件来说，明治维新以前，日本原始积累不足，资本主义萌芽和工场手工业没有发展到一定的成熟程度，并不具备自然过渡到机器生产的条件。而且日本当时地租和利息都很高，致使商业高利贷资本热衷于投资公债、土地、金融和贸易，而不愿意冒险经营现代工业，因而只有依靠政府诱导奖励来推动工业发展。再加上到 1911 年以前，日本关税不能自主，面对国外廉价商品的竞争，私人企业难以发展。国家需要在资金、技术等方面给予企业强有力的支持，以抗衡欧美资本主义机器大工业。

在政府主导的模式中，政府与企业的关系是处于核心地位的基本关系。明治开国之初，几乎所有的日本近代企业都是“官业”，其显著特征是“官企合一”：官业由政府全额投资创建，派主管官员直接经营，成本和收益一律记入官厅的账簿,财务上同官厅合而为一。明治中期,日本政府实施了第一次大规模的公企民营化,即“官业有偿下放”,实现了由“以官业为主导自上而下”的工业化路线向“发挥官业的示范与劝业作用,以民间活力为基础、官民并重”的工业化路线的战略转变。但是军事工业一直由政府创办,重工业和重要的交通运输业仍然为国家所控制,国家在这些部门的投资有增无减。而且,日本政府与民间大企业一直有着密切的互惠关系,后来,由政商转变成的财阀在 20 世纪 30 年代前后成为日本经济中的支柱力量。政府一方面为财阀提供庇护和政策性扶植,另一方面也在推行“国策”时依仗财阀的财力支持。在政府主导型的工业化中,产业政策的作用也不容忽视。日本政府从明确的富国理想出发制定产业政策,服务于经济增长优先的目标。产业政策总是同税制优惠待遇、贷款扶植、技术指导与信息援助等好处相联系,从而保障了政府与企业在经济增长最高目标上的一致。

1901—1914 年,日本工业年平均增长 6.3%,高于同期的美、英、法、德等国家,并在 20 世纪前 20 年实现了工业化。日本工业化的成功具有重要意义,它打破了欧美国家对近代工业的垄断,为东方国家的工业化提供了榜样。它的成功也为第二次世界大战后韩国、东盟国家以及中国台湾等后进国家和地区的工业化提供了现实的指导。

本章思考题

1. 日本工业革命的国际经济背景是什么?
2. 日本为什么确立贸易立国战略?
3. 日本工业革命的特点是什么?

第十一章 中国的半殖民地半封建经济

第一节 传统经济的兴衰转变

一、传统农业的发展

在中国封建社会经济发展史上，清代前期的经济，特别是18世纪的经济，无疑发展到了一个前所未有的高峰，这就是所谓的“康乾盛世”，而农业仍是这种繁荣的基础。

清初政府因袭明朝的一条鞭法。随着土地兼并和土地集中的发展，无地少地的贫苦农民无法负担丁税，普遍出现或逃或欠的情况，丁税征收也发生困难。鉴于这种情况，清政府实行“摊丁入亩”改革。1712年，清政府规定以康熙五十年(1711年)的人丁数作为征收本税的固定丁数，以后“滋生人丁，永不加赋”(《清朝文献通考》卷一九《户口一》)。康熙五十五年(1716年)，广东、四川等省将丁银并入田赋，征收统一的“地丁钱粮”。雍正元年(1723年)，摊丁入亩办法被推广到全国。摊丁入亩改革历经康熙、雍正、乾隆、嘉庆四朝一百余年，除盛京外，全国各地基本完成。

“摊丁入亩”是中国赋税制度的又一次重大改革。其将原丁役银平均摊入地亩计征，这样丁役税“均之于田，可以无额外多取，而催科易集，其派丁多者，必其田多者也，其派丁少者，亦必有田者也”(《熙朝纪政》卷三)。这次改革对中国晚期封建社会产生了重大影响。它将中国近两千年来的封建赋役征收引向丁地合一的趋势，取消了徭役，并在法律上废除了封建人头税，这就在客观上减轻了劳动人民的负担，促进了农业发展。“摊丁入亩”只按土地单一标准收

税，简化了税收原则，稳定了清政府的财政收入，有助于封建统治秩序的正常运行。由于取消了中国历史上几千年来的人头税，在客观上起到了鼓励人口增殖的作用。因此，清代中国人口数量急剧增长。

清代前期，中国农业社会的另一个重大变化是永佃制的稳定和扩大。永佃制在明代已有很大发展，到了清代，永佃制已经非常完备，佃农不仅在"不愿耕作"的情况下随时可以"将田退还业主，接取原银"，还可以在保证缴纳地租的情况下将土地的佃权转让、馈赠甚至出卖。可见，永佃权成为农民的一项重要的财产形式。这种稳定的租佃关系对佃农的生产和生活有着重要影响。永佃权不仅有效地防止了地主"增租夺佃"，而且使佃农可以参与地租和剩余产品的分割，因而促进了佃农的生产积极性，他们会投入更多的时间和资本来改良土壤和改善经营方式，不断提高土地的收益。由于佃权可以转让，所以加速了土地的流转，并因此提高了土地利用效率。但是，在这种复杂的土地财产关系下，有时一地二主、三主甚至多主，产生了大批因地权滋生的土地食利者。他们根本不从事农业土地经营，而是生活在城里，依靠地租过着优哉游哉的生活①。这也是中国晚期封建社会腐朽没落的深层原因之一。

顺治年间一再下令，允许各处流亡人民开垦"无主荒田"，所垦土地由州县官给以"印信执照"，"永准为业"。还规定，农民垦荒一般可以免税三年，个别的还可以免税五年或六年。在政府政策允许和支持下，广大农民在东北、蒙古草原、西北、西南等边疆地区垦荒拓殖，大大扩大了耕地面积。到康熙末年，全国荒地基本上"开垦无遗"，"尽皆耕种"。与此同时，他们大力修造各种梯田、围田、沙田，更加注重农田改造与挖潜，土地利用率与丰度大大提高。南方地区继续修筑利用江湖河渠圩垸水网的水利设施，民间使用的提水机有 20 余种，随水势地形分别以人力、畜力、水力和风力为动力。北方地区则凿井修渠，乾隆二年到乾隆十八年(1737—1753 年)，陕西在官方倡导下新开灌井 60 900 口。河北、山西、山东、河南、湖南、安徽、福建南部等地区井灌都有很大发展②。乾隆以后至光绪末年，随着屯田发展，新疆共开凿干渠 949 条、支渠 2 303 条，灌溉农田达 119 万亩，还发明了著名的"坎儿井"③。

清代前期，水稻种植进一步北移。陕西稻田由原来的汉中、关中扩展到榆林等高寒地带。直隶、山东、山西、河南等地都有稻田。杂粮则迅速南传，使高阜、干旱山丘地带得到利用。乾隆以后，湖南和四川等地都开始种植各种杂粮。

---

① 中国第一历史档案馆：《中国社会科学院历史所 · 清代地租剥削形态》，中华书局，1982 年版。

② 陈树平：《明清时期的井灌》，《中国社会经济史研究》，1982 年第 4 期；张念祖：《中国历代水利述要》，上海书店，1992 年版，第 108 页。

③ 江太新：《论清代前期耕地的挖潜与改造》，《中国经济史研究》，1998 年第 4 期。

当时清官府还特命选派山东、河南等省善种旱田的农民到广东传授种植技术。明中后期传入中国的玉米和番薯，在清代得以在全国推广。这两种作物的优点是耐寒耐旱并高产，从而使传统农业区之外的山区、半山区、丘陵地区干旱贫瘠的土地单产大大提高[①]。18世纪中叶以后，北方山东、河北、陕西等地较为普遍地实行了三年四熟或二年三熟制的多熟耕作制。如关中地区收获冬小麦和豌豆、扁豆等后，经过夏闲，秋季再种小麦，形成三年四熟耕作制。

总的来看，在康乾时期，中国的人口数量和耕地面积都远远超过了以往的历史时期。据统计，中国人口从1700年前后的约1.5亿人增加到1794年（乾隆五十九年）的约3.13亿人，占全世界9亿人口的1/3。康熙二十四年（1685年）全国共有耕地6亿亩，到乾隆终年（1799年），全国耕地约为10.5亿亩，粮食产量则迅速增至1 020亿千克。当时中国农作物的总产量居世界第一位。

二、工商业和城市的繁荣

在明代商品经济逐渐繁荣的基础上，清代的工商业又有了进一步的发展。一方面，封建的自然经济有所分解，行会和牙行制度也有所松弛；另一方面，生产技术也在缓慢地进步着，在社会稳定的情况下，工商业得到发展并一度出现繁荣局面。

清朝初期，匠籍制度逐步松动并最终瓦解。顺治二年（1645年），清廷宣布，“除豁直省匠籍，免征京班匠价”，“照民一例当差”（《清朝文献通考》卷二一《职役一》）。废除匠籍使工匠在法律上获得了一般民户的地位。随着摊丁入亩制度的实行，匠班银也摊入地亩，工匠最终摆脱了匠籍制度的束缚。工匠因为没有专籍，也就不必再尽无偿的封建徭役义务。因此，匠籍制的废除，标志着手工业生产徭役时代的结束，使工匠对封建政府的人身依附关系大为削弱，有利于民间手工业的发展。

废除匠籍制后，清朝织造实行买丝招匠，完全采用雇佣劳动方式进行生产。例如，在江南三大织造局中，至迟从康熙初年开始，正式实行领机给帖式的买丝招匠制。织局选定领机机户，发给机张执照，作为领机凭据。同时织局备好丝料，责令领机机户雇募工匠进局织造。应募工匠经领机机户之手，从官局那里领取工银和口粮。在景德镇的瓷器烧造业中，官窑实行“官搭民烧”，但“一应工价饭食泥土釉料，俱照民间时价公平采买，毫无当官科派之累”（乾隆《浮梁县志》卷五《食货志·陶政》）。由于工匠待遇较丰，所以他们有着一定的劳动积极性，官局生产相当稳定，官营手工业生产出现前所未有的盛况。

① 陈树平：《玉米和番薯在中国传播情况研究》，《中国社会科学》，1980年第3期。

纺织业是最重要的手工业部门,其中丝织业有突出发展。苏州和杭州作为丝织业中心进一步发展,江宁成为新的丝织业中心,甚至超过苏、杭。江宁的锦缎最为有名,种类很多,织缎之机有百余种名目,乾隆、嘉庆年间,仅缎机就有3万多张。广州是清代新兴起的丝绸产地,所产纱、绸、缎等都很名贵。棉织业也有新的发展。棉织业中心主要有松江、苏州、无锡等。松江出产的棉布不但数量多,而且质量好,畅销全国各地。棉布生产遍布苏州城乡,出现许多专门经营棉布加工业务的字号,每一字号拥有工匠数十名,分工发达,凡漂布、染布、看布、行布,各有专人作业。棉布染织业也很发达。在17世纪末期,常熟单是染坊就有19家。18世纪初期,苏州有染坊64家,专门加工棉布的踹坊更达450家。

清代的制瓷技术比明代有很大进步,特别是彩色瓷器的工艺水平大有提高。清代的青花、五彩、素三彩、粉彩、珐琅彩等都很有名,其中尤以粉彩和珐琅彩最为精美,驰名中外。江西景德镇仍是全国制瓷业的最大中心,除官窑外,有"民窑二三百区,终岁烟火相望,工匠人夫不下数十余万"(道光《浮梁县志》卷八)。全国重要的瓷器产地还有几十处,分布于十多个省份,所产瓷器供应全国各地,并且大量输出国外。

矿冶业也有进一步发展。云南的铜矿开采,既有官督商办的大厂,也有私营的小厂。大厂有矿工七八万人,小厂也不下万人。全省铜矿开采量最多时,每年可以达到500万千克,主要供北京及各省官府铸钱之用。铁器铸造业分布比较广泛,在18世纪末,汉口有铁行13家,在19世纪初,芜湖有钢坊数十家,即使山西陵川也有铁铺十几家。佛山镇是铁器制造业的中心,清代初年,就有"炒铁之肆数十,铸铁之炉百余",所出产的铁锅不仅行销国内各地,而且大量输出国外。

此外,制糖、制盐、造纸、造船、印刷等业也都有所发展。生产规模扩大,手工作坊、手工工场逐渐增多。还有一些属于特产的传统手工业,也有为数众多的作坊。

在农业和手工业发展的基础上,清代的商业也十分繁荣。农产品和手工业品越来越多地变为商品,商品的流通范围更加广泛。如粮食、棉花、棉布、蚕丝、绸缎、铁器、瓷器、食盐以及烟、茶、糖等都是重要商品,行销全国各地。根据《清实录》的记载,全国销茶量,在1685年至1725年,由15.8万引增加到49.6万引,40年间增加了两倍多。全国销盐量,在1653年至1733年,由376.2万引增加到523.4万引,80年间增加了近40%。全国各种采矿厂数,在1670年到1800年,由9个增加到295个,130年间增加了近32倍。此外,全国产糖的一个重要地区台湾,蔗车数目,在1684年至1760年,由75张增加到380张,76年间增加了 4 倍多。全国瓷器生产中心景德镇,在明代年产量平均为 18 万担,到了清代平均年产量为 25 万担,增加了近 39%。

对外贸易比以前也有很大发展。全国远洋帆船数,在 1597 年至 1820 年中,由 137 只增加到 295 只,增加了一倍多。中国出口的货物有茶叶、陶瓷器、生丝、绸缎、棉布、纸张、纸伞、干果、线香、烟草、铁锅、家具、糖、人参、牛马、谷物、豆、羊肉和麦粉等。其中,茶、丝、土布的出口占有重要地位,尤以茶叶居第一位。在 1741 年至 1831 年的 90 年中,丝的出口量由 268 担上升为 8 560 担,增加了近 31 倍;茶的出口量由 57 745 担上升到 345 364 担,增加了近 5 倍。闻名西方的南京布,由海上运输到英美等国,18 世纪 30 年代出口不过万匹,其后迅速增加,至 19 世纪初期一度达到 336 万匹的高峰。进口的商品多为毛织品、五金、玻璃、珊瑚、玳瑁以及各种香料、海味等奢侈品,所以进口量始终难以扩大。在嘉庆以前,中国在国际贸易上始终保持着出超的地位,因而有大量外贸盈余。康熙年间,清朝征收的关税正额有银 4. 3 万两,实际上关税收入大大超过正额。乾隆末年,每年盈余(即超额部分)已达 85 万银两,大大超过康熙年间所定关税正额。

以工商业为基础,中国的城市也发展起来。到 19 世纪初,全世界有十个拥有 50 万以上居民的城市,其中,中国就占六个,即北京、江宁、扬州、苏州、杭州和广州。作为国都的北京自不必说,江宁是著名的丝织品产地,有丝织工人数万人,“城里几十条大街,几百条小巷,都是人烟凑集,金粉楼台”(《儒林外史》),可谓极其繁华。其他如天津、济南、济宁、开封、太原、厦门等地,也都是商业繁荣的都市。例如,山东济宁为“百货聚集之地,客商货物,必投行家”(《乾隆济宁直隶州志》卷二《风俗》)。此外,随着农产品商品化和手工业、商业的发展,各地还兴起了一大批中小市镇。其中著名的有湖北的汉口镇、广东的佛山镇、河南的朱仙镇、江西的景德镇等,有“四大镇”之称。例如,湖北的汉口镇,“户口二十余万,五方杂处,百艺俱全”,商业往来,以“盐、当、米、木、花布、药材六行最大,而各省会馆亦多”;广东的佛山镇,乾、嘉年间已发展成有 622 条大小街巷和数十万人口的工商业大市镇;河南的朱仙镇,因地处南北水陆交通要道,从而成为一个有名的商业市镇。

随着社会经济的恢复发展,商品经济的活跃,清代资本主义生产关系比之明后期略有发展,特点是:地区扩大;行业增多;手工工场的数目也有了增加,雇工人数在迅速增多。如苏州、南京、杭州、广州、湖州、成都、盛泽等地的丝织业,内江、东莞、阳春和台湾等地的制糖业,瓯宁、武夷等地的制茶业,瑞金、平南、玉山、郡城等地的制烟业,景德镇、佛山镇的陶瓷业,苏州、汉中等地的造纸业,犍为、富顺等地的制盐业,佛山镇等地的铸铁业,苏州的棉染织业,以及某些采矿

业中，都出现了一些具有资本主义特征的手工作坊和手工工场①。特别值得注意的是，在江宁、镇江、苏州等地出现了一些大的包买商，他们开设"账房"或"行号"，从事资本主义特征的经营。此外，在广东的冶铁业、铸铁业中，在云南的采铜业中，在江西景德镇的制瓷业中，在四川的制盐业中，在陕西的木材采伐业中，也有资本主义特征的经营。

到清代中期以后，西方资本主义已经从萌芽形态成长起来，而在英国甚至开始了工业革命，资本主义在全球的扩张已经到达中国的大门口。在这种情况下，中国的资本主义发展已经丧失了从萌芽形态直接发展起来的可能性。1840年鸦片战争爆发，西方资本主义以先进的制度和先进的技术，不仅击败了中国腐朽没落的封建主义，而且毁灭了新生的资本主义萌芽。中国资本主义发展实际上采取了植入的方式，即直接从西方植入先进的资本主义制度。当然，这种直接植入方式，使中国资本主义发展必然经历半殖民地半封建社会阶段。

康乾盛世

清代自康熙经雍正至乾隆的130多年，形成了中华民族历史上又一个辉煌盛世。这一时期，中国社会的各个方面在原有的体系框架下达到极致，史称康乾盛世。

从农业来看，不论是当时的人口数量，还是耕地面积，都远远超过了以往的历史时期。据统计，康熙二十四年(1685年)全国共有耕地6亿亩，到乾隆终年(1799年)，全国耕地约为10.5亿亩，粮食产量则迅速增至1 020亿千克。据当时随马戛尔尼使团来中国的巴罗估计，中国的粮食收获率高出英国。"麦子的收获率为15：1，而在欧洲居首位的英国为10：1。"②中国农作物的总产量居世界第一位。人口从1700年前后的约1.5亿人增加到1794年(乾隆五十九年)的约3.13亿人，占全世界人口的1/3。

这一时期，手工业也有了相当程度的提高。生产规模扩大，手工作坊、手工业逐渐增多，如广东的冶炼业、京西的采煤业、江南的纺织业、云南的铜矿业等。手工劳动的分工进一步精细，如江苏松江棉布染色业作坊，按照产品种类分成蓝坊、红坊、漂色坊和杂色坊。

市场也有了一定的发育。粮食、布匹、棉花、丝、绸缎、茶、盐成为

① 刘永成：《论中国资本主义萌芽的历史前提》，《明清资本主义萌芽研究论文集》，上海人民出版社，1981年版，第6页。

② 张芝联、成崇德：《中英通使二百周年学术讨论会论文集》，中国社会科学出版社，1996年版，第188页。

主要商品，其流通值为银3.5亿两[1]，如果加上烟、酒、糖、油、煤、铁、瓷器、木材，不少于银4.5亿两，以当时人口3亿人计，人均商品流通值为银1.5两。

对外贸易急剧增长。这一时期的主要出口商品有茶叶、丝、土布，尤以茶叶居第一位。18世纪末，英国东印度公司每年平均从中国购买茶叶值银400万两。而英国商人运到中国来销售的主要商品（毛织品、金属、棉花）的总值，尚不足以抵消从中国运出的茶叶一项。为了平衡贸易收支，英国商人必须运送大量白银到中国。康熙年间，清朝征收的关税正额有银43 000两，实际上关税收入大大超过正额。乾隆末，每年盈余（即超额部分）已达85万银两，大大超过康熙年间所定关税正额。正是为了扭转对华贸易逆差，英国把大量鸦片运进中国，并发动了罪恶的鸦片战争。

18世纪初，在康熙帝主持下，清廷从事两项巨大的科学工程。一项是编纂《律历渊源》（1713—1722年），介绍了中国和西方音乐各种理论、乐器制造、天文历法以及西方的数学与中国的算学；另一项是用近代科学方法绘制了第一幅详细的中国地图（1708—1719年）。

中国的城市也有很大发展。到19世纪初，全世界有十个拥有50万以上居民的城市，其中，中国就占六个，即北京、江宁、扬州、苏州、杭州和广州。城市以下的墟市集镇的数量也大大增加。山东济宁为"百货聚集之地，客商货物，必投行家"。

然而，正是在同一个时间，在地球的另一端，尤其是在英国，一种新的文明——挑战全球的工业文明正在萌发，一场伟大的革命——最终改造了整个旧世界的资产阶级革命正在进行，一场新的运动——冲决中世纪封建神学桎梏束缚的思想启蒙运动正在蓬勃发展。由此以降100多年的历史，就彻底地改变了中国在世界格局中的地位，中国由一个洋洋自得的天朝大国急剧地坠入落后挨打的境地而一蹶不振。

资料来源：落日的辉煌：17、18世纪全球变局中的"康乾盛世"[N].光明日报，2000-06-19(1).

三、外来挑战与传统社会总危机

在中国明清之际，西方正进行着重大的社会经济变革。此时，西方已经历

[1] 许涤新、吴承明：《中国资本主义发展史》第1卷，社会科学文献出版社，2007年版，第284页。

了文艺复兴,宗教革命也基本完成,科学革命正在进行,工场手工业获得长足发展。与此同时,西方资产阶级积极向外扩张,一方面,他们极力扩大市场,为销售自己的产品而走遍世界,并在世界各地殖民;另一方面,他们还试图将其思想文化输出到东方和世界各地。这就出现了所谓的“西风东渐”。从15世纪起,世界对茶、丝、棉、蔗糖等的需求都已大大刺激着中国几种主要经济作物的种植和手工业制品的发展,输出急剧增长。与此同时,外国白银已开始大量流入中国。这就是说,中国与世界的经济联系已经建立起来。然而,西方以殖民为目的进入中国,导致中国朝野的极大反感,因而政府开始实行闭关政策。但是,这种“鸵鸟主义”并不能阻挡外来思想的侵入。最早来到中国的是西方传教士,他们带来了崭新的技术产品、科学思想和宗教信仰。但是这些新事物不仅与中国本土“不服”,更与传统社会的制度和思想构成严重的冲突,因而遭到强烈的抵制。

对付外来挑战可以通过闭关以求暂时自保,而内部矛盾和危机却必须面对。清代经历了“康乾盛世”后,严重的经济社会矛盾很快就凸显出来。这些矛盾包括传统社会的痼疾即土地兼并重新开始并加剧,地主阶级的寄生性不断扩大,政府赋役负担日益加重,民族矛盾从和缓转向激化,以反清为旗号的农民起义不断爆发,等等。对于这些问题,政府拿不出有效的解决办法,思想界更无一丝的新气。龚自珍把晚清社会称为“衰世”,并做了深刻而形象的描绘:“衰世者,文类治世,名类治世,声音笑貌类治世。黑白杂而五色可废也,似治世之太素。宫羽淆而五声可铄也,似治世之希声。道路荒而畔岸隳也,似治世之荡荡便便。人心混混而无口过也,似治世之不议。左无才相,右无才史,阃无才将,庠序无才士,陇无才民,廛无才工,衢无才商。抑巷无才偷,市无才驵,薮泽无才盗;则非但鲜君子也,抑小人甚鲜。”(《乙丙之际箸议第九》)魏源将造成现实社会危机的各种祸患称为“六荒”,即“堂陛玩愒”“政令丛琐”“物力耗匮”“人材嵬茶”“谣俗浇酗”“边场驰警”(《默觚·治篇十一》)。马克思写道:“一个人口几乎占人类三分之一的大帝国,不顾时势,安于现状,人为地隔绝于世并因此竭力以天朝尽善尽美的幻想自欺。这样一个帝国注定最后要在一场殊死的决斗中被打垮。”[①] 1840年,鸦片战争爆发,中国在西方坚船利炮打击下被迫开放市场。鸦片战争以后,西方资本主义侵入,既冲击了中国传统经济结构,也为中国的发展带来了全新的现代性因素。

---

① 《马克思恩格斯选集》第1卷,人民出版社1995年版,第716页。

第二节 鸦片战争与《南京条约》

经历“康乾盛世”以后,中国传统经济明显出现颓势。统治者对发生在西欧的工业革命一无所知,仍沉醉于“大国天朝”的梦境。直到19世纪上半期,西方殖民者用鸦片和炮舰打开了中国的大门。1842年(清道光二十二年)8月29日,清政府被迫签订了中国历史上第一个不平等条约——《中英江宁条约》(即《南京条约》)。随后《中美望厦条约》签订,这是中美第一个不平等条约。继英、美之后,法国也乘机向清政府进行讹诈,于1844年10月强迫清政府签订了《中法黄埔条约》。除英、美、法之外,许多资本主义小国,如葡萄牙、比利时、瑞典、荷兰、西班牙等也都纷纷要求和清政府订约,清政府一概应允,于是都获得英、美、法所享有的特权。这样,经过第一次鸦片战争,中国的大门不仅向英、美、法几个资本主义大国开放,而且向整个资本主义世界开放了。第二次鸦片战争之后,1858年中国与英、法、美、俄分别订立了《天津条约》,1860年中国又与英、法、俄分别订立了《北京条约》。在不足20年内,中国被迫签订了一系列不平等条约,每签订一次条约,外国资本主义的侵入就加深一次。

不平等条约的内容非常广泛,除了割地赔款等直接的抢劫外,更重要的是外国侵略者由此获得了它们在中国所要获得的政治、军事和经济特权。

首先,获取协定关税和海关行政权。《南京条约》规定:英国商人“应纳进口、出口货税、饷费,均宜秉公议定则例”。这一规定使中国海关丧失了自主权,变成一种“协定关税”。第一次协定税则是1843年3月签订的,这个税则规定的进口税率大体上在5%~6%,比鸦片战争前大大降低了。1858年《中英天津条约》订立后,明文规定了值百抽五原则,主要进口货物税率比1843年税率又大大降低,而且许多货物的税率没有达到5%的水平,如漂白布只有2.6%,印度棉纱和日本棉纱只有2.8%,印度标布只有4%等。同时,外国侵略者为了使中国全面地成为它们的商品销售市场和原料供给地,不仅使海关关税成为“协定”的,连中国的内地税——“子口税”,也成为“协定”的了。《中英天津条约》对中国内地税做了严格限制:“……英商已在内地买货,欲运赴口下载,或在口有洋货欲进售内地,倘愿一次纳税,免各子口征收纷繁,则准照行。此一次之课其内地货,则在路上首经之子口输交,洋货则在海口完纳给票,为他子口毫不另征之据。所征若干,综算货价为率,每百两征银二两五钱。”这就是说:洋货进入内地或洋商从内地收购土货出口,只需一次缴纳2.5%的子口税,就可“遍运天下”,不必像中国商品一样“逢关抽税,遇卡抽厘”了。为了使子口税推行得更彻底,

1872 年英国侵略者又逼迫清政府承认中国商人贩卖洋货也得享受只缴纳子口税和免征其他任何捐税的待遇。在外国商人免受中国境内关卡征税的时候，中国商人则仍处于层层关卡的苛征重负之下。在“协定关税”的基础上，外国侵略者又进一步攫取中国的海关行政权，侵占中国关税收入的支配权。第二次鸦片战争后，《中英通商章程》第十条中，有“任凭总理大臣邀请英(美、法)人帮办税务，并严查漏税……”的规定。由于英国的势力大，英人李泰国(H. N. Lay)于1859 年被委任为“中国总税务司”，1860—1863 年，又设潮州、宁波、福州、镇江、天津、九江、厦门、汉口、烟台(东海)等关。1863—1907 年，英人赫德继任总税务司期间，更设关 30 余处。

其次，获取沿海贸易权、内河航行权与内地通商权。《南京条约》订立后，我国沿海贸易权开始丧失。《南京条约》第二款规定，允许英人在五口“贸易通商无碍”，即含有允许英国船自由航行于五口之间的意思。随后在中法、中美《天津条约》中正式承认了外国商船可以自由在各通商口岸转口，而不重复课税。1861 年，上海总税务司制定的《沿海贸易法》更明文规定：外商在一口纳税后，即可进行沿海贸易、自由出入。而中国商船，反而不能享受这种便利。内河航行权与内地通商权也是独立国家不容侵犯的主权。这种主权的丧失，由《中英天津条约》开端。该条约第十款规定：“长江一带各口，英商船只俱可通商。……自汉口溯流至海各地，选择不逾三口，准为英船出进货物通商之区。”开放沿江口岸，本是英、美等侵略者发动第二次鸦片战争的主要动机之一，名义上自汉口以下只开三口，实际上沿江各处城镇均可上下客货，并且还可以从议定口岸前往内地各处游历、通商，如《中英天津条约》第九款规定：准许英人前往内地各处游历、通商。《中法天津条约》也有相同的规定。这些条款订立后，根据“利益均沾”的条款，其余未订约国家也同样享受。

再次，开放中国商埠，获得在中国的领事裁判权。鸦片战争以后，每次和外国缔结条约，必增辟若干商埠。到第二次鸦片战争时，中国被迫开辟的商埠，沿海沿江有广州、汕头、琼州、福州、厦门、台湾、宁波、上海、烟台、天津、营口、镇江、九江、汉口 14 埠，陆路上为俄国开辟的有伊犁、塔尔巴哈台、喀什噶尔、库伦、张家口 5 埠。外国人在这些商埠不仅经常往来通商，而且租地盖房，自成一特殊居留区。这种权利开始于《南京条约》，后又进一步具体规定于《中英天津条约》第十二款：“英国民人，在各口并各地方意欲租地盖屋，设立栈房、礼拜堂、医院、坟茔，均按民价照给，公平定议，不得互相勒掯。”这些外人居留区，因有领事裁判权的保护，都成为中国法权不能行使的特殊区域，后来又发展为“租界”。这不但严重破坏了中国领土主权的完整，而且成为外国侵略者对中国进行政治和经济侵略的根据地。

最后,获取最惠国待遇。中国在历次不平等条约中所订立的最惠国条款,完全是一种对外国侵略者的片面的优惠,即当某一国家向中国勒索到一种权利时,其他各国即援例同样享受,称之为“利益均沾”。首开其端的是《中英虎门条约》,其中规定:中国将来如“有新恩施及各国,亦应准英人一体均沾”。后来的《中美望厦条约》《中法黄埔条约》都有类似的规定。“最惠国待遇”的范围无所不包,外国人借以攫取的政治经济特权也就愈来愈多,而且进行这种攫取时,也不必由某几个国家同时出面,而可以轮流索要,因为名义上虽然只与一国订约,实际上等于与全体订约。19 世纪 60 年代以后,这个条款的适用范围又扩大了,连中国本国也包括在内,即中国政府如对本国商民有何优待,外国人亦一体均沾。

第三节　外国经济势力的入侵

第一次鸦片战争后到第二次鸦片战争前,中国对各个列强贸易盈余的状况并没有出现变化,中国进口货物的数量增长不大,出口却有明显增长。英国对华商品输入所能打开的市场极其有限,《南京条约》签订后的头几年,贸易额一度有较明显的增长,但从 1844 年以后开始下降,后来停滞下来,1852 年才又开始回升,不过直到 1856 年还没有达到 1844 年的水平。显然“1842 年的条约在促进英国对华出口贸易方面,没有发生丝毫影响”①。英国对华贸易额没有增长,可是中国对外出口却在迅速增加。自从根据 1842 年的条约开放以来,中国的茶叶和丝向大不列颠的出口额不断增长,而英国工业品对中国的进口额,整体来说却没有变。中美贸易的情况也与中英贸易差不多。在签订 1842 年条约以后的一个时期中,美国每年平均进口 200 万英镑的中国产品,而输往中国的美国商品则只有 90 万英镑②。

中国贸易盈余的情况一直持续到 1864 年,即太平天国运动失败的那一年。1865 年第一次出现了贸易赤字。随后,除了 1872 年至 1876 年这五年内曾经一度转为小额贸易盈余之外,就一直是赤字,而且越往后赤字越大。这是因为进口贸易增加得很快,而出口贸易虽然也有所增加,但增长得很慢。在进口的洋货中,机器棉纺织品增加得特别迅速。洋纱、洋布输入增加的速度比鸦片输入增加的速度快得多,洋纱、洋布在整个中国进口贸易中的地位逐步提高。1842 年,在中国常年进口的物品总值中,鸦片居第一位,占 55.2%;棉花居第二位,占 20%;棉制品居第

① 马克思、恩格斯:《马克思恩格斯全集》第 13 卷,人民出版社,1962 年版,第 602 页。

② 孙健:《中国经济通史》中卷,中国人民大学出版社,2000 年版,第 689 页。

三位,占8.4%。1867年,棉制品跃居第二位,占21%;鸦片仍居第一位,但比重已下降到46%。到1885年,棉制品已经居进口贸易的第一位,这种优势一直维持到20世纪20年代。在进口的棉制品中,棉纱增长的速度又远远超过棉布。1872年棉纱进口量为5万担,到1890年增至1 082 000担,为1872年的2 164%。1872年棉布进口量为12 241 000匹,到1890年增至15 561 000匹,为1872年的127.1%。输入棉布最多的是1888年,共计18 664 000匹,为1872年的152.5%[①]。在进口货中,除了大宗的鸦片、棉制品、棉花外,还有煤油、糖类、粮食、铁和钢以及其他装饰品和奢侈品。可见,在这一阶段外国对华输入的商品,不仅数量大,而且种类也是很多的。

中国主要的出口物资一直都是农产品,其中以丝、茶为大宗。在整个19世纪下半期,丝、茶两项占到出口总值的50%~90%[②]。由于越往后出口物资的种类越多,加之在国际市场上受竞争牵制,出口丝、茶的绝对值虽然也有较大的增加,但是在出口总值中的比重则逐渐降低,其中又以茶的比重下降得最厉害。除丝、茶以外,出口的货物还有棉花、豆类和糖类等,其中棉花和豆类增长得很快。如1871—1873年输出的棉花为8 486公担,豆类为57 506公担,到1891—1893年,棉花增至290 417公担,豆类则增至760 522公担[③]。这种增加是由资本主义国家的工业,特别是日本的棉纺织业和化学工业的发展对中国的棉花和豆类的需要量大大增加引起的。

帝国主义国家在向中国输出商品和掠夺中国资源的同时,还对中国进行资本输出。据估计,在甲午战争以前,外国资本主义在中国的投资数量不大,主要集中在银行业和交通运输业上。在中国开设的第一家外国银行是英国的丽如银行(1845年),又叫英国东方银行。从那时起到1894年中日甲午战争为止,在上海设立分行的还有英国的有利银行(1854年)、麦加利银行(1858年)、汇丰银行(1865年),日本的横滨正金银行(1893年)和德国的德华银行(1890年)等。此外,1894年法国的东方汇理银行进入中国,1896年沙俄在中国设华俄道胜银行。它们控制中国的进出口贸易,操纵金融,也是向中国输出资本的枢纽。在1897年以前,中国还没有本国的银行,外国银行独霸了中国的银行业。在众多外国银行中,以汇丰银行的实力最为雄厚,它在1880年就攫取到在中国贸易中发号施令的地位,成为外国贸易洋行的庇护人。在1875—1886年,英国的对华投资绝大部分由汇丰银行经手,而这些投资主要是对中国政府的贷款,其中最重要的是1877年500万银两的贷款,指定广州、上海、汉口三地的海关税收作

① 严中平:《中国棉纺织史稿》,科学出版社,1955年版,第8—9,38页。

② 严中平:《中国近代经济史统计资料选辑》,科学出版社,1955年版,第76页表19。

③ 严中平:《中国近代经济史统计资料选辑》,科学出版社,1955年版,第74—75页。

担保,从此开了把中国海关税收作为外债担保品的先例。外国银行还利用中国旧式金融业为其服务,特别是利用钱庄来为它们推销洋货、购买土特产的进出口贸易服务。因为外国商人不便与广大中国商人直接接触,也无法互相信任,中国钱庄就起了沟通信用的作用。中国商人从钱庄取得“庄票”形式的商业信用,这种庄票为外国银行所接受。这样通过银行与钱庄的信用关系,外国资本主义得以在中国顺利地倾销商品和掠夺资源。

外国资本在华投资的交通运输业以航运业最为重要。第一次鸦片战争后,中国丧失了沿海贸易权,外国船只可以任意航行于中国沿海。第二次鸦片战争后,外国侵略者进一步攫取了航行于中国内河的特权,于是闯入长江,直接侵入中国广大的腹地。为了便于进行商品倾销和原料掠夺,外国侵略者在港沪等地先后开办了一些轮船公司,比较大的有:美国的旗昌轮船公司(1862 年设立)、英国的太古洋行(1872 年设立,1875 年开始长江航运)和怡和洋行(1881 年设立,同年开始长江航运)。这些轮船公司很快就垄断了中国的远洋和内河航运,势力扩张得很快。从 1865 年到 1894 年甲午战争,外国在华出口的商船吨位增加了 3 倍以上。1877 年,外国轮船占各通商口岸进出中外轮船总吨位的 63.3%,1892 年则占到 77.8%。吨位实数,1877 年是 6 727 591 吨,1892 年增至 22 101 633 吨①。在 1872 年招商局成立以前,中国自己几乎没有轮船航运业可谈,在中国领海和内河里活动的轮船都是外国的。招商局成立以后,中国轮船的吨位虽然有所增加,但是外国轮船的数字增长得更快。直到 20 世纪 20 年代,中国领水里的外国轮船总吨位仍占中国各通商口岸进出中外轮船总吨位的 70%~80%②。

外国资本还投资了各种工业企业。其中绝大部分是为了发展它们在中国的航运业而办的船舶修造厂,以及为了掠夺中国原料和土特产而经营的各种加工工业,如砖茶厂、缫丝厂、制糖厂、制蛋粉厂、轧花厂、打包厂等,还有为了在中国就地利用廉价原料和劳动力制造商品,就近销售于中国市场而经营的一些轻工业,如火柴、肥皂、制药、玻璃、铁器等工厂。在 1895 年帝国主义正式取得在中国的设厂权以前,外国资本在中国非法设立的工厂至少已有 100 多家。其中英商开办的约 63 家,俄、法、德商开办的约 33 家。英商开办的如耶松船厂(1865 年)、怡和丝厂(1882 年)、太古糖房(1882 年)、屈臣氏药房(1850 年)等一直到新中国成立前还存在。

---

① 严中平:《中国近代经济史统计资料选辑》,科学出版社,1955 年版,第 221 页。

② 孙健:《中国经济通史》中卷,中国人民大学出版社,2000 年版,第 708 页。

第四节　传统自然经济的解体

小农业与家庭手工业相结合的经济结构是中国传统自然经济的基础。小农业与家庭手工业相结合,主要是耕织相结合,这种耕织相结合的小农经济,在鸦片战争前的中国社会经济中占主要地位。鸦片战争以后,由于外国资本主义入侵,小农经济开始了逐步分解的过程。

第一次鸦片战争后,这个分解过程进行得十分缓慢。当时,除了几个通商口岸如广州、厦门和上海附近地区的手工棉纺织业由于洋纱、洋布的输入受了打击之外,就全国范围来说,小农业与小手工业相结合的基本经济结构没有什么显著的变化。这种经济结构对外国资本主义的商品,特别是棉纺织工业有很强的抵御力。第二次鸦片战争以后,外国侵略者同中国又签订了一系列不平等条约,在政治和经济上获得了种种特权,一直在顽强地阻碍着资本主义顺利侵入的小农业与小手工业相结合的经济结构从 19 世纪 60 年代以后开始了逐步分解的过程。

首先,中国手工棉纺织业解体。19 世纪 60 年代以后,廉价的洋纱、洋布大量进入使洋纱代替土纱,洋布代替土布,造成纺与织分离、耕与织分离。洋纱之所以能够代替土纱,关键因素在于价格。19 世纪 70 年代以后,进口棉纱的价格逐渐下降,1872—1890 年,最低时曾下跌 1/3 以上。这就使得洋纱的价格远远低于土纱。土纱自然无法与洋纱竞争,手织业者自然舍弃土纱而改用洋纱。同样,洋布排挤和代替土布的关键因素也是低廉的价格。由于洋布的价格十分低廉,不但城市居民,就是村镇上的农民也不愿再穿那种价贵而厚重的土布。这样,洋布的市场逐渐扩大。如果说小农原来是织布以自给,或有余出卖,现在则不但无以自给,无剩余可卖,而且还变成了棉布的购买者。这样原来与农业结合在一起的家庭手织业就必然衰落,手工业与农业开始分离。

其次,一些手工业受到排挤。城镇里的手织业者,在他们的手织土布竞争不过洋布的情况下,也走上了失业、破产的道路。外国廉价工业品的入侵不仅破坏了手工棉纺织业,也打击了手工棉纺织业以外许多的手工业部门。中国的冶铁及铁器制造业是手工业中比较发达的一个部门。但是从外国资本主义侵入后,特别是从 19 世纪 60 年代以后,铁及铁制品进口日益增多。进口的铁多为钉条铁、条铁和旧铁,质量虽然不如土铁,但是价格比土铁便宜。因此,土铁不断被洋铁代替,炼铁作坊不断倒闭。由于煤油的进口,中国的榨油业也受到了排挤。同菜油、花生油比较起来,用煤油照明具有显著的优点:一是价钱便宜;二是煤油的发光力比花生油等强。因此,民间照明改用煤油而不用植物油了。榨油业也因煤油盛行而逐渐衰落。此外,如进口洋糖排挤国内的制糖业,进口火柴代替打火石和铁片,洋针代替土针,洋染料代替土染料,肥皂代替皂荚等,不胜枚举。洋货大量输入,打击了旧有的手工业部门,从而使千千万万的手工业者失业、破产。

最后,商业性农业得到发展,农产品日益受到国际市场的影响。鸦片战争以后,中国的商业性农业有了一定程度的发展,这主要是由外国资本主义加强对中国农业原料的掠夺,使农产品出口迅速增加而引起的。此外,19 世纪 50 年代以后,外国资本主义在中国经营了若干农产品加工工厂和轻工业工厂,70 年代以后,民族资本也经营了一些纺织和食品工业,这些工厂的建立也增加了对原料的需要,在一定程度上刺激了商业性农业的发展。这一时期商业性农业的发展,主要表现在棉花、蚕桑、罂粟、茶等经济作物的种植有了发展,小麦、谷物、豆类等粮食作物的商品率有了提高,同时还表现为某些商品性农产品的生产开始受资本主义世界市场需求的影响而起伏。

在鸦片战争以前,棉花早已被大量投入市场。随着国内棉纺织业的发展,洋棉进口逐渐增加。但是,到 19 世纪 60 年代以后,由于外国资本主义棉纺织业的发展,棉花价格提高,棉花出口显著增加。这就使棉花种植面积逐渐扩大。第二次鸦片战争以后,蚕桑种植面积扩大。不仅南方,北方各省如河北、山东、山西、陕西、河南等地也纷纷栽桑养蚕。第二次鸦片战争之后,鸦片的输入已取得合法地位,吸食者日众。除了输入洋烟外,国内的罂粟种植面积也日益扩大。特别是许多地方的清政府官吏,为了增加税收和贪污中饱,竟以抵制洋烟入口和防止白银外流为借口,鼓励农民种植罂粟。罂粟的广泛种植浪费了大量的人力、土地,毒害了广大人民的身体和精神。在 19 世纪 80 年代以前,由于茶叶出口的增加,茶园的面积在逐渐扩大。从 60 年代到 80 年代初,福建、台湾、安徽、江西、湖南、广东等地的茶园面积都一度迅速扩大,这一时期是近代茶叶生产的黄金时代。80 年代以后,受印度、锡兰和日本茶叶竞争的影响,茶叶的输出量逐渐减少,茶农亏本,茶园荒废,茶叶生产衰退。鸦片战争以前,花生的种植一般还限于闽广一带的个别地区。到 19 世纪七八十年代以后,直隶、山东、江苏、安徽、江西、湖南等地也开始种植花生,其中又以直隶最多。有一部分花生的种植是为了满足本国榨油工业的需要,但主要还是为了满足出口需要而种植的。鸦片战争以前,广东、福建、台湾、四川等地已大规模种植甘蔗,制糖手工业已经相当发达。到 19 世纪七八十年代,蔗糖仍是我国重要的出口商品之一,英国和美国就是中国蔗糖的重要市场。但从 80 年代起,由于欧洲、马尼拉和爪哇糖的大量输入,中国糖在国内市场都受到了打击,更不用说海外市场,直接导致中国甘蔗生产的衰落。

茶叶和甘蔗种植由盛而衰的这一过程,突出地反映了这一时期中国的某些农产品已经开始受到国际市场的影响。帝国主义力图把中国农业纳入自己需要的轨道。中国某些农业部门的产品开始进入世界市场,但又缺乏基本的竞争能力,再加上海关行政权控制在外国侵略者手中,在关税方面缺乏保护性措施,在通常情况下,外国侵略者压价购买中国农产品及农产制成品,实行不等价交换,对中国农民进行残酷的经济掠夺。在世界市场上,一旦出现稍有实力的竞争者,不但立即被排挤出世界市场,连国内市场也无法保持,这一时期的洋糖进口即是明证。在这种情况下,中国某些农业部门的兴衰势必以帝国主义的需求旺盛与否为转移,表现出中国农业的半殖民地性质。

鸦片战争以后,我国农村自然经济的加速分解,主要不是由生产力的发展和相应的社会分工造成的,而是由资本主义列强的商品入侵和出口贸易的需要促成的,是一种被动的、强制性的分解。这种分解虽然也有利于商品经济的扩大,但它未能触动封建土地所有制,未能改变小农经济的生产方式。并且,由于这种分解所形成的商品市场是一种半殖民地型的市场,所以商品量和价格水平都受国际市场支配。因而,自然经济分解的结果是,农民生产的经济效益鲜有增进,反而增加了生产的不稳定性,增强了对商业资本的依附性。也可以说,农村小生产者既受到封建剥削,又受到资本主义的剥削。

第五节　近代工业的初步创立

在中国最早创办近代工业的是洋务派官僚。他们认为,中国的封建体制及其政治制度是尽善尽美的,而欧美的资本主义制度是野蛮落后的,必须全力维护中国的封建统治。但是,经过两次鸦片战争的失败和对太平天国的镇压,他们深感洋枪洋炮的威力,认为外国强兵利器百倍于中国,中国要想强大起来,必须向西方学习“船坚炮利”。一开始洋务派只是购买洋枪洋炮,继而创办军工企业自己制造,后来随着学习西方热潮的高涨,加之兴办军事工业遇到了种种困难,又进一步认识到,西方之所以强大,除“船坚炮利”之外,还在于其拥有雄厚的经济实力,只有在引进西方军工技术、设备的同时,大力兴办民用企业,才能达到“富国强兵”和“稍分洋商之利”的目的。

在洋务运动过程中,洋务派官员首先从西方直接购进了不少武器和机器,于是,一系列西洋器物被引进到中国来。为了训练出有较强战斗力的军队,洋务派官员们决心用西式武器来武装军队。为此,从国外购买了大批西式的枪炮弹药配备给军队。大部分淮军、一部分湘军及少量的八旗军都采用了这些新式武器。在建立和训练新式海军的过程中,从西方国家引进了许多军舰。1876年,清政府通过英国人赫德从英国购买了四艘军舰。1879年,又通过赫德从英国购买四艘军舰。此后,清政府多次从欧洲购进军舰,以建设新式海军。北洋水师、南洋水师和福建水师都配备了一些从西方国家引进的军舰。江南制造总局、金陵制造局、福州船政局、天津机器局、湖北枪炮厂以及其他中小军事工业企业,都引进了西方的生产船炮和枪支弹药的机器设备。例如,开办江南制造总局时,清政府购买了美国旗记铁厂生产的机器;在建设天津机器局的过程中,清政府陆续拨出经费从英国购买了大量制造武器所用的机器。在兴办民用企业的过程中,也从西方国家引进了不少机器设备。如开平矿务局从英国购进了采煤设备,上海机器织布局从英国和美国购进了包括轧花机、纺纱机和织布机等设备在内的全套纺织机器。

19世纪70年代以前洋务派所办的都是军用工业,而最早的几家都和镇压太平天国的军事行动有关。1861年,曾国藩攻下安庆,作为包围太平天国首都的据点,随即在安庆设立军械所,该军械所成为第一家洋务派企业。这个军械所仍采用手工生产,没有机械动力,也没有雇用洋人。但在我国科技专家华蘅芳、徐寿等人的努力下,已能造西式开花炮,并制造了一只小火轮。早期洋务派的另一主将闽浙总督左宗棠,早就醉心于造船。1864年,他在杭州时就仿造过小火轮试行于西湖,1866年终于办成一个规模甚大的船厂——福州船政局,在早期和江南制造总局并立为洋务派两大军工企业。李鸿章于1865年成立江南制造总局,丁日昌兼任总办。到中日甲午战争前夕,江南制造总局已拥有十几座大厂和一座中型船坞,雇用工人2 000多人,成为清政府开办的十几个军火工厂中规模最大、经费比较充足的一个,是清军武器装备的重要供给基地。到中日甲午战争前后,江南制造总局已拥有各式车床、刨床、锯床、钻床662台,大小蒸汽动力机361台,总马力4 921匹;大小汽炉31座,总马力6 136匹。新建各厂的专业设备大部分从外国引进,只有少量设备和工具是自己制造的。创办江南制造总局之后,又陆续创办了多家军工企业,截至1890年张之洞创办湖北枪炮厂,共创办了19个军工厂①。

洋务派军用工业是中国人最早经营的近代工业。当时中国在经济上和科技上非常落后,兴办这样的企业势必要依赖外国的机器设备、外国的生产技术,以至外国的人员和信贷,又因当时中国并无近代基础工业,钢、铁、铜等金属器材,多种部件和仪表,油料以至某些木料和煤,都要依赖进口,因而,洋务派军用

① 孙健:《中国经济通史》中卷,中国人民大学出版社,2000年版,第780页。

工业具有严重的殖民地依赖性。同时,这些企业的创建人是中国洋务派官员,工厂管理采取的是在市场没有发育情况下的封建管理模式,经费由政府调拨,产品一般也是由政府无偿地调拨给指定的军事单位,企业的发展与它的经营情况无关。尽管这些军事工业不完全按照市场的运作方式运行,但它们是中国最早的工业化文明,在中国经济史上具有里程碑的意义。

由于清政府财政状况的恶化和军工企业的局限性,洋务派官员逐渐认识到,只发展军事工业很难达到自强的目的,必须发展民用工业,实行先富而后强的战略。于是,自 19 世纪 70 年代中叶起,他们开始采取"官办""官督商办""官商合办"等方式创办民用工业。所谓"官督商办",就是由商人出资,由政府官僚来管理。所谓"官商合办",就是政府出一部分资本,另一部分是商股。这种企业虽说是"合办",实际上仍然是由"官"来操纵。这些企业涉及采矿、冶炼、交通运输、纺织等行业,其中包括第一家轮船公司——轮船招商局(1872 年开业),1880 年动工的关内外铁路(天津经山海关向关外延伸),1878 年投产的第一座现代煤矿——基隆煤矿,1893 年建成的第一家炼铁厂——汉阳铁厂,1890 年开工的第一家近代棉纺织厂——上海机器织布局,1880 年成立的第一家电报局——天津电报总局,以及后来的开平煤矿、漠河金矿、湖北织布官局和纺纱官局等。但是由于外国商品的竞争和封建势力、封建官僚过多的压制干预,这些企业大多经营很差,效益不佳。

中国的民营工业也出现于 19 世纪 70 年代,主要投资人有商人、地主、官僚和买办。1872—1894 年,民营工厂总数有 100 多家,主要集中在纺织、面粉、火柴、造纸、印刷、船舶修造、机器制造和采矿等部门,也有少量的公用事业。缫丝业是民族工业中最重要的一个部门,广东的缫丝业发展最为显著。19 世纪 90 年代初,广东的蒸汽缫丝厂已发展到五六十家,大厂雇工有 800 多人。1882 年,上海出现第一家机器缫丝厂;1887 年,宁波出现机器轧花厂,为出口棉花服务;1895 年,宁波出现纱厂。19 世纪 70 年代以后,火柴厂在广东佛山、天津、上海、重庆等地相继出现。上海 1860—1890 年共开办了 12 家机器工厂,但是规模很小,创设资本最多的只有 500 元,最少的仅有 100 元,有的机器工厂的业务是修理外商船只,有的是生产缫丝机。这一时期,弱小的民营工业既受到来自外国资本的竞争,也受到中国官僚资本的压迫,处境艰难。但它是中国经济中最有生命力的部分,代表着中国工业化的希望。甲午战争后,中国民营工业的发展开始突破困境。1895—1913 年,开办资本在 1 万元以上的厂矿有 500 多家。棉纺织业、面粉业、机器制造业有显著发展,火柴、卷烟、水泥和矿冶等也有一定起色。

1894 年,洋务运动在甲午战争的炮声中宣告失败。但洋务运动的历史意义是不可否定的。它产生了中国第一批近代工业，是中国近代以来第一次工业化尝试；洋务派提出的中学为体、西学为用的原则，影响了中国近百年的历史进程。

本章思考题

1. 如何评价鸦片战争前中国经济发展的总体水平？
2. 中国近代半殖民地半封建经济是如何形成的？
3. 中国洋务运动失败的原因是什么？

第三编

现代中外经济史

第十二章 苏联社会主义经济

第一节　社会主义制度的创立

一、十月革命

马克思和恩格斯于1848年发表了划时代的《共产党宣言》,奠定了社会主义的理论基础,使社会主义从空想变为科学。列宁发展了马克思主义,提出社会主义可以在一国首先取得胜利的思想。在俄国布尔什维克党的领导下,俄国无产阶级利用帝国主义世界大战的机会,于1917年取得了十月革命的成功。

20世纪初的俄国是各种矛盾的集中点。从1861年农奴制改革以来,俄国走上资本主义道路。19世纪末20世纪初,通过工业革命,到第一次世界大战前,俄国的工业总产值已居世界第五位,欧洲第四位,但是与主要资本主义国家相比差距还很大,国内经济结构矛盾突出。一方面,俄国的矿山、铁路、机器制造、银行等重要经济部门大多被外国资本所控制,俄国成为外国资本的输出场所和原料产地;另一方面,农奴制残余仍然影响着国内市场的发育,并使国内阶级矛盾日益激化。各种矛盾引起国内阶级斗争的加剧,并最终导致十月革命发生。

十月革命取得成功后,列宁领导的俄罗斯苏维埃经济曾实行过8个月的"国家资本主义经济"体制。这就是列宁在《四月提纲》中规定的:①一切土地收归国有;②将银行及其他骨干工业收归国有;③对企业实行工人监督和对全社会消费品的生产和分配实行计算、统计和监督;④为便于监督企业,强迫实行辛迪加化,并把消费者组织在消费合作社之中。可见,这些主要措施并不是消

灭市场和资本家所有制，而是对他们实行限制。然而，在实行过程中，这一纲领发生了变化。

十月革命后的第二天，苏维埃制定了土地法令，宣布立即无偿地废除土地私有制，全部土地以及矿藏、森林和水源均为国家财产；将地主的田庄以及皇室、官府、教会的全部土地，连同耕畜、农具、建筑物等移交给乡土地委员会和贫农代表苏维埃支配，按人口或按劳动力平均分配给农民无偿使用。1917 年 11 月 8 日，苏维埃颁布《土地法令》，确定土地改革的基本方针和政策原则。根据上述法令，通过土地革命，彻底消灭了地主阶级和封建农奴关系，削弱了富农经济，约 140 万户雇农得到了土地，大量的贫农户扩大了土地面积。

1917 年 12 月，苏维埃通过《银行国有化法令》，宣布一切股份企业为国家财产；股票在 5 000 卢布以上或每月收入在 500 卢布以上的股东必须向国家交出全部股票。在银行国有化的基础上，又将没收的私人银行和国有银行合并，建立苏俄人民银行。苏维埃还接管了旧俄国的国有企业，对私人大企业实行工人监督。由于资本家抗拒工人监督，政府被迫将这些企业收归国有。从 1917 年 11 月到 1918 年 5 月，苏维埃共没收 500 家大工业企业，建立起最初的社会主义工业企业。与此同时，苏维埃接管了原有的国营铁路，并将私有铁路收归国有，还没收了 1.4 万只内河船舶和 2 476 艘远洋船舶，在工业和交通业中建立起社会主义经济。苏维埃还将大商业企业和其他批发商业组织以及一部分零售商店收归国有，形成国营商业对粮食、布匹、皮革、农机等重要商品的国家专卖制度。将外贸企业收归国有，实行对外贸的国家垄断制度。此外，还发展了合作社商业。

为加强国家对经济的控制与管理，苏维埃设立了最高国民经济委员会，其任务是:组织国民经济和国家财政，制定调节全国经济生活的总准则和总计划，协调中央和地方以及国民经济各部门之间的经济活动，组织全国的生产。1918 年 3 月，列宁在党的七大上提出党纲草案，全面阐述社会主义的经济建设纲领:①废除生产资料的私有制，把银行、土地、厂矿企业收归国有，建立国家所有制；②由国家统一组织生产，即用社会主义方式组织全国范围内的生产，由工人组织（工会、工厂委员会等）在唯一拥有主权的苏维埃政权的统一领导下进行管理；③全体居民参加消费生产公社，进而实行有计划、有组织的分配来完全彻底地代替“贸易”，消除商品和货币；④实行普遍劳动义务制。此外，列宁还提出利用各种形式的国家资本主义，以抵制小生产的自发势力，组织大生产。

总的来看，列宁的设想是直接过渡到共产主义生产和分配，因而忽视了商品生产和市场的作用。然而，列宁的这个计划还没来得及实施，1918 年春末就发生了外国帝国主义的武装干涉和国内战争。于是，经济体制转入战时共产主义体制。

二、战时共产主义政策

苏维埃政权建立之后，立即受到帝国主义国家的武装干涉，国内反动势力也掀起武装叛乱，苏维埃国家被迫进行了将近三年的捍卫新政权的战争。在战争期间，由于面临严重的经济困难，苏维埃政府采取了一系列战时经济政策和直接向社会主义过渡的战时共产主义政策。

战时共产主义政策是逐步实施并不断强化的。它的形成和发展，一方面是争取战争胜利的需要，另一方面与俄共（布）党内排斥商品和货币关系的产品经济思想有着直接联系。

战时共产主义政策的主要内容是：

第一，实行高度集中的战时管理体制。1918 年 11 月，以列宁为首的工农国防委员会成立，该委员会是领导全国战时经济工作的最高机关，负责动员全国人力、物力和财力，以保证国防需要。该委员会拥有广泛的权力，对于它的决定，各级主管部门和机关以及全体公民必须严格执行。国营企业实行总局制：总局按部门特征设置，如石油工业总局、煤炭工业总局等，国有化企业基本上直属中央总管理局控制，形成了中央管理局—企业这样的二级式或中央管理局—省管理局—企业这样的三级式总管理局制。总局实行“直接领导制”和“统收统支制”：企业的生产由总局确定，各总管理局直接给每一个企业下达生产计划，原材料、燃料由总局供应，产品由总局分配，现金支出由国家拨款，货币收入上缴国库，企业成为完成任务的生产车间。

第二，实施进一步国有化措施。苏维埃颁布一系列国有化法令，在大工业基本国有化的基础上，进一步把中型企业（30～50 人的工厂）和大部分小企业（拥有动力机械并雇工 5 人以下的企业或无动力设备雇工 10 人以下的企业）收归国有。这改变了过去拟定的长期保存私人中小企业，仅由国家和工人实施监督的政策。此外，还对其他领域实行了国有化措施：将其余私有铁路收归国有，征用私人内河船舶；实行国内外贸易的国家垄断，取消国内市场，禁止一切私商活动；组织消费公社，由公社供应日用消费品；广泛地组织农业公社、国营农场、共耕社；等等。这样，在战时共产主义时期，苏俄基本完成了农业以外的生产资料所有制的社会主义改造。

第三，实行余粮收集制和粮食摊派制。1918 年，为了战时需要，打击富农和投机倒把分子对粮食收购工作的破坏，苏维埃决定实行粮食垄断制。粮食的收购与供应统一由粮食人民委员会经营，农民的余粮必须按固定价格交售给国家，以保证全国军民的供给。实行余粮收集制，不仅完全征收农民的全部余粮，

而且征收一部分口粮和种子,近乎无偿剥夺农民。1919年,为了保证前线和后方的起码供应,苏维埃政府实行粮食摊派制。粮食摊派制就是根据国家对粮食的最低需要量对各产粮省进行粮食摊派,然后逐级摊派下去,直至农户。起初,粮食摊派制仅限于粮食和谷物饲料,以后扩大到肉类、油脂、经济作物等。

第四,实行主要食品和日用品配售制。1919年3月,苏维埃政府将全国城乡存在的各种形式的合作社,一律联合并改组为统一的消费公社,规定全体城乡居民都必须加入消费公社,日用必需品由国家统一分配。在苏维埃管理机构、国有化企业、市政企业及商业企业之间的相互结算,采用簿记的方式,取消货币结算。不断提高职工实物工资的比重,1918年到1920年,职工工资实物部分从占47%提高到占92%。1920年1月19日,人民委员会发布撤销人民银行的法令,将银行机构与财政机构合并。1920年1月17日,人民委员会决定对在公共食堂就餐的工人、职员实行免费用餐。1920年年底,又宣布免费供应居民粮食食品,免费向居民发放日用消费品,工人、职员免交住宅费用,免交供水、排水、煤气等公共事业的费用。经济生活几乎完全实物化。

第五,实行普遍劳动义务制和劳动军事化。国内战争期间,工业劳动力十分缺乏。为了解决劳力不足问题,苏维埃政府由自由雇工制度过渡到普遍劳动义务制。在实行劳动义务制的同时实行劳动军事化,用强制手段把工人固定在需要的工作岗位上。1920年1月29日,人民委员会发布法令,规定所有居民,不论其从事何种工作,都必须一次性地或定期地履行各种性质的劳动义务。法令强调,任何公民如不履行劳动义务或在劳动中私自逃跑,将交付法院甚至革命法庭治罪。劳动义务制实际上演变成了强迫劳动制。

战时共产主义政策对于保证战争胜利起了积极作用。但是有些"直接向共产主义过渡"的措施超越了生产力的性质和水平,反而阻碍了生产力的发展,加剧了战争破坏的严重后果。这个体制在战争条件下还可勉强推行,但是,随着战争结束转入和平经济建设,各种经济和政治矛盾便暴露出来了。1920年年底,苏维埃国家取得了国内战争的彻底胜利,但工业产值仅为1913年的1/7,农业产值仅为战前的2/3,国内经济处于瘫痪状态。列宁在总结战时共产主义政策的经验教训时,一方面肯定了它在保证自卫战争胜利方面的功劳;另一方面也承认,由于企图过渡到共产主义,1921年春天在经济战线上遭受了严重的失败。为了恢复经济,应对危机,列宁决定实施"退一步是为了向前进"的新经济政策。

三、新经济政策的实施

1920年年底,苏俄人民击退外国武装干涉者,取得了国内战争的胜利,

1921 年年初转入和平经济建设。但是，四年战争和战时共产主义政策，使苏维埃经济遭到严重破坏。国家满目疮痍，农业生产水平直线下降，多数工厂无法开工，产业工人大批流失，人民生活困苦不堪，连面包、肥皂等最起码的物品都十分缺乏。1920 年秋到 1921 年春，彼得格勒、莫斯科等城市爆发了工人罢工和抗议游行。更为严重的是，1920 年年末战争逐渐平息，但农业生产形势进一步恶化。农民不堪忍受愈来愈严厉的无偿征购，有意缩减生产，抗拒粮食征集。1921 年 3 月初，喀琅施塔得还爆发了水兵兵变。

面对严重的经济、政治危机，列宁深感战时共产主义政策严重侵犯了农民利益，破坏了工农业之间和城乡之间的经济结合，因此，必须改变经济政策，特别是对农民的政策。只有这样，才能调动农民的积极性，恢复和发展经济，维护工农联盟和稳定政权。1921 年 3 月，俄共(布)召开了第十次代表大会。列宁在会上作了关于以实物税代替余粮收集制的报告。大会根据列宁的报告通过决议，决定废止余粮收集制，实行粮食税。从此，开始了从战时共产主义政策向新经济政策的过渡。具体表现为：

第一，用粮食税代替余粮收集制。1921 年 3 月，全俄苏维埃中央执行委员会颁布了《关于以实物税代替余粮收集制》的法令。每一农户的粮食税额取决于它的土地数量、家庭人口、收成和财产状况。对贫苦农户给予优待。所有农户在缴纳粮食税以后可以自由处理剩余的粮食。4 月，政府宣布 1921—1922 经济年度的粮食税额为 2.4 亿普特。这个数字比原定的额度低了很多。粮食税政策受到农民的欢迎。他们看到，扩大耕种面积，多打粮食就能多得粮食，于是生产积极性大大提高。

第二，颁布土地劳动使用法。1922 年 5 月 22 日颁布《土地劳动使用法》，允许出租土地，期限一般定为三年，特殊情况可为六年。法令还允许使用雇佣劳动力，但主人必须同雇工一起劳动。法令还允许农民自由选择使用土地的形式，包括村社的、个体经济的或集体经济的形式。以后这些条件又有所放宽，致使 1926 年土地和生产资料租佃关系以及雇佣劳动关系得到发展。1927 年，有 45.1%的富裕农民户和富农户进行承租土地活动，出卖劳动力的农户占农户总数的 35.4%，使用雇佣劳动力的农户占农户总数的 19.8%。《土地劳动使用法》的贯彻，大大促进了农业的恢复发展。

第三，产品交换变成商品买卖。新经济政策实行初期，苏维埃政府原打算通过粮食税和国家资本主义来实现城乡之间的"商品交换"。这种"商品交换"，是指国家以工业品换取农民的粮食及农产品，进行的是实物交换，不通过市场，不使用货币，不经过私商和中介人。但是，这种"商品交换"不符合苏俄实际情况，从一开始就遭到严重挫折。政府原计划在 1921 年 8 月 15 日以前用工

业品交换 3 200 万普特粮食,但到 10 月 1 日只得到 218 万普特粮食,完成原计划的 6.8%。列宁不得不宣布"商品交换"失败,允许农民和小手工业者把自己的劳动产品拿到市场自由买卖,恢复国内的自由贸易。另外,在各地成立国营百货公司等机构,以活跃商业往来。政府还从信贷、税收等方面鼓励和促进私营商业的发展。与此同时,在最高国民经济委员会下成立中央商业局和商业调节管理局,以加强对私营商业活动的监督管理。商业的发展,活跃了经济,改善了供应,使一度十分紧张的城乡关系、工农关系重新获得稳定。

第四,实行租让制和租赁制。实行新经济政策后,一切涉及国家经济命脉的重要厂矿企业仍然归国家所有,由国家经营。而中小企业和国家暂时无力兴办的企业则允许本国和外国资本家经营。1920 年 11 月,人民委员会公布《租让法令》,允许外国资本家在苏俄开办租让企业或同苏维埃一起组织合营股份公司。列宁说,租让就是利用资本主义强国的矛盾,求苏维埃俄国的生存。租让要达到两个目的:一是向资本主义国家学习先进技术和管理方法;二是改善工人生活。1921 年 7 月,政府公布《租借条例》,决定把一批中小工厂和商店租借给本国的公民、合作社和其他联合组织。这些企业由私人经营,但所有权仍属于苏维埃国家。租借者必须接受国家监督指导,遵守政府的法令,按时缴纳租金,到期把企业交还国家。但租让制在苏联没有得到多大发展。到 1926 年,全国只有 65 个租让企业,主要是开采北方森林的木材厂和采掘东部矿藏的稀有金属公司。租借企业比较多,仅 1924 年就由国家租出 6 488 个,多是磨粉厂、碾米厂、榨油厂、制革厂,甚至是一些小作坊,产值只占全国工业总产值的 3%。

第五,实行国营企业核算制。内战结束后,政府解散了大多数总管理局,要求各企业按部门组成托拉斯,如南方钢铁托拉斯、顿河煤炭托拉斯等。托拉斯负责管理企业,独立进行经济核算。政府还废除平均主义的工资制度,实行按技术高低、贡献大小付酬的办法。列宁指出:"现在不但容许而且还发展由国家调节的自由贸易和资本主义。另一方面,国营企业也在改行所谓经济核算,实际上就是在相当程度上实行商业的和资本主义的原则。"

新经济政策具有重大历史意义。它使 1921 年春天的危机迅速消失,生产开始恢复。到 1923 年,大工业的产量达到战前的 35%,工人数量也有所增加。但工农业产品价格剪刀差过大,加上国家采取行政措施限制私营工商业,致使商品流通不畅,市场萎缩,国营工业的产品大量积压,结果导致 1923 年秋天发生销售危机。这就迫使苏维埃政府实行进一步改革:1924 年,苏联实行币制改革,稳定了卢布的价值,为发展商品经济提供了条件。1925 年 4 月,放宽对私人工商者的信贷条件,降低高额税率;取消对农民经商的限制,增加对农民的贷款。这就使国民经济重新走上健康发展的道路。到 1925 年,谷物的总产量接近战前水平,达到7 247万吨,工业总产量为战前的73%,铁路运输业的货物周转量为战前的80%,国内商品流转总额大约是战前的70%。1925—1926年,工人的实际工资水平达到战前的93.7%。至此,国民经济恢复工作基本完成。

第二节 计划经济与工业化

一、社会主义国家工业化

革命前的俄国是一个只有中等资本主义发展水平的国家。农业在国民生产中占据优势,工业的产量比先进的欧美国家落后很多。在1925年的工农业总产值中,农业占2/3,工业只占1/3。在工业总产值中,消费品占67%;重工业部门落后,机器制造业、电力工业、冶金工业和燃料工业十分薄弱,汽车制造业和航空工业尚未建立。因此,在恢复被战争破坏的国民经济之后,苏联面临着实现国家工业化的艰巨任务。

1926年,苏联国民经济基本恢复到第一次世界大战前的水平,工业化的问题被提上议事日程。苏联最初的工业化战略是由列宁提出来的,他指出:在俄国的工业化中,应特别重视发展重工业。这一思想成为苏联初期工业化的指导方针。斯大林发挥了列宁的思想,他认为,苏联将长期处于资本主义世界的包围之中,如果在经济上长期处于落后状态,那么孤立的苏维埃社会主义随时都有可能在资本主义世界的经济优势和军事进攻面前归于毁灭。因此,苏联必须利用10年时间实现工业化,赶上与发达国家50年至100年的差距,以对付新的帝国主义战争的威胁。

1925年12月召开的联共(布)第十四次代表大会,确定实行国家工业化的方针。大会宣布,国家工业化是党的总路线,而它的实质和基础是把苏联"从农业国变为能自力生产必需的装备的工业国"。这次代表大会标志着苏联把经济工作的中心转移到国家工业化方面来。联共(布)中央和苏联政府根据列宁的关于社会主义建设的基本设想,确定了国家工业化的方针:

第一,大力发展重工业,特别是机器制造业。在资本主义国家里,工业化通常是从轻工业开始的。斯大林认为,从轻工业开始的工业化道路是一条漫长的发展途径,苏联不应走这条旧路。他指出:"工业化的中心、工业化的基础,就是发展重工业。"他把机器制造业看作工业化的中心,把金属工业特别是钢铁工业看作全部工业和整个国民经济发展的基础,认为如果没有金属工业主要是钢铁工业的蓬勃发展,整个工业特别是机器制造业就无法立足和发展,运输业和农

业也无法立足和发展。1925 年联共(布)第十四次代表大会通过了优先发展重工业的基本方针。

第二,保证有较高的发展速度。1927 年以前,斯大林强调工业发展必须与农民经济结合,必须考虑积累的速度和用以发展工业的后备力量,强调量力而行。1926—1927 年度,工业和农业的生产总值均已超过战前水平,大工业发展速度很快。斯大林的思想发生了转变,他认为,能否抓紧利用当前的和平时机,尽快具备强大的经济实力和国防能力,是关系到苏维埃政权生死存亡的问题。因此,必须高速度发展工业。苏联幅员辽阔,拥有丰富的自然资源和大量的后备劳动力,加上以生产资料公有制为基础的集中管理体制和计划体制具有强大的经济动员能力,使高速发展经济成为可能。从此以后,斯大林一再要求继续提高社会主义大工业的增长速度,不断地提高生产指标,不断地扩大基本建设和投资。

第三,依靠国内资金积累。推进国家工业化必须有大量资金,但是在苏联所处的国际环境中,从国外获得巨额资金的可能性极小,必须依靠国内的积累。这就要求扩大积累率。斯大林提出,靠本国节约来发展工业的道路,即社会主义积累的道路,是苏联工业化唯一的道路。其源泉主要是两个:一个是工人阶级为国家创造的价值;另一个是农民向国家缴纳的直接税、间接税和工农业产品价格的剪刀差。这两个源泉通过各种渠道集中到国家手中,国家通过预算为整个国民经济,尤其为工业的进一步发展积累资金。1925—1926 年度,苏联的积累率为 16%,而 1928—1937 年度,苏联的积累率达到 26%~27%,有的年份达到 1/3,积累基金由 1928 年的 54 亿卢布增至 1937 年的 254 亿卢布,增加 3.7 倍。为了给工业化提供更多的资金,苏联长期保留了工农业产品价格过大的剪刀差。尽管这种方法保证了工业发展的资金,但却加重了农民的负担,也导致工农业生产的失衡。

为了加快国家工业化,苏联党和政府采取了一系列措施,包括:

第一,实行计划经济体制,加强计划调节。1928 年 10 月,苏联开始实行第一个五年计划,建立起计划指标制度。从 1931 年起,把年度控制数字发展成为年度计划。至此,苏联建立起整个国民经济的指令性计划,使计划具有法律效力,并形成集中统一的计划管理体制。这就使苏联可以集中人力、物力和资金用于实现国家工业化的迫切任务。

第二,改进工业管理体制,加强责任制。1929 年 12 月,联共(布)通过《关于改组工业管理》的决议,强调在各级经济机构中实行“一长制”原则,扩大企业的自主权,加强对企业的技术领导,并精简工业管理机构。为此,在企业中加强经济核算,使企业拥有法人权;同时,改组最高经济委员会,组建工业部。

第三，开展社会主义劳动竞赛。在党的号召下，苏联人民特别是青年，开展了广泛的劳动竞赛。这是以加强劳动纪律、降低生产成本和提高工作质量为中心的竞赛。仅第一个五年计划期间，工业中的发明和合理化建议就达50万件，由此而节约的资金仅在重工业部门就达10亿卢布。

第四，培养技术干部，努力掌握新技术。1928年，联共（布）中央会议提出培养新兴专门人才已成为全党的最重要任务。为此，苏联大力普及文化和技术教育。1929—1940年，苏联高等和中等学校培养出来的专业技术干部达426万人，工厂技工学校培养出来的熟练工人达235万人。此外，苏联还开设了大量不脱产的技术学习班。

第五，改革工资制度，加强物质鼓励作用。为了打破工业化初期的平均主义，1931年后苏联进行了工资改革。这次工资改革的主要内容是：普遍实行等级系数递增的八级工资等级表，扩大工种之间和工种内部的工资差距；各部门分别制定统一的工资等级表；提高重工业部门的工资标准；扩大计件工资和广泛推行奖励制，对工程技术人员和职员实行职务工资制；奖励发明创造和技术革新。

第六，加强经济核算，重视提高经济效益。为此，1930—1931年，苏联进行信贷改革，普遍以银行信贷取代赊销制度，并在供需企业之间实行经济合同制。到30年代中期，苏联普遍建立了经济核算制度，其主要内容是：企业以收抵支，并获得盈利；在经济计划基础上，自主经营；贯彻物质利益原则，加强经济责任制；接受财务监督。经济核算制的建立，有助于将国家经济计划与企业经济利益结合起来，提高经济效益。

第七，发展对外关系，引进先进技术。苏联经济建设以自力更生为主，但同时注意积极扩大对外经济关系，引进先进技术。一方面，通过出口换回大量经济建设急需的物资，主要是生产资料、机器设备等；另一方面，与一些西方公司签订"技术援助合同"，利用资本主义国家的技术力量和机器设备迅速建立起一批重点企业。例如，当时的伏尔加格勒拖拉机厂、高尔基汽车厂、莫斯科电机厂等大型骨干企业，都是通过引进美国、德国、法国和英国的技术力量和设备建立起来的。

1928年10月，苏联拉开了第一个五年计划（1928/1929—1932/1933年）的序幕，计划经济的工业化由此发端。第一个五年计划规定的目标是：在短期内把苏联从一个农业国变成工业国，使它成为一个经济上不依赖于资本主义世界的强大国家。计划规定：建立第一流的重工业，并在此基础上对整个国民经济进行技术改造，巩固国防和经济独立；着手把个体小农经济改造成为大型集体经济；排挤资本主义经济，消灭资产阶级。第一个五年计划总投资达到248亿

卢布,其中,重工业的投资占资本总额的86%。计划执行的结果是,苏联仅仅用了四年零三个月的时间,就基本上完成了计划任务:国民收入完成91.5%,基本建设投资完成93%,全部工业产值完成100.2%,其中,重工业完成127.6%。在此期间,苏联建立了1 500个大型现代化企业,其中包括一些欧洲最大的企业,如马尼托哥尔斯克和库兹涅茨克的大型钢铁企业、乌拉尔重机厂、伏尔加格勒拖拉机厂、第聂伯水电站等;建立起一些新兴的工业部门,如拖拉机制造业、汽车工业、航空工业、精密机床制造业、现代化农机制造业、现代化学工业等。

从1933年起,苏联实行第二个五年计划(1933—1937年)。这个五年计划所规定的基本任务是:掌握新技术,完成国民经济技术改造,彻底消灭阶级及其产生的根源;加快发展轻工业、农业和运输业;进一步提高人民物质文化生活水平。由于国际局势变化,帝国主义国家加紧扩军备战,苏联也不得不调整建设计划,加快国防工业发展,这使得重工业投资计划超额完成,而轻工业投资计划未能完成。这期间投资规模更大,并进一步向重工业严重倾斜。五年中新建的4 500个企业多数是大型重工业工厂,其中,钢铁工业发展最快,生铁生产能力比第一个五年计划期间增加129.8%,炼钢能力增加221.2%,轧钢能力增加371.8%。第二个五年计划以实现机械化为核心内容。在煤炭工业中,机械化开采量在总产出中的比重由65.4%提高到89.6%;在木材采伐业中,机械运输量的比重由4.4%提高到32.2%;在建筑业中,器材设备的运输机械化提高到81%。同时,工业化地区从苏联欧洲部分扩展到其他地区,乌拉尔地区成为新兴的工业中心。第二个五年计划用四年零三个月时间提前完成。到1937年,苏联已有4 500个工业企业投入生产,工业总产值增长1.2倍,已跃居欧洲第一位,仅次于美国而居世界第二位。

第三个五年计划本是苏联工业化完成的最后阶段,但由于德国入侵和卫国战争的爆发而被打断。但是,1938—1941年,苏联工业总产值达到计划规定的86%,其中生产资料完成计划的90%,消费资料完成80%。从1928年实施第一个五年计划到1941年,短短的13年间,苏联的工业化取得了重大突破。社会总产值增长了3.5倍,其中,工业产值增长5.5倍,而且到1940年,生产资料工业的产值比重高达61%,工业结构进一步重型化。

二、农村社会主义集体化

20世纪20年代苏联实施新经济政策,加快了经济的全面恢复和发展,但也出现了一些矛盾。由于新经济政策允许土地出租和使用雇佣劳动力,这就不可避免地导致农民的分化,结果是农村中富裕农户日益增多。到1927年,大约有100万富裕农户,其中一半是在实施新经济政策后出现的。这种结果与社会主义目标是不相符的。但更重要的问题还是农产品价格问题。农民作为小商品生产者,希望国家少干预市场,价格能按价值法则和供需关系调整。但苏维埃国家为实现工业化,必须依靠工农产品价格剪刀差来加速建设资金的积累。这期间,国家对工农业产品价格的几次调整都未能完全解决同农民的关系问题,市场也愈来愈脱离国家控制,影响着工业化的迅速开展。在这种情况下,人们开始把注意力从调整工农关系转向改造小农。

1927 年年底召开的第十五次党代表大会,讨论了农村问题。大会通过的决议明确规定,党在农村的基本任务是"把个体小农经济联合并改造为大规模集体经济",并指出这种过渡的基础是进一步开展对富农的进攻。决议同时指出,这个过渡应是"逐步的",个体私有经济"在相当长的时期内仍将是整个农业的基础"。所以,一开始农村集体化速度并不快,到 1928 年全国共有各类农业合作社 7.9 万个,社员 1 010 万户,占农户总数的 32%;各种集体经济,包括公社、劳动组合和共耕社达 3.3 万个,联合了 1.7%的农户。与此同时,国家还扶助个体农户的发展,向他们提供贷款,供应马拉农机具和少量的拖拉机等。这种政策有利于农业的发展,所以 1928 年的农业总产值比 1925 年增加 10.7%,比 1913 年增加 24%。这样的发展速度也是很可观的。但是总的来说,农业发展仍是工业化和整个经济增长的瓶颈。

1928 年,由于粮食收购价格偏低,农民的生产积极性有限,加上富农及投机商人的破坏,苏联发生了粮食收购危机。斯大林认为,粮食收不上来是富农反抗造成的。因此,党和政府决定采取同新经济政策精神相违背的非常措施,强迫富裕农民把多余的粮食按固定价格卖给国家,否则执行刑法第 107 条,没收他们的粮食和农业机器,并判处徒刑。这些政策引起农民的强烈不满,他们缩减耕地,破坏农具,屠杀牲畜,甚至弃地出逃。为了解决这个问题,苏联政府一方面加强收购工作,另一方面决定建立一批国营机械化农场,并实行全盘的农业集体化。1929 年 4 月和 5 月相继召开的联共(布)第十六次代表大会和苏维埃第五次代表大会,通过大力支持整村整乡实行集体化的决议,提出全盘集体化的任务,并以法律形式确定下来。从 1929 年下半年开始,在农村掀起全盘集体化运动。

苏联的农业集体化可以分为四个阶段:第一个阶段是 1929 年下半年。全国开展整村、整乡、整区、整州农民加入集体农庄的运动。集体化农户的比重由 1929 年 7 月的 3.9%猛增到 1930 年 1 月的 21.6%。第二个阶段是从 1929 年年底到 1930 年 3 月。联共(布)通过决议,规定劳动组合是基本形式,宣布实行消灭富农阶级的政策,将全国分为三类地区,分别规定在 1~3 年中实现集体化的任务,决议还号召在集体化运动中开展"真正的社会主义竞赛"。这就导致在集

体化过程中强迫命令、违法乱纪等过火行为。这种过火行为引起农民的不满,甚至恐慌,不少农民大批宰杀牲畜。第三个阶段是 1930 年秋季。联共(布)中央采取一些措施,纠正集体化过程中的错误行为,整顿集体农庄。1930 年 3 月 14 日,联共(布)发表《关于反对歪曲党在集体农庄运动中的路线》的决议。决议规定,禁止采用强制手段实行集体化,强调继续顽强地开展工作,吸引农民在自愿基础上加入农庄,巩固已有的农庄;禁止把住宅、自用奶牛、猪、羊和家禽集体化;重新审查被没收的财产等。为了巩固农庄,苏联政府还批准了农业劳动组合示范章程,给农庄 5 亿卢布的贷款,给予农庄和庄员的牲畜和家禽免税两年等优惠。第四个阶段是 1930 年秋季到 1934 年。1931 年 8 月,联共(布)中央通过《关于加快集体化速度和巩固集体农庄的任务》的决议,对农业集体化的要求做了重要调整。决议规定:基本实现集体化的标准,不是全区、全州百分之百的贫农户和中农户加入农庄,而是 68%~70%的农户和 75%~80%的播种面积;宣布主要产粮区和某些一般产粮区的集体化已经基本完成,转入从组织上和经济上巩固农庄阶段;将中央黑土区等地基本完成集体化的期限推迟一年左右;允许非产粮区和民族地区先建立共耕社,然后再向劳动组合过渡等。到 1932 年年底第一个五年计划完成时,全国 60%以上的农户走上集体化道路,建立了 20 多万个集体农庄。这一年,国营农场和集体农庄的播种面积达到总播种面积的 80%。联共中央在 1933 年 1 月宣布:“把分散的个体小农经济纳入社会主义大农业的轨道的历史任务已经完成。”到 1934 年 7 月,全国集体化农户的比重达到 71.4%,播种面积比重达到 87%。到 1937 年,有 93%的农户和 99%以上的播种面积实现了集体化。

农业集体化基本实现以后,苏联建立了农业公有经济制度:富农阶级被消灭,生产资料实现国有和集体所有两种公有制,国家给农业企业下达详细的计划指标,企业根据国家计划指标编制计划,并按计划生产;个体农民变成集体农庄庄员,分散的小生产变成集中的大生产,农业企业以生产队为基本生产单位实行集体劳动;集体农庄庄员按完成的劳动日领取报酬,国营农场职工实行计时工资和计件工资;农庄的主要农产品由国家统一收购。农业成为直接听从党政机关指挥的生产部门。在集体化过程中,政府从多方面支持集体农庄的建设,包括减免农庄的赋税、提供贷款和种子、加强农业的技术改造等。1932 年,国家共组建 2 502 个机器拖拉机站,拥有 14.8 万台拖拉机(按每台 15 马力计算)。机器拖拉机站为农庄提供机械服务,它通过服务监督农庄执行国家的生产计划,同时要求农庄用农产品交付劳动报酬。

苏联的农业集体化事实上是服从于工业化目标的。苏联之所以要在很短的时间里实现农业集体化,主要目的是保证工业化所需要的原料和粮食,积累工业化所需要的资金。1933 年,苏联宣布实行农产品义务交售制,规定集体农庄的首要义务是每年向国家交售相当数量的农产品,其中,粮食的交售额占到产量的 32%~43%,而国家付给的价格却低于生产成本。实现集体化后,国家从农民手中征到的粮食不断增多。第一个五年计划期间平均每年为 1 820 万吨,第二个五年计划期间增至 2 750 万吨。而这些粮食以及其他农产品,都是通过低价购得的。所以,农业集体化的目标基本上实现了。

苏联在实现农业集体化的过程中,特别是在集体农庄运动的高潮中,许多地方出现"左"的错误。例如:追求集体化的百分比;违背自愿原则,强迫加入集体农庄;在消灭富农阶级过程中,采取剥夺财产、"扫地出门"、强迫迁徙等办法,把许多在新经济政策时期富裕起来的中农也当成富农分子加以严厉处置,施以暴烈的手段和采取过激的措施;等等。这些过火措施所造成的结果是十分有害的。例如:农业牲畜大批减少,尽管机械动力大大增加,但仅仅起到弥补畜力减少的作用;由于在农业中消灭了私人经济,也就减少了一个重要的农业投资主体,而单纯依靠国家对农业的投资,在工业化大目标下只能是十分有限的。国家通过拖拉机站、国家收购组织以及其他农业机关,控制了农业的生产、流通和分配。尽管集体农庄名义上是实行集体所有制经济,但并没有任何经营自主权。更重要的是,苏联在实现农业集体化以后,农产品收购量过高,收购价格过低,农业投资过少。例如,1927—1928 年苏联的粮食收购率是 14.7%,到 1938—1940 年就达到 41.2%,粮食的义务交售价格只增加了 7%左右,结果农业生产利润下降甚至亏损。第一个五年计划期间农业投资只占国民经济投资总额的 16.1%,第二个五年计划期间占 12.6%。在这种情况下,农业只能开展有限的扩大再生产,甚至仅仅能够维持简单再生产。所以说,苏联农业的落后是农业集体化和国家农业政策的结果。这种体制和政策一直影响着苏联农业以后的发展,使苏联农业生产长期处于落后和停滞的状态中。

三、计划经济体制的确立

苏联早在战时共产主义时期就消灭了大工业中的私有经济,以后又逐步排挤和消灭了小工业中的私有制经济。在运输业中,1930 年排挤掉了私人船队和私人载重汽车;在商业中,1927 年消灭了批发贸易中的私人资本,1931 年消灭了零售商业中的私有制;在农业中,通过全盘集体化,到 1936 年消灭了富农,个体农民经济只剩下 1.5%的农户。这就基本上消灭了私有经济,并在此基础上建立了公有制经济。

苏联的国营经济主要是通过在国家工业化过程中建立大批国营企业来实现的。1929—1941 年,苏联总共建成大型国营企业 9 000 多个,新增大型国营农场 2 752 个,拖拉机站 7 064 个,新建铁路 13 412 千米,新增邮电企业 3.6 万个。国营经济的固定基金在整个国民经济中的比重由 1928 年的 76%提高到 1936 年的 90%。国营经济占绝对统治地位。自 1929 年实行主要食品和日用消费品配售制和农业全盘集体化之后,个体经营者实现了合作化。以后,合作经济发生了根本的变化:消费合作社经营的许多服务业逐步交给国家机构、市苏维埃和手工业合作社经营,在国营商业发展的同时,消费合作社逐步缩小。

农业中的合作经济经过集体化后,也逐步发展为集体农庄。合作社集体农庄的生产性固定基金在全国经济中的比重由 1928 年的 1.3%上升为 1936 年的 8.7%。总之,经过国有化、合作化和集体化,经过大规模的社会主义建设,苏联在 20 世纪 30 年代中期就消灭了私有制经济,建立起公有制经济。1937 年,整个公有制经济在国民收入中占 99.1%,在工业总产值中占 99.8%,在农业总产值中占 98.5%,在商业零售总额中占 100%。所以说,公有制经济已经占绝对统治地位。

在公有制经济发展的基础上,苏联进一步建立了计划经济体制。不过,苏联计划经济体制的建立也经历了一个曲折的过程。战时共产主义时期,由于全面实现工商企业的国有化,并完全取消商品货币关系的作用,所以实行的是高度集中的经济管理体制。最高国民经济委员会的总管理局和各中央委员会,直接给每个企业制订生产计划、物资技术供应计划和产品分配计划。企业从上级机关得到原料和所需的机器设备,并按上级机关的指令提供产品。这种管理体制被称为“总管理局制度”。新经济政策时期,由于允许私人经济的存在,因而市场经济有了一定程度的恢复和发展。为了壮大国营经济,发展商品生产,调动地方和企业的积极性,苏维埃放弃了高度集中的总管理局制度,实行“统一领导,分级管理”的制度。在这种体制下,就中央与地方的关系讲,适当扩大地方的权力;在国家与企业关系方面,推行工业托拉斯化,并使托拉斯代替总管理局而成为供应管理的基本环节;在计划与市场关系方面,一方面成立各级计划机关和健全计划指标,另一方面相应扩大自由市场的范围。

国民经济恢复时期基本结束后,苏联进入社会主义经济建设新时期。为了适应工业化建设需要,苏联在 20 世纪 20 年代末至 30 年代中期,对经济管理体制进行了一些改革。随着企业技术、生产、财务计划内容的不断充实和计划指标的不断增加,企业的经营自主权相应减少了;与经济管理体制集中化相适应,经济管理机构的改组不断强化了高度集中的部门管理体制。这方面的改革措施主要有:①建立对企业经营活动实行集中管理的联合公司以及领导该部门所有联合公司的管理机关,加强经济管理权限的集中;②取消作为国营企业供销机构的辛迪加,加强物资供应的集中;③把最高国民经济委员会改组为供应人民委员会,并陆续建立了一些新的人民委员会,从而逐步形成高度集中的部门管理体制。

具体说,苏联的计划管理体制主要包括:①管理组织。实行三级管理(部—总管理局—企业)或两级管理(部—企业)。在这种体制下,部门管理机构起着决定作用,国家通过各经济部“垂直”管理全国企业。②计划管理。计划权限高度集中在中央计划机构手中,所下达的计划任务的范围包括所有的国民经济部门,计划指标多达上千种。③物资管理。实行国家计划分配,分配方法包括统配制(即计划调拨)、集中计划供应制(即根据各部的中央销售机构制定的产品分配计划供应物资)、非集中的计划供应制(即由地方政府或中央管理局的地方销售机构和计划机构直接计划和分配物资)、企业自筹制(即企业在自己的附属单位生产供自己使用的材料和燃料)。④价格管理。实行高度集中的价格管理体制,即大量生产或大批量生产的产品,其价格都由苏联政府制定,其他产品价格则实行分级管理。⑤企业经济核算。实行国家计划范围内的经济核算制,即经济核算与国家经济计划结合进行。⑥工资管理体制。实行按工人的熟练程度、工作性质、劳动条件和生产特点等制定的工资等级制。

苏联的计划管理体制形成于国家工业化时期。一方面,这种计划体制对于动员人力、物力、财力加快国家工业化,具有重要作用和意义。另一方面,这种计划管理体制是在单一的所有制基础上建立的,忽视商品货币关系,忽视市场作用。在苏联完成国民经济恢复和基本完成国家工业化任务以后,这种体制的弊端就开始逐渐暴露,事实上,改革任务已经提了出来。但是,当时的资本主义世界正陷入20世纪30年代大危机和危机过后的长期萧条,苏联社会主义建设所取得的巨大成就,使资本主义相形见绌,所以当时计划管理体制的有效性没有被怀疑。

第三节　体制改革与经济增长

一、赫鲁晓夫的改革

在第二次世界大战前,苏联经过20世纪二三十年代的努力,建立了高度集中的计划经济管理体制。这种高度集中的计划经济管理体制,是在特定的社会经济背景下建立的,有其历史必然性,对于实现国家工业化,在经济上尽快赶上资本主义国家发挥了重要的作用。特别应当指出的是,这种高度集中的计划经济管理体制,对于第二次世界大战中苏联动员国家经济力量并最终取得反法西

斯战争的胜利，起了决定性的作用。但是，战后，国际形势和国内经济形势都发生了重要变化。就国际形势来讲，由于东欧出现了一批社会主义国家，亚洲也出现了一批社会主义国家，帝国主义国家对社会主义国家的包围被打破，并形成了一个具有相当实力的社会主义阵营。就国内形势来讲，苏联经过短短的三年时间就完成了国民经济的恢复工作，经济发展面临着新的任务。具体来说，就是要求改变整个国民经济发展方针，由传统的以数量为主的外延扩大再生产转向以经济效益为主的内涵扩大再生产。但是，战前建立的高度集中的计划经济管理体制带来的一系列弊端，使这种转变难以实现。

战后，这种管理体制效益低下，运转不灵，管理官僚化等问题已经越来越突出，并成为生产力发展的重要障碍。这种情况明显表现在战后时期国家经济形势日益恶化上。1950 年后工业增长速度下降，1952 年已降为 11.6%。农业发展缓慢，到 1953 年苏联人均粮食仅有 432 千克，仍低于 1913 年 540 千克的水平。战后实行的第六个五年计划(1956—1960 年)和七年计划(1959—1965 年)规定的任务大多没有完成。计划规定在上述两个时期的国民收入增长指标分别是 60%和 62%~65%，但是实际只完成 55%和 53%。国民经济增长率不断下降，国民收入在 1951—1955 年平均每年增长 11.3%，1956—1960 年降为 9.1%，1961—1965 年降到 6.5%。20 世纪 40 年代末 50 年代初，苏联理论界广泛开展关于商品货币关系的讨论，为日后的经济管理体制改革做了思想舆论上的准备。斯大林逝世后，苏联国内出现批评传统经济管理体制的浪潮。当时的苏联领导人和理论界已经认识到传统经济管理体制的弊端。因此，改革也就呼之欲出了。

苏联最早的改革者是赫鲁晓夫。赫鲁晓夫的改革和调整首先从农业开始。1953 年，苏联政府采取了一系列措施减轻农民的负担，取消不必要的国家干预，刺激农民的生产积极性。这些改革措施包括：①改农产品义务交售制为农产品采购制。1952—1964 年，国家收购各种谷物的平均价格指数提高 7.48 倍，收购畜产品的价格指数提高 15.69 倍。②改变计划体制，减少计划指标。自 1955 年起，国家放宽对农牧业的生产管理，只下达国家收购各类农畜产品的数量指标，农庄有权自行安排生产。③通过减税的办法，鼓励庄员发展副业经济。降低自留地的税额，免除私人果树、奶牛的实物税。④将拖拉机等农业机器卖给集体农庄，并将机器拖拉机站改组为机器修配站。这些改革和政策调整改变了苏联农业长期停滞不前的状态，使其取得了较快的发展。

在工业方面，1957 年赫鲁晓夫撤销 25 个中央部和 113 个加盟共和国的部，只留下航空、无线电、造船、化学、中型机械等几个中央部。此外，还将全国划分为 105 个经济行政区，各区设国民经济委员会，原属中央和加盟共和国各部管理的企业一律交给所在地区的国民经济委员会管理。但是，这种改革没有从根本上改变国家管理企业的行政办法，没有扩大企业的经营自主权，故难以调动地方的积极性。中央统一管理被削弱后，各地滋生了严重的本位主义，彼此矛盾重重，互相扯皮。赫鲁晓夫又把权力收回到中央。所以，赫鲁晓夫的工业管理体制改革以失败告终。

二、新经济体制

1961 年 10 月苏共通过新的《苏共纲领》，提出以扩大企业自主权、加强经济刺激，充分利用商品货币关系和各种经济杠杆以及加强经济核算为中心的比较完整的改革方案，初步确定了苏联全面改革的主导思想和路线。1962 年，苏联哈尔科夫工程经济学院教授、经济学博士叶·利别尔曼在《真理报》发表《计划·利润·奖金》一文，认为以完成上级任务为标准考核企业，并不能真实反映企业经营状况和实际成果，主张国家与企业之间的关系建立在利润分配的基础上，即企业向国家缴纳与其所占用的生产基金相适应的利润，而国家则按企业盈利情况论功行赏，"盈利率越高，奖金就越多"，这样对社会有利，对企业也有利。利别尔曼的文章引起长达两年的讨论，对苏联经济管理体制改革产生了深远的影响。

在广泛的理论探讨、试点和制订综合方案的基础上，苏联决定从 1966 年起分期分批推行计划工作和经济刺激新体制，即"新经济体制"。1965 年 9 月，苏共中央全会通过决议，确定了新的改革方针，即把集中的计划领导同企业和全体职工的经营主动性结合起来，把统一的国家计划同企业的全面经济核算结合起来，把"一长制"原则同提高生产集体的作用结合起来。全会决定：①撤销国民经济委员会，重建中央各工业部；②"完善计划工作"，取消对企业活动的多余规定，减少计划指标的数目；③加强经济刺激，各企业可用利润提成的办法建立工作人员的物质鼓励基金、社会文化基金和住宅建设基金。根据中央全会精神，最高苏维埃于 10 月 4 日通过了《关于完善工业生产的计划工作和加强对工业生产的经济刺激》的决定。同日，部长会议公布了《社会主义国营生产企业条例》，规定企业有权占有、使用和支配其财产，可以出卖、出租多余的设备和厂房，可以用废材料自产自销计划外的产品，有权制订生产财务计划，有权招聘和解雇职工，有权确定工资形式和奖励的办法。

苏共中央 9 月全会的决议和苏维埃的两项决定，确定了苏联新经济体制的基本内容。从 1966 年起，新体制开始在 704 个工业企业中试行。1973 年，苏联通过有关决议，要求在工业中普遍建立联合公司，同时实行两级或三级管理体制，推行工业组织体制的改革。这次改革首先是建立生产联合公司。生产联合公司有企业性的、联合性的和混合性的三种。企业性的联合公司中的各企业不再享有原来的经济独立性；联合性的联合公司中的企业仍保持企业地位；而在混合性的联合公司中，有的企业保持独立性，有的企业不再具有独立地位。在建立生产联合公司的基础上，建立工业联合公司。这种联合公司主要取代原有的总管理局，作为部与企业之间的中间环节。此外，为了简化管理层次，在建立联合公司的同时，实行二级或三级管理体制，即部—生产联合公司或部—工业联合公司—生产联合公司。

1979 年，苏联通过《关于改进计划工作和加强经济机制对提高生产效率和工作质量的作用》的决议，规定比较全面的调整和改革措施。其主要内容是：第一，改进计划工作，提高计划工作水平，建立长短期结合的完整的计划体系，突出五年计划的作用，把它作为计划工作的主要形式和组织经营活动的基础。第二，改变计划指标体系，用定额净产值指标代替产品销售额指标，以排除物化劳动重复计算的弊病。第三，采取促进科学技术发展和提高产品质量的新措施，设立科学技术发展基金，对优质产品给予奖励性加价。第四，缩短基本建设战线，提高投资效果。第五，进一步加强经济杠杆作用，以联合公司为基本核算单位，逐步推行部一级核算制。

这些改革措施促进了苏联经济的发展。苏联 1960 年的社会总产值为 3 040 亿卢布，1975 年增至 8 626 亿卢布。工业产量增长迅速。1965—1975 年，年发电量从 5 070 亿千瓦小时增至 10 386 亿千瓦小时，石油产量从 2.4 亿吨增至 4.9 亿吨，钢产量从 9 100 万吨增至 1.413 4 亿吨，汽车的年产量从 62 万辆增至 196 万辆。农畜产品的产量也逐步提高。1961—1965 年，谷物的年平均产量为 1.3 亿吨，肉类为 930 万吨。第九个五年计划期间（1971—1975 年）的年平均产量中，谷物为 1.8 亿吨，肉类为 1 400 万吨。工农业的发展使苏联同美国的经济差距缩小了。据苏联官方统计，1950 年苏联的国民收入只及美国的 31%，1975 年上升到 67%。但是，勃列日涅夫把大量人力物力资源投入国防建设，加紧同美国进行军备竞赛，严重阻碍了本国经济的正常发展。

本章思考题

1. 新经济政策的意义是什么？
2. 苏联计划经济体制是如何建立的？
3. 苏联农业集体化和工业化的关系是什么？
4. 苏联是如何对原有计划管理体制进行改革的？

第十三章 民国时期的中国经济

第一节 民国初期的经济发展

一、民国初期的经济政策

1911 年,中国推翻帝制建立民国。孙中山就任临时大总统后,即布告国民,号召参加民国建设,推广商务,以协助国家进步。南京临时政府制定了一系列鼓励和保护资产阶级的法令。财政部拟定“商业银行条例”,鼓励民间开办银行;实业部拟定“商业注册章程”,准许各类商号自由注册,取消前清所定之注册费,以示保护和提倡;内务部制定“禁止买卖人口暂行条例”,宣布以前所买卖契约予以解除,不得再有主奴名分,只准视为雇主雇人之关系,用资本主义的雇佣关系代替封建主义的人身依附关系。为振兴民族实业,临时政府还大力提倡国货运动。当时,不少人更易礼服,竞购进口呢绒,致使外货畅销,内货阻滞,孙中山为此致函中华国货维持会,要求其拟定图式,会同丝业、衣业各界力求改良。沪军督政府也提出请用国货书,各行政署悬挂之国旗都用本国布制造,以示推广。

1912 年 4 月,袁世凯政府取代南京临时政府以后,颁布一些有利于工商业发展的立法。刘揆一在担任工商总长时,着手改革管理机构,制定工商法规,开始进行各种制度建设。他主持制定《工商政策》,提出一系列保护提倡工商业的方案:第一,提倡实业教育,提高国民的生产力,拟与教育部合作,设立工科、商科大学,大量开办中等专业学校,优待从事实业教育的教师,聘请外国教师,奖励接受实业教育的学生;第二,兴办模范企业,如设立工业试验所、各种模范工

厂、劝工陈列所、中央制铁厂等，并选择纺织、石油、陶瓷为国家基本产业，由政府与人民合作，注全力而经营之；第三，拟统一度量衡，裁并内地关税和厘金，以便商品之流通；第四，奖励发明、保护基本产业，如奖励机械制造和航海业，制定特许法，保护重点产业；第五，完备机关和商法，以利工商之进行，如设立商业银行和各种经营机关、交易所、物品展览会，设立货物出口检查局、矿山监督署、工商访问局，制定工商法规，派遣驻外商务委员；第六，用稳健之法召集国内和国外资本，以厚国民之生产力；第七，发展交通，以谋地方之兴盛，工商之发达；第八，改造手工业，如派巡回教师辅导新技术，奖励采用机械技术，统一和改革学徒制度等。

在鼓励和引导社会投资创办企业方面，民国政府不仅采用舆论号召和荣誉奖励的方法，而且采用经济手段。第一，实行保息和补助政策。政府颁布《公司保息条例》，规定：拨存公债券 2 000 万元作为基金，对棉纺织业、毛纺织业、制铁业、制丝业、制茶叶和制糖业六类新办企业给予三年保息，前三类资本在 70 万元以上的企业按资本额保息 6 厘，后三类资本在 70 万元以上的企业保息 5 厘。1914 年 3 月，政府颁布《矿业条例》，矿税较前清大为减轻；9 月，将土布运销中原有的常关税、海关税、落地捐一律豁免。第二，实行专利政策。政府颁布《暂行工艺品奖励章程》，规定：凡关于工艺上之物品及方法首先发明者和改良者，可以享受三年或五年的生产经营专利，如在享受专利期限内又有发明和改良，仍可再申请专利。第三，减少企业的注册费。1913 年颁布的《公司注册暂行章程》规定，所有公司一律按资本数额定注册费之多少。第四，规定企业法人制度。《公司条例》规定，“以商行为为业而设立之团体”称为公司。《公司通例》规定，“商业之主体之人”称为商人，包括买卖、赁货、制造、加工、水电煤气、出版印刷、金融、信托和劳务承揽等，此外，凡有商业之规模布置者，自经呈报该管官厅注册后，一律作为商人。《公司条例》还规定，“凡公司均为法人”，有照章纳税和运用资本之权，且财产受政府保护，任何人不得随意侵占、处置；在经营上，各公司均有按照其注册之营业范围自主经营的权利。

1904 年，我国出现商会，各通商大埠、省会城市设立商务总会，一般县级工商业比较发达的城市设立分会，其他小城镇设立商务分所。1912 年，上海和汉口总商会倡议建立商联会，立即得到广泛的响应。11 月，出席国民政府工商部召开的全国临时工商会议的 45 个商会代表，经商议后，决定正式成立“中华全国商会联合会”，设本部于北京，以上海总商会为总事务所。12 月 20 日，工商部批准设立商联会。1913 年 10 月，商联会创办《中国商会联合会会报》，次年改称《中华全国商会联合会会报》。该报以“灌输商业智识，交通商业声气，藉促商务之发达”为宗旨，经常刊登文章，强调全国工商界联合的重要性，且经常刊登各地商会的主张和信息，以宣传教育和信息沟通促进全国工商界大联合。

二、民族工业发展的高潮

1914 年到 1919 年是中国民族工业大发展的时期。这一时期，由于帝国主义忙于战争而无暇东顾，所以在中国市场上外国商品大大减少了。这就给民族企业一个天赐良机。1914 年至 1919 年的六年间，中国资本新设厂矿 379 家，设立资本 8 580 万元，平均每年开设 63 家，新投资本 1 430 万元，都超过前 19 年间的一倍。而这时期的外国资本增长很有限。

这一时期民族工业发展的特点是需要资本较少、资本周转较快、获利比较容易的轻工业获得显著发展；而轻工业中又以战前输入较多的日用工业品工业发展最快，包括纺织业、面粉业、火柴业、卷烟业等。一些过去依靠进口的商品现在已经可以由民族企业大量生产。

战前，火柴主要依靠在华的外国企业生产或依靠进口。战争期间，由于英法等国产不敷销不得不从日本进口，所以日本火柴对中国的出口大大减少，加上国内发起抵制外货运动，国产火柴非常畅销。这样不少民族火柴企业迅速发展起来。这一时期设立的民族火柴企业主要有：①1914 年济南振业，资本 40 万元；凤阳淮上第一，资本 12 万元；吉林时宜，资本 3 万元。②1915 年昆明丽日，资本 8 万元；营口关东，资本 5 万元；四川江北集义，资本 1 万元。③1916 年福州国华，资本 5 000 元。④1917 年南郑益汉，资本 1 万元；汉口遂华，资本 20 万元；北京丹华，资本 120 万元。战争结束后，民族火柴业仍不断发展，仅 1920 年一年就增设了 23 家民族火柴厂，到 1921 年，民族火柴厂已经达到 88 家，比战前增加 57 家。此外，民族火柴业还发展了梗片厂，开始摆脱依赖日货的局面。

战时的卷烟业发展也很快。战前新式卷烟厂只有 10 多家，1915—1922 年，仅上海一地就新建新式卷烟厂 56 家。其中，南洋兄弟烟草公司发展极快，1915 年公司资本仅 100 万元，到 1918 年增至 500 万元，1919 年高达 1 500 万元。造纸业也发展起来。1915 年新设的上海宝源造纸厂，资本 100 万元；1917 年设立的济南成业造纸厂，资本 5 万元；1918 年设立的河北久利造纸厂，资本 50 万元。1921 年以后还设立了北京初起造纸厂、杭州武林造纸厂、嘉兴大中造纸厂、上海卡纸造纸公司等。其他如玻璃业、制革业、针织业、肥皂业等都有很大发展。这时期的食品工业发展迅速，制油、碾米、罐头、蛋粉等食品工业都建立起来。

在轻工业发展起来的同时，新兴工业也有所发展，如制盐业、制碱业、橡胶业等。精盐最初是依靠进口的，后来进口日增，进口额多达每年数十万元。1914 年塘沽久大精盐公司设立，资本 5 万元，发展很快，到 1922 年资本已经达到 210 万元。1916 年范旭东筹建天津永利制碱公司，资本 50 万元。1918 年山东鲁丰化工机器制碱公司设立，资本10万元。这是中国民族工业的开始。1917年成立广东南洋兄弟树胶公司，设立时资本为20万元，标志着民族橡胶业开始建立。以后又于1919年成立怡怡橡皮制造公司、广州实业树胶公司、中华树胶公司等。到1920年，广州的橡胶工厂已经有20余家。

国内轻工业的发展引致国内机器修理业和制造业的发展，钢铁工业相应地开始起步。1917年上海建立和兴钢铁厂，月产生铁约千吨。同年，山西阳泉铁厂建立，资本为50万元，日产熟铁16吨。1919年扬子机器公司建化铁炉一座，1920年出铁，日产可达万吨左右。战争期间，由于机器进口减少，国内机器制造业开始出现，发展很快。1903—1913年上海开设的机械工厂有34家，而1914—1921年则多达98家。其中较大的有：1919年设立的和兴机器制造厂，能够制造轮船和修理机器；1920年设立的中国铁厂，专门制造纱、布、绸厂所需机械。

采煤也是发展较早的民族工业。1913年中国资本开采的煤仅580万吨，1920年则达到1 080万吨。不过，其大多为土法开采，机器开采的不到10%。其他矿业也发展迅速，特别是锑、钨等的开采，产量都居世界之首。

国货运动

南京临时政府建立以后，人们"首议变更冠服章制"，以冲击清朝的旧制度和旧习俗。这股随政治革命而来的改易服式的浪潮，对与衣帽业有关的民族工商业产生巨大的影响。为维护国产衣帽的生产和销售，1911年12月，上海工商界10多个团体成立中华国货维持会，其宗旨为"提倡国货，发展实业，改进工艺，推广贸易"。鉴于临时政府提交参议院的《服制案》中有"主张绸呢并用"的提法，中华国货维持会推举代表进京请愿，要求政府颁布明令，采用国货衣料，以维持国货，希望政府将"绸呢并用"改为"用中国自制之呢"。此后，中华国货维持会开展了大量活动，包括：通函上海各大商店，请销各种国货产品；调查各种国货新产品，提倡宣传；调查各国货行业，并加以劝导改良；召开国货宣传大会，并定期举行国货宣讲会等。除了中华国货维持会，上海还有一些其他的国货团体从事国货宣传活动。除上海以外，杭州、安庆、福州、长沙、哈尔滨等其他城市也出现了国货团体。

民国政府对国货运动做出积极反应。中华国货维持会在筹备之初就受到上海地方政府的支持。孙中山在任临时大总统期间，对中华国货维持会的来函十分重视，及时给予答复。1912年，北京政府召开全国临时工商会议，上海总商会提出的要点请愿之一就是“维持国货”。农商部成立后，农商总长张謇于1914年10月呈文请免土布税厘，1915年又呈文请免7种自制工业品关税，以有利于国货产品出口和参与国际市场竞争。张謇还进一步提出整饬国货办法，“凡日用品向由国外供给，而为本国能仿制者，此类工厂，尤应特别保护”，政府各部“所辖局、署、厂校等以公家力量，限定购用，以重国货”①。

1915年，农商部在北京举办规模空前的国货展览会，全国共有28个省选送了展品参加展出。为促进国货的销售，一批由中华国货维持会会员主持组织或协助支持的国货商店先后开张。在这些国货商店中，以天津宋则久创办的工业售品所办得最成功，他指导供货企业改良产品，提供新货源。在宋则久的积极努力下，1913年工业售品所销售的国货品种由300种增加到500种，1914年又增加到750种。第一次世界大战期间，工业售品所快速发展，到1918年所售国货品种已达到3 100种。1919年，该所正式改名为国货售品所②。1920年，宋则久筹办了唐山国货公司。同时，他的天津国货售品所积极组织货源，四处联络，吸引了全国各地不少国货产品运销天津，到1923年，国货品种已经有4 800多种。

1921年，上海总商会商品陈列所正式开办，在第一次商品展览会上，包括上海在内的870家厂商积极参加展出，展示的品种有33 400多件。商品展览会还发起物品研究会，一些国货企业热情高涨，提出不少改进国货产品的积极建议。1921年到1923年，上海市民提倡国货会组织会员工厂成立国货旅行团。国货旅行团成立后，分赴南京、长沙、镇江、无锡、常州、苏州、杭州等地，举办国货展览会达34次，以此引导国民认识国货，培养购用国货的习惯。该会还在上海的老北门、南京路、小东门等地开设国货商场，大力推销国货，这些小型国货商场成为进一步开设大型国货商场的先声。1925年“五卅运动”后，30多家国货生产厂家联合成立上海国货团，1928年该团改称为上海市国货工厂联合会，进行国货宣传，举办国货展览，并将这些展览举办到杭州、嘉兴、广州、南京等地。

① 沈家五:《张謇农商总长任期经济资料选编》，南京大学出版社，1987年版，第9页。

② 潘君祥主编:《中国近代国货运动》，中国文史出版社，1996年版，第10—11页。

第二节 国民政府的经济建设

一、财政金融制度的建立

南京国民政府建立后，尽管国家尚未完全统一，全国局势也不稳定，但在建立新的财经制度方面还是做了大量努力，为后来十年的发展奠定了基础。这些工作的内容主要包括以下几个方面：

第一，争取关税自主。辛亥革命后，政府颁布了一些有利于工商业发展的政策和措施。第一次世界大战结束后，中国政府在巴黎和会上正式提出关税自主的要求。以后，中国政府多次提出关税自主的要求，但均未获得成功。

1926 年 6 月 15 日，国民政府发表对外宣言，提出在建设新国家之际，"国民政府对外之关系。自应另辟一新纪元。中国 80 余年间倍受不平等条约之束缚，此种束缚既与国际相互尊重主权之原则相违背，亦为独立国家所不许"。因此，"今当中国统一告成之时，应进一步遵正当之手续，实行重订新约，以副完成平等及相互尊重主权之宗旨"。1927 年 4 月 21 日，国民政府发布公告，决定采取攻势外交策略，先就关税自主自动地宣布独立。7 月 20 日，国民政府宣布自该年 9 月 1 日起实行关税自主。但由于南京政府并未统一中国，帝国主义国家抵制，北京政府从中作梗，海关自主问题被搁置下来。

1928 年 6 月，北伐军占领北京，国内基本实现了统一。国民政府于 6 月 15 日发表宣言，郑重声明应废除不平等条约，呼吁签订平等、互相尊重主权的新条约。1928 年 7 月 7 日，国民政府外交部发表宣言，宣布废除一切不平等条约，重新订约。1928 年 7 月 25 日，美国驻华公使马克谟与国民政府财政部长宋子文在北平签订《中美关税新约》，规定："历来中美两国所订立有效之条约内所载关于在中国进出口货物之税率、存票、子口税并船钞等项之各条款，应即撤销作废，而应适用国家关税完全自主之原则。惟缔约各国对于上述有关系之事项，在彼此领土内享受之待遇，应与其他国享受之待遇毫无区别。缔约各国不论以何借口，在本领土内，不得向彼国人民所运输进出口之货物勒收关税或内地税或何项捐税超过本国人民或其他国人民所完纳者，或有所区别。"中美新约签订后，德国、挪威、瑞典、荷兰、英国、法国、比利时、意大利、丹麦、葡萄牙和西班牙等各国先后与中国签订了新的关税条约或通商条约，其内容与中美新约大致相同。1928 年 12 月 7 日，中国公布第一个国定进口税则，并定于 1929 年 2 月 1 日施行。至此，历时 80 多年的协定税则终于结束，中国收回了关税自主权。

在所有与中国有不平等条约的国家中，只有日本拒不同意签订新约。日本的态度遭到中国人民的强烈反对，全国掀起了抵制日货运动，使日本商人遭受严重损失，其纷纷向政府抗议。1930 年 5 月 6 日，日本被迫与中国签订《中日关税协定》，同意“关于进出口之税率、存票、通过税、船钞等一切事宜，完全由中日两国彼此国内法令规定之”。但在附件中规定：中国准许对日本有重要关系的特定物品，如棉货类、鱼介、海产品、麦粉等，于三年内维持最高的现行税率；另在一年内不改变日本进口杂货现行最高税率。

第二，裁厘归统和整理国债。厘金又名厘捐或厘金税，是清政府的一种商业税。民国初年沿袭清朝厘金旧制提高税率，不仅增加了人民的负担，而且严重阻碍了社会经济发展。1927 年 7 月 18 日，国民政府宣布，自 9 月 1 日起实行裁厘加税，即裁撤厘金，改征特种消费税。所谓特种消费税，是指特种货物税，而不是物物课税。特种消费税的税率为：奢侈品自值百抽 12 到值百抽 17.5，半奢侈品自值百抽 7.5 到值百抽 10；日用品自值百抽 2.5 到值百抽 5。特种消费税原则上施行一物一税，较之厘金有一定进步意义。但是，国民政府为填补入不敷出的财政开支缺口，除不断地发行各种公债外，还增添了各种名目的苛捐杂税，严重阻碍了民族工商业的发展。为此，1929 年年初，上海、南京、厦门等地的商会上书国民政府，请废各种杂税，但财政部税制依旧。在这种情况下，1929 年 11 月 7 日，全国商会联合会代表各地商会上书国民政府，要求裁撤厘金，废除苛捐杂税，实行工商救国。1930 年 7 月 3 日，财政部裁厘委员会办事处发表裁厘方案，声称在本年 11 月底前将各种局卡一律撤销。裁厘方案公布后，各地方政府并未认真执行。同年 10 月 6 日，国民政府发布命令，声称因军事尚未结束，裁厘日期暂行延缓至 1931 年 1 月。1930 年年底，财政部经多方筹策，终于决定自 1931 年 1 月 1 日起，将全国厘金和各种杂税中具有厘金性质的一律裁撤。至此，裁厘工作最后完成。同时，国民政府以厘金裁撤、国库收入骤减为由，决定对日用工业品开征统税。根据一物一税的原则，一次性收税后，即可通行全国。1932 年 1 月成立统税署，统一管理统税事务。

裁厘改统后，税目简化，税收渐趋合理，课税范围以国家法律上制定的特种物品为限，较之物物课税范围缩小，在一定程度上顾及了人民生活；实行一物一税原则，所有应纳统税货物一税征足后，即可通行全国，一改过去关卡林立、重征苛敛的陋规，减轻了商人的负担，有利于货物流通，为民族工商业的发展扫清了道路。

北洋政府留下的旧债务，是国民政府举借外债的障碍。由于北洋政府滥借外债，大量外债无力清偿，以致对外信用低下。国民政府初建时期，包括清政府所举借的外债，外债多达数百笔。1928 年 7 月，国民政府财政会议宣布全面整

理外债。1929 年 1 月,国民政府成立由行政院长、监察院长、外交、工商、铁道、财政等各部长及专家组成的外债管理委员会,审核关于无确实担保之内外债,并研究清偿的办法。1934 年 8 月,国民党参谋本部国防设计委员会(资源委员会前身)在庐山开会,再次做出"整理外债恢复对外信用"的决定。

到 1937 年,国民政府已将 1928 年以前拖欠的大部分债务偿还。这样,就使国民政府在国际上的信用大大提高,从而可以实行其外资政策。

第三,废两改元和法币改革。中国原来使用白银作为货币,其单位为两。鸦片战争以后,各国银圆大量流入中国,外国银圆与中国银两共同流通,极为混乱。1882 年,中国开始铸造银圆。1914 年,北京政府公布《国币条例》,铸造袁世凯头像银币,称"袁大头"。但是市场上仍然是银两与银圆共同流通。1928 年,全国经济会议提出整理纸币与硬币和废两改元的提案,在后来召开的全国财政会议上也通过了改革币制的方针。1932 年 7 月 7 日,宋子文在上海召开银行界会议,讨论废两改元问题。这次会议确定了废两改元的原则:①废除银两,完全采用银圆,以统一币制;②采用银圆制度时,旧铸银圆照旧使用;③每元法价重量决定后,即开始铸造新币。1932 年 7 月 22 日,财政部决定组织废两改元研究会,由中央银行副总裁陈建庵为主任委员,就废两改元进行研究。1933 年 3 月 1 日,国民政府发布废两改元令,指出"为准备废两,先从上海实施,特规定上海市面,通用银两与银本位币 1,或旧有 1 元之合原定重量成色者,以规元 7 钱 1 分 5 厘合银币 1 元,为一定之换算率,并自本年 3 月 10 日起施行"。上海从 3 月 10 日起,各行各业的交易往来,一律改用银币计算,各种行市改标银圆单位。继上海废两改元后,国民政府又于 1933 年 4 月 5 日和 6 日先后发布废两改元布告和训令,规定从 4 月 6 日起,所有公司款项之收付与所订契约票据及一切交易,须一律改用银币。

废两改元在客观上起到统一货币、发展经济的作用,并扩大了中央银行活动的规模和作用,为法币改革奠定了基础。但是,当时世界基本上通行的是金本位制,而废两改元后中国仍实行银本位制。中国不是产银国,而是用银国,所以,实行银本位制后银的价格控制于外国人手中,中国白银的流入与流出都是由伦敦、纽约银市场来决定的,所以,外国投机商人从印度、中国香港向中国内地倾销大量白银,收购黄金,偷运出口。例如,日本在东北和山东等地积极收购黄金。这样就导致中国市场上黄金价格上涨,白银大量流入,金贵银贱。南京政府在关税、外债、汇兑、贸易等方面都以银为单位,而抵债却须以金为单位,这样在财政上就要遭受损失。在贸易方面,市场货物大半是进口品,购货以金为单位,金价上涨必然导致物价上涨,从而导致全国工商业日渐衰落。所以,中国面临进一步改革币制的任务。

1929—1933年,资本主义世界爆发历史上最严重的经济危机。这场危机对中国经济也造成深远的影响。美国于1933年12月至1934年5月颁布了《银购入法》和《白银法案》,要在四年内每年收购白银2 442万盎司,以提高银价,实行禁止白银出口、发行银券、白银国有等政策。美国白银政策的主要内容是:宣布白银国有,由财政部发行银券,以白银为准备,并计划向国外高价收购白银13亿盎司。美国的目的在于改善美国在银币国家中的贸易地位,用提高银价来刺激银本位国家的进口。1934年7月到1935年6月,美国总共向国外收购白银2.94亿盎司。美国的这种大举收购白银的政策,引起世界白银价格的持续上涨。由于国际市场上的银价大大超过中国市场上的银价,中国出现大规模白银出口,大量白银的外流严重破坏了中国以白银为本位的货币制度。中国是当时世界使用白银数量最大的国家,世界白银价格的上升必然影响到中国。世界白银价格上涨,引起白银投机。中国内地大量白银流到上海,再从上海流到国外。中国白银大量外流以后,中国市面银根奇紧,物价下跌。1935年,全国银行倒闭或停业的达20家,仅上海就有12家;钱庄也纷纷倒闭,仅上海就有10家。民族工商业所受打击更为严重。国内白银挤兑,银行提取存款风潮迭起,利率上扬,同时商品滞销,物价猛跌,工商业和金融机构纷纷歇业。所以,中国面临再次进行币制改革的任务。

1935年11月3日,宋子文在上海最后审定了币制改革法令各条款,当晚由孔祥熙以财政部长名义公布。同年11月4日,中国政府宣布币制改革。法币政策的主要内容为:①中央银行、中国银行、交通银行三行所发行之钞票,自公布之日起,定为法币,并集中其发行;②所有各种以银币单位订立之债务,应准照面额,于到期日以法币清偿之;③所有银币之持有人,应即将其缴存政府,照面额换领法币;④为使国币对外汇价按照现行价格稳定起见,中央银行、中国银行、交通银行三行,应即对外汇为无限制之购售。同时,财政部颁布《发行准备管理委员会章程》,并在上海设立发行准备管理委员会,专司办理法币准备金的保管以及发行收换事宜,规定该委员会由财政部和中央银行、中国银行、交通银行三行以及银钱业、商界代表组成。随后,又在天津、汉口、广州、西安、济南、长沙等地设立分会。接着财政部颁布《兑换法币办法》《兑换法币收集先进办法》《收兑杂币杂银简则》,要求各地钱庄银号、商店、公共团体及个人,凡有银币、厂条、生银、银锭、银块等,必须自1935年11月4日起,在3个月内兑换成法币。

第四,建立现代银行体系。1928年7月全国财政会议结束后,宋子文宣布:将组建国家银行,以代理国库、发行钞币、整理金融为唯一任务。1928年10月,国民政府颁布《中央银行章程》。章程规定:中央银行为国家银行。中央银行除经营一般业务外，可享受以下特权：①遵照兑换条例发行兑换券；②铸造及发行国币；③经营国库；④募集或经理国内外公债业务。在宋子文的大力扶持下，中央银行成立不久业务就有了很大的发展。从1928年到1933年，其资产总额增加近10倍，存款增加近17倍，货币发行增加近7倍，纯利增加近60倍。到1933年，除上海总行外，中央银行在南京、汉口、天津、济南、厦门、杭州设立分行，在南昌、福州、洛阳、九江、芜湖、蚌埠、镇江、扬州、郑州等地设立支行，另在国内普设办事处、代理处，在纽约、柏林、日内瓦、伦敦、巴黎设代理处。

中央银行采取各种措施，对中国银行、交通银行两大商业银行加以控制。1928年9月26日，国民政府公布《中国银行条例》，11月17日股东大会又通过《中国银行章程》。改组后的中国银行资本定为2 500万元，其中，官股500万元，董事15人，内有官股代表3人。1928年11月，国民政府公布《交通银行条例》，将该行改组为"发展全国实业之银行"，资本总额为1 000万元，其中，官股200万元，该行董事制设董事15人，由财政部指派董事3人，设常务董事5人，由董事互选。两行改组后，行址迁往上海。

1935年3月，孔祥熙、宋子文等以救济国内金融为名，发行金融公债1亿元，主要用来增加中央银行、中国银行、交通银行三行的官股，以图控制中国银行、交通银行两行。1935年3月28日，财政部训令中国银行增加官股，并召开董事会，修订《中国银行条例》。在国民政府的压力下，中国银行被迫接受官股1 500万元，加上原有官股500万元，为2 000万元，与商股相同。中国银行董事长由宋子文担任。同时，国民政府又增加交通银行的官股1 000万元，加上原有的200万元官股，官股占了3/5。

1935年4月1日，在蒋介石的授意下，原四省农民银行易名为中国农民银行，孔祥熙任董事长，同时制定《中国农民银行条例》。根据条例规定，中国农民银行为股份有限公司，资本额为1 000万元，并将其定为供给农民资金、复兴农村经济的专业银行，其除经营吸收存款、办理汇兑等一般业务外，还享有发行兑换券、农业债券和土地债券等特权。

二、国民经济建设运动

1928年2月1日，国民党中政会一致决议设立中华民国建设委员会，以筹措政府的建设事项，并通过《建设委员会组织法》。该组织法共12条，声称建设委员会"本总理三民主义建国方略及建国大纲之精神"，旨在"研究筹备及实行关于全国之建设计划"，规定建设委员会由国民党中央政治会议推举，由若干人组成，常委7~11人。1932年2月改组后，内设总务、设计、事业三处，并设全国电气事业委员会、振兴农村设计委员会、公务员补习教育委员会，以及预算、法规、统计、图书、训育等委员会。1929 年 3 月，国民党第三次全国代表大会在南京召开，通过《训政时期经济建设实施纲要方针案》，进一步明确了建立国家强有力的物质基础的重要意义，指出："物质建设实施程序之标准，应以交通之开发为首要。其主次顺序为，在国家物质建设方面：一为铁道、国道及其他交通事业；二为煤铁及基本工业；三为治河、开港、水利、灌溉、垦荒、移民等事项。在地方物质建设方面：一为省道及地方交通事业；二为农林、畜牧、垦荒、水利等事业；三为都市改良及公用、卫生建设事业。要求以全国税收之半，为中央建设费，以地方收入之半，为地方建设费。"显然，这种方针，是企图把交通发展和开发资源性工矿业放在首位，并逐步由国家经办。

全国经济委员会成立于 1931 年 9 月，以蒋介石、宋子文、孔祥熙、张静江等十余人为委员。1933 年，蒋介石在庐山召开座谈会，决定改组全国经济委员会；9 月 13 日，国民党中政会决定扩大全国经济委员会执掌范围，直隶于国民政府，系常委制；10 月 4 日，改组后的全国经济委员会通告成立。其主要职责为：关于国家经济建设或发展计划之设计审定，国家经济建设或发展计划应需之经费之核定，各项既定经济建设或发展计划之直接实施或督促等事项。全国经济委员会成立后，积极建设 7 省公路，在水利建设方面，委员会下设华北水利委员会、导淮委员会、黄河水利委员会、扬子江水利委员会以及江汉工程局、泾洛工程局、珠江水利局、中央水工实验所等。全国经济委员会成为统一水利行政的机构。据全国经济委员会在 1934 年 12 月国民党四届五中全会上的报告中提供的数字，从 1933 年 10 月到 1935 年 9 月，已经完成或将要完成的有：①公路建设，在苏、皖、赣、鄂、湘、豫、闽、陕、甘等十省，共有联络公路 2.9 万千米。②铁路建设，主要有四项：一是粤汉铁路，稽汉口到韶关段，于 1936 年年底通车；二是陇海铁路，潼关到西安段 1934 年年底通车，西安到兰州段 1935 年年初开始航测；三是粤滇川陕铁路，已开始勘测；四是浙赣铁路，已分段进行。

在全国经济委员会的推动下，蒋介石发起国民经济建设运动。1935 年 10 月 10 日，蒋介石发表《国民经济建设运动之意义及其实施》，正式提出运动的目标和要求等，其实施要项有八条：①振兴实业；②鼓励垦牧；③开发矿产；④提倡征工；⑤促进工业；⑥调节消费；⑦流畅货运；⑧调整金融。1936 年 6 月 3 日，蒋介石通电发起设立国民经济建设运动委员会，并自任会长。

孙中山认为，中国的近代化必须从铁路建设开始。国民政府建立后也大力发展铁路。1928 年 10 月，国民政府把铁路的行政管理从交通部划出，另行成立铁道部，负责办理全国铁路的修筑计划以及铁路行政事宜。同年 11 月，政府颁布《铁路建设大纲》，准备在十年内兴建铁路 32 000 千米，平均每年建筑铁路 3 200 千米。1927—1937 年，不计"九一八"事变后日本在中国东北地区修筑的铁路，全国共新修、续修大小铁路干线 15 条、4 495.5 千米，支线 24 条、1 215 千米①。

农业是国民经济的基础。南京政府也是重视农业的。南京政府主管农业的机构，先是农矿部，后是农业部，部内设农业司。但实际上国民政府主管农政和农村社会经济的还有许多机构，如全国经济委员会下设的农业处、棉业统制委员会、蚕丝改良委员会、农村建设委员会、水利委员会、土地委员会等，建设委员会下还设有农业设计委员会，还有行政院直属的农村复兴委员会和农本局等。南京政府建立后，先后成立了导淮委员会、黄河水利委员会、广东治河委员会、华北水利委员会、扬子江水道整理委员会、太湖流域水利委员会、海河整理委员会等。20 世纪 30 年代，中国农村还出现一些以复兴农村经济为宗旨的社会团体，它们倡导了农村社会改良运动。

三、民族工业的艰难发展

1930 年 11 月 1 日，国民政府工商部会议在南京召开。工商界知名人士 100 多人参加了会议，会议由工商部长孔祥熙主持。孔祥熙在开幕式上提出了会议的六大议题，即巩固工商金融、协谋工业建设、改进工商组织、推行科学管理、振兴固有国产和发展国外贸易等。会议分六组经七次大会审议议案 406 件，通过《拟集中全国力量发展海外直接贸易案》《实现劳资协作方案》《国内工商业联合进行案》《提倡国货案》以及失业救济、工商业救济等议案。在讨论《实现劳资协作方案》时，会议发生大辩论，刘鸿生、陆伯鸿等从资方立场上，认为该提案对劳方责任规定不够，主张修订。孔祥熙从中调停，表示该提案不过供政府选择，绝非一经大会决议随即执行。11 月 8 日，会议发表宣言，宣布闭幕。

国民政府将工业分为两大类，即“国营”与“民营”。规定 9 项基本工业为国营工业，包括水利、交通、电气、钢铁、酸碱、煤、糖、煤油、汽车，其余由私人投资兴办，而政府给予协助和奖励。为此，政府颁布了一些奖励扶持民营工业的政策。国民政府于 1929 年 7 月和 1930 年 2 月先后公布了《特种工业奖励法》和《特种工业奖励标准》，以鼓励人民投资兴办工业。1934 年又将此法修改为《工业奖励法》，并扩大奖励范围。其奖励对象为：创办具有基本性质的工业，制品能在国际市场上大宗推销的工业，自己发明或输入新发明并首先在一定区域内制造的工业，应用机械或改良手工制造品在国内能替代洋货的工业。奖励方法为：无价给予固有土地或建筑物，授予专利权，由国库按年发给补助费，减免各

① 刘克祥、吴太昌：《中国近代经济史》（1927—1937）（三），人民出版社，2012 年版，第 1193 页。

税捐，减低水路运输费，等等。至 1936 年年底，经审查获得专利的有纬成股份有限公司、中业化工股份有限公司、福建造纸股份有限公司等的 13 件；减免税款的有商务印书馆股份有限公司、汉黎公司、天原电化股份有限公司等的 41 件；减低国营交通事业运输费的有江南制纸股份有限公司、章华毛绒纺织股份有限公司等的 27 件；至于小手工业及手工艺，也有不少获得各种奖励。

1929—1933 年，资本主义世界经济大危机爆发。危机期间，帝国主义加紧对中国的经济侵略，表现为加紧商品倾销和资本输出。另外，日本帝国主义对东北的侵占，使中国民族资本丧失了一个重要的市场和原料来源，也大大影响了民族资本的发展。自 1931 年起，资本主义世界相继放弃金本位，导致世界银价上升。中国作为银本位国家，银价上升所带来的影响是市场物价下跌。同时，美国实行的白银政策导致中国大量白银外流，银根奇紧，物价进一步下跌，工厂倒闭，市场一片萧条。与 1931 年相比，1933 年中国民族工业的 16 个行业中，只有 3 个行业有所发展，13 个行业倒退，棉纺、面粉、针织、橡胶等的下降幅度都在一半以上。根据国民政府实业部公布的资料，1928 年到 1934 年注册的工厂，不论工厂数还是资本额都呈明显的下降趋势。如以 1928 年的设厂数和平均资本额均为 100，则 1934 年的设厂数仅为 34. 8，平均资本额仅为 35. 7。1932—1936 年，中国的民族纱厂能够始终维持营业，没有停工、改组和出售的恐怕不到十家。在第一次世界大战期间得到迅速发展的南洋兄弟烟草公司，从 1928 年起就开始亏损，后来不得不被宋系官僚资本所接管。大生纱厂也负债累累，到 1936 年其负债已经达到 500 万元之巨，相当于创业时的 6 倍多。1936 年大生纱厂被迫拍卖，结果没有买主，不得不以相当于废铁的价格由其债主中国银行和交通银行两行接收。

第三节　战时经济和经济崩溃

一、民族工业大迁徙

20 世纪 30 年代，中国的工业主要分布在东南沿海，内地和边疆省份分布极少。1937 年年底，全国共有工厂 3 925 家（不包括东北），资本总额 37 700 万元。仅上海一地就集中了 1 235 家，占全国工厂总数的 31%。其他沿海各省共 2 063 家，占全国工厂总数的 53%。

抗战全面爆发后，上海的社会舆论呼吁拆迁民族工业的工厂。1937 年 8 月 9 日，资源委员会致函行政院，提议补助上海工厂内迁工作案。国民政府成立中

央迁厂委员会(以下简称“迁委会”),具体负责上海工厂内迁工作。各兵工厂以及由资源委员会负责的国营厂矿拆迁工作,分由军政部兵工厂署、军需署、资源委员会负责。迁委会决定各厂在武昌徐家棚附近集中,再西上宜昌、重庆,南下岳阳、长沙,分别在镇江、苏州设分站,协助转运工作。上海工厂内迁工作大规模展开。“八一三”事变后,上海一部分工厂的机件集中在闵行、北新泾或南市准备起运,另一部分靠近租界的工厂先行抢拆至租界装箱,由苏州河或南市水路起运。由于敌机不断轰炸,火车运输已经无法进行,长江下游要塞封锁后,大轮船也无法起运,汽车也大多供军队使用,所以,工厂搬迁工作只有利用江南水路,用木船经苏州河到镇江,然后再换船西上武汉。到 1937 年 9 月 12 日,上海已经运出工厂 21 家,其中包括顺昌机器厂、上海机器厂、新民机器厂、合作五金厂、大鑫钢铁厂、启文机器厂、新中机器厂等。

随着战火的蔓延,沿海工厂普遍受到威胁,各厂家纷纷要求内迁。军事委员会于 1937 年 9 月中旬成立工矿调整委员会(1938 年 1 月改为“工矿调整处”),以扩大内迁工厂范围,由资源委员会秘书长翁文灏兼任工矿调整委员会主任。上海国货联合会、中华工业总联合会联名致函工矿调整委员会,指出民生日用品之轻工业亦为战时所必需,要求政府对各地工厂的迁移通盘筹划。截至 11 月 12 日上海失陷,12 月 10 日镇江撤守前,上海共计迁出民营工厂 146 家,机件 14 600 余吨,技工 2 500 人,其中机器工厂 66 家,化学工业 19 家,无线电及电器业 18 家,文化印刷业 14 家,纺织印染业 7 家,食品业 6 家,陶瓷玻璃业 5 家,造船业 4 家,炼钢业 1 家,其他工业 6 家。

1937 年 9 月,上海内迁各厂器材开始运抵武汉,武汉成为迁移工厂工作的新中心。相继有 42 家内迁的民族机器厂在武汉临时复工,生产出大批手榴弹、迫击炮弹、地雷、水雷及其他军用器材,支援了前线。到 1938 年 3 月,日本军队已经相继占领南京、安庆、九江,正沿江西进,威胁武汉。工矿调整处奉蒋介石的电令,即“筹划战时工业,以川滇湘西为主”,“将各厂继续内迁,以策后方生产之安全”。1938 年 1 月 14 日,以工矿调整处为首的厂矿迁移监督委员会宣告成立,开始全面负责战区厂矿的内迁工作。工矿调整处修订的《工厂迁移协助办法》扩大了迁移范围,规定:迁移工厂分为两种,一为军需厂矿,二为普通厂矿。对于军需厂矿给予各种优惠,普通厂矿也规定给予各种便利。到 4 月初为止,继续内迁到西南的工厂已有 68 家,物资 11 403.9 吨,工人 1 416 名。6 月 29 日,武汉危急,国民政府下令武汉各业工厂不论大小,凡后方军工和民生有用的,一律内迁,连 56 家手工织布厂也在内迁之列。迁汉的工厂及武汉原有的工厂,分三路内迁:一路迁往湘西、湘南、桂林,一路迁往陕西宝鸡地区,一路迁往四川。到 6 月武汉会战即将开始时,内迁的中心已经转到重庆,宜昌成了中转站。还有一部分工厂则迁往湖南、陕西、云南等地。入川运输由民生公司承担。民生公司动用全部可用的船只,连续奋战40个日日夜夜,冒着敌机轰炸和三峡激流的危险,终于将内迁工厂和人员全部运至四川。到1940年宜昌陷落时,工厂的第二次内迁告一段落。

1944年春天,日军向长沙进攻。5月底,工矿调整处统制湘桂一带的工厂再次内迁。6月初,中南区办事处派员到衡阳,协助各厂办理搬迁。6月20日,国民党军队放弃长沙逃跑。湘桂一带的内迁工厂再次内迁。国民政府机关只顾自己的应变撤退,对工厂内迁没有提供有效的安排与帮助。运输条件极为恶劣,日军又紧紧追迫,工厂内迁损失极大。从湘桂迁出的器材10多万吨,到金城江(今广西河池)时只剩下5 000吨,到独山时只剩下775吨。各厂的流动资金都已耗尽,员工死亡者不少。历时半年多,到1945年春内迁工厂才陆续到达重庆,所余机器设备只有201吨。

对于这两次民族工业内迁工作,国民政府特别是资源委员会做过一些组织工作,也拨出部分经费。但是越到后来,国民政府的作用就越小,主要依靠民族资本家和广大职工的爱国精神。有的工厂本来没有列入内迁计划,但也要求内迁,以为国家保存部分经济实力。在许多坚决内迁的资本家中,新民机器厂的胡厥文,上海机器厂的颜耀秋,新中工程公司的支秉渊,天厨、天原、天利的吴韵初,太原西北制造总厂的张书田等人发挥了重要作用。

各内迁工厂到达目的地后,经过选址、购地、建房、装机等筹建工作,到1940年年底相继复工。据国民政府经济部1943年统计,从1938年到1942年年底,由上海、青岛、武汉等地迁往四川、湖南、陕西、广西、云南等地的民营工厂共计639家,机器设备12万吨,技术工人12 000人。

二、政府的经济统制

1937年7月7日,日本在北平南郊的卢沟桥发动军事进攻;8月13日,日军又从海上向上海发动军事进攻,中国人民奋起抗战。为了有效地动员全国的人力、物力、财力进行战时国防经济建设,支持持久抗战,必须统一全国的经济力量,建立战时经济体制。正是在这种情况下,南京政府进行了一系列新的调整。

1938年3月,中国国民党临时全国人民代表大会通过《抗战建国纲领》,关于经济方面的内容有:第一,经济建设应以军事为中心,同时注意改善人民生活,本此目的,以实行计划经济,奖励海内外人民投资,扩大战时生产。第二,全力发展农村经济,奖励合作,调节粮食,并开垦荒地,疏通水利。第三,开发矿产,树立重工业的基础,鼓励轻工业的经营,并发展各地的手工业。第四,推行战时税制,彻底改革税务行政。第五,统制银行业务,从而调整工商业之活动。

第六，巩固法币，统制外汇，管理进出口货。第七，整理交通系统，举办水陆空联运，增筑铁路公路，加辟航线。第八，严禁奸商垄断居奇，投机操纵，实施物品平价制度。

为维持战时财政，国民政府实施《公库法》，规定政府各机关的一切收入均集中于各级公库，不得各自为政，以消除虚伪、中饱之积弊，增强中央对财政收支的控制；以货物税、直接税和食盐战时附加税所谓“新三税”取代关、盐、统“老三税”；以“救国公债”、“建设公债”、“军需公债”、“国防公债”和“赈济公债”等名义，发行大量债券，同时向英国、美国、苏联等国举借外债。由于增税和借债不能弥补财政巨额赤字，国民政府只能依靠发行钞票。据国民政府公布的数字，1936 年发行货币 12 亿元，1938 年猛增为 23.1 亿元，以后年年增加，到 1945 年达 10 319 亿元，比 1936 年扩大 800 多倍。

为控制金融命脉，国民政府组成中央银行、中国银行、交通银行和中国农民银行四家银行联合办事处，作为战时全国金融之枢纽。1939 年 9 月 8 日，重庆国民政府公布《战时健全中央金融机构办法纲要》，并改组“四联总处”，规定中央银行、中国银行、交通银行、中国农民银行四行合组联合办事总处，负责办理政府战时金融政策有关特种业务。蒋介石兼任“四联总处”董事会主席，孔祥熙为副主席。四联总处的职权包括：制定和实施各有关主管机关制订的经济三年计划和与之相适应的金融三年计划；调节法币流通，管理地方银行货币发行，集中法币发行权于中央银行；吸收存款，举办各种贷款；管理内外汇兑，收兑金银，促进黄金生产；平抑物价，管理粮食；对敌经济斗争；等等。

在战争期间，为保证战争得到最优先的供应以及国计民生的基本要求，政府必须依靠行政手段，直接干预社会经济生活，统制生产、流通和消费。为了实现这一目的，国民政府在战争一开始就通过了一系列法令措施，作为战时经济统治的依据，并实行严格的统制。

抗战全面爆发后，由于大片国土沦陷，国民政府收入锐减。战前占财政收入百分之七八十的关税、盐税和统税直线下降，而同期各项支出迅速增加。相当一部分收入缺口不得不靠增发货币、发行公债和举债来弥补。因此，国民政府决定采取田赋征实政策，以增加收入，充实国库，供应军需民食，调节市场供需。田赋征实最早在山西实行，后闽、浙两省也实行此项政策。1940 年 7 月 28 日，国民政府颁布《1940 年秋实行军粮民食统筹办法》，规定“以征购与实谷折征田赋两者并行”。随后，蒋介石签发命令：“以后征购粮，应以谷米为准，而不以货币为主。”同年 11 月，行政院通过各省田赋得酌征实物的议案。

1941 年年初，粮食问题日益严重，粮价暴涨，军粮民食更难筹应，各大消费城市出现米荒,时有抢米风潮发生。政府不得不下决心解决这个问题。1941 年 4 月 1 日,国民党五届八中全会通过“为适应战时需要,拟将各省田赋暂归中央接管,并决定实行征收实物”的决议。1941 年 6 月 16 日,财政部召开第三次全国财政会议,决定自 1941 年下半年起,各省田赋战时一律征收实物。为推行田赋征实,政府在财政部设置了整理田赋委员会,统筹一切田赋征实事宜。田赋征实的实行,加强了国民政府统筹支配的物力和财力,对于保证军民粮食供应产生了积极效果。

关于日用必需品的管制,主要是针对棉花、棉纱和棉布。1939 年 6 月,国民政府行政院经济部农本局在重庆建立福生庄,并在各省采购及供应中心分别设立分庄,负责花纱布的管制。福生庄是商业机构,其管制内容仅限于以调节供需为手段管理市场价格。农本局收购棉花,又于棉花产地设收花处;为推动后方农村手工纺织业的发展,又于川黔等省设立手纺办事处。起初,政府还没有对花纱布进行强有力的管制。1939 年 12 月,经济部成立平价购销处,负责纱布的平价工作。后来纱布的价格高昂,平价购销处于 1940 年 8 月 11 日公布《放纱收布办法》,以定量的棉纱供给重庆及近郊织布机户,加工织布后推向市场,以遏制市价涨风。1942 年,经济部物资局成立,进一步加强对花纱布的统制,制定了“以花控纱,以纱控布,以布控价”的政策,规定凡中央党政机关公务员及军事学校之官佐、公私立学校之教员、文化学术团体之职员及各地方军政机关驻重庆办事处职员工役,每人可购买平价布一丈五尺,以一次为限。1942 年年底,撤销物资局,将农本局改组为花纱布管制局,继续沿用以上政策。1944 年,该局制定《管理小型动力纱厂花纱交换办法》,对工厂实施棉花配给,由工厂按数交还棉纱。对西北各厂机纱,规定其所产全部棉纱必须交农本局统购,再行核配。对纺织机户,规定必须一律领花交纱,领纱交布,以彻底掌握他们手中原料来源和产品销路。管制局还采取多种办法争取掌握纱布物资,包括以棉花向纱厂换机纱,或向手纺换土纱,并以棉纱向织厂换棉布;向四川、湖北、河南和陕西收购土纱土布,向游击区抢购纱布等。管制局还发放棉贷,以扶持棉花生产。到 1944 年棉贷已发放 5 亿元。

三、战后经济总崩溃

1945 年 8 月 15 日,日本宣布无条件投降。抗战胜利后,摆在国民政府面前的一个重要任务,就是接收敌伪物资。由于抗战胜利的突然到来,国民政府还来不及制定有关接收的具体步骤和制度,所以导致大规模的混乱。当时,接收大员涌入收复区,以接收日伪财产为名,大肆劫掠侵吞国家和人民的资财。许多接收大员视接收为“劫收”的良机,他们每到一处,就抢占房子、车

子、条子(黄金)、女子、票子(钞票),被人民称为“五子登科”。1945 年 10 月下旬,行政院收复区全国性事业接收委员会成立,并首先在上海设立敌伪产业处理局,接收各机关所封存的物资。宋子文还签发了《上海区敌伪产业处理办法》,规定:①产业原属本国、盟国或友邦人民而为日方强迫接收者,应发还原主;②产业原属华人与日伪合办者,其主权均收归中央政府;③产业原为日侨所有,或已归日伪出资收购者,其产权均为中央政府所有。另根据所接收产业的不同性质,分别交资源委员会、纺织业管理委员会、面粉业管理委员会接办;规模较小者或其他产业,则标价出售;已接收的工厂,由经济部负责复工。1945 年 11 月 20 日,行政院通过《收复区敌伪产业处理办法》,适用于全国各收复区。

资源委员会负责接收日伪资产的范围包括采矿、电力、钢铁、机械、电子、建筑材料、化工、糖和纸等。到 1946 年年底,资源委员会共接收敌伪产业 29 个单位,技术和管理人员近 3 000 人,资产折合战前币值 3.36 亿元[①],资源委员会的实力大大膨胀。1947 年年底,资源委员会所控制的各行业产值占全国各行业产值的比重为:煤 38.8%,电力 83.3%,钢 90%,水泥 51%,石油、铁矿石、锑、锡、铜等有色金属矿产品和食糖 95%以上。这样,大部分重要企业都被资源委员会控制。

国民政府经济部接收了一批日伪经营的纺织、缫丝、制糖、造纸等工业企业。1945 年秋,在国民政府行政院第 722 次会议上,宋子文提出将这些企业分别建立几家由国家统一经营的公司,于是一批国家垄断资本企业相继建立,其中以中国纺织建设公司(以下简称“中纺公司”)规模最大,资本仅次于资源委员会。中纺公司设总部于上海,下设 7 个职能处和 5 个委员会。据统计,1948 年中纺公司合计有工厂 55 个,共有纱锭 1 757 980 枚,线锭 348 238 枚,还有毛、麻、绢锭 47 000 枚,毛纺机 356 台,绢织机 365 台,总资本在 1.5 亿美元以上,按 1945 年币值,估计资产总额在 253 亿法币以上,占全国纱锭的 70%,布机的 56%,是当时世界上最大的纺织企业。中纺公司垄断了全国一半左右的棉花收购和进口、纱布的销售和出口业务。

抗战结束后,中国所面对的国际经济关系发生了重大变化。日本在战争中失败,在华资产全部被没收。欧洲各国由于在战争中损失大量财产,无力恢复对华的投资和贸易。只有美国,不仅利用战争对中国实行经济控制,更在战后加紧对中国的全面控制。战后,中美之间签订的各类经济协议达 25 项,主要有两类:一类是中国向美国购货或进口合约,如 1946 年 3 月 14 日签订的《美麦贷

① 许涤新、吴承明:《中国资本主义发展史》第 3 卷,人民出版社,2003 年版,第 615 页。

款合同》，同年 6 月签订的《铁道购料借款合约》《处置租借法案物资协定》、8 月签订的《购买轮船贷款合约》《采煤贷款合约》《剩余物资购买合约》等，这类经济协约属于典型的商业买卖借款合同；另一类是中美双边经济关系协约，包括 1946 年 11 月 4 日签订的《中美友好通商航海条约》、12 月 20 日签订的《中美空中运输协定》和中国参加的《关税及贸易总协定》。这就使中国的经济被纳入以美国为主体的资本主义世界经济体系中。于是，许多美国洋行、公司纷纷到中国来。1946 年，美国在中国沿海城市各口岸开设的洋行达 168 家，仅上海一地就达 115 家。该年美国输往中国的剩余物资达 3.2 亿美元，占中国进口总值的 57.2%，如果加上以联合国名义进口的援华物资，则达 4.4 亿美元。

从 1946 年开始，美国商品在中国大举倾销，对中国的民族工业构成严重冲击。一方面，美国在战争期间迅速膨胀起来的生产力由于战争结束而陷入困境，极力向中国输出；另一方面，中国与美国签订的不平等条约给美国货物进入中国市场提供了方便。例如，中美《国际关税与贸易一般协定》签订后，最主要的 110 项美国货物减免了进口税，有的货物名曰减税，但纳税额仅为普通税率的 1/6，近乎免税。另外，国民政府还实行低汇率政策，使美国商品在价格上极为有利。这样，美国商品大举进入中国市场，沉重打击了中国的民族工业。例如，1946 年美国过剩药品的涌入，使上海的 120 多家药厂停工，全国的药厂和生产原料的工厂几乎倒闭了一半以上。1946 年，中国的毛纺织业销售额仅及产量的一半，国产毛纺织品堆积如山而无人问津。上海 180 家民族资本食品罐头厂到 1947 年仅余 30 家。著名的民族火柴厂九福火柴厂因无力与美国火柴厂竞争，1946 年春季之前悄悄停工关门。1946 年，重庆的民族中小企业差不多倒闭了 80%。其他各地的民族工业的情况大部分相同，处境极为困难。

抗战胜利后，国民党政府面对的最大经济问题是财政赤字和通货膨胀。内战爆发导致军费大规模增加和巨额财政赤字。1946 年到 1948 年上半年，军费支出占财政支出比重从 59.9%扩大到 68.5%[①]，而同期的财政赤字从 62.02%扩大到 66.30%[②]，如此庞大的财政赤字，主要靠发钞来弥补。1945 年 8 月，国民党政府累计发行法币 5 567 亿元，到 1948 年 8 月已达 6 636 946 亿元，扩大到 1 192 倍[③]。恶性通胀导致物价飞涨，企业倒闭，民不聊生，国民党统治陷入困境。

1945 年 11 月 26 日，国防最高委员会成立全国最高经济委员会，由宋子

① 张公权：《中国通货膨胀史（一九三七—一九四九年）》，文史资料出版社，1986 年版，第 102 页。

② 张宪文《中华民国史》第四卷，南京大学出版社，2005 年版，第 125 页。

③ 杨荫薄：《中国财政史》，中国财政经济出版社，1985 年版，第 208 页。

文担任委员长，翁文灏兼任副委员长。为了摆脱财政经济困难，宋子文在平衡预算和外汇、黄金政策等方面采取了不少措施。首先是要解决财政平衡问题。平衡财政不外采取两种办法，一是增加收入，二是减少支出。国民政府通过各种方法增加收入，包括增加税收和处理敌产等。1946 年，国民政府的税收收入比上年增加了 81%。而在减少支出方面，无非是减少军费支出。但事实上，蒋介石一心打内战，军费支出是无论如何都减不下来的。而解决预算赤字的办法就是由中央银行垫款。这就不可避免地加剧通货膨胀。

为抑制通货急剧膨胀，国民政府采纳美国顾问杨格的建议，实行抛售黄金的政策，结果导致严重的黄金风潮。1946 年 3 月，国民政府宣布黄金市场开放，由中央银行在上海配售黄金，配售价格随市价变动，配售方式为明配暗售，即对银楼业正式配售，同时在市场上暗地抛售。抛售黄金从 1946 年 3 月 4 日开始，黄金价格直线上升。中央银行不得不大量抛售黄金，其中仅 1946 年 12 月 23 日一天，就抛出黄金 5 吨。当时中央银行在上海库存的黄金快要售罄，只好将重庆的黄金紧急运来上海。由于市面上发现由重庆造币厂铸造的金条，人们以为中央银行的金条已经售罄，引起争购风潮。由于一下子失去了官价售金的平抑机制，黄金、美元黑市失控狂涨，法币猛跌，物价飞升。中央银行对金市失去控制，终于酿成 1947 年 2 月 17 日的黄金风潮。这天，黄金价格每市两高达 611 万元。黄金暴涨风潮席卷国统区的各大城市，整个市场陷于极度混乱状态。上海米市有价无货，米店关门拒售，许多中小工商业者纷纷破产，许多民众无以为生，迁怒于米店、银楼，上海发生捣毁米店的事件，南昌和徐州有的银楼也被捣毁。在抛售黄金期间，官僚和资本家们抢购了大量黄金存入国外银行，而中小企业则因争购黄金而停止了生产。

1947 年 2 月 16 日，国民政府颁布《经济紧急措施方案》。其主要内容如下。第一，关于平衡预算事宜，规定：本年度政府各部门预算内，凡非迫切需要之支出，均应缓发；严格征收各种税收，以裕库收，特别注意切实征收直接税并加辟新税源；政府所控制之敌伪剩余物资，应由各主管机关加紧标售；凡国营生产事业，除必须由政府经营者外，分别缓急以发行股票方式公开出售，或售与民营。第二，关于取缔投机买卖、稳定金融市场事项，规定：即日起禁止黄金买卖，取缔投机；即日起禁止外国币券在国境内流通；加强对于金融业务之管制，以控制信用，配合政府经济政策，稳定金融市场。第三，关于发展贸易事项，规定：改变外汇牌价，即日起以法币 12 000 元合 1 美元；估计全年需进口原料及机器等总值达 47 259 万美元。其中 1—6 月需外汇约 2 亿美元，即由中央银行准备支付。第四，关于物价工资事项，规定：由行政院制定若干地区为严格管制物价之地，指定地一切日用必需品严格议价；指定地职工之薪金，按生活指数计算者，以本年1月份生活指数为最高限额。第五，关于日用品供应事项，规定：食米、面粉、纱布、燃料、食盐、食油由政府限价供应，并就南京、上海两地先行试办。12月17日，国民政府发布命令，要求严格实行经济紧急措施，违者“严予处罚”。同时政府还颁布《取缔黄金投机买卖办法》，禁止人民携带黄金，凡违反规定的黄金一律充公。这次黄金风潮标志着国民党黄金政策和整个金融政策的破产。

1948年8月19日，国民政府发布《财政经济紧急处分令》，内容是：第一，自今日起，以金圆券为本位币。十足准备发行金圆券。限期收兑正发行之法币及东北流通券。第二，限期收兑人民所有之黄金白银、银币及外国币券，逾期任何人不得持有。第三，限期登记管理本国人民存放国外之外汇资产，违者予以制裁。第四，整理财政并加强管制经济，以稳定物价，平衡国家预算及国际收支。《财政经济紧急处分令》的一个重要内容，就是实行限价政策，规定凡在紧急处分令颁布以后的各类物品，均不得超过8月19日以前的价格。为此，蒋介石派蒋经国任上海经济特派员，负责平抑物价，全权在握。蒋经国组建了“戡建大队”，于中央银行内设置办公室，开始“打老虎”。由于蒋经国的努力，上海的物价暂时被控制住了。但是，全国的物价继续攀升。

由于国民政府发行的金圆券没有信用，上海市民从1948年10月2日起纷纷持币购买各种货物，造成抢购风潮。这种抢购风潮很快波及其他城市以至全国，限价政策不得不考虑取消。1948年10月31日，行政院临时会议通过《财政经济紧急处分令》以及《整理财政及加强管制经济办法》等各项办法的《补充办法》，决定自11月1日起取消8月19日的限价政策。此项决定一出，许多绝迹1个月之久的日用必需品又在市场上出现，但价格比8月19日限价前要贵3~5倍，以后全国各地物价猛涨，国民政府限价政策以失败告终。

1949年2月23日，国民政府迁至广州后不久，行政院通过了《金融改革案》，规定分别以银圆和所谓关元为军费开支和关税征收的计算单位，部分货物税和盐税改征实物，允许各地方政府自由征收等。此案实际上宣布了金圆券的彻底破产。7月2日，行政院公布改革币制令，规定以银圆为本位，发行银圆兑换券，并允许银圆与银圆券同时流通。4日，银圆券开始发行，其券面分1元、5元、10元、50元和100元共5种。但这个方案没有来得及实施，国民政府就垮台了。

本章思考题

1. 中国民族工业为什么发展不起来?
2. 国民政府时期经济体制的特点是什么?
3. 国民党在大陆失败的原因是什么?

第十四章 发达国家的经济变革与增长

第一节 大危机与罗斯福新政

一、柯立芝繁荣

第一次世界大战是由于资本主义国家经济发展不平衡导致的,战争并没有解决这些矛盾,反而使各种矛盾更为突出。在各资本主义国家中,美国由于在大战中获利最多,因而在20年代出现了历史上最重要的繁荣。从1923年开始,一直到1929年10月,美国经济出现了长达104个月的高涨,美国经济获得了长足发展。美国的国民生产总值从1919年的742亿美元(1929年美元)增加到1929年的1 038亿美元,如按1958年价格计算则为2 036亿美元;而人均国民生产总值也从1 315美元(1958年美元)增至1 671美元[①]。1929年,美国生产了资本主义世界48.5%的工业产品,对外投资达172亿美元,居世界第二位;掌握了世界黄金储备的一半以上(50亿美元),并第一次成为最大的进出口贸易国家。由于这次繁荣时期基本上处于共和党人柯立芝总统任内(1923—1929年),因而被称为"柯立芝繁荣"。

20世纪20年代,美国经济的繁荣在很大程度上靠新兴工业发展的支持。这些新兴工业部门包括汽车制造业、收音机制造业、家具制造业、化学工业、石油工业、公用事业等。1919年,美国拥有轻型汽车600多万辆,载重汽车80万辆,到1928年,这两种汽车分别上升到2 200万辆和300万辆。1929年,美国汽

---

① [美]吉尔伯特·C.菲特、吉姆·E.里斯:《美国经济史》,辽宁人民出版社,1981年版,第668页。

车制造业的产值实际上已占全国工业总产值的8%左右,雇用的工人占全国工人总数的5%以上。电器产品大量进入家庭,成为一个新兴产业。收音机的产量在1923—1929年从19万台发展到近500万台,增加了25倍多。电冰箱在1921年还是新产品,只生产了5 000台,但1929年已增为90万台。此外,电话成为家庭的必备设施①。

在美国的传统产业中,建筑业成为20世纪20年代经济繁荣的重要标志。1919年到1928年,美国建筑工业产值从120多亿美元增长到近175亿美元。1921年到1929年,建筑业产值的年均增长率达到6.7%②。20年代,美国农业发展的重要特征是机械化的进步。1920—1930年,美国农业中使用的拖拉机从24万台增至92万台,农用载重汽车从14万辆增至90万辆,联合收割机从1.4万台增至11.1万台,有挤乳设备的农场从5.5万个增至10万个。美国农业从第一次世界大战前的半机械化时期进入了机械化时期。

促使20世纪20年代美国经济发展的主要原因,首先是大规模采用新技术,普遍提高劳动生产率;其次是为降低成本,提高效率,企业大力推行了"合理化"运动;再次是通过商业创新和消费信贷扩大了市场;最后,柯立芝总统采取了一系列刺激经济发展的措施,如维持高额保护关税,减少公共开支,降低税收特别是所得税和公司税,鼓励向企业投资等,这些措施推动了美国的经济繁荣,当然,对于20年代后期的经济泡沫也起了重要的作用。

二、经济大危机

20世纪20年代,美国经济出现持续的高涨。这种持续高涨冲昏了美国人的头脑,产生了美国"永久繁荣"的幻觉,人们甚至认为,美国已经彻底摆脱了经济危机的困扰,不会再有危机发生。但事实上,这一时期美国经济发展潜伏着深刻的矛盾和严重的失调。首先,农业长期处于不景气状态,工业部门发展也极不平衡。一些传统工业部门如采煤、造船等,普遍设备陈旧,开工不足,至于纺织、制革等业,甚至出现大规模减产危机。即使在繁荣时期,工业部门的开工也严重不足,大批工人失业。其次,垄断使收入分配不均加剧,社会总供给与总需求矛盾加剧。这一时期,大批公司在竞争中破产,兼并之风盛行,财富越来越多地落到少数人手中。1929年,最上层的10%家庭占有全国可自由支配的个人收入的39%,而最下层的10%家庭仅占有全国个人收入的2%。同年,美国农民

---

① [美]吉尔伯特·C.菲特、吉姆·E.里斯:《美国经济史》,辽宁人民出版社,1981年版,第674—675页。

② [美]吉尔伯特·C.菲特、吉姆·E.里斯:《美国经济史》,辽宁人民出版社,1981年版,第675—676页。

的平均收入只有 273 美元，而其他行业劳动者年均收入为 908 美元①。最后，美国面临着严重的国际经济不平衡。20 年代，不少国家支付战争债务，加上美国产生大规模的贸易顺差，使世界黄金大部分流向美国。这就使债务国不得不减少从美国进口商品。

直接引起危机爆发的是持续的投机狂热。伴随着 20 年代的繁荣，出现房地产和股票投机狂热，金融市场极不稳定。1929 年上半年，美国经济仍然处在高度繁荣之中。1921 年工业生产指数为 67（1923—1925 年为 100），到 1928 年 7 月已上升到 110，而到 1929 年 6 月更上升到 126。最令人振奋的是美国股票市场的行情。1928 年 3 月至 1929 年 9 月，在 18 个月的时间里，一些热门股票价格飞涨，如美国电话电报公司股票从每股 179 美元涨到 335 美元左右，通用电气公司的股票从每股 128 美元涨到 396 美元②。社会上几乎人人都在谈论股票如何赚钱，大部分普通股票持有者被盲目愚蠢的预测所引导，人们普遍相信收益和红利还会继续增加。实业家、经济学家和政府领导人都表示对未来充满信心。甚至在大危机爆发的前一个月，美国财政部长安德鲁 · W. 梅隆还向公众保证："现在没有担心的理由，这一繁荣的高潮将继续下去。"

然而，大危机还是到来了。1929 年 10 月 29 日大量股票投入市场，不计价格地抛售。开盘后半小时内，交易量就超过 300 万股，12 点超过 800 万股，下午 1 点钟超过 1 200 万股，到鸣锣收场时，以超过 1 600 万股的最高纪录收盘。根据《纽约时报》的统计，50 种主要股票的价格几乎下降了 40 点。此后，美国股票市场价格持续下跌。按照道琼斯指数，1929 年 9 月至 1933 年 1 月，30 种工业股票价格从平均每股 364.9 美元跌到 62.7 美元，下降 82.8%；20 种公用事业股票价格从平均每股 141.9 美元跌到 28 美元，下降 80.3%；20 种铁路股票价格从平均每股 180 美元跌到 28.1 美元，下降 84.4%。整体来说，从证券市场大崩溃前夕的 1929 年 9 月到危机末期的 1933 年 7 月，美国股票市场总共消失了 740 亿美元，即损失了 5/6。

从股票市场价格狂泄开始，美国经济进入 30 年代的大危机，大批企业破产，银行倒闭，工业生产持续三年下降。到 1932 年，全国工业生产指数比危机前的 1929 年下降了 47.3%，工业生产下降了 55.6%，其中钢铁生产下降了近 80%，汽车业下降 95%，破产的企业达 13 万家。1933 年全国失业人数 1 280 万人，占当时美国劳动总人口的 24.8%。工业建筑投资额在危机的头三年中从 9.49 亿美元降为 0.74 亿美元。国民生产总值从 1929 年的 1 038 亿美元下降至 1933 年的 558 亿美元，同期国民收入从 874 亿美元下降至 396 亿美元，降幅达

① ［美］吉尔伯特 · C. 菲特、吉姆 · E. 里斯：《美国经济史》，辽宁人民出版社，1981 年版，第 670 页。

② ［美］吉尔伯特 · C. 菲特、吉姆 · E. 里斯：《美国经济史》，辽宁人民出版社，1981 年版，第 705 页。

54.7%。由于公众已对银行失去了信任,挤兑之风吹遍全国。1929—1933 年,美国破产的银行达 10 500 家,占全国银行总数的 49%。由于大量黄金的外流及债务人纷纷向各银行提取存款,1933 年 3 月,国库黄金储备急剧减少,整个银行信贷体系处于瘫痪状态。此外,危机期间,资本输出一落千丈,最后几乎完全停止。1930 年,国外投资额为 10.1 亿美元,1932 年减少至 2 600 万美元,1933 年只有 10 万美元。整个国家的金融信贷体系已陷于崩溃。

发生在美国的大危机,不久蔓延至加拿大、德国、日本、英国、法国等国,并波及许多殖民地、半殖民地和不发达国家,迅速席卷了整个资本主义世界。这次危机持续到 1933 年,使资本主义世界工业生产下降了 40%以上。危机遍及工、农、商、金融等各行各业。资本主义各国的失业率在 30%到 50%,失业工人达 3 000 万人,几百万小农破产,无业人口颠沛流离。这次危机使生产下降幅度之大,危机范围之广,失业率之高,持续时间之长,使它成为资本主义发展史上最严重的一次世界性经济危机。

三、罗斯福新政

面对严重的经济危机,当时的美国总统胡佛一筹莫展。迫于形势,他也采取过一些小规模的国家干预行动,但他基本上死死抱住"自由放任"政策,而在加强国家对经济的干预这个重大问题上趑趄不前。1932 年年末,罗斯福当选为美国第 32 届总统。罗斯福一上台,便在就职演说中向国会要求授予他对付危机的大权,这就是"对紧急状态作战的广泛的行政权力,像我们真正遭受外敌侵略时所赋予我的权力一样大",也就是说,必须改变"自然调节"的放任政策,运用政府的权力对经济进行干预。这就是著名的"罗斯福新政"(以下简称"新政")。

根据新政在不同时期的重点,大体可以将其划分为两个阶段:第一阶段从 1933 年 3 月罗斯福就职起到 1935 年年初止,主要目标是医治由严重经济危机造成的创伤,提出一些复兴经济的法案和计划。其中 1933 年 3 月 9 日到 6 月 16 日,国会应罗斯福的要求制定了一系列应急立法,被称为"百日新政"。第二阶段是从 1935 年到 1939 年,主要致力于一些具有长远意义的政治、经济和社会改革。此外,由于大危机造成严重的社会贫困,产生极大规模的需要救济的人口,所以救济措施贯穿始终。因此,新政的主要内容可用"3R"来概括,即 RECOVERY(复兴)、RELIEF(救济)、REFORM(改革)。

第一,经济复兴。罗斯福在信贷危机最尖锐的时刻接任总统。1933 年美国货币银行危机全面爆发,破产的银行占全国银行总数的 49%,因此,防止美国财政信贷体系彻底崩溃成为最紧迫的任务。1933 年 3 月 6 日,罗斯福决定关闭美国所有的银行,停止银行一切支付。3 月 9 日,国会通过《紧急银行法》,该法授权总统对银行进行个别审理，让有偿付能力的银行尽快开业，对缺乏偿付能力的银行进行改组。接着，成立了联邦储蓄保证公司，保证5 000美元以下存款的安全。到4月份，存回银行的通货已达10亿美元。银行重新开业后，存款超过了取款，恐慌被制止，银行初步恢复了信用。危机中银行体系崩溃的一个重要原因是投资银行和商业银行的混业经营。为避免重蹈覆辙，政府颁布了《格拉斯-斯蒂格尔法》（又称《1933年银行法》）。《格拉斯-斯蒂格尔法》最重要的两项内容，一是制定商业银行与投资银行分业经营的原则，二是建立存款保险制度。1933—1940年，破产的储备系统银行平均每年为45个，其中1933年为2 725个。1933年6月16日，国会通过《全国工业复兴法》，规定经济中的各个部门都要建立产业委员会，制定公平竞争法规，确定该行业的生产规模、价格水平、信贷条件、销售定额等，以协调各工业部门的企业活动和消灭“不公平”的竞争。1933年5月，国会通过《农业调整法》，政府与有关农场个别签订自愿缩减耕地面积的合同，停耕的土地作为国家的租地，付给农场租金；同时，对停耕地部分所减少的产量，由政府付给农场货币奖金作为补偿。采取这种做法的目的是限制小麦、棉花、玉米、大米、烟草等农作物及牛奶、生猪等的生产，以解决生产过剩的难题并提高农产品的价格。政府通过采取这些限制生产甚至破坏产品的极端措施，解决了农产品产量不可控制的问题，对农业的复苏起到了一定的作用。

第二，社会救济。1933年5月12日，国会通过《联邦紧急救济法》，成立联邦紧急救济署。联邦紧急救济署从成立至1935年撤销时，共花了30亿美元。但罗斯福更强调“以工代赈”。1933年3月，成立民间资源保护队，把年龄在18~25岁的失业青年组织起来，参加国有森林、公园、公路、防洪、防火等工程的修理，并参与检查水土流失情况，每月工资30美元。保护队在美国参战前的8年多时间里，先后吸收了150万青年，开辟了数百万英亩的国有林区和公园等。对田纳西河流域的治理，也是以工代赈的一个典型。1933年5月建立了田纳西河流域管理局，负责修建水坝、发电站及其他设施。其基本任务是控制洪水，发展航运，开发水电和合理利用流域内的土地资源。田纳西河流域管理局在新政期间共修了31座水利工程、34个电站，工程航运里程1 050千米。工程建设获得很大成功，包括7个州的广大地区受益，平均收入在工程发挥效益后增长了4倍。到1935年年初，失业人数比1933年年初的最高点减少了400万人。

第三，社会改革。自1935年起，罗斯福政府除继续推行“以工代赈”等救济措施外，还制定了一些有着深远影响的侧重改革的新立法，从而把新政推进到第二阶段。具体措施包括：①调整劳资关系。1935年6月27日，通过了《全国

劳工关系法》,规定:工人有组织工会的权利;雇主不得干预或图谋控制劳工组织;雇主不得拒绝与工人集体谈判合同;雇主不得歧视工会会员。根据该法成立的劳工关系委员会,负责处理劳工与雇主的申诉。1938 年 6 月 14 日,国会通过《公平劳动标准法》(工资工时法),其主要内容是每周 40 小时工时,生效之日起 7 年后,每小时工资不得少于 40 美分。②实施社会保险。1935 年 8 月通过了《社会保险法》,该法包括养老金制度、失业保险制度,以及对残废、无谋生能力者提供救济的制度。③实施公共工程政策。从 1935 年到 1942 年,为协调整个工程计划而设立的"工程进展署"花费了 130 多亿美元,雇用了约 850 万工人。除了一般工程外,新政期间还兴办了著名的田纳西河水利和发电工程。④实施转移支付政策,用于社会保障和失业补偿的开支。1936 年,罗斯福意识到政府支出的乘数效应,竞选时,他引用一支流行歌曲的歌词来解释这一点:"乐曲飘绕,周而复始。"

新政在大危机威胁美国的形势下,试图在资本主义范围内对其中某些方面加以改革,以保证资本主义的稳定和发展。1938 年罗斯福在谈到新政时说:"作为一个国家,我们拒绝了任何彻底的革命计划。为了永远地纠正我们经济制度中的严重缺点,我们依靠的是旧民主秩序的新应用。"新政作为挽救 1929—1933 年资本主义经济大危机的救急药方,其直接效果虽不十分显著,但却产生了深远的影响。

首先,新政标志着混合经济时代的开端。在新政中政府首次采取广泛的直接干预政策对付经济危机,控制通货膨胀、公共工程建设、财政管理等都是全新的尝试。新政使国家比以往更为坚定和迅速地放弃了自由放任的原则,代之以公共管理的资本主义。

其次,新政大大加强了美国的国家垄断资本主义并成为现代美国国家垄断资本主义经济制度的开端。政府全面干预经济生活成为事实,政府职能出现重大转变。政府承担了许多前所未有的功能,如社会商品的订货者、供货商,资本的借贷者,直接和间接的投资者,大型企业的管理者,国民收入的分配者,国民经济的指导者,对经济生活进行了调节和引导,并经过复杂的立法斗争将其法定为若干新体制,对改善生产的无政府状态发挥了长期影响。新政力求通过扩大社会有效需求、促进消费来消除"过剩"和缓解危机,具有全新的理论和实践意义。

最后,政府直接介入劳资矛盾,承认劳方权利,促进劳资协调,从主要是有产者利益的维护者客观上转变为劳资利益的协调者和平衡者。新政的劳工立法既是工人斗争的结果,也是美国社会改良思潮影响的结果。由于它局部改变了美国的生产关系,改善了中小资产阶级和劳动人民的状况,并在一定程度上缓解了经济危机、缓和了阶级矛盾，因而其做法和特点都深深影响到第二次世界大战后美国政府的经济政策和措施。

第二节　西欧经济增长与体制变革

一、西欧经济的重建

第二次世界大战使西欧各国的经济遭到了严重的破坏。1947 年年初，德国工业产量仅及 1938 年的 27%，奥地利、意大利、希腊等国的工业产量未达到 1938 年的 2/3，英国工业有一半陷入瘫痪状态。德国西部占领区物价则直线上升，贬值的货币成为不起作用的废纸。为了摆脱经济困境，西欧各国政府纷纷向美国求援。1947 年 7 月 12 日，西欧经济会议在巴黎开幕。会议决定成立欧洲经济合作委员会，随后提出欧洲复兴计划的原则。1947 年 12 月 19 日，杜鲁门向国会提交“美国支持欧洲复兴计划”的咨文，要求国会在 1948—1952 年拨款 170 亿美元。这就是所谓的“马歇尔计划”。

为实施马歇尔计划，美国成立了经济合作署，专门负责掌管受援国的援助分配大权，甚至左右受援国的计划、政策与行动。西欧 16 国代表和美、英、法驻德占区军事长官也聚会巴黎，在欧洲经济合作委员会基础上成立欧洲经济合作组织作为马歇尔计划的执行机构。经过一年多的努力，西欧农业出现回升迹象，工业有了起色。接着，欧洲经济合作组织责成各国制订经济计划，在产量回升基础上逐步发展经济。在法国，经济合作署拨款 12 亿美元，插手法国煤钢工业。经济合作署还要求意大利发展那不勒斯热电厂，英国发展沿海造船工业和轻纺工业，联邦德国发展高精尖工业。

在马歇尔计划实施期间，美国国会为之拨款 131.5 亿美元。这些美元必须用来购买美国的援欧物资，主要有粮食、化肥、原料、半成品、燃料、机器设备等。1952 年 6 月底，马歇尔计划正式实施完毕。至此，西欧的国民生产总值增长了 25%，工业生产上升了 35%，农业生产提高了 10%①。对于马歇尔计划的这一积极作用，欧洲经济合作组织在一份报告中做了充分肯定：“马歇尔援助是输血，它维持了软弱的西欧经济，并使欧洲经济具有促进其本身复兴的力量。”

二、各国的经济增长

20 世纪 40 年代末，联邦德国经济开始全面恢复。1950 年年底，联邦德国

① 刘绪贻、杨生茂：《战后美国史》，人民出版社，1989 年版，第 29 页。

工业生产达到1936年的水平,1951年超过1938年的水平,并于同年下半年出现短暂的经济繁荣。1952年,联邦德国经济的主要指标均已超过战前水平,顺利实现了经济复兴计划,开始进入经济高度增长时期。在50年代的10年中,联邦德国工业生产年均增长率高达11.4%,工业总产值从487亿马克增加到1 647亿马克,增长了2.4倍;国民生产总值从233亿美元增加到726亿美元,增长了2.1倍。60年代的经济发展速度有所减慢,但这10年中工业生产的年平均增长速度仍有5.8%,工业总产值增长了1.2倍,国民生产总值以美元计算增长了1.6倍。从总体来看,从联邦德国1949年建立直到1974年爆发经济危机从此陷入严重滞胀为止,联邦德国经济持续了25年的高速增长。联邦德国的国民生产总值1959年超过法国,1960年超过英国,成为资本主义世界第二经济大国,只是到1968年被日本赶上才退居第三位。

第二次世界大战结束后,英国经济迅速恢复和发展。1951年,英国个人消费已恢复到战前的按人口平均的水平,工业生产超过了1938年水平的50%,出口额比战前增加了75%,而且在国际收支方面情况看好。整个50年代,英国经济比较繁荣,没有出现严重的衰退。但是从1956年开始,英国经济就走了下坡路。英国经济自身存在的矛盾,致使其经济在五六十年代一直没有出现高涨,而是走走停停。1956—1970年,英国工业生产的年均增长率仅为2.8%,大大落后于同期日本的15.3%、联邦德国的6.5%、法国的7.2%,也低于美国的4%。英国的国民生产总值到1960年就落在联邦德国之后,而到1970年则排在美国、日本、联邦德国、法国之后,退居资本主义世界的第五位。总的来看,在战后相当长的一段时期里,英国经济的特点是"走走停停",增长乏力,被称为世界经济中的"英国病"现象。

战后初期,为了促进经济恢复和发展,法国政府采取了多种措施,其中最重要的是"莫内计划"的制订和实施,其大大推进了法国经济的恢复和重建。法国的国民生产总值1950年为1 849亿法郎,1958年增至2 603亿法郎。工业生产有了长足的发展,工业结构开始发生越来越大的变化,生产专业化程度的不断提高使集中程度进一步加强。农业生产也有了一定发展,法国成为仅次于美国的世界第二大农产品出口国。随后的60年代,法国出现了某种"经济奇迹"。1963—1972年,法国经济年均增长率达到5.7%。这期间的增长率只在最低的1965年的4.7%和最高的1968年的7.4%之间波动。为了保持经济增长速度,法国政府采取了一系列措施,如对国有化工业增加投资,执行公共工程的各项计划,鼓励私人消费等。经历15年左右的较快发展以后,由于国际竞争激烈,加上发生石油危机,1975年以后法国经济出现停滞。随着经济市场化、信息化和全球化的迅速发展,法国同美、日等国的差距逐渐拉大。

三、各国的体制变革

在英国1945年7月的大选中，工党大获全胜，组成英国历史上第三届工党政府，工党领袖艾德礼出任首相。1945年年底，议会通过大英银行国有化法案，建立英国历史上第一个国家银行，并将银行股票换成国家股票，从此开始国有化进程。经过两次国有化浪潮，到1979年撒切尔夫人大选获胜以前，英国政府控制了主要的基础工业部门。在煤炭、造船、电力、煤气、铁路、邮政、电信等部门，国有企业的比重达到100%，在钢铁和航空部门达到75%，在汽车制造和石油工业部门也分别达到50%和25%。国有企业产值占国内生产总值的10.5%；就业人数达200万人，占全部就业人数的8.1%；固定资产达56.4亿英镑，占固定资产总额的15.3%。1979年国有企业的劳动力占全国劳动力的8.1%，生产总值占全国生产总值的11.1%，固定资产占国内固定资产总额的20%。1981年，英国最大的10家公司中，按营业额排序，国有企业有3家，按资本排序也有3家，按职工人数排序则有6家。

1941年6月，丘吉尔政府组成一个有12个部参加的委员会，在牛津大学贝弗里奇教授领导下，调查现存的国民社会保险方案及其有关的服务措施并提出建议。1942年12月，该委员会提出正式报告，即著名的《贝弗里奇报告》。该报告认为，社会保险是社会进步的一个重要表现，它只有在个人与国家合作下才能完成。1945年，英国工党开始逐步推行贝弗里奇计划。政府先后颁布了《家庭补助法》《新国民保险法》《国民救助法》《国民医疗服务法》等。到1948年，艾德礼宣称英国已经是福利国家。战后的历届政府都不断制定各种立法，完善和改进社会福利体系。到七八十年代已达到相当的规模和水平，主要建立了国民保险、国民保健、个人社会福利、住房和教育五个方面的社会保障体系。这个“从摇篮到坟墓”的社会福利制度，对稳定战后混乱的社会秩序起到积极作用，并在一定程度上保障了工人的健康水平和工作能力，促进了社会物质文化水平的不断提高。

1945年，法国开始了大规模的国有化运动。一方面，政府把战时同法西斯德国密切合作的企业一律收归国有；另一方面，于1946年颁布了部分工业企业国有化法律。对法兰西银行和四大商业银行、34家保险公司实行了国有化；国家控制了汽车制造、电力、煤气等部门85%的资本；在电信、保险、铁路、航空、海运和飞机制造等部门，国有资本占1/3以上。到1946年年底，政府在工商业中所占股份达50%以上。这样，国家在国民经济的主要部门掌握了很大的控制权，为其经济计划的实施提供了保证。与此同时，法国实施了两个国民经济计划。到50年代末，两个国民经济计划顺利完成，生产得到迅速恢复，并且超越

了战前水平，一些经济不平衡的问题得到解决。

法国是西欧发达市场经济国家中唯一实行明确的国家经济和社会中长期计划的国家，被认为是资本主义经济计划的发源地。为了恢复经济和实现现代化，法国政府在20世纪40—50年代开始对宏观经济实行全面统制管理，采取一系列措施，集中有限资源合理使用，从宏观上调节经济运行。1945年年底，莫内提出的第一个现代化和装备计划得到戴高乐的批准，并于1946年颁布实施。从此，法国开始了以计划化为特色的国家干预与市场相结合的时代。从1958年开始，政府又实施了三个现代化和装备计划。到20世纪60年代末，法国国民经济获得明显的进步与发展。1953—1963年，法国保持了高而稳定的经济增长率，超额实现了第二个和第三个计划规定的国民生产总值年递增4.5%的总目标，实际增长率达到4.9%①。20世纪60年代，法国制定了著称于世的“全局性计划”，使其经济达到高增长、低通胀的水平，政府对教育、职业培训、市政建设的投资有了大幅度增长，国际收支也处于平衡状态。1973年以后，经济计划的实施受到来自国内外的阻力，政府开始对经济实行多样化的调节。但是，历届政府无论是左派还是右派都坚持使用计划调节手段，计划调节在国民经济中仍发挥着重要作用。

战后德国实行“社会市场经济”。社会市场经济体制的内容可以概括为财产私有制、自由竞争和社会保险。在这一体制中，政府的作用就是努力维持民间企业自发的以及自负其责的竞争态势，同时用社会手段矫正由之产生的各种各样的缺陷，所以命名为“社会市场经济”。

1948年年初，艾哈德上任后便全力推行“社会市场经济”。为了遏制战后出现的恶性通货膨胀，1948年6月20日，联邦德国实行了货币改革。货币改革的主要措施是：取消旧帝国马克，代之以新的联邦马克；新货币的发行量不超过100亿马克。这意味着压缩了原货币量的93.5%。从此开始了货币发行量的控制。这是联邦德国经济全面改革的关键一步。货币改革之后，联邦德国面临着经济全面转轨，开始了全面建立社会市场经济的进程。

首先，建立自由竞争的经济秩序。为了保障自由竞争的经济秩序，防止企业或企业集团对市场的垄断，联邦德国于1957年7月颁布了《反对限制竞争法》，内容包括：禁止一切妨害、限制竞争的行为；禁止一家或几家企业以各种形式垄断市场，占据市场优势；扶持中小企业，使中小企业成为联邦德国经济增长和维护市场竞争的重要支柱。

其次，完善社会保障系统。1961年颁布的《联邦社会救济法》规定，凡陷入

① [美]阿兰·G.格鲁奇：《比较经济制度》，中国社会科学出版社，1985年版，第242页。

困境而又无权在社会保障系统内得到扶助的人,有权要求社会救济。社会福利所涉及的主要方面包括:实施高就业率并持续改善就业结构的措施,以促进经济增长;对劳动市场合同进行谈判,就最低工资达成协议;实行劳动者参与制;等等。

再次,制定“共同决定”制度。根据1951年的《煤钢企业共同决定法》《企业法》《公司法》等一系列法律规定,雇员在有关企业的经营、人事等重大问题上,与雇主一起共同拥有决定权,即参与企业的管理。

最后,加强宏观调控政策。联邦德国成立初期,在各种矛盾和问题交织存在的情况下,为保证社会市场经济健康发展,尤其需要实行稳定的经济政策,加强宏观调控,通过调节总需求来影响经济发展。在这方面,国家主要通过就业政策、分配政策、价格政策、财政政策和货币政策等达到上述目的。

总的来看,通过20世纪50年代的改革,联邦德国在艾哈德的领导下,建立了社会市场经济体制。这是一种宏观控制的社会市场经济,既反对经济上的自由放任,也反对对经济的管制;既要鼓励个人自由创造,又要实现社会公平和进步;既要保障私人企业和私人财产的自由,又要使这些权利的实行给公众带来利益。在国家和市场的关系上,它的原则是国家要尽可能少干预而只给予必要的干预。国家在市场经济中主要起调节作用,并为市场运作规定总的框架。所以,联邦德国实行的社会市场经济,实际上是国家有所调节的市场经济,目的是保证市场自由和社会公平之间的平衡。联邦德国的社会市场经济体制,创造了其五六十年代的经济奇迹,并为其以后经济持续发展奠定了基础。

英国的国有化运动

第二次世界大战结束前夕,英国工党提出民主社会主义政治纲领,其中的重要内容就是实行工业民主监督和工业国有化。艾德礼解释民主社会主义时说,这是一种把个人自由同计划经济、把民主同社会公正结合起来的制度。

在英国1945年7月的大选中,工党大获全胜,组成英国历史上第三届工党政府,工党领袖艾德礼出任首相。1945年年底,议会通过大英银行国有化法案,建立了英国历史上第一个国家银行,并将银行股票换成国家股票。1946年开始实施煤炭工业国有化。政府用1.6亿英镑的补偿费将全国800家公司收归国有,并建立煤炭工业管理局统筹经营。1947年8月以后,政府先后依据一系列国有化法令,在铁路运输、电力、煤气、航空、电信、航运等企业部门推行国有化。为了顺利推行国有化政策,工党政府采用补偿办法,即以高于市场价格的政府债券换取企业股票，使企业主从中得到不少好处，尤其是那些长期亏损的铁路、煤矿等企业的企业主更是如释重负，当然也就没有抵制的理由了。此外，政府让大批企业董事、经理留在原企业内继续供职，并保持原企业内部工人就业的稳定，使长期亏损企业内的工人也能得到保障。因此，积极支持工党政府实施国有化的社会基础是比较广泛的。

1964 年工党再次上台执政，于 1967 年开始实行第二次国有化。1974 年，工党政府又提出要把开发的土地收归国有，建立英国国家石油公司，执行政府参加沿海油田的开发权利，把造船和飞机工业国有化，并将私人所有的商业港口和运货设备置于国家所有和管理之下。1975 年，英国成立国家企业局。该局拥有 15 亿英镑的基金，作为国家进行新投资的资本。其任务则是创建新的工业企业，对私营企业进行有选择的财政援助，收买私营企业以扩大国有化，并执行政府在工业中投资股份的权利。

第二次国有化高潮后，英国政府控制了主要的基础工业部门。在煤炭、造船、电力、煤气、铁路、邮政、电信等部门国有企业的比重达到 100%，在钢铁和航空部门达到 75%，在汽车制造和石油工业部门也分别达到 50%和 25%。国有企业产值占国内生产总值的 10.5%；就业人数达 200 万人，占全部就业人数的 8.1%；固定资产达 56.4 亿英镑，占固定资产总额的 15.3%。1979 年国有企业的劳动力占全国劳动力的 8.1%，生产总值占全国生产总值的 11.1%，固定资产占国内固定资产总额的 20%。

英国的国有化运动促使社会资源大量流向国有企业，国有化产业的资本密集水平显著提高。从第二次世界大战结束到 1980 年，国有化产业的投资在全国总投资中的比重基本上保持在 20%左右。经过几十年的持续发展，国家所有制企业在英国经济中的相对重要性不断提高。在燃料、电力、交通、邮政、电信、自来水和钢铁等部门，国家所有制占主导地位。除燃料和钢铁产业外，这些产业都属于自然垄断产业，对国民经济发展具有举足轻重的作用。这些自然垄断产业的国有化，使原来小规模分散经营的局面得到改变，为实现规模经济奠定了基础。

第三节　美国经济增长与宏观调控

一、新技术革命

科技革命包括科学革命、技术革命和产业革命三个既有联系又有区别的过程。在世界近代经济史上，曾经发生过三次科技革命，每一次科技革命都使社会生产力发生一次新的飞跃。战后初期开始的以电子计算机、原子能利用、空间技术等为标志的科技革命，是近代以来的第三次科技革命。这次科技革命从美国开始，后扩展到欧洲和日本，在 20 世纪 50 年代中期到 70 年代初期达到高潮，到 80 年代则以更大势头发展。

这次科技革命的内容有以下几个方面：

第一，核能技术。1942 年 12 月，美国科学家在费米领导下，建成第一座原子反应堆。1945 年 7 月 16 日，美国第一颗原子弹爆炸成功，标志着人类利用原子能时代的开始。战后，原子能利用朝两个方向发展：一是用来制造军事武器，如原子弹、氢弹和中子弹以及核潜艇等；二是原子能的和平利用，主要是核电站的建设以及核医学的发展等。

第二，电子计算机技术。1959 年，美国研制成第一台大型通用晶体管计算机。1964 年 4 月 7 日，美国国际商业机器公司（IBM）宣布制成通用的集成电路计算机，标志着第三代电子计算机的诞生。1970 年，第四代大规模集成电路电子计算机诞生，它的使用使电子技术进入了微电子技术时代。

第三，空间技术。1969 年 7 月 21 日，美国“阿波罗号”飞船成功登上月球，这一成功标志着人类进入太空时代。1981 年 4 月 12 日，美国第一架航天飞机“哥伦比亚号”顺利升空。空间技术广泛地用于通信、侦查、气象、导航、资源考察和科学研究等各个领域，产生了巨大的经济效益，并对社会经济生活产生了越来越大的影响。

第四，新材料技术。所谓新材料技术，是指在现代科学基础上研制具有优异特性、特殊功能的新材料的技术。战后以来，由于有机化学、物理化学和固体物理学的发展，新材料不断涌现。

第五，生物工程技术。1953 年，美国的沃森和英国的克里克建立了 DNA 的双螺旋结构模型，标志着分子生物学的诞生。60 年代，科学家又发现了构成 DNA 的 64 个遗传密码。1973 年，美国分子生物学家科恩和博耶成功地进行了 DNA 重组技术的试验。接着，科学家应用这种技术生产出胰岛素、生长激素和干扰素。这说明生物技术已发展到实际应用阶段。

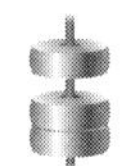

在这次科技革命中，还有许多高新技术问世，包括激光技术、光导纤维技术、海洋工程技术等。这次科技革命呈现出许多特点：规模大，范围广，以群体化形式出现；科学革命与技术革命紧密结合，实现发展进程的高速化；科技革命的集群化和高速化，使科技发展出现社会化趋势。20 世纪 50 年代初至 70 年代中期，美国工业生产的增长中有 2/3 应当归因于劳动生产率的提高，如 1954—1973 年，美国制造业的劳动生产率年平均增长 3.7%，其中有 40%~70%是科技水平提高的结果①。

二、经济增长与结构变化

新科技革命和经济迅速增长，使美国产业结构发生了非常明显的变化。20 世纪五六十年代，作为美国经济三大支柱的钢铁、汽车和建筑工业仍然继续发展。特别是汽车业作为美国经济中最重要的因素，获得进一步的发展。1940—1970 年，公共汽车和卡车由 500 万辆增加到 1 900 万辆，小汽车从平均每 5 人 1 辆增加到每 2 人 1 辆。钢铁工业和建筑业在战后一个时期获得较好的绩效。这主要是因为战后初期进行了大规模固定资本更新和住宅建设，造成这两个部门需求的大幅度增加。但是，随着战后初期这种补偿性建设高潮的过去，这两个部门很快就出现了衰退。其他传统部门的增长也普遍出现需求下降的趋势。1939—1961 年，美国经济中需求量下降最快的产业及其每年需求量下降幅度依次为：采煤 4.5%，有色金属开采 2.1%，钢铁 1.9%，铁矿 1.7%，木材加工 1.1%②。

战后蓬勃兴起的石油、化工、天然气、电子、航空和宇航、原子能等新兴工业部门，发展更为迅速。石油工业因生产新能源而成为庞大的工业部门，1940—1969 年其资产增长 800%。家庭、办公室和工厂消耗天然气的价值，由 1940 年的 8 亿美元增加到 1969 年的 108 亿美元。煤气公用事业成了庞大的工业，1969 年资产达 430 亿美元以上，比 1940 年增长了 8 倍。化学工业增长的重要原因是用化学方法加工和生产一整批新工业品——塑料、合成橡胶、合成纤维、合成洗涤剂、药物、杀虫药剂等。20 世纪 30 年代，电子工业主要生产收音机和通信设备，其产值在 1939 年不过 5 亿美元，到 1969 年则接近 150 亿美元。电视机的产量 1947 年是 7 000 台，到 1971 年美国家庭拥有 6 300 多万台黑白电视机和 2 700 多万台彩色电视机，平均每两个家庭有三台电视机。1954 年，美国只有 200 部电子计算机，到 1970 年估计达 10 万部。电子计算机和工业数据处理设备的销售额连续 20 年创造新纪录，1969 年高达 78 亿美元。航空和航天技术在战后的成就引人注目，大型喷气式飞机出现，速度比战前提高 3~4 倍。1970

① 李琮：《当代资本主义世界经济发展史略》（上），社会科学文献出版社，1989 年版，第 225 页。

② ［美］马丁·费尔德斯坦：《转变中的美国经济》（下），商务印书馆，1990 年版，第 591 页。

年，美国约有47条定期的国内、国际航空线，雇员30多万人，总收入达85亿美元。航天技术发展的最大成就是1969年把人送上月球；航天部门成为技术最复杂的制造业，荟萃了大量科技人员。1948年美国航空和宇航工业的销售额为10亿美元，1968年销售额超过300亿美元，雇员超过100万人，其中半数是工程师和科学家。1969年“阿波罗登月计划”取得成功，人类第一次登上月球。原子能工业不论在军用还是民用方面，都获得迅速的发展，成为战后成长最快的产业部门。

技术的进步、生产率的极大提高和新兴工业部门的发展，引起国民经济中物质生产部门比例下降，第三产业迅速扩展。1950年到1973年，美国国民收入来源发生重大的变化：农业收入与其他收入相比减少了一半，制造业和公用事业也相对减少，而各类服务活动的收入相对增长（见表14-1）。20世纪70年代，美国已很好地建立起服务经济，过去重视购置房产、汽车和家庭用具的大规模消费经济，已经大量转向服务经济。1955—1980年，美国服务业就业比例从40.7%增加到51.7%，而传统的制造业、矿业和建筑业就业比例从35.9%下降到27.4%，农业就业比例更从11.3%下降到3.6%（见表14-2）。另外，根据1956年的社会普查，美国的白领工人的数量已经超过了蓝领工人的数量，其中科技人员数量大大增加，促进了美国“知识经济”的发展。

表14-1　1950年和1973年美国国民收入的来源（%）

	1950年	1973年
农　业	7.3	3.6
制造业	38.7	34.1
公用事业	8.6	7.6
服务业	45.4	54.7
总国民收入	100.0	100.0

资料来源：1974年《美国统计摘要》，转引自：阿兰·G.格鲁奇：《比较经济制度》，中国社会科学出版社，1985年版，第79页。

表14-2　1955—1980年美国就业结构的变化（%）

年份	农业	制造业、矿业和建筑业	服务业	政府
1955	11.3	35.9	40.7	12.1
1960	9.1	34.3	42.6	14.0
1970	4.7	31.7	46.7	16.9
1980	3.6	27.4	51.7	17.3

资料来源：加里·M.沃尔顿、休·罗考夫：《美国经济史》，中国人民大学出版社，2011年版，第651页。

第三产业的比例迅速上升，表明美国社会出现了不同于战前的变化，从战前的工业社会进入战后的后工业社会，即"进入了一个大部分工人不是受雇于农业、制造业、采矿业和建筑业的商品生产工业的社会"①。

20 世纪 70 年代初期的石油危机，以及 1974—1975 年的战后第三次世界性经济危机，使美国经济陷入滞胀。1973—1979 年，美国的平均产出增长率仅为 2.12%，远低于 20 世纪五六十年代的水平，资本投入的贡献在经济增长中每年下降 0.05%。与此同时，劳动投入的贡献实际增加 0.27%，生产率的增长幅度下降 1.38%。美国生产率和净投资率的提高、收入的增加以及总的经济增长落后于其他发达国家。这一时期，美国一方面要应对严重的通货膨胀，另一方面要解决严重的失业问题。这种两难困境迫使美国进行改革和调整。所以，20 世纪七八十年代的滞胀时期，也是美国经济的改革和调整时期。在经济政策上，美国经历了凯恩斯主义向新自由主义的转变；在增长方式上，则加快了高新技术产业的发展，以取代传统产业在美国经济中的地位。石油危机的压力，迫使美国企业革新技术，调整产业结构向高级化发展。低能耗的高新技术产业增加，其中具有代表性的就是信息产业的蓬勃兴起。能源消耗量大的钢铁工业等生产部门的工业产值在整个工业产值中所占比重逐步下降，制造业中科技发展内涵最高的汽车、宇航、电子、机电产业占据优势地位②。

三、经济政策与宏观调控

自由市场经济在美国具有较深的历史渊源，所以，美国政府基本上是"小政府"或"软政府"。20 世纪 30 年代的大危机改变了美国人的思想，他们接受了国家管理观念，并通过罗斯福的新政试验，奠定了国家管理的基础。这种趋势在战后得以延续并有所发展。1946 年颁布《就业法》，该法令责成联邦政府负责"最大限度的就业、生产和购买力"，根据该法成立了协助总统制定经济政策的经济顾问委员会。这意味着从法律上确定了政府对经济的责任。随后美国混合经济体制在杜鲁门和艾森豪威尔两届政府任期内形成，在肯尼迪和约翰逊任总统期间得到发展。因此，战后政府在美国经济生活中的作用扩大了。首先，政府的机构和雇员的数量迅速增加。1929 年，联邦、州和地方政府中的就业人数，只占以工资和薪金收入为生的非农业人员总数的 9.8%。到 1975 年，各级政府吸收了 1 480 万工作人员，占以工资和薪金收入为生的人员总数的 19%。其次，政府部门对经济增长的贡献大大提高了。这些部门对国民收入总额的贡献，1929 年为 5.8%，1973 年上升为 15.5%。再次，政府部门作为商品和服务的

① ［美］丹尼斯·吉尔伯特等:《美国阶级结构》，中国社会科学出版社，1992 年版，第 88 页。

② 吴蔚:《美国经济增长方式分析》，《世界经济》，1999 年第 12 期。

消费者的重要性日益增强。1929 年,政府购买的国民生产总值为 1/10 强,到 1975 年则上升为 1/5 强。当一个国家的地方、州和联邦政府雇用全国 19%的非农业人员,占国民收入总额的 15%,购买国民生产总值 22%时,政府的活动显然已处于影响国家经济活动的水平与方向的战略地位[①]。

从战后初期的杜鲁门总统一直到约翰逊总统的 20 多年里,美国沿着罗斯福新政的道路进行了一系列社会改革。从杜鲁门的"公平施政"到约翰逊的"伟大社会",其基本思路都是期望通过扩大社会福利改善收入分配,从而扩大社会需求以防止衰退。这套制度概括起来主要包括以下内容:第一,建立社会保障体系。其主要包括最低工资保障、养老保险制度和医疗保健体系。第二,制订廉价民用住宅建造计划。为低收入家庭建造廉价住房,为城市清理贫民窟和改善农村住宅提供大笔贷款和援助,提供房租补助等。第三,建立国民教育体系。对大专学生提供长期贷款,拨款改进自然科学、数学和外语的教学计划。在约翰逊任内,国会先后通过 60 多项法案,大大增加了联邦政府的教育开支,促进了美国教育事业的发展,改善了黑人和穷人的教育状况。第四,制订反贫困计划。1964 年 3 月 16 日,约翰逊政府正式发起所谓的反贫困之战。到 1970 年,政府为包罗万象的反贫困之战提供了 90 多亿美元的资金。

随着时间的推移,社会保险和其他保险计划越来越普及。用于公共计划、退伍军人计划、教育、住房、模范城市、人力训练、合法援助及各种各样的社会福利开支,从 1950 年占国民生产总值的 8. 9%,上升到 1974 年的 18%[②]。最大的两项是社会保险和教育。1969—1974 年,社会保险费增加了一倍,主要来源是联邦政府,1950—1974 年,联邦政府给地方政府的社会福利贷款增长了 16 倍多[③]。这些福利措施,对于保证美国社会稳定起到了重要的作用。

政府对于经济周期的干预始于罗斯福新政。在战后一个相当长的时期里,美国政府使用凯恩斯主义武器,与经济周期进行了拉锯式的战争。从传统上来看,美国民主党在经济上更加信奉凯恩斯主义,强调国家干预的成分多一些;共和党则在理论上反对国家干预,强调放任自由的市场经济。而实际上,无论哪一个政党执政,都必然实施国家干预。

20 世纪五六十年代,凯恩斯主义的国家干预政策大致是成功的。尽管经济不乏波动,但毕竟没有大的经济危机。然而,在这期间就业的目标和收入的目标对经济形成高压,特别是约翰逊总统实施其"伟大社会"计划,导致物价持续上涨。在这种情况下,政府经济目标不得不逐渐转移,抑制通货膨胀成为

① [美]阿兰 · G. 格鲁奇:《比较经济制度》,中国社会科学出版社,1985 年版,第 88—89 页。

② [美]H. N. 沙伊贝等:《近百年美国经济史》,中国社会科学出版社,1983 年版,第 573 页。

③ [美]H. N. 沙伊贝等:《近百年美国经济史》,中国社会科学出版社,1983 年版,第 573 页。

人们议论的主要目标。根据凯恩斯主义理论,经济增长和就业扩大与通货膨胀之间存在一种交替关系。如果经济增长良好,就业状况良好,即使出现通货膨胀也被认为是值得的。但是,约翰逊的经济政策使通货膨胀达到了不能容忍的程度,特别是随着通货膨胀的加剧,这种交替也不存在了,而是出现了凯恩斯主义无法解释也无法解决的经济停滞与通货膨胀并存的局面。

为解决失业和通货膨胀难题,1971 年 8 月 15 日,尼克松政府宣布实行新经济政策:对内冻结工资、物价和房租 90 天,削减联邦政府开支,取消 7%的汽车税,减征 10%的新设备投资税;对外暂停用美元兑换黄金,征收 10%的进口商品附加税,削减对外援助经费 10%。随之而来的是断断续续实行的这种冻结,以及后来于 1972 年 6 月 14 日实行的 60 日冻结。然而,到 1974 年美国通货膨胀率达到 14.4%,这是自第一次世界大战以来的最高水平。1975 年的失业率也达到了 9.2%,比第二次世界大战后的最高水平还高出 2 个百分点①。政府进一步宣布,自 1979 年起全国各公司工资(含附加工资)增长最高限额在 7%以下,物价上涨幅度至少比 1976 年、1977 年的平均数低 0.5%,一旦通货膨胀率超过 7%,遵守合同的工人可获减税,违背协议的要受制裁。1978 年 11 月,政府公布减税 187 亿美元的法案,其中,在 1979 年削减的 130 亿美元个人所得税,有 85%属于年收入在 15 000 美元以上的人,公司及资本收益税也减少了 57 亿美元。卡特政府试图解决经济滞胀难题的努力,虽然当时收效甚微,但是为里根政府提供了宝贵的借鉴。

第四节　战后日本经济的高速增长

一、艰难的经济恢复历程

战后初期的日本经济面临严重的困境:粮食极度匮乏,失业队伍庞大,通货膨胀严重。为了生存,居民被迫典卖衣物换取粮食,其状况犹如竹笋脱皮,被称为"笋式生活"②。

1947 年,日本实行"重点生产方式",即集中力量恢复和发展煤炭生产,煤炭部门增产后重点供应钢铁业,再用增产的钢铁重点加强煤炭业,力图通过扩大煤和钢铁再生产的能力来带动整个经济的恢复。1948 年年底,美国提出了紧缩财政、加强税收等"稳定日本经济九原则",并派底特律银行董事长约瑟夫·

① [美]赫伯特·斯坦:《美国总统经济史——从罗斯福到克林顿》,吉林人民出版社,1997 年版,第 168 页。

② 马焕明:《略论朝鲜战争对日本经济的影响》,《史学集刊》,1997 年第 3 期。

道奇赴日本具体实施。道奇亲自编制了 1949 年度预算——“超均衡预算”，具体内容包括设定 1 美元 = 360 日元的单一固定汇率，削减各种补助金，紧缩货币，压缩国民生活以增加出口等严厉措施，被称为“道奇路线”。道奇路线取得一定成果，但又造成工厂倒闭、失业增加、银根紧缩，出现了“稳定恐慌”。

真正使日本经济从危机中解脱出来的是朝鲜战争的爆发。朝鲜战争给日本带来了大量“特需订货”（见表 14-3）。据统计，1950—1953 年，日本为美军提供的“特需订货”达 24 亿美元。美国的这种“特需订货”，约 70%是供应物资，30%是提供劳务。以此为起点，日本的出口急剧增长，仅 1950 年 7 月份的出口总额即为 7 400 万美元，比 6 月份增加 18%，创造了战后日本月出口额的最高纪录。“特需订货”和出口增加，使日本商业迅速摆脱积压滞销的艰难局面，有约 1 500 亿日元的积压滞销商品顷刻间被抢购一空，工业生产指数在多年徘徊不前之后，于 1950 年第一次超过战前水平。1951 年的国民生产总值也达到战前的水平。

表 14-3　朝鲜战争时的“特需订货”和出口

时　间	“特需订货”（A）（百万美元）	出口额（B）（百万美元）	A/B（%）
1950 年	149	820	18.20
1951 年	592	1 355	43.70
1952 年	842	1 273	66.10
1953 年	809	1 275	63.50
合　计	2 392	4 723	50.60

资料来源：[日]1954 年度《经济白皮书》，转引自饭田经夫等：《现代日本经济史——战后三十年的历程》，中国展望出版社，1986 年版，第 113 页。

与此同时，日本政府采取一系列产业复兴措施。这些措施包括：①整备金融机构。1950—1952 年，先后设立了日本输出银行（后改为输入银行）、开发银行和长期信用银行。②在税制上有针对性地设立优惠措施。通过减免税鼓励企业增加储蓄；对重要机械及合理化需要的机械、开发研究用机械设备及新技术企业化用机械设备等规定较高的设备折旧率；建立出口所得的特别退税制度及出口损失准备金，鼓励出口等。③根据《外贸管理法》建立起外汇分配制度，即为维护国际收支平衡而制约进口总额、按项目分配外汇、允许规定数量进口的政策。④鼓励根据《外资法》进行技术引进。受此法保护，朝鲜战争期间，各企业技术合作式的技术引进逐年增多，1950 年有 27 件，1951 年上升为 101 件，

1952 年为 133 件,1953 年为 103 件[①]。

二、高速增长与产业升级

从 1955 年起,日本经济进入持续增长的高速发展时期。1955—1964 年是日本经济高速发展的前期,先后出现了 1955—1957 年的"神武景气"和 1958—1961 年的"岩户景气"。这个时期是以重工业和化学工业为中心进行大规模更新和扩大固定资本的阶段。在"赶超先进工业国家"口号的带动下,日本大量引进美国和西欧发达资本主义国家的先进生产技术,争相扩大投资,扩建新企业,采用最新技术设备,迅速形成电机、电子、汽车、石油化工、合成纤维和合成树脂六大新兴工业部门,并推动机械工业、有色金属、水泥、塑料和石油精炼等部门的发展。1955—1964 年,日本工矿业生产年均增长率达 14.6%,1964 年的生产规模相当于 1954 年的 3.8 倍、战前的 6.4 倍,从而为日本国民经济的现代化打下了雄厚的物质技术基础。1965 年至 70 年代初是日本经济高速发展的后期,是经济持续高涨、商品输出和资本输出急剧扩大的阶段。在前一阶段发展的基础上,日本经济从 1965 年 11 月开始至 1970 年 7 月出现了历史上空前的长达 57 个月的经济高涨期,即著名的"伊奘诺景气"。这期间,日本继续大量引进外国先进技术,并着重研制和发展能够同欧美抗衡的自主技术。工业生产逐步向大型化发展,极大地提高了工业生产的机械化和自动化水平,促进了劳动生产率的大幅度增长。在这 57 个月中,日本国民生产总值增长率达 10.5%,工业生产水平增加 2.1 倍。

经济的高速增长,迅速改变了日本的国际经济地位。1950 年,日本国民生产总值为 109 亿美元,居世界第 7 位。日本到 1960 年先后超过印度和加拿大,1966 年超过法国,1967 年超过英国,1968 年超过联邦德国,成为仅次于美国的资本主义世界第二经济大国。同时,它跟美国的差距也大大缩小。1955 年日本的国民生产总值只为美国的 6%,到 1973 年上升为 1/3。日本 1950 年人均国民收入为 123 美元,居世界第 37 位;到 1970 年国民生产总值已达 1 975 亿美元,人均国民收入达 1 770 美元,排名上升到世界第 15 位。总的来看,在 1950 年至 1970 年的 20 年间,日本国民生产总值增长 17 倍多,人均国民收入增加 13 倍多,迅速成长为经济大国。

到 70 年代初,日本基本上实现了国民经济的现代化,其主要标志是:①工业部门的技术装备达到欧美国家的先进水平,工业生产在部门结构、生产流程、企业管理、劳动生产率以及产品质量等方面均达到世界先进水平。②经济结构发生重

① 马焕明:《略论朝鲜战争对日本经济的影响》,《史学集刊》,1997 年第 3 期。

大变化。1955—1975 年,第一产业在国民收入中的比重从 23. 1%降为 6. 6%,第二产业的比重从 28. 6%上升为 35. 8%,第三产业的比重则从 48. 3%上升为 57. 5%。工业部门内部结构由以轻纺工业为主的低增值型工业结构变成以重化工业为主的高增值型工业结构。到 1970 年,重化工业在工业中所占的比重从 1960 年的 53. 7%上升到 68. 9%,超过了所有资本主义国家。③对外贸易结构也发生明显变化。在日本的出口产品中,轻工业产品所占的比重已从 1955 年的 52. 2%下降到 1971 年的 20. 6%,而重工业和化学工业产品的比重则从 30. 8%猛增到 74%。④主要工业产品的产量和质量已居世界前列。1973 年,日本的船舶、收音机、电视机、铝、人造纤维五种产品的产量居世界第一位,水泥、橡胶、小汽车、卡车、合成纤维、棉纱六种产品的产量居世界第二位,生铁、粗钢、精钢、铅、电力、硫酸、纸浆七种产品的产量居世界第三位。日本的工业生产在资本主义世界的比重从 1955 年的 2. 2%上升为 1975 年的 8. 3%。日本的工业品,特别是钢铁、机械、汽车、船舶、家用电器等在质量上已属世界第一流,在国际市场上有很强的竞争力。⑤人民生活水平大幅度提高,消费结构发生根本性变化。1955 年前后一般家庭追求的三大件是缝纫机、洗衣机和电风扇,到了 1956 年以后则变为电冰箱、电气除尘器和黑白电视机,1965 年以后人们的欲望则转向彩色电视机、室内空调器和小汽车。1974 年,电冰箱、洗衣机、电风扇的普及率达到 90%,吸尘器、缝纫机、石油取暖炉的普及率达到 80%,彩色电视机、照相机的普及率为 70%,小汽车的普及率也由 1966 年的 12. 1%提高到 1973 年的 36. 7%,而且农民家庭小汽车的普及率比城市居民还高。

三、日本出现"经济奇迹"的原因

日本在战后 20 多年的时间里,从一个遭受战争严重破坏的国家一跃发展成为经济大国,其所取得的成功举世瞩目。日本迅速实现现代化的原因,可以概括为以下几个方面:

第一,充分发挥政府干预经济的作用。政府的作用不仅是制定各种经济法令,把各种经济纳入管制轨道,而且是通过国民经济计划和行政指导等方式实现这种干预。战后,政府成立了由政府官员、财界要人、经济权威、工会高级干部等组成的智囊团,并以这些智囊团为核心,组成各式各样的审议会,预测、研究和解决经济发展中的问题,制订全局性和局部性的经济计划,加强宏观经济管理,如《经济自立五年计划》(1956—1960 年)、《国民收入倍增计划》(1961—1970 年)等。为调解以民间企业自由竞争为基础的经济体制和计划之间的矛盾,日本政府一般采取"行政指导"的方法,加强对经济的干预。所谓行政指导,就是政府以它认为正确的方式,通过行政影响力来指导企业及个人的行动,包括进行建议和说服。这种建议和说服往往能使企业在现在或将来得到贷款、拨款、补贴、减免税、政府订货、进口或外汇许可等好处。尽管企业可以根据自己的意愿对行政指导表示接受或拒绝，但是，由于行政指导使企业获得了好处，所以得到企业的信任。如从 1951 年开始，日本通产省对钢铁工业每隔五年制订一次“合理化投资计划”，政府的这种行政指导使日本钢铁工业迅速发展，取得最佳效果。此外，政府还利用财政金融手段，支持日本的企业发展。日本政府用于固定资本投资的资金往往占其财政支出的一半。

第二，利用较高的国民储蓄率进行大规模投资。日本的私人储蓄率高于其他资本主义国家。如 1962 年日本个人储蓄率占纳税后收入的 20. 7%，而美国为 6. 8%，英国为 8. 6%，联邦德国为 12. 2%。个人储蓄通过国家和私人的金融机构流入私人企业，成为它们扩大企业经营的重要资金来源，保证了生产设备的大规模更新和扩大，推动了生产的迅速增长。自 50 年代中期起，为赶超欧美先进国家，日本进行了大规模的设备投资。1960 年至 1970 年的 10 年间，日本固定资本投资占国民生产总值的比率一直为 18%～20%，积累率高于所有资本主义国家。其投资增长率也最快，1955 年至 1970 年的 15 年间固定资本投资增加了 15 倍以上。高积累和高投资带来了经济发展的高速度。

第三，大规模引进国外先进技术，加快技术进步。20 世纪 50 年代，日本的科学技术水平比欧美国家落后二三十年。日本紧紧抓住资本主义世界开展科学技术革命的有利时机，引进先进技术，迅速缩小直至拉平了与国外技术的差距。经过近 20 年的努力，到 70 年代日本共引进技术 2 万多项。通过引进，日本几乎掌握了全世界半个世纪中发明的全部先进技术。为促进技术引进，政府对引进技术进行大力扶植与保护，制定必要的法律和法令，使引进有法可循，避免盲目性；根据国内经济的实际消化能力，有计划、有步骤地引进技术，使引进从低级向高级发展，例如，50 年代主要引进机械设备和较低级的技术专利，60 年代主要引进大型技术项目，70 年代则以引进尖端技术为主。日本采各国之长，充实完善本国技术体系，使引进与消化、改良与创新相结合，迅速实现引进技术的“日本化”。

第四，实行独特的企业经营管理体制。日本通过引进西方先进的科学管理制度，并结合日本民族文化传统，创造出独具特色的、高效率的日本式管理体制。日本式管理体制的核心，就是“对人的尊重”，重视人的因素，强调职工积极关心企业发展的自发性和主动性，造就一个“优秀工人、优秀技术人员、优秀管理人员组成的优秀技术集体”。这个管理制度包括三个方面，即“终身雇佣制”、“年功序列工资制”和“按企业组织工会”。例如，“终身雇佣制”就是用工会、工资和奖金把职工利益和企业利益结合在一起，使工人懂得企业就是一个“集团”,是一个“大家族”,企业经营得好,工资就高,分红也多;反之,工资低,奖金少,而企业倒闭,工人就要失业。为此,工人就要“爱厂如家”,与企业共命运。而企业领导人也大力兴办福利事业,办医院,建体育馆、俱乐部,向职工提供房租低廉的住宅,甚至还深入车间、班组与工人谈心,进行家访,赠送生日礼品,竭尽讨好职工之能事,从而缓和了资本家与工人之间的阶级矛盾,使工人、管理人员、技术人员一起为办好企业而努力。总之,这种管理体制使得日本民族传统的“集团意识”以及勤劳、智慧和献身精神得到了充分体现与发挥。这种精神因素与现代化的科学管理以及生产者良好的文化和技术素质结合起来,必然会获得最大的经济效益,从而极大地加速了日本经济的发展。

国民收入倍增计划

20 世纪 50 年代末,日本经济进入“锅底萧条”阶段。这一时期,日本经济存在双重结构、过度依赖投资带动经济增长、人口红利即将结束、个人消费不足等诸多问题,加上日益扩大的收入差异,不平等的收入和机会,让社会不同阶层之间的矛盾日益深重。

1960 年,池田勇人担任日本第 58 届首相。上任伊始,他就宣布启动为期 10 年的“国民收入倍增计划”,具体内容包括:充实社会资本;产业结构高度化,提高高生产率部门在产业中的比重;促进对外贸易和国际经济合作;培训人才,振兴科学技术;缓和二重结构,确保社会安定。具体目标是,10 年后实现国民生产总值及人均国民收入增长一倍以上。这一计划规定:国民生产总值和国民收入年平均增长速度为 7.8%,人均国民收入年平均增长速度为 6.9%。

该计划的理论依据是:在国家高速增长的同时,如果劳动者的工资水平没有随着经济增长比例而增长,社会生产力与消费水平的巨大反差会阻碍经济的可持续发展。所以,只有让工人和农民收入倍增才能解决国家经济中内需不足、产能过剩的问题。

1961 年,日本政府推出了规模空前的预算案,总额达 1 兆 9 527 亿日元,比上一个年度增长了 24.4%。与此同时,日本政府开始采取减税和下调利率的做法,力主贸易自由化,促进对企业的投资,并通过在家电产业方面的技术革新,实现对“三种神器”,即黑白电视机、电冰箱和洗衣机等电器产品的大规模生产。

该计划最初受到很多经济学家的反对,认为此举将加重通胀压力。一般日本民众也认为,他们收入“倍增”的效用将被通胀抵消。针对社会压力,池田勇人提出“低姿态”“忍耐与宽容”的执政方针,意在通过经济的发展缓和社会矛盾,用实际成就和看得见的好处与激进派抗衡。1964 年,东京奥林匹克运动会后,随着池田勇人的病逝,这一计划受到强烈质疑。这是因为,公害、农村劳动力不足等问题纷纷浮出水面。1965 年,日本经济发展速度一度下降,即便进一步降低利率也不能解决问题。对此,政府在 1965 年提出了新的方案,通过赤字国债的发行和对家庭贷款的松绑,使日本重归发展路线,从萧条中挣脱出来。经过艰苦努力,该计划的实施终于达到预期目标。

国民收入倍增计划是一项对日本影响深刻,同时也颇为成功的战略。到 1967 年,日本提前实现了收入倍增计划,实际国民收入增加了一倍。1968 年,日本成为西方世界仅次于美国的第二大经济强国。人均国民收入按市场价格计算,从 1960 年的 395 美元增加到 1970 年的 1 592 美元;到 1973 年,国民收入甚至增加了两倍,在日本形成了一个强大和稳定的中产阶层。此后,日本人的生活水准开始与发达国家齐平,日本逐渐走上了稳定、富强的发展道路。

本章思考题

1. 20 世纪 30 年代大危机的根本原因是什么?
2. 如何评价罗斯福新政?
3. 20 世纪五六十年代资本主义国家经济为什么会出现“黄金繁荣”?
4. 战后日本出现“经济奇迹”的原因是什么?

第十五章 中国的社会主义经济建设

第一节 社会主义基本经济制度的建立

一、新民主主义革命的胜利

20世纪的世界史上最具影响力的大事,就是人口最多的东方国家——中国,从一个半殖民地半封建国家,发展成为一个初步繁荣和民主的社会主义国家。中国人口占世界人口的1/4,仅仅就这一点来说,中国社会主义的成功和经济的发展,就是对人类的巨大贡献,并足以使20世纪的人类历史具有特别重大的意义。

1949年9月21日,毛泽东在中国人民政治协商会议第一届全体会议上宣告:"占人类总数1/4的中国人从此站起来了。"会议一致通过了《中国人民政治协商会议共同纲领》(以下简称《共同纲领》)。《共同纲领》指出:新成立的中华人民共和国,是新民主主义即人民民主主义的国家,实行工人阶级领导的、以工农联盟为基础的、团结各民主阶级和国内各民族的人民民主专政,反对帝国主义、封建主义和官僚资本主义,为中国的独立、民主、和平、统一和富强而奋斗。与此相适应,为了建立新民主主义经济,中华人民共和国必须取消帝国主义国家在中国的一切特权,没收官僚资本归人民的国家所有,有步骤地将封建、半封建的土地所有制改变为农民的土地所有制,保护国家的公共财产和合作社的财产,保护工人、农民、小资产阶级和民族资产阶级的经济利益及其私有财产,发展新民主主义的人民经济,稳步地变农业国为工业国。

根据建立新民主主义经济的要求,《共同纲领》确定的经济建设的根本方针

是公私兼顾、劳资两利、城乡互助、内外交流,达到发展生产、繁荣经济的目的。国家应在经济范围、原料供给、销售市场、劳动条件、技术装备、财政政策、金融政策等方面,调剂国营经济、合作经济、农民和手工业者的个体经济、私人资本主义经济和国家资本主义经济,使各种社会经济成分在国营经济的领导之下分工合作,各得其所,以促进整个社会经济的发展。《共同纲领》规定,土地改革为发展生产力和国家工业化的必要条件。凡已实行土地改革的地区,必须保护农民已有的土地所有权。凡尚未实行土地改革的地区,必须发动农民群众建立农民团体,经过清除土匪恶霸、减租减息和分配土地等项步骤,实现耕者有其田。国营经济为社会主义性质的经济。凡属有关国家经济命脉和足以操纵国计民生的事业应由国家统一经营。凡属国有的资源和企业,均为全体人民的公共财产,为人民共和国发展生产、繁荣经济的主要物质基础和整个社会经济的领导力量。凡有利于国计民生的私营经济事业,人民政府应鼓励其经营的积极性,并扶助其发展。国家资本与私人资本合作的经济为国家资本主义性质的经济。在必要和可能的条件下,应鼓励私人资本向国家资本主义方向发展。

根据《共同纲领》,在中国共产党的领导下,中国人民开始了建立新民主主义经济的奋斗。首先,没收官僚资本。旧中国官僚垄断资本掌握着中国的经济命脉,是中国现代工业中占第一位的经济成分。1949 年以前,南京政府资源委员会几乎拥有中国重工业的一切产业部门;轻工业也基本掌握在垄断资本手中,全部铁路、公路、航空,主要的银行都由国家经营。随着新民主主义革命的胜利,并随着全国政权转移到中国共产党领导的人民手中,旧的官僚资本主义经济变成新民主主义国家所有的国营经济。在没收官僚资本的同时,解放区还新建一批国营经济。到 1949 年年底,国营工业产值在全部工业总产值中的比重为 26.7%,在全国大型工业产品的产量中,国营工业产量占电力的 58%,原煤的 68%,生铁的 92%,钢的 97%,水泥的 68%,棉纱的 53%,铁路货运周转量的 100%,水运货物周转量的 43%,公路运输货物周转量的 21%。

其次,在接管城市和没收官僚资本的同时,对于帝国主义在中国的经济势力进行了各种形式的废除、没收和斗争。例如,废除帝国主义在华的种种特权,废除不平等条约,收回设在各口岸的海关自主权,并立即由人民政府统制对外贸易和由人民银行统一管理外汇,没收和管制外国在华财产等。从新中国成立初期到 1953 年,外国企业由 192 个减少到 63 个,所属职工由 12.6 万人减少到 2.3 万人,所有资产由 12.1 亿元减少到 4.5 亿元。这样就基本消除了帝国主义在中国的经济残余。

最后,实行土地改革。在旧中国的农村,封建土地所有制长期占统治地位,不到人口10%的地主、富农占有70%—80%的土地，而占农村人口90%的农民却只有20%～30%的土地。由于无地可耕，广大劳动人民受到封建土地制度的残酷剥削，被迫将50%以上的土地收获物作为地租交给地主。这种落后的生产关系，严重阻碍农业生产力的发展。在解放战争中，中共中央于1946年发出“五一”指示，宣布实行没收地主土地分给农民的政策，1947年又制定了《土地法大纲》，并在解放区开展了轰轰烈烈的土地改革运动。1950年，中央人民政府颁布了《土地改革法》，开始实行土地改革。到1953年春为止，除了约有700万少数民族聚居的地区外，土地改革已经全部完成。据统计，全国经土地改革没收和征收的土地共有7亿亩，占全国耕地的46.5%，受益农民3亿人，占农村人口的60%～70%。

通过消除外国经济势力，没收官僚资本主义经济建立国有经济，实行土地改革消灭封建经济，就基本上奠定了新民主主义的经济基础。

二、国民经济的迅速恢复

由于中国长期以来处于战乱之中，自然灾害频繁，社会经济受到极大的破坏，所以新中国成立以后最重要的事就是恢复经济。1949年12月2日，毛泽东在中央人民政府委员会第四次会议上发表讲话，指出在一定时期内财经工作的方向，就是恢复国民经济。在三年五年的时间内，恢复经济事业；在十年八年的时间内，经济就可以得到巨大的发展。这样就确定了用三年五年恢复国民经济，为将来的全面建设做准备的任务。12月22日、23日，周恩来对参加全国农业会议、钢铁会议、航务会议人员发表讲话，传达了毛泽东的上述指示，并提出经济恢复的标准即工农业生产达到战前的最高水平。

1950年2月13日至25日，中央财政经济委员会召开全国财政会议，集中讨论财政、贸易和现金管理等重大经济问题。会议认为，要迅速克服财政经济困难、稳定物价，必须平衡财政收支、平衡信贷进出和平衡物资供求。要达到这三大平衡，关键是统一财经管理。3月3日，政务院通过并颁布了《关于统一国家财政经济工作的决定》，规定：①统一全国财政支出。将国家财政收入的主要部分集中到中央，除批准征收的地方税收外，所有农业税（公粮）、关税、盐税、货物税、工商税收入均归中央人民政府财政部统一调度使用。②统一全国物资调度。成立全国仓库物资清理调配委员会，所有仓库物资由政务院财政经济委员会统一调度、合理使用，各地国营贸易机关的物资调动均由中央人民政府贸易部统一指挥。③统一全国现金管理。指定中国人民银行为国家现金调度的总机构，一切军政机关和公营企业的现金除留若干近期使用外，一律存入国家银行，由国家银行统一管理、集中调度，外汇牌价、外汇调度由中国人民银行统一

管理。

统一的现金管理和转账制度的实施,使原来留在机关和国营企业中的现金和流通领域中的大批货币源源不断地流回国家银行,缩减了市场货币流通量,增加了国家能够运用和控制的资金,从根本上扭转了通货膨胀的局面。

全国财政经济统一,是我国财政经济工作的一个历史性转折。但由于各级政府没有把握好与私营企业的关系,对私营工商业经营空间过分排挤,在打击商业投机的斗争中采取了"四面出击"的措施,使私营工商业在生产和经营方面出现了暂时的困难。一方面是商品滞销,价格倒挂。工厂生产的产品卖不出去,商店的货物难以脱手,市场成交量远远低于商品的上市量,产地价格大于销地价格。另一方面是全国范围内的私营企业生产减少,开工不足,歇业和失业增加,加深了工人失业的痛苦。为此,1950 年 4 月,毛泽东在中央政治局会议上提出调整工商业的任务。6 月,中国共产党七届三中全会在北京召开。毛泽东向全会作了《为争取国家财政经济状况的基本好转而斗争》的报告,指出:全党在国民经济恢复时期的重要任务,是为争取国家财政经济状况的基本好转而斗争。毛泽东认为,应该巩固财政收支的平衡和物价的稳定。在此方针下,调整税收,酌量减轻民负。"在统筹兼顾的方针下,逐步消灭经济中的盲目性和无政府状态,合理调整现有工商业,切实而妥善地改善公私关系,使各种社会经济成分,在具有社会主义性质的国营经济的领导之下,分工合作,各得其所,以促进整个社会经济的恢复和发展。有些人认为可以提早消灭资本主义实行社会主义,这种思想是错误的,是不适合我们国家情况的。"①毛泽东在会上还作了《不要四面出击》的讲话,指出,为了完成土地改革这样一个伟大的社会和经济变革,以及民主革命的遗留任务,就要缓和和处理好与工人、农民、手工业者、小资产阶级、民族资产阶级等方面的关系,"要在工人阶级的领导下,以工农联盟为基础,把小资产阶级、民族资产阶级团结起来。民族资产阶级将来是要消灭的,但是现在要把他们团结在我们身边,不要推开他们。我们一方面要同他们作斗争,另一方面要团结他们"。毛泽东提出:"我们不要四面出击。四面出击,全国紧张,很不好。绝不可树敌太多,必须在一个方面有所让步,有所缓和,集中力量向另一个方面进攻。"②

自 1950 年下半年起,中央政府和各地方根据党的七届三中全会的指示精神,从调整银根、税收和公债等方面,采取了各种具体措施,开展了调整工商业的工作。工商业调整主要包括三个方面。第一,调整公私关系。就是以"公私

① 《毛泽东选集》第 5 卷,人民出版社,1977 年版,第 18—19 页。

② 《毛泽东选集》第 5 卷,人民出版社,1977 年版,第 23 页。

兼顾”为原则，五种经济成分在国营经济领导下统筹办理，其主要措施是扩大私营工业的加工订货和产品收购，调整公私商业的经营范围和价格，对私营工商业发放贷款，调整税负，在市场采取一些办法活跃城乡物资交流等。第二，调整劳资关系。就是根据“劳资两利”的原则，承认工人的民主权利，从有利于生产出发，由劳资双方协商解决劳资问题，协商不成由政府仲裁。在劳资关系上，一方面要采取保护劳动的政策，另一方面又要对资方给予适当的利润。但是对于私人资本取得利润要有两个条件：一是不允许有非法的利润，只许有合法的利润；二是不能有过分的利润，只能有合理的利润。第三，调整产销关系。就是要逐步克服生产中的无政府状态，使产销之间趋于平衡。1950 年 6 月至 9 月，中央人民政府有关部门先后召开了粮食加工、橡胶工业、毛麻纺织工业、印染业、卷烟业、进出口贸易等全国性专业会议，按照以产定销的原则具体拟订了各行各业的产销计划。为此，政府有关部门召开了一系列有私营工业代表参加的专业会议，协商公私关系，制订各行业的产销计划，通过加工订货有步骤地组织私营工厂的生产和销售。

调整工商业的任务到 9 月基本完成。经过几个月的调整，中央人民政府帮助私营工商业克服了生产和经营方面的困难，使其得到恢复和发展。例如，上海市的工业生产方面开工比例比调整之前有大幅度增加，电机业开工达 90%，轧钢业 85%，化学原料工业 80%，钢铁炼冶业 90% 以上[①]。商业方面也同样大有起色，物价不断趋于稳定。金融业方面则因工商业的好转，放款呆账逐渐收回。工厂商店关门停业的现象逐渐减少。天津、北京、太原、武汉、济南等地的私营工商业户的歇业户数逐月减少，开业户数逐月增加。调整工商业的各项政策措施收效以后，全国经济开始步入正轨。

在国民经济恢复中，政府还着重抓了交通运输业、农业和基础工业的恢复和发展。1949 年 10 月至 1952 年年底，政府用于交通运输建设的经费达 17.7 亿元，占基本建设投资的 26.7%。1950 年全国铁路基本得到恢复，并新建了部分铁路线。国家通过发放贷款、供给肥料和新式农具等方式，支持农民发展农业生产。国家还拨款兴修水利设施，使全国 4.2 万千米的堤防大部分得到整修。1949 年到 1952 年全国直接参加水利建设的劳动力总数达 2 000 万人，完成土石方 17 亿立方米。经过全国人民的努力，在短短的三年时间里，中国经济就得到基本恢复。到 1952 年年底，全国工农业生产都超过历史最高水平。1952 年全国工农业总产值比 1949 年增长 77.5%，其中工业总产值增长 145%，农业总产值增长 53.5%。

① 中国社会科学院和中央档案馆主编：《中华人民共和国经济档案资料选编 · 综合卷》（1949—1952），中国城市经济社会出版社，1993 年版，第 768 页。

三、社会主义改造的完成

早在 1945 年 4 月，毛泽东在党的七大的政治报告《论联合政府》中就指出：中国共产党的将来纲领或最高纲领，是将中国推进到社会主义和共产主义社会，但是只有经过民主主义，才能到达社会主义，而在中国，为民主主义奋斗的时间还是长期的。1949 年 3 月，党的七届二中全会指出：只有把中国从半殖民地半封建的国家和社会状况，推进到新民主主义的国家和社会，使中国稳步地由农业国转变为工业国，才能实现将来的社会主义社会。新民主主义不同于欧美的资本主义，也不同于苏联的社会主义，它是中国共产党把马克思主义和中国具体实践相结合的创造，是一种吸收了资本主义成分和社会主义成分，后者又占据主导地位的结合物。1949 年 1 月 8 日，中共中央政治局召开会议，毛泽东在会上指出，新民主主义的经济是由国营经济、合作经济、国家资本主义经济、私人资本主义经济和个体经济组成的，其中有些是带有社会主义性质或向社会主义前进的，有些是资本主义性质的。在此前后毛泽东多次强调，新民主主义经济不是自由贸易、自由竞争、向资本主义发展；新民主主义经济是向计划经济、向社会主义发展，但必须注意，必须谨慎，不要急于社会主义化。

可见，在新中国成立以前和新中国成立初期，中国共产党并没有希望尽快建立社会主义，在新中国成立初期的领导人的思想中，新民主主义是一个相当长的历史阶段。但是新中国成立后经济政治形势的发展，使党改变了原有的计划。由于国民经济顺利恢复，国家掌握了国民经济命脉，国营经济已占主导地位，其产值已占工业产值的一半以上；经过土地改革、镇反、“三反”、“五反”等一系列社会主义改革和政治运动，人民民主专政得到巩固；国家加强了对资本主义工商业的管理和监督，使其纳入国家资本主义的轨道；农村在土地改革以后，发展了各种形式的生产互助合作组织，包括初级生产合作社，手工业也向互助合作方向发展；抗美援朝战争取得伟大胜利，但战争危险并没有消除。总之，新中国不仅有迅速实现工业化的紧迫性、必要性，还有进入大规模经济建设的政治物质基础。同时，毛泽东还认为，仅仅在已有的新民主主义政治和经济条件下实现工业化还是不够的，还必须立即把新民主主义推进到社会主义，要在对资本主义工商业和个体农业、手工业进行社会主义改造的同时实现社会主义的工业化。

1953 年 6 月 15 日，中央召开政治局会议，讨论社会主义改造问题。毛泽东在讲话中把完成国家工业化和对农业、手工业、资本主义工商业的社会主义改造作为党在过渡时期的总路线和总任务提了出来，并做了一个比较完整的表述：“从中华人民共和国成立，到社会主义改造基本完成，这是一个过渡时期。

党在过渡时期的总路线和总任务，是要在十年到十五年或者更多一些时间内，基本上完成国家工业化和对农业、手工业、资本主义工商业的社会主义改造。”①并且指出：“党在过渡时期的总路线是照耀我们各项工作的灯塔。不要脱离这条总路线，脱离了就要发生‘左’倾或右倾的错误。”之后，毛泽东分别对“左”的和右的错误倾向及其表现进行了批评。他说，“我们提出逐步过渡到社会主义，这比较好”，“走得太快，‘左’了；不走，太右了。要反‘左’反右，逐步过渡，最后全部过渡完”②。在这次政治局会议上，毛泽东还批评了“确立新民主主义社会秩序”等主张新民主主义国家和社会相对稳定和较长时期的观点。毛泽东认为，中国革命胜利后建立的新民主主义国家和社会，不应该成为一种相对独立的社会经济形态，这只是一种暂时性的、过渡性的时期，是要逐步变为社会主义的。因此，新民主主义向社会主义的转变，不是在很远的将来，在新民主主义政治、经济和文化发展之后，在国家实现工业化以后，而是在新民主主义国家刚刚建立就开始了。他认为，新民主主义时期，即过渡时期，每天都在发生社会主义因素，是很剧烈的变动。在这个时期，国内的主要矛盾是无产阶级与资产阶级的阶级斗争，必须把资产阶级看成一个敌对的阶级。在这种思想指导下，中国开始轰轰烈烈的社会主义改造运动。

1953 年 9 月 24 日，人民政协全国委员会在庆祝中华人民共和国成立四周年的口号中，向全国正式公布了过渡时期总路线。9 月 25 日，《人民日报》正式发布了过渡时期总路线。随后全国范围内掀起了宣传总路线的活动。1954 年 2 月 6 日，刘少奇代表中央政治局向七届四中全会作报告说：1953 年我国进入有计划的经济建设时期，并开始执行第一个五年计划。党中央认为，在这个时候提出党在过渡时期的总路线是必要的和适时的，因此，根据毛泽东的提议，确定了党在过渡时期的总路线。2 月 10 日，全会通过决议，批准了中央政治局提出的党在过渡时期的总路线。9 月 15 日—28 日，在第一届全国人大第一次会议上，毛泽东指出，这次会议是标志着我国人民从 1949 年新中国成立以来的新胜利和新发展的里程碑。在这次会议上，过渡时期的总路线被载入《中华人民共和国宪法》。

过渡时期总路线确定之后，1953—1956 年，新中国仅仅用了四年时间便完成了对农业、手工业和资本主义工商业的社会主义改造，实现了把生产资料私有制转变为社会主义公有制，我国初步建立起社会主义的基本制度。

第一，改造小农经济。小农经济是中国传统经济的重要特征，是一种落后的生产方式。土地改革完成后，中国小农经济出现新的发展，并出现一定程度

① 逄先知、金冲及主编：《毛泽东传（1949—1976）》（上卷），中央文献出版社，2003 年版，第 253—254 页。

② 逄先知、金冲及主编：《毛泽东传（1949—1976）》（上卷），中央文献出版社，2003 年版，第 255 页。

的阶级分化，特别是，小农经济不能保证工业化所需要的大量农产品和原料供应，更不能通过农业实现工业化所需资金的积累。早在1951年，中共中央就通过《关于农业生产互助合作的决议（草案）》，以后又通过一系列关于发展农业合作化的决议。开始，中国在发展农业合作化问题上是比较慎重的，并采取分阶段实施的办法。从1955年下半年起，在毛泽东的积极主张下，全国掀起农业合作化高潮，原来计划15年完成的农业合作化目标，结果只用三四年就完成了。到1956年年底，有75万个农业生产合作社，入社农户有1.2亿多户，占农户总数的96.3%，其中高级社的户数达1亿户，占农户总数的88%。

第二，改造传统手工业。手工业也是小生产的一种形式，根据当时的认识，手工业不仅不能适应大规模现代化发展的需要，而且在市场经济的作用下每时每刻都在产生资本主义。所以，手工业也是社会主义改造的对象。与农业合作化的情况相同，开始并没有希望在极短的时间里实现对手工业的社会主义改造，但是在具体实施的过程中出现要求过急、发展过快的现象。到1955年年底，参加手工业合作社的手工业者为220.6万人，占手工业者人数的29%。但是到1956年1月，手工业也出现合作化高潮，这一年，参加合作组织的人数达509.1万人，占手工业者人数的92.2%，产值达74.27亿元，占手工业产值的90.6%。

第三，改造资本主义工商业。1954年，政务院公布了《公私合营工业企业暂行条例》，对合营企业的清产定股、公私双方代表的地位和职权、原职人员的处理、利润分配等做出具体的规定。1955年11月，中央召开资本主义工商业改造会议，讨论和通过了政治局提出的《关于资本主义工商业改造问题的决议（草案）》，确定把私营工商业的社会主义改造从个别企业的公私合营推进到全行业合营阶段。到1956年年底，全国实行全行业公私合营企业的产值已占原有私营工业产值的99.8%，私营商业户的82.2%也实现了公私合营，从而在全国范围内基本上完成了对资本主义工商业的社会主义改造。全行业公私合营和定息制度的实行，使企业的生产关系发生根本性的变化。

通过对农业、手工业和资本主义工商业的社会主义改造，中国国民经济结构发生根本性的变化。农民、手工业者劳动群众个体所有的私有制，基本上转变成为劳动群众集体所有的公有制，资本家所有的资本主义私有制基本上转变成为国家所有即全民所有的公有制。全行业公私合营以后，资本家已不再是占有和经营他们原有的私人企业的老板，而是按照他们的能力被接受为企业的职员；他们仍然领取定息，但是定息已同他们原有企业的利润没有联系，而是根据核定的私股资产（当时估算全国资本家所有资产共24.2亿元），按固定利率（年息5%，略高于当时的银行利率）提取定息，领取定息的时期定为七年（后来延长到十年)。这样一来,加上原来的国营经济的巨大发展,在我国国民经济中,全民所有制和劳动群众集体所有制这两种形式的社会主义公有制经济,已经居于绝对统治地位。1956年,在国民收入中,全民所有制经济占32.2%,集体所有制经济占53.4%,公私合营经济占7.3%,个体经济占7.1%,资本主义经济已经基本消灭。社会主义和半社会主义性质的经济在国民收入中的比重已由1952年的21.3%上升为92.9%。在全国工业总产值中,全民所有制工业产值占54.5%,集体所有制工业占7.1%,公私合营工业占27.2%,私营工业仅占0.04%,个体手工业仅占1.2%。社会主义和半社会主义性质的工业在工业总产值中的比重由1952年的48.7%上升为1956年的98.8%。此外,在商业和交通运输业等部门,国营经济和集体经济也占绝对优势。这标志着中国经济已经由多种经济成分并存的新民主主义经济转变为公有制经济占绝对优势的社会主义经济。

四、社会主义计划经济体制的建立

中国共产党在过渡时期的总路线包括两个方面:一方面是发展生产力,即实现社会主义国家工业化;另一方面是实现社会主义改造,建立社会主义经济制度。这里,党把发展经济、实现国家工业化的任务放在首要位置。尽管中国经过三年时间完成经济恢复工作,但总的来讲,中国经济还是十分落后的,现代工业在国民经济中所占的比重很小,国家经济还建立在农业基础上,而农业还停留在手工劳动水平上。要改变这种落后面貌,就必须实现社会主义国家工业化。然而,在这种十分落后的经济状况下,要想尽可能地动员各方面的资源,尽快地实现工业化,还必须通过国家的经济计划。

国民经济恢复工作完成后,中国开始逐步建立社会主义计划经济体制。这种高度集中的计划经济体制包括国民经济计划管理体制、财政管理体制、物资管理体制、劳动工资体制等。

第一,计划管理体制。早在1952年11月16日,中共中央就决定成立国家计划委员会,并于1953年2月13日发出各国民经济部门和文教部门、各省市和各大行政区建立相应计划机关的通知。到1954年年底,全国形成了自上而下、条块结合的完整的计划管理体制。在国家计划委员会(以下简称“国家计委”)的领导下,通过编制和执行国民经济发展计划,具体制定了各部门、各省市、各企业的主要经济活动及其指标。对国营经济实行“统一计划,分级管理”的原则,对整个经济实行直接计划和间接计划相结合的制度。对于国营企业和公私合营企业实行直接计划,国家下达指令性计划指标;对农业、手工业、私营企业实行间接计划,国家通过各种经济政策和措施以及经济合同等方式,将其纳入

国家计划。随着计划经济的发展,国家计委统一下达的指标不断增加,从1953年到1956年,国家计委统一管理、下达计划的产品,由115种增加到380种,其产值占工业总产值的60%左右。这种经济管理体制保证了优先发展重工业的指导方针的实施。

第二,财政管理体制。1953年建立了中央、省和县三级财政,实行分级管理,地方财政结余一律上交。在财政总收入中,中央占80%,地方(包括省、县)占20%;在财政总支出中,中央占75%,地方占25%。

第三,物资管理体制。对重要生产资料,实行中央统一分配制度。在中央统一分配的生产资料中,按其重要程度又分为国家统配物资和各重要部门主管的部管物资。第一个五年计划期间,国家计委统配的数量从1953年的112种增加至1957年的231种,由中央各部门管理的数量由1953年的115种增至1957年的301种。这种高度集中的物资管理分配体制,保证了重点建设所需要的物资。

第四,劳动工资体制。对技术人员、高校和中专技术毕业生、干部、复员军人、工人,由国家统一分配,取消"介绍就业与自行就业相结合"的制度。1954年后,职工人数计划由国家逐年批准下达,劳动计划和劳动管理权逐渐集中到中央。对城市职工工资也实行统一管理。职工定级、升级、增资幅度均由中央统一规定。

第五,物价体制。对物价实行统一领导,分级管理。重工业产品的价格实行统一定价,由国家计委成本物价局管理。农产品收购价格和市场价归商业部统一管理。大宗消费品和进口商品,由商业部规定价格和掌握地区差价、进销差价、批零差价、季节差价等。

第六,外贸体制。1952年成立对外贸易部,集中领导和统一管理全国的对外贸易。进口计划由国家计委根据需要与可能制订。出口计划由对外贸易部根据国家计委关于经济计划的要求,由中央各部、各地区进行协商后编制。计划是指令性的,不得任意变动。

统购统销

我国人口多,耕地少,这一基本国情决定我国粮食问题是一个大问题。虽然新中国成立以后特别是土地改革完成以后,农业生产迅速恢复和发展,但是粮食问题仍未得到解决,粮食供需矛盾十分突出。1953年,我国小麦大面积受灾,粮食购销形势十分严峻。当时,粮食市场是自由市场。农民除纳农业税外,粮食可以在自由市场上出售。经营粮食的除国营的粮食公司和合作社外,还有私营的粮商。私营粮商与国有粮食购销组织争夺粮源的斗争十分激烈。私商甚至囤积居奇，伺机抬高粮价。所以，粮食市场上粮食价格波动很大。

1953年上半年，由于粮食供销矛盾突出，毛泽东要求中央财经委员会拿出办法来。陈云经过广泛地征求意见，反复权衡，认为唯一的办法就是实行粮食征购和配给，即农村征购、城市配售的办法。10月2日，毛泽东亲自主持召开政治局扩大会议，并作了关于粮食统购统销的讲话。10月10日，全国粮食会议召开，陈云指出：我现在是挑着一担炸药，前面是“黑色炸药”，后面是“黄色炸药”。如果搞不到粮食，整个市场就要波动；如果采取征购的办法，农民有可能反对。两个中间要选一个，都是危险家伙。两害相权取其轻。选择农村征购、城市配售的办法，危险性可能小一点。粮食部长章乃器提出将征购和配售改为“统购统销”。

1953年10月16日，中共中央再次召开政治局扩大会议，通过《中共中央关于实行粮食的计划收购与计划供应的决议》。11月19日，政务院第194次政务会议通过《关于实行粮食的计划收购和计划供应的命令》。从12月初开始，除西藏和台湾外，全国城乡开始实行粮食统购统销。

统购统销政策包括四个方面：计划收购、计划供应、市场管理和中央统一管理。计划收购就是生产粮食的农民应按国家规定的收购粮种、收购价格和计划收购的分配数字将余粮售给国家。计划供应是指县以上城市、农村集镇、缺粮的经济作物区、一般地区缺粮户和灾区农民，实行计划供应。市场管理是指所有经营粮食的商店和工厂，统一归当地粮食部门领导，私商一律不准经营粮食。中央统一管理是指所有方针政策、收购量和供应量、收购标准和供应标准、收购价格和供应价格，都必须由中央统一规定或经中央批准。

1953年统购统销政策实行后，立即扭转了粮食市场上国家购少销多的局面。到1953—1954年度末，国家全年粮食征购量比上年增加近30%，超过历年征购粮食的最高水平。以后的四年中，国家的粮食征购计划得以顺利完成，做到了粮食收支平衡，并有结余。这对于保证国民经济的稳定发展，特别是保证第一个五年计划的胜利完成，发挥了重要的作用。这一政策一直延续到1985年。

第二节　社会主义经济建设的曲折发展

一、第一个五年计划的胜利完成

随着计划经济体制的建立,中国开始编制第一个五年计划。事实上,第一个五年计划的编制工作从 1951 年就开始了,由周恩来和陈云主持。1952 年 12 月,中央发布《关于编制 1953 年计划及长期计划纲要的指示》。1953 年 4 月,中央批准下达 1953 年国民经济计划提要。第一个五年计划一方面初步编制和开始执行,一方面继续不断讨论修改,先后历时四年,五易其稿,到 1954 年 9 月基本定案。1955 年 3 月,该计划经党的全国代表会议讨论同意,于同年 7 月第一届全国人民代表大会第二次会议正式审议通过。全国人民代表大会一致认为:中共中央主持拟订的这个计划"是全国人民为实现过渡时期总任务而奋斗的带有决定意义的纲领,是和平的经济建设和文化建设的计划"。第一个五年计划的指导方针和基本任务是:集中主要力量发展重工业,建立国家工业化和国防现代化的初步基础;相应地发展交通运输业、轻工业、农业和商业;相应地培养建设人才;有步骤地促进农业、手工业的合作化;继续进行对资本主义工商业的改造;保证国民经济中社会主义成分的比重稳步增长,同时正确地发挥个体农业、手工业和资本主义工商业的作用;保证在发展生产的基础上逐步提高人民物质生活和文化生活的水平。

关于第一个五年计划的方针,当时产生过不同的意见。部分党内干部和一些党外人士,对优先发展重工业存在不同看法。他们认为,中国经历了 22 年的战争,经济亟待恢复,人心思定,不能再打仗了,人民生活亟待改善,应该多搞一些轻工业。毛泽东把这种思想称为"小仁政"。他说,所谓仁政有两种:一种是为人民当前的利益,另一种是为人民的长远利益,例如抗美援朝,建设重工业。前一种是小仁政,后一种是大仁政。两者必须兼顾,但重点应该放在大仁政上。他指出:要建设,就要有资金。所以,人民的生活虽然要改善,但一时又不能改善很多。就是说,人民生活不可不改善,不可多改善;不可不照顾,不可多照顾。照顾小仁政,妨碍大仁政,这是施仁政的偏向。

中国第一个五年计划时期的经济建设,得到苏联的大力援助。1953 年 5 月,中苏两国政府签订了《关于苏维埃社会主义共和国联盟政府援助中华人民共和国中央人民政府发展中国国民经济的协定》,规定苏联援助我国建设或改建 91 个企业,连同 1950 年签订的 50 个项目,共 141 个项目,将在 1953 年、

1957 年分别开工。为了保证我国经济各部门的相互配合及需要,1954 年 10 月,苏联又增援项目 15 个。至此,苏联的援助项目总共 156 个。其中最大、最重要的项目包括:湖北武汉和内蒙古包头的两个钢铁厂,经过重建扩建的东北鞍山钢铁厂、长春汽车制造厂、洛阳拖拉机厂、哈尔滨轴承厂以及兰州炼油厂等。通过这些项目的建设,中国过去所没有的工业部门,包括飞机、汽车、重型机械和精密机械、发电设备、冶金、矿山设备制造以及高级合金钢和有色金属冶炼等,都从无到有地建立起来,形成我国的工业基础。

经过全国人民的努力,到 1957 年,第一个五年计划圆满实现。五年内,全国共完成投资 550 亿元,施工建设的大中型项目达 921 个,其中有 595 个工程项目全部建成投产。飞机和汽车制造业、重型和精密机器制造业、发电设备制造业、冶金矿山设备制造业以及高级合金钢和重要有色金属冶炼业,都从无到有地发展起来。五年内,工业总产值平均年增长率为 18%,其中,生产资料为 25. 4%,消费资料为 12. 8%。计划规定的 46 种主要产品中,有 27 种产品产量提前一年完成计划指标。农业得到稳定发展,农业总产值年平均增长 4. 5%,其中:粮食产量达到 19 505 万吨,比 1952 年增长 19%;棉花产量达到 164 万吨,比 1952 年增长 25. 8%。运输业也有很大发展,其中:1957 年全国铁路通车里程达 2. 99 万千米,比 1952 年增长 22%;公路通车里程达到 25. 46 万千米,比 1952 年增长一倍。人民生活得到很大改善,五年间全国全民所有制部门职工平均实际工资增长 30%,农民收入增长将近 30%。可以说,第一个五年计划初步奠定了中国工业化的基础。

1956 年社会主义改造基本完成以后,中国人民在中国共产党领导下开始了全面的、大规模的社会主义建设,积极探索适合中国国情的社会主义建设道路。1956 年 9 月召开的中国共产党第八次全国代表大会,具体规定了在三个五年计划或者更多一点的时间里,建成一个基本完整的工业体系,使中国具有强大的现代化工业、现代化农业、现代化交通运输业和现代化国防。毛泽东在《论十大关系》中,强调要从投资结构入手,正确平衡工业与农业两大产业,重工业和轻工业两大部类的比例关系,平衡经济建设开支与国防军政开支之间的比例关系,避免重犯苏联和东欧国家轻视农业和轻工业、忽视改善人民生活的错误,开辟一条与苏联和东欧国家不同的中国式工业化道路。1956 年党的八大关于国民经济发展第二个五年计划的建议指出:第二个五年计划期间要继续进行以重工业为中心的工业建设,推进国民经济的技术改造;巩固和扩大集体所有制和全民所有制;到 1962 年,工农业总产值比 1957 年计划增长 75%左右,其中,工业增长一倍,钢产量达到 1 050 万~1 200 万吨。总的来看,这是一个比较切合实际的设想。但是,在第二个五年计划执行过程中出现“左”的错误倾向,导致

1958 年发生"大跃进",给国民经济发展造成极大的损失。

二、"大跃进"和人民公社化运动

1958 年 2 月 2 日,《人民日报》发表社论,提出国民经济"全面大跃进"的口号。5 月,党的八大二次会议正式制定了"鼓足干劲、力争上游、多快好省地建设社会主义"的总路线,决定争取在 15 年或者更短的时间里,在主要工业产品产量方面赶上或超过美国。5 月底,中共中央政治局扩大会议决定,将 1958 年钢产量指标提高到 800 万~850 万吨。6 月 21 日,毛泽东在军委扩大会议上宣布:中国 3 年超过英国,10 年超过美国,有充分把握。从此,全国各地推进国民经济"大跃进"的热潮一浪高过一浪。1958 年和 1959 年两年,工业增长速度由 1957 年的 11.5%陡升到 54.8%和 36.1%,基本建设投资分别增长 88%和 30%,积累率相应由 1957 年的 24.9%提高到 33.9%和 43.8%,结果使国民经济比例关系严重失调,工农业生产水平和人民生活水平大幅度下降。1960 年,工农业总产值增长速度由上年的 19.5%下降为 5.4%,1961 年和 1962 年进一步下降为 -30.9%和-10.1%。

在工业"大跃进"的同时,在农村则开展了人民公社化运动。早在 1955 年,毛泽东就提出将合作社搞大的想法。他认为,小社人少地少资本少,不能进行大规模的经营,不能使用机器。这种小社仍然束缚生产力的发展,不能停留太久,应当逐步合并。1958 年 3 月,中共中央在成都召开会议,通过了《关于把小型的农业合作社适当地合并为大社的意见》,指出,为了适应农业生产和文化革命的需要,在有条件的地方,把小型的农业合作社有计划地、适当地合并为大型的合作社是必要的。这个意见在 4 月 8 日的中央政治局会议上得到批准,并下发全国,这样,就在全国掀起并社运动。

1958 年 8 月,毛泽东视察河南时,看到新乡县七里营乡挂出"七里营人民公社"的牌子,表示赞同。在毛泽东的积极倡导下,中央政治局通过了《中共中央关于在农村建立人民公社问题的决议》,号召全国建立政社合一的人民公社。毛泽东还提出人民公社"一大二公"的优点:大,就是地大物博,人口众多,综合经营,工农商学兵,农林牧副渔,样样都有;公,就是比合作社更要社会主义,把资本主义的残余逐步去掉。这次会议还决定提倡大办公共食堂,吃饭不要钱,穿衣不要钱。这样,全国的并社运动又进一步转变为人民公社化运动。运动从 7 月份开始发展,8 月份普遍规划试办,9 月份进入高潮。全国 27 个省、自治区、直辖市有 12 个省、自治区、直辖市 100%的农户加入了人民公社。10 个省、自治区有 80%以上的农户加入了人民公社。4 个省、自治区(浙江、贵州、宁夏、新疆)在国庆节前也基本实现公社化。只有云南 1 省计划在 10 月底完成。截至

9月29日，全国共建起人民公社23 384个，加入农户112 174 651户，占农户总数的90.4%，每社平均4 797户（据11个省、自治区、直辖市7 589个公社统计，5 000户以下的有5 287个，5 000~10 000户的有1 718个，10 000~20 000户的有533个，20 000户以上的有51个）。河南、吉林等13个省已有94个县以县为单位，建立了县人民公社或县联社。

"大跃进"和人民公社化运动，尽管是中国人民实现现代化的一种探索，但这种大起大落的经济发展模式不可避免地给中国经济带来重大损失。然而，也不能否认，工业建设、科学研究和国防尖端技术的发展以及农田水利建设和农业机械化、现代化发展的许多工作，都是在那些年代开始布局的。据统计，从新中国成立到1964年，重工业各主要部门累计新建的大中型项目中，有2/3以上是在三年"大跃进"期间开工的。这三年新增的炼钢能力占从新中国成立到1979年新增炼钢能力的36.2%，采煤能力占29.6%，棉纺锭占25.9%。1960年冬，中共中央和毛泽东开始纠正农村工作中的"左"倾错误，并且决定对国民经济实行"调整、巩固、充实、提高"的方针，随即在刘少奇、周恩来、陈云、邓小平等人主持下，制定和执行了一系列正确的政策和果断的措施。所以，从1962年起，国民经济开始出现好转，主要表现在：第一，农业继续增产。1963年虽然南北部分省区遭受了自然灾害，但全国粮食产量仍达1 700亿千克，比上年增长6.3%。第二，工业生产稳步上升。1963年工业总产值比上年增长8.5%，许多工业产品的品种增加，质量提高。第三，商品供应量增加，城乡人民生活得到改善。由于物价下降和8月份调整工资，城市居民得到20亿元的实惠。第四，财政收支略有结余。1963年结余2.7亿元，货币加快回笼。

三、三年调整和十年总结

1963年至1965年，是国民经济继续实行调整、巩固、充实、提高方针的三年，由于方针正确，实施得力，取得了巨大的成效。1964年12月，周恩来在三届人大一次会议上所作的《政府工作报告》中指出："经过调整，工业和农业的关系比例协调了，工业内部的关系也比较协调了，工业支援农业的能力进一步加强了，企业内部的生产能力绝大部分已经填平补齐、成龙配套，设备损坏和失修的情况已经改善。"他宣布：现在，"调整国民经济的任务已经基本完成，工农业生产已经全面高涨，整个国民经济已经全面好转，并且将要进入新的发展时期"。报告指出：1965年要继续完成国民经济调整工作中某些尚未完成的任务，为1966年开始的第三个五年计划做好准备。

1956年到1966年，是我国经济在计划经济下运行和发展的十年。为了迅速改变我国国民经济的落后面貌，用新的设备和技术装备国民经济的各个部

门，十年中，基本建设投资共计 1 582 亿元，建成投产的限额以上的大中型项目 1 198 个。到 1966 年，国营企业固定资产按原价计算达到 1 549.7 亿元，全国工业固定资产比 1956 年增长了 3 倍。在这十年中，一批新兴的工业部门建立起来。拖拉机制造工业、电子工业、石油化工业、设备制造业，精密机床和精密仪表制造业、原子能工业、有机合成工业的建立，填补了我国工业的空白，有力地支援了工农业生产和国防建设。我们已经初步建立起一个门类比较齐全、有相当生产规模和一定技术水平的、比较完整的工业体系。

工业布局也发生了较大的改变。广大内地和边疆各省区，都建立起不同规模的现代工业和现代交通运输业。内地工业的产值在全国工业总产值中的比重有了明显的提高，生产力的地区配置有了重大改变。十年中，铁路通车里程增加了近万千米，绝大部分修建在内地。全国除西藏外，各省、自治区、直辖市都有了铁路，福建、宁夏、青海、新疆都是第一次通货车。

随着生产能力的提高，工业生产迅速发展，工业总产值 1966 年比 1956 年增长 153%，达到 1 624 亿元。主要工业产品产量有了巨大的增长。例如，原煤增长了 129%，发电量增长了 397%，原油增长了 1 154%，钢增长了 245%，汽车增长了 3 188%，机床增长了 112%。同时，工业产品品种也大大增加。1964 年，我国钢的品种达到 900 种，钢材的品种达到 9 000 种；机床的品种达到 540 种，比 1957 年增加 350 多种，许多过去不能生产的大型机床和高精密的机床、内燃机车、电力机车等，都可以生产了。电子计算机、拖拉机、万吨远洋货轮、内燃机车、电力机车、大型采掘设备、冶金设备等，都从无到有地发展起来；在技术上，也从单机仿造到自行设计，从单机制造到成套生产和批量生产。

产量和品种的增加，使我国的原材料、燃料和设备的自给率大大提高了。1963 年同 1957 年相比，我国钢材的自给率从 85%提高到 95%左右，主要机器设备的自给率由 60%提高到 90%以上。大庆油田的建成和胜利油田的开发，石油与化工企业的建立，使我国石油工业生产发生巨大的变化。自 1965 年起，我国实现了石油的全部自给，从而结束了使用“洋油”的时代。

农业的基本建设和技术改造开始大规模展开，并逐渐收到成效。在这十年中，兴修了大量的农田水利设施，在植树造林、改造低洼易涝田、控制水土流失、改良土壤、推广优良品种、改进耕作制度等方面也进行了大量工作。水浇地面积增加 2 600 万亩，拖拉机拥有量和化肥用量增长 6 倍以上，农村用电量增长 70 倍，机耕面积占耕地面积的比重由 1957 年的 2.45%提高到 1965 年的 15%。在耕地面积减少 1.33 亿亩的情况下，1966 年的粮食产量达到 2 140 亿千克，比 1956 年增长 18%；棉花产量达到 4 674 万担，比 1956 年增长 61%；其他农产品产量都有很大幅度的增长。

在这十年中,科学技术有了比较突出的成就。在资源勘探、矿藏开采、工农业生产、医疗技术以及基础科学研究方面,都取得优异的成就。在李四光创立的地质力学理论的指导下,发现了大庆油田及其他矿藏。冶金方面创造了高钛合型钒钛磁铁矿冶炼新技术。化学方面弄清了第一个核糖核酸的结构,为人工合成核酸的研究奠定了基础;特别是在世界上首次人工合成牛胰岛素,得到了国际科学界的高度评价。1964 年我国原子弹爆炸成功和 1966 年发射导弹试验成功,集中体现了我国物理学和化学以及其他科学技术方面的成就。

四、十年经济动荡

中国经济刚刚从“大跃进”的低谷中恢复过来,就又陷入“文化大革命”的十年动荡中。1966 年,在“备战、备荒、为人民”的决策指导下,中国开始第三个五年计划。这个计划实际上是以增强国家经济实力、国防实力和解决吃穿用问题为基本内容的多目标战略。但这个计划没有来得及实施,就被“文化大革命”所打断。

1966 年下半年,受红卫兵运动和全国大串连的干扰,工业和交通运输业遭受到一定损失,但当年各项生产建设事业仍然取得比较好的成绩,许多生产建设项目都完成或超额完成国家年度计划。然而,1966 年年底政治运动扩展到工业交通企业,给经济建设带来严重的灾难。在“全面夺权”中,经济工作的指挥、调度和管理系统陷于瘫痪或半瘫痪状态,使国民经济的运行失去控制。原定的 1967 年国民经济计划无法执行,实际上被废置;1968 年连年度计划都未能制定。这是我国建立经济计划以来仅有的没有执行年度计划的两年。企业内部许多行之有效的规章制度,尤其是前五年调整时期制定并实行的比较完备的具体方针政策,如“工业七十条”等,都被当作“修正主义”的“管、卡、压”而遭到践踏。甚至把党委领导下的厂长负责制、按劳分配原则、利润指标等也当作资产阶级的东西加以摒弃。其结果是企业管理混乱、产品质量下降、成本上升、劳动纪律松弛、工伤事故增加,加上许多工人离开岗位、交通运输阻塞、物资供应困难、协作关系中断、社会治安不好等,全国大批工矿交通企业处于停产或半停产状态。由此造成这两年的生产大幅度下降。1967 年,工农业总产值比 1966 年下降 9.6%,1968 年比 1967 年再下降 4.2%。国民收入 1968 年比 1966 年下降 13.3%。财政收入也大幅度减少,市场供应紧张,人民生活水平降低。居民取暖用煤和棉布定量供应的数量都有所减少。

从 1969 年开始,国内形势稍趋安定,国民经济逐步恢复。1970 年 2 月、3 月间全国计划会议召开,开始拟订第四个五年计划。由于当时对可能导致外敌入侵的战争危险估计过重,对国内经济形势估计过于乐观,突出强调要“以战备为纲”,集中力量建设战略后方,建立自成体系的经济协作区,提出要促进国民经济的“新飞跃”。当年,国民经济取得较大的进展,大部分工农业产品产量超过1966年的指标。1971年的经济建设继续追求高指标,基建规模不仅没有压缩,反而进一步扩大。尽管在1972—1973年,国务院采取各种措施对国民经济进行调整,但长期形成的追求发展速度的高指标战略的惯性一直没有得到根本改变。这就使国民经济重大比例关系进一步失调,经济效益进一步下降,人民生活水平进一步降低,到1976年国民经济达到崩溃的边缘。

粉碎“四人帮”后的两年间,“左”的思想并没有得到肃清,在“左”的方针指导下,中国又发生急于求成、片面追求高速度的急躁冒进的错误。在1978年2月的全国人民代表大会上,中央提出《关于1976—1985年发展国民经济十年规划纲要(草案)》,对粮食、石油、煤炭、钢、化工等生产规定了过高的产量和增长速度指标,从资源、财力、技术力量和建设周期来说,都是严重脱离实际的。这个十年规划纲要草案,在人大会议上讨论后没有公布和下达。

本章思考题

1. 中国社会主义经济制度是如何建立的?
2. 第一个五年计划胜利完成的原因是什么?
3. 如何评价“大跃进”运动?
4. 新中国成立后到改革开放前中国农村经济制度是如何演变的?

第十六章 发展中国家的经济成长

第一节　发展中国家经济的形成

一、世界殖民体系的瓦解

20世纪初,除发达资本主义国家外,世界上的国家和地区可以分为三类:第一类是取得政治独立的原殖民地国家,如拉美等地的国家。这些国家尽管取得了政治独立,但是囿于原有的殖民地时期形成的经济模式,在经济上还不能独立,其经济是一种依附型经济。第二类是殖民地,如印度。这些国家尽管仍在宗主国统治之下,但是日益具有独立意识,在这种意识下民族经济也开始发展,在一定程度上与宗主国经济形成竞争。第三类是独立国家,但在帝国主义的扩张侵入下,日益沦为半殖民地。尽管如此,这些国家的民族意识和民族经济也越来越发展。这类国家比较少,如中国、土耳其和伊朗等。

20世纪初,殖民地半殖民地国家和地区,已经不同程度地开始了现代化进程。殖民地宗主国的殖民政策发生了重要的变化,尽管宗主国继续将殖民地半殖民地作为商品销售市场,但随着资本输出的扩大,殖民地半殖民地作为投资场所的作用加强了。所以,殖民地半殖民地国家和地区的现代工业也逐渐建立起来。当然,这些现代工业大部分还是通过宗主国的殖民企业直接投资而建立的,但在这些现代工业的示范和影响下,殖民地半殖民地国家和地区的民族工业也开始出现了。殖民地半殖民地民族工业的兴起和发展,对殖民地宗主国构成了挑战。特别是在第一次世界大战期间,由于主要殖民地宗主国都处在战争之中,没有力量顾及殖民地半殖民地市场,利用这个机会,不少殖民地半殖民地国家和地区的民族工业获得了较大的发展。

第二次世界大战沉重打击了帝国主义,削弱了殖民统治的力量。一方面,殖民地和附属国的独立意识日益增强,许多国家和地区成立了独立党或以独立为目标的政党,民族解放运动蓬勃兴起;另一方面,为了反法西斯斗争的需要,同盟国提出了要让自由和民主的呼唤遍及整个世界的口号,这也削弱了帝国主义统治殖民地和附属国的意愿。截至 1945 年第二次世界大战结束,亚洲 11 个国家,非洲 3 个国家,拉丁美洲 20 个国家,在名义上取得了独立。

1945 年到 1955 年是战后民族独立和民族解放运动的兴起阶段。这一阶段的中心地区在亚洲和北非,重要的民族解放战争有越南人民的抗法战争、朝鲜人民的抗美战争和埃及人民的七月革命,实现民族独立的国家有 15 个。从 1956 年到 80 年代,是战后民族独立和民族解放运动的蓬勃发展阶段。这一阶段出现了以非洲为中心,席卷整个殖民地半殖民地地区的新的民族独立浪潮。新兴的独立国家达到 88 个,其中 50 年代中期 5 个,60 年代 47 个(其中仅 1960 年就有 17 个),70 年代 25 个,80 年代 10 个,除去 4 个国家合并为 2 个,1 个国家被取消,实际上共 85 个。从 20 世纪 50 年代中期到 1968 年独立的 53 个国家中,美洲国家 3 个,大洋洲国家 2 个,欧洲国家 1 个,亚洲国家 6 个,其他 41 个国家均在非洲。七八十年代的 34 个独立国家中,大洋洲国家 10 个,美洲国家 8 个,亚洲国家 7 个,非洲国家 9 个。至此,西方殖民主义体系彻底瓦解。纳米比亚是非洲大陆最后一个独立的国家。从 1960 年 4 月起,纳米比亚人民开展了反对南非当局的占领、争取民族解放和独立的斗争。1990 年 3 月 21 日纳米比亚正式独立,标志着一个历史时代的结束。

二、经济独立与经济发展

世界银行以人均国民生产总值作为划分国家类型的标准:人均国民生产总值在 1 000 美元以上的国家为发达国家,在 1 000 美元以下的国家为欠发达或发展中国家。这些新独立的国家如果采用世界银行的标准,几乎都属于发展中国家。相对于发达市场经济国家,发展中国家成为战后世界经济中一个独特的经济体,这些国家和地区的经济发展,也成为战后世界经济发展中独特的经济现象。

宗主国对殖民地的长期统治和剥削,是这些地区经济落后的根本原因。宗主国控制了这些地区的经济管理部门,控制了这些地区的经济命脉,长期实行符合宗主国利益的经济政策,导致这些地区经济畸形发展。所以,这些地区在政治上获得独立并不意味着真正的独立,在经济上对原宗主国的依赖状况并不能一下子改变。所以,经济独立既是发展中国家最迫切的任务,也是一个长期目标。发展中国家取得独立后，一般都采取措施接收殖民政府的财产，接管重要的经济管理部门，取消原宗主国的殖民统治权，如收回海关权和货币发行权、废除外国资本的租让地和永久采矿权，通过征用、没收或补偿等办法把外资企业国有化，或对外资企业实行强制性管理、监督和限制，如提高外资企业税、提高原料价格、增加本国股权、限制外资企业抽回资金和汇出利润等。根据联合国的资料，从1960年到1976年，发展中国家接管的外国企业达1 447家，包括英国企业521家，美国企业342家，法国企业146家。从接管外国企业的地区来看，撒哈拉以南非洲居第一位；从接管外国企业的部门来看，银行和保险业349家，农业272家，制造业220家，石油220家，开采业80家，贸易48家[①]。通过这些措施，发展中国家逐步取得经济上的独立，从而建立起经济发展的基础。至于长期形成的畸形经济结构，还要通过经济进一步发展才能得到改变，那将是一个较长期的任务。

发展中国家独立以后面临的另一项任务，就是消除原有的封建制度残余。殖民者在占领这些地区后，并没有消灭这里的封建制度，而是根据自己的利益加以利用。所以，这些地区大都保留了封建制度残余。发展中国家在独立前大都是农业国，封建土地关系是殖民制度的基础。这些封建、落后的土地所有制和农业经营方式主要有庄园制、租佃制、种植园制等。庄园制普遍存在于拉丁美洲国家，在这里，庄园既是庄园主的财产，也是一种企业，管家进行庄园的管理活动，工人、移民、小农提供农业劳动，实行粗放式耕作和经营。租佃制亦即地主佃农制，普遍存在于亚洲国家，其根本特点是土地归地主所有，土地被分割成小块租给佃农，佃农向地主缴纳地租，实行集约式耕作和经营。种植园制普遍存在于亚、非、拉各国特别是热带国家，这是一种殖民主义者掠夺殖民地国家农业资源的经营方式。在所有制形式上，土地归外国资本所有；在经营方式上，采取企业式的大规模经营；在劳动方式上，雇用农业工人从事农业劳动；在农业劳动生产率的水平上，土地耕作实行高度集约化。这种落后的生产关系，一方面是殖民者对殖民地进行剥削的制度基础，另一方面也是社会经济发展的严重障碍。因此，独立后发展中国家面临着土地改革的任务。

发展中国家在实行土地改革中，对大土地占有制度和租佃制度进行了改革。政府根据土改法令从地主手中征收法定持有最高限额以外的土地，然后将这些土地有偿或无偿地分配给少地或无地农民，促进土地所有权的再分配和转移。政府颁布法令减少地租，保障租佃权，以保护佃农的生产利益。对于种植园制，殖民地国家在取得政治上的独立以后，一般都将种植园变革为国营农场

① 宋则行、樊亢：《世界经济史》（下卷）（修订版），经济科学出版社，1998年版，第241页。

或国营种植园。土地所有制和农业经营方式的变革为实现农村收入分配的平等化,激发采用新技术的积极性,实施农业工业化的发展战略创造了条件。

发展中国家在取得经济独立以后,为了加快经济发展,建立了国营企业并实行了经济计划。这主要是因为发展中国家经济基础比较薄弱,私人经济没有足够的力量承担发动工业化的任务。所以,这一任务需要由国家来承担。国家通过建立国营企业和实行经济计划,最大限度地动员社会资金,加速工业化进程。发展中国家的国营企业,是在接收殖民当局财产和没收或赎买部分殖民企业基础上建立起来的。以后,发展中国家政府通过投资兴建了一批国营企业,使国营经济进一步成长壮大。发展中国家的国营企业,主要集中在金融、交通、能源、钢铁等基础部门。在殖民时期,殖民者控制了这些部门中的大部分,因而也控制了殖民地的经济命脉。发展中国家独立后,由政府控制了这些部门,从而为经济独立与发展奠定了基础。在建立国营经济基础上,大部分发展中国家都实行了经济计划。这些计划大都是指导性的,政府通过提供经济发展目标,并通过财政金融政策和产业政策,引导企业的行为,从而实现政府的经济与社会目标。在发展中国家中,大国如印度和巴西,小国如韩国和新加坡,都是通过经济计划推进工业化和经济发展的例子。这些国家根据自己的国情,制订发展计划和规划,实行进口替代或出口替代战略,并根据不同发展阶段进行适时的调整。

发展中国家通过采取建立国营企业和实行经济计划的发展模式,在一定时期取得比较好的效果。例如,在20世纪五六十年代直到70年代,发展中国家的经济增长速度都高于发达国家。但是到20世纪80年代,由于发展中国家经济发展出现停滞,进入所谓“失去的十年”,因而人们对这种发展模式提出一系列质疑。为了扭转这种停滞局面,发展中国家试图进行改革。而在发达国家新自由主义盛行的情况下,发展中国家的经济改革不可避免地从减少政府干预、国有企业私有化和贸易自由化开始。这是发展中国家继战后初期经济社会改革后的又一次重大经济社会关系的调整。

第二节　工业化和发展道路选择

一、进口替代和出口替代

发展中国家与发达国家的差距,主要是工业化水平的差距。而发展中国家经济发展的根本途径,就是实行工业化。因此,这些国家取得独立地位后,都将发展民族工业、推动工业化作为头等大事。继发达国家早期工业化以后，从 20 世纪 50 年代起，发展中国家掀起了一个新的工业化浪潮。但是，这些国家工业基础薄弱，资金严重短缺，经济结构畸形，而且面临着发达市场经济国家已经完成了工业化的情况，因此，发展中国家工业化不能走发达国家工业化的老路。

20 世纪六七十年代，发展经济学提出了工业化的进口替代和出口替代理论。进口替代和出口替代是发展中国家的工业化或经济发展战略的两种主要类型。所谓进口替代战略，就是通过建立和发展本国的制造业和其他工业，替代过去的制成品进口，以带动经济增长，实现本国的工业化。同时，实施这一战略的直接目的之一，是企图通过进口替代，扭转过去长期存在的对外贸易逆差，解决国际收支不平衡的问题。出口替代战略，是基于贸易是经济增长发动机的理论，建议本国的工业生产面向世界市场，并以制成品出口逐步替代过去的初级产品出口，以此带动本国工业化的发展。

从发展中国家工业化的实践经验来看，工业化要经过三个相互交替的阶段。

第一阶段是初级产品出口阶段。在殖民地时期，宗主国把殖民地作为商品销售市场和原料产地，造成经济畸形发展。所以，大部分发展中国家在工业化初期，只能靠初级产品出口来带动经济的发展。但是，从根本上来说，初级产品出口对发展中国家的经济发展往往带来不利影响，例如，会因利润和购买力外流造成技术和经济发展处于停滞状态，特别是战后原料价格趋于下降，使发展中国家贸易条件日益不利。所以，这种发展模式不能长期继续下去。但这个阶段是无法跨越的和必需的，是为向下一个阶段过渡奠定基础的阶段。

第二阶段是进口替代阶段。最初的进口替代往往是从普通消费品的进口替代开始的，所需资金少，技术简单，大多是劳动密集型工业，只要拥有足够的国内市场，就可以减少对国外经济的依赖，并促进技术进步。在 20 世纪五六十年代，印度、巴西、中国等资源丰富、市场潜力较大的发展中国家，通过进口替代工业化取得不小的成绩。一些新兴工业化小国和地区，如韩国、新加坡也经历了进口替代阶段。但是当进口替代逐渐扩展到耐用消费品的时候，就会遇到资金、技术和市场相对有限等问题，这时候需要进口大量的原材料、中间产品，这就会使国际收支状况恶化，进口替代的程度也会下降，因此必须进入下一个阶段。

第三阶段是出口替代阶段。它使工业面向国际市场，重在提高产品质量和企业效率，发挥本国的优势，增加出口创汇，扩大劳动就业，产生利用贸易来促进经济增长的良性循环，加速实现从传统经济向现代经济的转变。到 20 世纪六七十年代，一些国家和地区成功地实现了从进口替代战略向出口替代战略的转变，使工业化和经济发展取得了进一步成功，如韩国和新加坡等，但是另一些国家没有实现这种转变，工业化进程大大放慢。所以，到20世纪七八十年代，发展中国家发生了较大的分化，大部分国家和地区出现了发展停滞，而只有少部分国家和地区取得了进一步的发展。

二、增长困境与政策调整

与工业化道路选择和模式转变相对应，发展中国家经济发展走过了一个曲折的道路。在20世纪60年代和70年代前半期，发展中国家经济经历了高速发展的15年。发展中国家国内生产总值的平均增长率1950—1960年为4.7%，1960—1970年为5.2%，1970—1977年为5.3%（见表16-1）。在此期间，发展中国家经济发展速度普遍高于发达国家。

表16-1　1950—1977年发达国家和发展中国家经济增长率（%）

	1950—1960年	1960—1970年	1970—1977年	1970—1973年	1973—1974年	1974—1975年	1975—1976年	1976—1977年
发达国家	4.1	5.1	3.4	5.0	0.2	-1.0	5.2	3.7
发展中国家	4.7	5.2	5.3	6.0	5.0	3.2	5.6	5.7
美　洲	5.2	5.4	6.0	6.6	6.8	2.3	4.9	4.6
亚　洲	4.5	5.2	6.0	5.4	4.0	4.9	6.4	7.5
非　洲	4.5	4.7	4.7	5.8	2.7	1.0	5.4	4.1

资料来源：宫崎犀一等：《近代国际经济要览》，中国财政经济出版社，1990年版，第310页。

但这个时期发展中国家在经济发展战略方面出现一些失误，主要有：①急于求成的发展计划使国家背上沉重的外债，陷入恶性通货膨胀，如巴西等拉美国家；②国营经济比重过大，造成大量亏损，成为沉重包袱，如印度；③实行进口替代工业化时间过长，缺乏国际竞争与交流，以致经济发展迟缓，拉美、印度和南亚国家都是如此。同时，发展中国家的工业化使发展中国家与发达国家之间的“经济互补性”相对减弱，竞争性相对加强。不仅如此，部分发展中国家出口导向加强，生产能力和产品档次获得一定程度的提高，技术含量取得一定程度的增长，对发达国家构成了压力。所以，20世纪七八十年代发达国家贸易保护主义抬头。这就使发展中国家从进口替代战略向出口替代战略转化发生困难。在这种情况下，较早转向“出口导向”的国家实现了较好的发展，而其他国家则陷入停滞。然而，过分依赖海外市场特别是西方市场，却使本国和本地区的产业结构和工业结构内部出现了不均衡的变动。例如，韩国和泰国等国家的对外贸易经常占国民生产总值的50%以上，结果产生了国内生产结构双重化的效应，即导致出口型产业的过度膨胀和内需产业的相对萎缩，为经济波动埋下了隐患。因而，从20世纪70年代后期开始，特别是进入80年代以后，这类国家和地区的经济发展陷入停滞和衰退。20世纪80年代对于一些发展中国家特别是拉丁美洲的发展中国家是“失去的十年”。对98个发展中国家的统计表明：20世纪80年代有10个发展中国家平均国内生产总值出现了负增长，占总数的10.2%。20世纪90年代对于广大发展中国家来说，形势更加严峻。在被统计的102个发展中国家中有35个在1990—1994年平均国内生产总值出现了负增长，占总数的34.3%。以拉丁美洲为例，1980—1990年出现整体负增长，为-0.68%，其中，阿根廷为-2.33%，巴西为-0.54%，墨西哥为-0.31%①。

从20世纪80年代后期开始，发展中国家总结经验教训，普遍进入经济调整和改革时期。在宏观政策上，发展中国家改变以往盲目追求高速度的扩张型政策，实行发展协调型政策；在发展战略上，改内向型进口替代工业化为外向型出口导向，或两者相结合；在经济体制上，减少国家对经济的直接控制与干预，发挥市场调节作用，改革经济管理体制；在产业结构上，力求优化、多样化，改革单一经济结构；在对外经济关系上，扩大开放，积极引进外资和技术。经过这种改革和调整，大部分发展中国家恢复了活力，经济增长出现加速，特别是东亚国家，经济发展迅速，成为新兴工业化国家。然而到了90年代，发展中国家在经济全球化大潮下，尽管经济发展仍然取得了不菲的成绩，但却受到金融危机的强烈冲击。东南亚国家、东亚国家和拉美国家，都先后受到冲击和严重的损害。金融危机使这些发展中国家的经济发生了倒退，它们为了从危机中解脱，不得不接受国际货币基金组织的要求，采取改革和开放市场的政策，在一定程度上使民族经济利益受到损害。

第三节　发展中国家经济的矛盾与问题

发展中国家经过近50年的经济发展，尽管在绝对意义上有很大进步，但经济、社会结构并未随之得到优化，有的国家和地区甚至遭到了劣化，出现了一系列矛盾和问题。

第一，农业和粮食问题。发展中国家基本上都是落后的农业国，在走上工业化发展道路时，基本上都深受西方发展经济学家关于“唯工业论”的影响，所

① ［英］安格斯·麦迪森：《世界经济千年史》，北京大学出版社，2003年版，第145页。

以，重工轻农是这些国家普遍的政策特点，有的国家甚至出现了牺牲农业以发展工业的倾向，从而使原本就很落后的农业更加落后。一方面，封建、半封建的生产关系和自给自足的自然经济大量存在，资本主义商品经济发展非常缓慢，农业的生产经营形式单一化，农业长期停留在生存农业水平。另一方面，现代化农业在农业部门中所占的比例过小，落后的传统农业在农业部门中占据支配地位。在发展中国家，落后的传统农业表现为劳动力充裕、资本短缺、生产规模狭小、技术落后、农民的文化和技术水平低下，加之交通运输不发达、邮电通信短缺、文化教育落后、信息交流闭塞等，造成农业劳动生产率水平提高缓慢。

在20世纪的整个60年代，发展中国家人均粮食生产增长率只有0.1%，人均农业生产增长率为零。所以，战后初期多数发展中国家尚能保持粮食的自给自足，而进入20世纪80年代后，粮食紧缺日益加剧并发展为粮食危机，非洲大陆甚至爆发了震惊世界的大饥荒，中东地区的一些阿拉伯国家变成了世界农产品的头号买主，亚洲的印度、非洲的马里也发生过粮食危机。20世纪90年代以来，粮食危机依然没有明显缓解，甚至范围还有所扩大。联合国粮农组织曾对90个发展中国家进行调查，结果表明有70个国家的粮食状况趋于恶化。农业、农村的衰退导致国内市场发育缓慢甚至出现萎缩，反过来为工业化的进一步发展设置了障碍。

第二，债务和经济依附问题。在近半个世纪的经济发展史上，发展中国家曾出现过两次规模较大的举债高峰。第一次是20世纪70年代石油危机过后，发达资本主义国家经济严重衰退，商业银行积聚的大量石油美元需要在发展中国家找到出路，而大多数发展中国家也认为大量引进外资可以发展本国经济，从而走上了举债发展经济的道路。但是，举债发展经济不仅未能带来经济繁荣，反而使这些国家国民经济发展水平趋于下降。所谓的“失去的十年”就是在这个背景下出现的。第二次是20世纪90年代初，发展中国家为了解决资金严重短缺问题而不得不再次举债。发展中国家大量举债，在一定程度上弥补了资金的不足，带动了先进技术的引进，促进了发展中国家新兴工业部门的建立。例如，发展中国家战后涌现的钢铁、汽车、造船、石化、电子和航空等工业部门，基本上都是利用外资逐渐发展起来的。

然而大量举债也给发展中国家经济和社会发展带来恶果：首先，大量举债使发展中国家在经济发展中掉入了债务陷阱。20世纪70年代初，发展中国家债务总额不到1 000亿美元，到1991年则达到7 940亿美元，而1997年年底更超过2.5万亿美元。发展中国家在地区性金融危机仍在持续的情况下，由于还债能力减弱，债务负担更加沉重，债务总额接近2.7万亿美元，其中仅1998年发展中国家被要求偿还的贷款就高达8 765亿美元，约有3 340亿美元无法按期偿还，这个数字几乎相当于当年世界六大商业银行资本的总和。到1999年年底，发展中国家外债总额已超过3万亿美元。拉美和非洲地区国家的债务负担最为严重，占发展中国家外债总额的42%以上。另外，20世纪90年代以来亚洲地区的外债也急剧增加，占发展中国家外债总额的33%左右。其次，巨额债务加深了发展中国家对发达国家的依附性。发展中国家为了偿还债务，不得不低价出卖资源，或出卖本国的资产股份，从而使民族经济发展受到严重阻碍；而国内经济发展不稳定，私人资本纷纷外逃，去寻找有利的投资场所，从而使发展中国家本来就紧缺的资金更为紧缺。沉重的债务负担使发展中国家相当一部分国民生产总值和出口收入被到期的债息所吞噬，能用在发展生产上的资金微乎其微，它们在制定各项经济政策时只能以偿还外债为限度。经济自主性的削弱使发展中国家驾驭本国经济政策的能力也遭到削弱，它们在经济发展中对发达资本主义国家的依附程度日益加深。

第三，贫困和贫富差距问题。伴随着工业化进程，发展中国家大都发生了严重的社会分化，收入差距不断扩大。1996年联合国开发计划署发表报告《人文发展》，该报告指出：1965—1980年，发展中国家的贫困人口约为2亿人，而1980—1993年，这个数字上升为10亿人。联合国拉美委员会的统计表明，20世纪60年代被视为工业化样板的拉美国家，70年代以来的社会收入分配差距一直在拉大，相对贫困和绝对贫困现象均日益加剧。一方面，20世纪70年代初期，拥有社会总收入一半左右的富有阶层占总人口的10%，而到20世纪90年代初期，占总人口5%的富人就拥有社会总收入的50%。另一方面，城市贫困人口比重从20世纪70年代初期的42%上升到90年代的60%左右。墨西哥的最高收入是最低收入的25倍。巴西20世纪50年代确定的最低工资标准相当于410雷亚尔，1992年最低工资标准降至70雷亚尔，有11.6%的劳动者月工资只达到这个标准。这既是所谓的拉美现象的主要特征之一，也是拉美现象的根本原因之一。20世纪80年代以来，东南亚国家的经济增长是以劳动密集型产业迅速发展为基础的。劳动密集型产业吸引了大量西方资本，扩大了出口，但经济剩余大量向西方发达国家转移，进而加剧了本国的社会分化。以泰国为例，1989—1995年泰国国民生产总值年均增长率为9.4%，1997年金融危机前泰国人均国民收入已超过2 500美元。但泰国真正富有的只是占人口20%的高收入阶层，他们的收入在国民收入中所占的比例高达55%，而20%的最低收入人口只拥有国民收入的4.6%。社会分化的直接后果是造成国内市场和内需产业的需求约束，造成居民特别是中低收入阶层的有效需求不足，并使剩余资本大量转向金融、房地产投机。社会分化实际上是东南亚地区泡沫经济膨胀和金融危机的深层原因。

第四,环境和生态破坏问题。发展中国家人口较多,战后的人口自然增长率提高,形成对土地的压力。这必然导致对土地的掠夺式开发,进而导致农业生态的破坏。发展中国家在发展初期,大多以出口初级产品为主,特别是矿产品的生产和出口。这种产业结构对环境和生态的破坏是很严重的。当发展中国家开始实行制造业的工业化时,所集中生产的产业大多数是发达国家转移出来的高污染和高能耗产业。在这种情况下,发展中国家越是工业化,环境生态就越是被破坏。可以说,这些年来发展中国家工业化的发展,在很大程度上是以环境和生态的严重破坏为代价的。在短期内,这种发展对于发展中国家的经济增长可能贡献很大,但必然影响发展中国家的可持续发展。特别是在经济全球化过程中,发达国家加快产业升级,进一步将高污染高能耗产业向发展中国家转移,必然加快发展中国家环境和生态恶化的过程。发展中国家很可能在短期内取得经济的增长,代价却是丧失了持续发展的能力。

绿色革命

20 世纪中期,一些发达国家和墨西哥、菲律宾、印度、巴基斯坦等许多发展中国家,开展以利用“矮化基因”培育和推广矮秆、耐肥、抗倒伏的高产水稻、小麦、玉米等新品种为主要内容的生产技术活动,其目标是解决发展中国家的粮食问题。这场改革活动对世界农业生产产生了深远影响,被称为“绿色革命”。

在绿色革命中,有两个国际研究机构做出了突出贡献:国际玉米和小麦改良中心育成了 30 多个矮秆、半矮秆品种,国际水稻研究所培养出第一个半矮秆、高产、耐肥、抗倒伏、穗大、粒多的奇迹稻——“国际稻 8 号”品种。此后,又相继培养出“国际稻”系列良种,并在抗病害、适应性等方面有了改进。上述品种在发展中国家迅速推广开来,并产生了巨大效益。墨西哥从 1960 年推广矮秆小麦,短短三年间达到了种植面积的 35%,总产接近 200 万吨,比 1944 年提高 5 倍,并部分出口。菲律宾从 1966 年起结合水稻高产品种的推广,采取了增加投资、兴修水利等一系列措施,于当年实现了大米自给。推广绿色革命的 11 个国家的水稻单产 80 年代末比 70 年代初提高了 63%。此外,中国的杂交水稻也是这场绿色革命的杰出代表。

印度是实施绿色革命的重要国家。20 世纪 60 年代,印度科学家利用墨西哥矮秆春小麦材料,选育出一系列适合本国种植的高产矮秆小麦品种。同时,印度政府还大量进口墨西哥小麦矮良种,并大面积推广使用。通过“全印协作水稻改良计划”的实施,选育出了适应不同栽培条件或具有不同抗性和品质特点的系列水稻良种，有力地促进了印度的水稻生产。例如，在水稻优良品种推广受益最大的旁遮普邦，绿色革命开始后的十年中水稻总产增长了4.2倍，从而使这个不以大米为主食的邦成为中央粮库的主要贡献者。印度的绿色革命实质上是一场农业技术革命，它促使印度实现了从传统农业向现代农业过渡过程中的一次飞跃。绿色革命所带来的包括良种技术、灌溉技术、施肥技术、农机技术和植保技术在内的一整套农业新技术，彻底改变了印度农民的传统耕作方式，加上政府从资金和物质投入上对农业大力倾斜，使得印度的农业获得了飞速发展。1966年，印度还是一个仰赖美国小麦过活的粮食进口国，但到70年代末，其粮食已可基本自给。1978—1979年度，印度粮食产量达1.3亿吨，创历史最高纪录。绿色革命的推进，加速了人们对农业新技术的认识和观念更新，促进了农业基础设施和支持服务体系的完善与发展。绿色革命发展的地区，如旁遮普邦、哈里亚纳邦、北方邦等西部农村成为商品粮基地，农业资本主义经营方式在这些地区发展起来。

但绿色革命在实施过程中也暴露出一系列局限性：一方面，它导致化肥、农药的大量使用和土壤退化，其高产谷物中矿物质和维生素含量低等；另一方面，农村出现新的两极分化，贫困和妇女作用问题日渐突出。由此有人提出了第二次绿色革命的设想，主要目的在于运用国际力量，为发展中国家培育既高产又富含维生素和矿物质的作物新品种。

本章思考题

1. 如何评价进口替代战略和出口替代战略？
2. 第二次世界大战后发展中国家经济发展的经验和教训是什么？

第四编

世纪之交的中外经济史

第十七章 中国改革开放和经济腾飞

第一节　社会主义市场经济体制改革

一、家庭联产承包责任制

中国的经济体制改革首先从农村取得突破性进展。1978 年 12 月,党的十一届三中全会制定了《中共中央关于加快农业发展若干问题的决定(草案)》和《农村人民公社工作条例(试行草案)》,提出放宽农村政策,建立农业生产责任制。1979 年春,安徽省凤阳县梨园公社小岗村的 18 户农民把土地按人分包到户,率先搞起了"包产到户"试验并取得了成功。此后,四川、贵州、甘肃、内蒙古、河南等地也纷纷搞起了多种形式的联产承包责任制。

1980 年 9 月 27 日,中共中央印发《关于进一步加强和完善农业生产责任制的几个问题》的通知,对各地建立的各种形式的农业生产责任制给予了充分肯定。1982 年 1 月 1 日,中共中央批转《全国农村工作会议纪要》(1982 年中央一号文件),指出:全国农村已有 90%以上的生产队建立了不同形式的农业生产责任制,它们都是社会主义集体经济的生产责任制。不论采取什么形式,只要群众不要求改变,就不要变动。1983 年 1 月 2 日,中共中央印发《当前农村经济政策的若干问题》(即 1983 年中央一号文件),对家庭联产承包责任制做了进一步分析,认为由于这种责任制采取了统一经营与分散经营相结合的原则,集体优越性和个人积极性同时得到发挥。文件指出:以"双包"为主的家庭联产承包责任制是在党的领导下我国农民的伟大创造,是马克思主义农业合作化理论在我国实践中的新发展。

家庭联产承包责任制，充分调动了广大农民的生产积极性，农业生产得到迅速发展，中国农村出现前所未有的大好形势。为了促进和稳定联产承包责任制，鼓励农民增加对土地的投资，以培养地力，实行集约化经营，1984 年中央提出延长土地承包期，一般在 15 年以上，同时允许承包土地有偿转让。这种稳定家庭联产承包责任制的政策，进一步调动了广大农民的积极性，中国农村出现土地规模经营、大量使用科学技术、发展农业服务等现象，促进了家庭农业与市场的结合。

农村第一阶段的改革取得的成绩是巨大的。从党的十一届三中全会胜利召开到 1984 年，我国农村发生了根本性的变化。这主要体现在：农业总产值扭转了长期停滞徘徊的局面，产业结构由单一抓粮食向农林牧副渔和农工商综合经营转变。1983 年，我国种植业在农业产值中的占比已降到 62. 1%，林牧副渔业比重上升到 37. 9%。农村经济的自给半自给向商品生产转化。1983 年，粮食商品率由 1978 年的 20%左右提高到 30%以上，农副产品的商品率由 1978 年的 49%提高到 55%。农业生产由低效益向高效益发展。1983 年，全国农村劳动力人均产值 893 元，比 1978 年增长了 30. 6%，年平均增长 5. 5%，大大高于 1978 年以前年平均增长 1. 29%的速度。这些举世瞩目的伟大成就的取得，当然应归功于自发地选择了承包责任制，并创造性地将其完善和发展了的广大农民群众。同时，这与党和政府这一时期在政策和路线上的正确引导和领导也是分不开的。

家庭联产承包责任制的实行，要求农村人民公社体制也发生相应的变革，即建立乡政权，改人民公社为农村集体经济组织。这种变革从 1979 年春在四川个别地方率先进行到 1984 年年底各地基本完成，前后共用了 6 年时间。到 1984 年年底，全国已经有 99%以上的农村人民公社完成了政社分立，建立了 9. 1 万个乡（镇）政府，同时设立了 92. 6 万个村民委员会。1984 年，中央指出：为了完善农业统一经营和分散经营相结合的体制，一般应设立代表农民群众管理公有土地、为农户提供各种服务、兴办集体企业的地区性合作经营组织。农村经济组织形式和规模可以多种多样。这样，农村的各种合作形式开始重新出现和发展。特别是从中国南方开始，出现一种股份制与合作制相结合的股份合作制度，在农村经济发展过程中发挥了重要作用。

二、国有企业改革的进程

农村经济体制改革的突破，为城市和企业经济体制改革提出了要求，也为城市和企业经济体制改革创造了条件。所以，在农村经济体制改革取得突破性成就之后，中国经济体制改革就从农村转向城市和国有企业。

国有企业改革经历了以下几个阶段：

第一，扩大企业自主权。1984 年，党的十二届三中全会通过《中共中央关于经济体制改革的决定》，城市经济体制改革围绕搞活国营大中型企业全面展开。1984 年 5 月，国务院发布《关于进一步扩大国营工业企业自主权的暂行规定》（即扩权 10 条），在生产经营计划、产品销售、产品价格、物资选购、资金使用、资产处理、机构设置、劳动人事、工资奖金和联合经营 10 个方面，进一步扩大了企业的自主权。

第二，全面推行经济责任制。1984 年党的十二届三中全会通过《中共中央关于经济体制改革的决定》，明确提出："要使企业真正成为相对独立的经济实体，成为自主经营、自负盈亏的社会主义商品生产者和经营者，具有自我改造和自我发展的能力，成为具有一定权利和义务的法人。"此后，我国国营企业建立起了企业经营责任制，以明确在企业经营过程中国家和企业所应承担的经济责任、所享有的经济权利和经济利益。企业经营责任制主要有承包和租赁等形式。

第三，实行利改税制。1983 年 4 月，国务院决定实行第一步利改税，即税利并存制度。这就是在企业实现利润中，先征收一定比例的所得税和地方税，然后对税后利润采取多种形式在国家和企业之间进行合理分配，并从 1983 年 6 月开征国营企业所得税。根据规定，凡是有盈利的国营大中型企业，其所实现的利润按 55%的税率缴纳所得税，其税后利润，一部分上交国家，一部分按照国家核定的留利水平留给企业。自 1984 年 10 月 1 日起，又实行第二步利改税。其基本内容是：将国营企业应当上缴国家财政的利润按 11 个税种向国家缴税，税后利润归企业自己安排使用。具体办法是：国营大中型企业按 55%的比例税率缴纳所得税，然后再按照企业不同情况征收调节税。

第四，建立现代企业制度。1993 年 11 月，党的十四届三中全会通过了《中共中央关于建立社会主义市场经济体制若干问题的决定》，明确指出："以公有制为主体的现代企业制度是社会主义市场经济体制的基础"，并把现代企业制度概括为适应市场经济和社会化大生产要求的"产权清晰、权责明确、政企分开、管理科学"的企业制度。1993 年 12 月，《中华人民共和国公司法》颁布，界定了三种类型的公司：国有独资公司、有限责任公司、股份有限公司。

第五，国有经济战略性重组。1997 年，党的十五大提出对国有经济实行战略性重组，从整体上搞活国有经济。1999 年 9 月，中央指出，从战略上调整国有经济布局，要同产业结构的优化升级和所有制结构的调整完善结合起来，坚持有进有退，有所为有所不为。国有经济需要控制的行业和领域主要包括涉及国家安全的行业、自然垄断的行业、提供重要公共产品和服务的行业以及支柱产业和高新技术产业中的重要骨干企业。对一般性的竞争性行业,国有资本可参与也可不参与,而对一般性的竞争性行业中的中小企业,国有资本可考虑以适当的方式退出。

改革开放的历史进程,使国有企业体制发生了深刻的变化,使国有经济获得了迅速的发展,国有企业所面临的经济环境也已发生了深刻的改变。一方面,大批国有中小企业通过改制成为民营企业;另一方面,国有企业提高效率并获得飞速发展,在国民经济中仍具有核心地位。1978 年,全民所有制工业占全部工业总产值的比重为 77.6%,集体工业占 22.4%,国有成分占绝对优势;发展到 2007 年,国有及国有控股工业企业占全部规模以上工业总产值的比重下降到 29.5%,集体企业占 2.5%。国有企业占比的下降并没有改变国有经济的控制力,在一些重要领域和关键环节国有经济仍占绝对优势。2007 年,石油天然气开采业和电力热力的生产供应业国有及国有控股企业产值所占比重分别为 96.9%和 90.8%,石油加工、炼焦及核燃料加工业占 75.5%,交通运输设备制造业、黑色金属冶炼及压延加工业、有色金属冶炼及压延加工业分别占 49.8%、42.0%和 32.2%①。

三、多种所有制经济的发展

改革开放初期,为缓解大批知识青年返城后面临的就业压力,政府允许部分个体工商业出现。1981 年,党的十一届六中全会通过的《关于建国以来党的若干历史问题的决议》明确提出:"一定范围的劳动者个体经济是公有制经济的必要补充。"这成为我们党在所有制问题上的第一个突破。

1982 年,党的十二大提出了坚持国营经济的主导地位和发展多种经济形式的论断,从而奠定了我国非公有制经济发展的政策基础。1984 年,党的十二届三中全会通过的《中共中央关于经济体制改革的决定》(以下简称《决定》)指出:"积极发展多种经济形式,进一步扩大对外的和国内的经济技术交流。"《决定》还进一步提出,"利用外资,吸引外商来我国举办合资经营企业、合作经营企业和独资企业,也是对我国社会主义经济必要的有益的补充"。1987 年党的十三大报告指出:私营经济一定程度的发展,有利于促进生产,活跃市场,扩大就业,更好地满足人民多方面的生活需求,是公有制经济必要的和有益的补充。至此,以公有制为主体、多种经济成分并存的决策已初步形成。

1992 年,党的十四大在确定建立社会主义市场经济体制目标的基础上,阐明了所有制结构与社会主义市场经济的关系,进一步肯定了非公有制经济存在

---

① 资料来源:国家统计局:《改革开放 30 年我国经济社会发展成就系列报告》。在本章中,除注明外,所有统计数据均来自此报告。

和发展的必要性。党的十四大报告指出:“社会主义市场经济体制是同社会主义基本制度结合在一起的。在所有制结构上,以公有制包括全民所有制和集体所有制为主体,个体经济、私营经济、外资经济为补充,多种经济成分长期共同发展,不同经济成分还可自愿实行多种形式的联合经营。”

1997 年,党的十五大将以公有制为主体、多种所有制经济共同发展作为社会主义初级阶段的一项基本经济制度确立下来。公有制的主体地位主要体现在:国有资产在社会总资产中占优势;国有经济控制国民经济的命脉,对经济发展起主导作用。国有资产占优势,要有量的优势,更要注重质的提高。国有经济主导作用应主要体现在控制力上,体现在国有经济的整体布局上。在关系国民经济命脉的主要行业和关键领域,国有经济必须占支配地位,而在其他领域,可以通过资产重组和结构调整,以加强重点,提高国有资产的整体质量。坚持公有制为主体,国家控制经济命脉,国有经济的控制力和竞争力得到加强,在这个前提下,国有经济的比重减小一些,也不会影响社会主义的性质。党的十五大更加明确了非公有制经济的地位和作用,指出:非公有制经济是我国社会主义市场经济的重要组成部分。在坚持公有制为主体,并且国有经济控制了关系国民经济命脉的部门和行业,国有经济控制力增强和国有资产整体质量提高的前提下,非公有制经济的发展不会改变我国经济制度的社会主义性质。要继续鼓励、引导个体、私营和外资等非公有制经济的健康发展,以达到调动各方面积极性,充分利用社会资源、发展生产力、扩大就业的目的。

改革开放以来,随着对所有制认识的提高与理论的突破,我国在实践中采取了一系列措施,改革和发展公有制经济,鼓励、引导非公有制经济的发展,逐步形成以公有制为主体、多种所有制成分共同发展的局面。在整个经济结构中,公有制经济的比重有所下降,非公有制经济的比重有所上升。从数量上看,2007 年全国登记的个体工商户为 2 741.5 万户,私营企业 551.3 万家,分别比 1992 年增长 0.8 倍和 39.1 倍。在规模以上工业中,非公企业数量达 30.3 万个,占全部规模以上工业企业数的 90%。从创造的产值看,2007 年规模以上非公企业工业总产值所占比重为 68%。从就业上看,2007 年城镇国有和集体单位从业人员占全部城镇从业人员的 24.3%,而改革开放初期我国城镇从业人员几乎全部集中在公有制企业。

四、社会主义市场经济体制的建立

我国建立社会主义市场经济体制的改革,可以分为前后两个阶段:第一个阶段是从 1979 年到 1993 年,即在计划经济体制为主体的条件下发挥市场的辅助作用的阶段;第二个阶段是从 1993 年到 2000 年,即初步建立社会主义市场

经济体制的阶段。

党的十二大提出要“正确贯彻计划经济为主、市场调节为辅的原则”，进一步扩大企业在经营管理方面的自主权，注意发挥市场调节的辅助作用。党的十三大报告指出，“必须把计划工作建立在商品交换和价值规律的基础上”，“计划和市场的作用范围都是覆盖全社会的。新的经济运行机制，总体上来说应当是‘国家调节市场，市场引导企业’的机制。国家运用经济手段、法律手段和必要的行政手段，调节市场供求关系，创造适宜的经济和社会环境，以此引导企业正确地进行经营决策”。这一时期的计划体制改革，主要从调整计划与市场关系方面展开：适当缩小指令性计划的范围，适当扩大指导性计划的范围，更多地发挥市场机制的作用；综合运用经济杠杆；建立社会主义市场和实行价格改革。

1992 年 10 月党的十四大召开，最终确定了建立社会主义市场经济体制的目标，标志着中国社会经济体制改革取得根本性突破。1993 年 11 月，党的十四届三中全会通过了《关于建立社会主义市场经济体制若干问题的决定》，明确提出“整体推进、重点突破”的改革战略，要求在 20 世纪末初步建立社会主义市场经济制度。从 1994 年开始，中国在财税、金融、外汇管理、企业制度、社会保障体系等方面采取了一系列重大的改革措施。第一，进行财政税收体制改革。其基本要求是：按照统一税法、公平税负、简化税制、合理分权的原则规范税制，建立起符合市场经济要求的税收制度，以便促进平等竞争。自 1994 年 1 月 1 日起，在全国范围内实行了分税制。第二，进行银行体制改革。其内容包括：明确中央银行以保持货币稳定为主要的政策目标，加强中央银行的独立性；发展商业银行，奠定竞争性金融市场的微观基础；建立政策性银行，把国有专业银行从政策性融资中解放出来。第三，发展证券市场。1990 年和 1991 年，上海证券交易所和深圳证券交易所先后成立并开业。到 1997 年年底，在上海和深圳两个交易所上市的公司有 745 个，累计发行总股本 1 899.82 亿股（其中流通股本 661.08 亿股）。第四，进行外汇管理体制改革。从 1994 年 1 月 1 日起，中国取消了对国有企业的“计划内”和“计划外”双重汇率制，实行国内企业与银行间的结售汇制，银行间的外汇交易则通过设在上海的外汇交易市场进行。1996 年 7 月 1 日，中国进一步将外商投资企业的外汇买卖纳入银行结售汇体系。至此，中国实现了经常项目下人民币的自由兑换。

第二节　经济快速增长和结构优化

一、国民经济的持续快速增长

改革开放初期，党和政府按照改革开放的总体要求，确立了“三步走”的伟大战略目标。全国人民奋发图强，开拓进取，1987 年提前三年实现国民生产总值比 1980 年翻一番的第一步战略目标，1995 年实现再翻一番的第二步战略目标，提前五年进入实现第三步战略目标的新的发展阶段。

在实现“三步走”伟大战略目标的进程中，国民经济实现快速增长。1978 年，我国国内生产总值只有 3 645 亿元，在世界主要国家中居第 10 位。人均国民总收入仅 190 美元，位居全世界最不发达的低收入国家行列。1979—2007 年，国内生产总值年均实际增长 9.8%，不仅明显高于 1953—1978 年年均增长 6.1%的速度，而且也大大高于同期世界经济年平均增长 3.0%的速度。国内生产总值由 1978 年的 3 645 亿元迅速跃升至 2007 年的 249 530 亿元。其中，从 1978 年上升到 1986 年的 1 万亿元用了 8 年时间，上升到 1991 年的 2 万亿元用了 5 年时间，此后 10 年，即到 2001 年平均每年上升近 1 万亿元，2001 年突破 10 万亿元大关，2002—2006 年进入高速增长期，平均每年上升 2 万亿元，2006 年超过 20 万亿元，在此基础上，2007 年一年又增加 3.76 万亿元。具体情况见表 17-1 和图 17-1。

表 17-1　1978—2007 年世界主要国家和地区经济增长率比较(%)

国家和地区	1978 年	1979 年	1990 年	2000 年	2006 年	2007 年	1979—2007 年平均增长率
世界总计	4.4	4.2	2.9	4.1	3.9	3.8	3.0
美　国	5.6	3.2	1.9	3.7	2.9	2.2	2.9
欧元区	3.1	3.9	3.6	3.9	2.7	2.6	2.2
日　本	5.3	5.5	5.2	2.9	2.2	2.1	2.4
中　国	11.7	7.6	3.8	8.4	11.6	11.9	9.8
中国香港	8.5	11.6	3.9	8.0	7.0	6.4	5.6
韩　国	9.3	6.8	9.2	8.5	5.1	5.0	6.4

续表

国家和地区	1978 年	1979 年	1990 年	2000 年	2006 年	2007 年	1979—2007 年平均增长率
新加坡	8.5	9.4	9.2	10.1	9.4	7.7	7.1
马来西亚	6.7	9.3	9.0	8.9	5.9	5.7	6.2
印　度	5.7	-5.2	5.5	4.0	9.7	9.0	5.7
俄罗斯联邦	—	—	-3.0	10.0	7.4	8.1	0.1*
巴　西	3.2	6.8	-4.3	4.3	3.7	5.4	2.7

*1989—2007 年平均增长率。

资料来源：世界银行数据库。

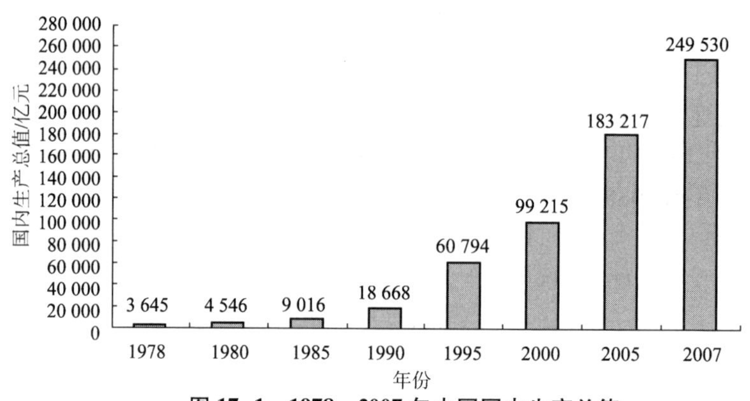

图 17-1　1978—2007 年中国国内生产总值

我国经济总量加速扩张，大大缩小了我国与世界主要发达国家的差距，经济总量居世界位次稳步提升。我国国内生产总值居世界的位次由 1978 年的第 10 位上升到 2007 年的第 4 位，仅次于美国、日本和德国。2007 年，我国国内生产总值为 32 801 亿美元，相当于美国的 23.7%，日本的 74.9%，德国的 99.5%，分别比 1978 年提高 17.2、59.7 和 78.9 个百分点。与此同时，经济总量占世界经济的份额也有明显上升，1978 年为 1.8%，2007 年提高到 6.0%。

主要工农业产品产量稳居世界前列或位次前移。工农业生产的迅速发展提升了我国主要产品在世界的位次。2007 年，主要农产品中，谷物（45 632 万吨）、肉类（6 866 万吨）、棉花（762 万吨）、花生（1 302 万吨）、油菜籽（1 057 万吨）、茶叶（117 万吨）、水果（18 136 万吨）等产品产量已稳居世界第一位，甘蔗（11 295 万吨）、大豆（1 720 万吨）分别居第二、四位；主要工业产品中，钢（56 561 万吨）、煤（25.26 亿吨）、水泥（13.6 亿吨）、化肥（5 825 万吨）、棉布

(675 亿米)居第一位,糖(1 271 万吨)居第三位,发电量(32 816 亿千瓦小时)居第二位,原油产量(18 632 万吨)居第五位,其他主要产品产量的位次也明显前移。

经济快速增长使我国人均国内生产总值成倍增加。1978 年,我国人均国内生产总值为 381 元,1987 年上升到 1 112 元,1992 年达到 2 311 元,2003 年突破万元大关,达到 10 542 元,到 2007 年迅速攀升至 18 934 元。扣除价格因素,2007 年的人均国内生产总值比 1978 年增长近 10 倍,年均增长 8.6%。人均国民总收入也实现同步快速增长,由 1978 年的 190 美元上升至 2007 年的 2 360 美元。按照世界银行的划分标准,我国已经由低收入国家跃升至世界中等偏下收入国家行列。对于我国这样一个经济发展起点低、人口基数庞大的国家,能够取得这样的进步,确实了不起。

进入 21 世纪,中国经济高速增长的势头不减。2010 年中国国内生产总值首次超过日本,中国成为世界第二大经济体。2015 年中国国内生产总值达到 676 708 亿元,人均国内生产总值为 49 351 元。

二、制造业大国地位的确立

改革之初,我国工业生产相对落后,多数行业生产能力低下,一些行业门类甚至为空白。经过 30 多年的发展,各行业生产能力大幅度提高,新兴行业从无到有,发展迅速,已形成分工明确、门类齐全的现代工业体系。

1978 年以来,我国工业实现了持续快速发展,各种工业产品的生产能力和产品产量都大幅度增长。2007 年工业增加值突破 10 万亿元,达到 107 367 亿元,按可比价计算,比 1978 年增长了 23 倍,年均增长 11.6%。主要工业产品产量增长迅猛。2007 年生产原煤 25.3 亿吨、粗钢 4.9 亿吨、水泥 13.6 亿吨、汽车 889 万辆,分别比 1978 年增长 3.1 倍、14.4 倍、19.9 倍和 58.6 倍,家用电冰箱由 2.8 万台增加到 4 397 万台,彩色电视机由 0.4 万台增加到 8 478 万台,移动通信手持机和微型电子计算机从无到有,扩张迅速,2007 年产量分别达到 5.5 亿台和 1.2 亿台。初步统计,附加值较高的发电设备 2007 年比 1978 年增长 25.9 倍,冶炼设备增长 5.4 倍,金属切削机床增长 2.5 倍,交流电动机增长 4.9 倍。

1978 年以来,我国进行了四次产业结构调整。第一次是 20 世纪 70 年代末到 80 年代初,改变了轻、重工业长期失调的局面,初步实现了二者的协调发展;第二次是 80 年代下半期以后,新兴家电工业获得了迅速发展,实现了家电产品的升级换代;第三次是 90 年代上半期,基础产业有了比较迅速的发展,缓解了基础产业的“瓶颈”制约;第四次是 90 年代末到 21 世纪初,高新技术产业在工

业中的地位有了明显的上升,技术密集型的、附加价值高的行业和产业迅速发展。

我国工业结构基本实现了由技术含量低、劳动密集程度高、门类单一的结构向劳动密集、技术密集、门类齐全的发展格局转变。冶金、能源、纺织、机械、航运等传统工业在改造中实现结构不断调整升级。2004 年钢铁工业的连铸比已提高到 95.9%,比 1980 年提高近 90 个百分点,达到国际先进水平。铜、铅先进熔炼生产工艺的产能达到总产能的 70%左右。电解铝自焙槽工艺已全部淘汰,改为采用具有国际先进水平的大型预焙电解槽技术。耗煤低、发电效率高的单机容量 30 万、60 万千瓦机组已成为我国电力工业的主力发电机组,并逐步向 100 万千瓦级发展。落后的棉纺锭和毛纺锭得到大规模压缩,棉纺织设备的大部分机器采用了变频调速、可编程控制器技术,基本实现了纺机产品的机电一体化。大型燃气轮机、抽水蓄能机组、直流输电设备、超临界火电机组、大型船用曲轴等实现国产化,年产千万吨级的大型炼油厂设备自主化率高达 90%。与此同时,电子信息、生物工程、航空航天、医药制造、新能源和新材料等高新技术工业从无到有,蓬勃发展,成为带动我国工业实现跨越式发展的重要因素。我国在航天技术、核能发电技术、高性能计算机技术、重型机械成套设备制造技术、数控机床制造技术、第三代通信技术等领域都有一系列重大突破。2007 年,我国高新技术产业增加值为 11 621 亿元,占国内生产总值的比重达到 4.7%,比 1995 年提高 3.0 个百分点。

20 世纪末,由于中国工业化取得决定性进展,工业制造业规模扩大,水平迅速提高,制造业大国地位初步确立。根据联合国工发组织的资料,1995—2000 年,我国制造业年均增长 9.3%,比工业化国家快 6.1 个百分点,比发展中国家快 4.0 个百分点;2000—2006 年,年均增长 11.2%,比工业化国家快 9.4 个百分点,比发展中国家快 4.2 个百分点。按照 2000 年不变价计算,我国制造业增加值占世界的份额由 1995 年的 5.1%上升到 2007 年的 11.4%。按照国际标准工业分类,在 22 个大类中,我国制造业占世界比重在 7 个大类中名列第 1 位,其中,烟草类占比为 49.8%,纺织品类占比为 29.2%,衣服、皮毛类占比为 24.7%,皮革、皮革制品、鞋类占比为 33.4%,碱性金属占比为 23.8%,电力装备占比为 28.2%,其他交通工具占比为 34.1%;有 15 个大类名列前 3 位;除机动车、拖车、半拖车 1 个大类外,其他 21 个大类所占份额均名列世界前 6 位,而在发展中国家中,除机动车、拖车、半拖车 1 个大类名列第 11 位外,其他 21 个大类所占份额都名列第 1 位。2015 年,国务院提出《中国制造 2025》,作为实施制造强国战略第一个十年的行动纲领,提出:通过努力实现中国制造向中国创造转变、中国速度向中国质量转变、中国产品向中国品牌转变,推动中国到 2025 年基本实现工业化,迈入制造强国行列。

三、经济结构的优化升级

改革开放以来,我国紧紧围绕以发展为主题、以结构调整为主线,在发展中促进结构调整,以结构调整促进经济发展,实现了经济增长与结构调整良性互动。三次产业结构不断优化,工业和农业结构明显升级,经济结构调整取得了明显的成效。

改革开放以来,经济发展方式和增长模式不断呈现新格局。我国坚持巩固和加强第一产业、提高和改造第二产业、积极发展第三产业,促进了三次产业结构不断向优化升级的方向发展。三大产业中,1979—2007 年,第一产业年均增长 4.6%,第二产业年均增长 11.4%,第三产业年均增长 10.8%。从构成看,第一产业所占比重明显下降,第二产业所占比重基本持平,第三产业所占比重大幅上升。其中,第一产业所占比重从 1978 年的 28.2%下降到 2007 年的 11.3%,下降 16.9 个百分点;第二产业所占比重由 47.9%上升为 48.6%,上升 0.7 个百分点;第三产业所占比重由 23.9%上升为 40.1%,上升 16.2 个百分点(见图 17-2)。这说明,我国现代经济的结构性特征越来越明显。

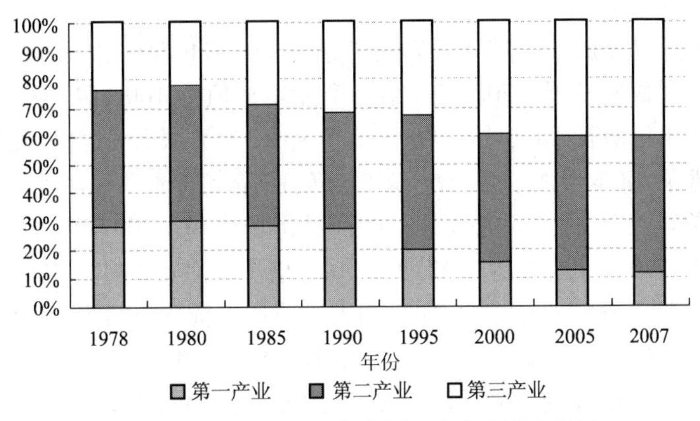

图 17-2　1978—2007 年中国三次产业所占比重

在农业总产值中,种植业比重明显下降,林、牧、渔业比重显著提高。种植业占比由 1978 年的 80%下降为 2007 年的 50.4%,下降了 29.6 个百分点。林、牧、渔业所占比重分别由 1978 年的 3.4%、15%和 1.6%变为 2007 年的 3.8%、33%和 9.1%,分别提高 0.4、18 和 7.5 个百分点。种植业内部结构调整进展明显。在粮食生产稳定发展的情况下,棉、油、糖、果、蔬菜等经济作物生产获得大发展。1979—2007 年,棉花产量增长 2.5 倍,油料产量增长 3.9 倍,糖料产量增长 4.1 倍,水果产量增长 26.6 倍。粮食、经济作物和其他作物种植面积比由

1978 年的 80.4∶9.6∶10 转变为 2007 年的 68.9∶26.65∶4.45,经济作物种植面积比重明显提高。在畜产品构成中,猪肉占肉类总产量的比重由 1978 年的 94.2%下降到 2007 年的 62.45%,牛羊肉则上升到 14.51%,禽肉等也占到了 23%。禽蛋、牛奶等的产量快速增长,在畜产品中的比重也大幅度上升。

改革开放以来,国家制定和实施了一系列产业政策和专项规划,鼓励用新技术和先进的适用技术改造传统产业,大力培育发展高新技术产业,同时加强对工业组织结构调整的引导和促进,工业经济结构调整取得明显成效。通过体制创新、技术引进、自主创新、淘汰落后等方式,有力地推动传统产业结构调整与升级。电子信息、生物工程、航空航天、医药制造、新能源和新材料等高新技术产业蓬勃发展。2007 年,全国高新技术产业共有企业 21 517 家,增加值为 11 621 亿元,占国内生产总值的比重达到 4.7%,占规模以上工业增加值的 9.9%,分别比 1995 年提高 3.0 个和 2.9 个百分点。高新技术产品出口额从 2000 年的 37 亿美元增加到 2007 年的 3 478.3 亿美元,占全部出口的比重由 1.5%提高到 28.6%。关键领域取得重大突破。在航天技术、核能发电技术、高性能计算机技术、重型机械成套设备制造技术、数控机床制造技术、第三代通信技术等领域都有一系列的重大突破,逐步进入一个由大变强的历史性阶段。

第三产业迅速成长。随着对第三产业认识的不断深化和投入的不断增加,第三产业实现快速发展。2007 年,第三产业增加值为 100 054 亿元,按可比价计算,比 1978 年增长 18.6 倍。在第三产业中,各类服务业均实现快速增长。商业持续繁荣,基本形成了多层次、多门类的商品市场体系和多种经济成分、多种市场流通渠道、多种经营方式并存的商品市场格局。2007 年,社会消费品零售总额为 89 210 亿元,比 1978 年增长 56.2 倍。金融市场体系初步建成,金融产品逐渐丰富。2007 年年底,金融机构人民币各项贷款余额为 26.2 万亿元,比 1978 年增长 137 倍;保险公司原保险保费收入为 7 036 亿元,比 1994 年增长 17.7 倍。交通邮电蓬勃发展。2007 年,旅客运输周转量为 21 593 亿人千米,比 1978 年增长 11.4 倍;货物运输周转量为 101 419 亿吨千米,比 1978 年增长 9.3 倍;邮电业务总量为 19 805 亿元,比 1978 年增长 580 倍。房地产业发展迅猛。2007 年,城镇房地产开发投资额为 25 289 亿元,占城镇全部投资额的 20%以上,房地产业增加值为 11 854 亿元,占第三产业增加值的比重为 11.8%,房地产业已经成为国民经济中的重要行业。

进入 21 世纪,中国经济结构进一步优化,农业稳定增长,第三产业增加值占国内生产总值的比重超过第二产业,居民消费率不断提高,城乡区域差距趋于缩小,基础设施水平全面跃升,高技术产业、战略性新兴产业加快发展,一批重大科技成果达到世界先进水平。

第三节 对外开放和走向国际市场

一、对外开放格局的形成

党的十一届三中全会决定把工作重点转向经济建设，同时确定了对外开放的方针。会后，中央书记处多次进行讨论，并阐述了一个指导思想：中国社会主义现代化建设，要利用两个资源——国内资源和国外资源；打开两个市场——国内市场和国外市场；学会两套本领——组织国内经济建设和发展对外经济关系。1980 年 6 月 5 日，邓小平在接见美国和加拿大社论撰稿人访华团时指出："我们在国际上实行对外开放的政策，特别注意吸收发达国家的经验、技术，包括吸收外国资金，来帮助我们发展。"

1980 年 8 月 26 日，第五届全国人民代表大会第十五次常务委员会会议批准兴办深圳、珠海、汕头三个特区；同年 10 月 7 日，国务院批准试办厦门经济特区，实行特殊的经济政策和经济管理体制。1984 年 4 月，国务院决定进一步开放大连、秦皇岛、天津、烟台、青岛、连云港、南通、上海、宁波、温州、福州、广州、湛江和北海 14 个沿海港口城市和海南岛。为促进海南岛的对外开放和经济的全面发展，中央决定成立海南省，使海南岛成为中国最大的经济特区。1985 年 1 月，国务院决定将长江三角洲、珠江三角洲和闽南的厦门、漳州、泉州三角地区开辟为沿海经济开放区。1988 年年初，国务院做出实施沿海地区经济发展战略的决定，主要内容是：充分利用国际产业结构调整带来的机会以及沿海地区劳动力资源丰富等多种优势，在沿海地区大力发展外向型经济，包括注意发展劳动密集型产业，鼓励外商投资，积极兴办三资企业等。1990 年，中央宣布上海开放开发浦东；1992 年 6 月，国务院做出"以上海浦东开发为龙头，进一步开放长江沿岸城市"的决策。2001 年 12 月，中国加入世界贸易组织（WTO），原区域性推进的对外开放转变为全方位的对外开放，中国的对外开放进入全新的发展阶段。至此，一个从沿海到内地、由南向北、自东向西、全方位对外开放的区域格局基本形成。

二、发展对外贸易和利用外资

1984 年 9 月 15 日，国务院批转了对外经济贸易部关于外贸体制改革意见的报告，中国外贸体制改革全面展开。通过简政放权，实行政企分开，制定了一系列规定、条例和办法,对外贸业务实行有效的管理和指导;加强工贸结合、技贸结合,密切出口生产企业和外销部门的关系;实行进出口代理制,打破国家统负外贸盈亏的体制;在外贸经营单位中实行经济责任制。从1991年1月1日起,国家调整和改革汇率机制,执行汇率双轨制,统一外汇留成,取消对外贸企业的出口补贴,外贸全行业实行自负盈亏。20世纪80年代,我国进出口贸易额持续增长,增长速度加快,由1978年的206亿美元扩大到1988年的1 028亿美元,此后速度不断加快,1993年发展到近2 000亿美元,2001年增加到5 097亿美元,2002年进入高速增长时期。2002年之后连续6年实现了20%以上进出口贸易额的增长,在2004年超过1万亿美元后,仅用三年时间就实现了从1万亿美元到2万亿美元的突破。进出口贸易额居世界位次由1978年的第29位跃升到第3位,占世界贸易总额的比重也由0.8%提高到7.7%。我国成为一个名副其实的对外贸易大国。1994年以来,进出口贸易均保持顺差,且规模不断扩大。1995年贸易顺差突破100亿美元,达到167亿美元;2005年又突破1 000亿美元,达到1 020亿美元;2007年突破2 000亿美元,达到2 618亿美元。

1979年7月,第五届全国人民代表大会第二次会议通过《中华人民共和国中外合资经营企业法》,以后又颁布一系列有关法律和行政法规,如《中华人民共和国中外合资企业所得税法》《中华人民共和国外国企业所得税法》《中华人民共和国中外合资企业法实施条例》《关于鼓励外商投资的规定》等。这些法律法规,使中国利用外资和引进技术的工作有了法律保障和依据。从1980年创建我国第一家中外合作企业——北京航空食品有限公司开始,我国利用外资迅速发展,取得了巨大的成就。1979—2007年,我国实际使用外商直接投资7 602亿美元,2007年实际使用外商直接投资748亿美元。为了更好地利用国外资源,进入新世纪,随着"走出去"战略的付诸实施,对外投资也出现了强劲的增长势头。2003—2007年,对外直接投资额(非金融部分)分别为29亿美元、55亿美元、123亿美元、176亿美元和187亿美元。2007年对外经济合作合同金额达到853亿美元,完成营业额479亿美元,分别比1989年增长37.6倍和27.4倍。

外汇储备实现由短缺到富足的历史性转变。1978年,我国外汇储备仅1.67亿美元,人均只有0.17美元。随着我国对外经济的发展壮大,经常项目贸易盈余不断积累,外汇储备的短缺迅速成为历史。1990年外汇储备超过100亿美元,达到111亿美元;1996年超过1 000亿美元,达到1 050亿美元;2006年超过1万亿美元,达到10 663亿美元,超过日本居世界第一位。2007年,我国外汇储备扩大到15 282亿美元,稳居世界第一位。2015年,中国货物进出口总额达到245 741亿元,其中,进口总额达到104 485亿元。全年吸收外商直接投资(不含银行、证券、保险)新设立企业 26 575 家,实际使用外商直接投资金额7 814 亿元(折 1 263 亿美元)。对外直接投资额(不含银行、证券、保险) 7 351 亿元,按美元计价为 1 180 亿美元。国家外汇储备达到 33 304 亿美元。

三、构建对外开放新格局

党的十八大以来,党中央准确把握和平、发展、合作、共赢的时代潮流和国际大势,从中国特色社会主义事业"五位一体"总体布局的战略高度,从实现中华民族伟大复兴的中国梦的历史维度,以开放促改革、促发展、促创新,加快建设开放型经济强国。

2013 年 9 月 18 日,国务院下达关于印发中国(上海)自由贸易试验区总体方案的通知。该总体方案就制定总体要求、布置主要任务和措施、营造相应的监管和税收制度环境、扎实做好组织实施等主要环节做出明确要求。2014 年 6 月 28 日,国务院批准了《中国(上海)自由贸易试验区进一步扩大开放的措施》。这将有利于自由贸易试验区抓住国际产业重新布局的机遇,发挥好促进我国产业发展转型升级和培育国际经济合作竞争新优势的"试验田"作用。在上海自由贸易试验区经验基础上,国家进一步在全国各地有条件的城市和地区设置自由贸易试验区。2015 年 1 月 29 日,国务院发出《关于推广中国(上海)自由贸易试验区可复制改革试点经验的通知》(以下简称《通知》),对中国(上海)自由贸易试验区可复制改革试点经验在全国范围内的推广工作进行了全面部署。《通知》明确,上海自由贸易试验区可复制改革试点经验,原则上,除涉及法律修订、上海国际金融中心建设事项外,能在其他地区推广的要尽快推广,能在全国范围内推广的要推广到全国。此后,自由贸易试验区在各地出现。

2017 年 10 月,习近平总书记在党的十九大报告中指出,赋予自由贸易试验区更大改革自主权,探索建设自由贸易港。而最大的自由贸易试验区是中国(海南)自由贸易试验区,同时海南也是最早的自由贸易港实验区。2018 年 4 月 11 日,中共中央、国务院出台《关于支持海南全面深化改革开放的指导意见》(以下简称《意见》)。《意见》提出,坚持全方位对外开放,按照先行先试、风险可控、分步推进、突出特色的原则,第一步,在海南全境建设自由贸易试验区,赋予其现行自由贸易试验区试点政策;第二步,探索实行符合海南发展定位的自由贸易港政策。2018 年 10 月 16 日,《中国(海南)自由贸易试验区总体方案》正式发布,海南作为南海上的一颗明珠,将凭借独特的地理区位优势,全域对外开放,再次释放中国扩大开放的重大信号。

从自由贸易区开始,中国的市场准入全面采用负面清单制度。2018 年

6月，国家发展改革委和商务部出台了《外商投资准入负面清单(2018年版)》，比2017年版的63条减少了15条，22个领域大幅放宽外商投资市场准入。

2018年4月10日，习近平主席在博鳌亚洲论坛年会开幕式上作主旨演讲，向全世界承诺："中国开放的大门不会关闭，只会越开越大!"①习近平主席指出：实践证明，过去40年中国经济发展是在开放条件下取得的，未来中国经济实现高质量发展也必须在更加开放条件下进行。这是中国基于发展需要做出的战略抉择，同时也是在以实际行动推动经济全球化造福世界各国人民。为此，习近平主席宣布中国在扩大开放方面的重大举措：

第一，大幅度放宽市场准入。在服务业特别是金融业方面，放宽银行、证券、保险行业外资股比限制的重大措施要确保落地，同时要加大开放力度，加快保险行业开放进程，放宽外资金融机构设立限制，扩大外资金融机构在华业务范围，拓宽中外金融市场合作领域。在制造业方面，尽快放宽外资股比限制，特别是汽车行业外资股比限制。

第二，创造更有吸引力的投资环境。加强同国际经贸规则对接，增强透明度，强化产权保护，坚持依法办事，鼓励竞争，反对垄断。完成修订外商投资负面清单工作，全面落实准入前国民待遇加负面清单管理制度。

第三，加强知识产权保护。将重新组建国家知识产权局，完善执法力量，加大执法力度，把违法成本显著提上去，把法律威慑作用充分发挥出来。鼓励中外企业开展正常技术交流合作，保护在华外资企业合法知识产权。

第四，主动扩大进口。中国不以追求贸易顺差为目标，真诚希望扩大进口，促进经常项目收支平衡。将相当幅度降低汽车进口关税，同时降低部分其他产品进口关税，努力增加人民群众需求比较集中的特色优势产品进口，加快加入世界贸易组织《政府采购协定》进程。

习近平主席指出：经过努力，中国金融业竞争力将明显提升，资本市场将持续健康发展，现代产业体系建设将加快推进，中国市场环境将大大改善，知识产权将得到有力保护，中国对外开放一定会打开一个全新的局面。

"一带一路"国际合作

2013年9月和10月，中国国家主席习近平在出访中亚和东南亚国家期间，先后提出共建"丝绸之路经济带"和"21世纪海上丝绸之路"的重大倡议，简称"一带一路"。"一带一路"构想提出后，得

① 《习近平在博鳌亚洲论坛2018年年会开幕式上的主旨演讲》(2018年4月10日). http://www.xinhuanet.com/politics/2018-04/10/c_1122659873.htm。

到国际社会高度关注。习近平先后出访20多个国家,出席加强互联互通伙伴关系对话会、中阿合作论坛第六届部长级会议,就双边关系和地区发展问题,多次与有关国家元首和政府首脑进行会晤,深入阐释"一带一路"的深刻内涵和积极意义,就共建"一带一路"达成广泛共识。

"一带一路"贯穿亚欧非大陆,一头是活跃的东亚经济圈,一头是发达的欧洲经济圈,中间广大腹地国家经济发展潜力巨大。丝绸之路经济带重点畅通:中国经中亚、俄罗斯至欧洲(波罗的海),中国经中亚、西亚至波斯湾、地中海,中国至东南亚、南亚、印度洋。21世纪海上丝绸之路重点方向是从中国沿海港口过南海到印度洋,延伸至欧洲,以及从中国沿海港口过南海到南太平洋。根据"一带一路"走向,陆上依托国际大通道,以沿线中心城市为支撑,以重点经贸产业园区为合作平台,共同打造新亚欧大陆桥、中蒙俄、中国—中亚—西亚、中国—中南半岛等国际经济合作走廊;海上以重点港口为节点,共同建设通畅、安全、高效的运输大通道。

"一带一路"建设旨在借用古代"丝绸之路"的历史符号,高举和平发展的旗帜,主动发展与沿线国家的经济合作伙伴关系,打造陆海内外联动、东西双向开放的全面开放新格局。为推进"一带一路"建设,2015年3月中国政府特制定并发布《推动共建丝绸之路经济带和21世纪海上丝绸之路的愿景与行动》,提出:"一带一路"是促进共同发展、实现共同繁荣的合作共赢之路,是增进理解信任、加强全方位交流的和平友谊之路。中国政府倡议,秉持和平合作、开放包容、互学互鉴、互利共赢的理念,全方位推进务实合作,打造政治互信、经济融合、文化包容的利益共同体、命运共同体和责任共同体。

第四节 中国特色社会主义新时代

一、新的发展理念

经过改革开放以后40多年的高速增长,我国经济发展进入新常态。新常态下,我国经济发展表现出速度变化、结构优化、动力转换三大特点,即增长速度要从高速转向中高速,发展方式要从规模速度型转向质量效率型,经济结构调整要从增量扩能为主转向调整存量、做优增量并举,发展动力要从主要依靠资源和低成本劳动力等要素投入转向创新驱动。这些变化不依人的意志为转移,是我国经济发展阶段性特征的必然要求。在我国经济发展新常态阶段,经济发展必须建立新的发展理念。

2015年10月,党的十八届五中全会召开,研究"'十三五'规划建议",提出创新、协调、绿色、开放、共享的新发展理念,并以这五大新发展理念为主线进行谋篇布局。《中共中央关于制定国民经济和社会发展第十三个五年规划的建议》对五大新发展理念进行了全面阐释:

第一,创新是引领发展的第一动力。必须把创新摆在国家发展全局的核心位置,不断推进理论创新、制度创新、科技创新、文化创新等各方面创新,让创新贯穿党和国家一切工作,让创新在全社会蔚然成风。

第二,协调是持续健康发展的内在要求。必须牢牢把握中国特色社会主义事业总体布局,正确处理发展中的重大关系,重点促进城乡区域协调发展,促进经济社会协调发展,促进新型工业化、信息化、城镇化、农业现代化同步发展,在增强国家硬实力的同时注重提升国家软实力,不断增强发展整体性。

第三,绿色是永续发展的必要条件和人民对美好生活追求的重要体现。必须坚持节约资源和保护环境的基本国策,坚持可持续发展,坚定走生产发展、生活富裕、生态良好的文明发展道路,加快建设资源节约型、环境友好型社会,形成人与自然和谐发展现代化建设新格局,推进美丽中国建设,为全球生态安全做出新贡献。

第四,开放是国家繁荣发展的必由之路。必须顺应我国经济深度融入世界经济的趋势,奉行互利共赢的开放战略,坚持内外需协调、进出口平衡、引进来和走出去并重、引资和引技引智并举,发展更高层次的开放型经济,积极参与全球经济治理和公共产品供给,提高我国在全球经济治理中的制度性话语权,构建广泛的利益共同体。

第五,共享是中国特色社会主义的本质要求。必须坚持发展为了人民、发展依靠人民、发展成果由人民共享,做出更有效的制度安排,使全体人民在共建共享发展中有更多获得感,增强发展动力,增进人民团结,朝着共同富裕方向稳步前进①。

二、高质量发展

改革开放以来,一方面,我国经济实现了持续的高速增长,综合国力大幅提升,人民生活水平显著提高;但另一方面,我国的人口结构、供需结构、产业结构、进出口贸易结构,以及投资率、储蓄率、生态环境等因素,都已经发生了根本

---

① 《中共中央关于制定国民经济和社会发展第十三个五年规划的建议》(新华社北京11月3日电),人民网 http://cpc.people.com.cn/n/2015/1103/c399243-27772351.html。

性变化，难以进一步支持我国经济的持续高速增长。党的十八大以来，我国经济发展迈入由大向强转变的新阶段，进入全面建成小康社会决胜期，并将在全面建成小康社会的基础上，乘势而上开启全面建设社会主义现代化国家新征程。社会主义现代化国家的经济基础是社会生产能力水平的明显提升，核心是经济发展的高质量。如果说改革开放之初我国经济发展要解决的首要问题是数量不足，需要以"快"字当头，那么，在新时代要解决的首要问题则是实现高质量发展，必须以"好"字当头。这就决定了我国经济必然从高速增长转向中高速增长，相应地，这种转变要求我国经济发展动力从传统增长动能转向新的增长动能，从根本上说，就是从高速增长向高质量发展转变。

实现高质量发展，是保持经济社会持续健康发展的必然要求，是适应我国社会主要矛盾变化和全面建设社会主义现代化国家的必然要求。2017 年，习近平总书记在党的十九大报告中 16 次提到质量，并首次提出"质量第一"和"质量强国"的口号。报告指出：我国经济已由高速增长阶段转向高质量发展阶段，正处在转变发展方式、优化经济结构、转换增长动力的攻关期，建设现代化经济体系是跨越关口的迫切要求和我国发展的战略目标。必须坚持质量第一、效益优先，以供给侧结构性改革为主线，推动经济发展质量变革、效率变革、动力变革，提高全要素生产率，着力加快建设实体经济、科技创新、现代金融、人力资源协同发展的产业体系，着力构建市场机制有效、微观主体有活力、宏观调控有度的经济体制，不断增强我国经济创新力和竞争力。

党的十八大以来，中国经济进入新常态发展阶段，经济政策的核心是在不影响大面积产业工人就业的情况下，适时调整经济增长速度，转变经济发展方式，将经济增长稳定在中高速水平。2010 年之后，中国经济增速逐渐进入 10%以下区段。经过两年调整，2012 年更进入"7"时代，当年国内生产总值增长率为 7.9%。2013 年经济增长速度比 2012 年略有减缓，国内生产总值增长率为 7.8%，而 2014 年的经济增速出现了明显的回落，比 2013 年下跌了 0.5 个百分点；自 2015 年开始，中国经济增长速度进入"6"时代，并逐步呈现缓慢徘徊型的下降趋势，2015 年至 2018 年期间，国内生产总值增长率分别为 6.9%、6.7%、6.8%、6.6%。总的来讲，中国经济在 2013 年至 2018 年期间保持中高速的增长水平已经创造了很大的成就。事实上，这一时期世界经济整体步入缓慢增长的阶段，增速徘徊在 3%左右。

推动高质量发展，是我国确定发展思路、制定经济政策、实施宏观调控的根本要求。高质量发展会带领中国经济迈向一个新的台阶，这是一次新的"凤凰涅槃"。成功地实现这个转型，中国经济的质量，无论是微观的产品和服务的质量，还是宏观的效率质量，都同样会像中国速度一样，赢得广泛赞誉。

三、供给侧结构性改革

改革开放以来,中国的经济持续高速增长,中国成功步入中等收入国家行列,成为名副其实的经济大国。但随着人口红利衰减、"中等收入陷阱"风险累积,以及受国际经济格局影响,中国经济发展正进入"新常态"。2015 年 11 月 10 日,习近平主持召开中央财经领导小组第十一次会议,研究经济结构性改革和城市工作。习近平在讲话中首次提及供给侧结构性改革,指出:推进经济结构性改革,是贯彻落实党的十八届五中全会精神的一个重要举措。要牢固树立和贯彻落实创新、协调、绿色、开放、共享的新发展理念,适应经济发展新常态,坚持稳中求进,坚持改革开放,实行宏观政策要稳、产业政策要准、微观政策要活、改革政策要实、社会政策要托底的政策,战略上坚持打持久战,战术上打好歼灭战,在适度扩大总需求的同时,着力加强供给侧结构性改革,着力提高供给体系质量和效率,增强经济持续增长动力,推动我国社会生产力水平实现整体跃升。

2016 年 1 月 26 日和 27 日,中央财经领导小组举行第十二次会议,研究供给侧结构性改革方案。会议分别听取了国家发展改革委、财政部、住房城乡建设部、人民银行、国务院国资委关于去产能、去库存、去杠杆、降成本、补短板等工作方案思路的汇报。习近平在讲话中指出,制订好方案是做好供给侧结构性改革的基础,要把思想认识统一到党中央关于推进供给侧结构性改革的决策部署上来。去产能、去库存、去杠杆、降成本、补短板是工作重点,关系到供给侧结构性改革的开局,关系到"十三五"的开局。各地区各部门要坚定信心、坚决行动,抓紧抓好抓实,切实取得实效。习近平强调,供给侧结构性改革的根本目的是提高社会生产力水平,落实好以人民为中心的发展思想。

供给侧结构性改革扎实推进减少了低端供给和无效供给,产能过剩行业市场加速出清,使市场供求关系明显改善,企业经营状况好转、经济效益得以回升。2016 年 9 月份,工业生产者出厂价格首次由降转升,结束了连续 54 个月同比下降的局面。在价格回升、成本下降、销售好转的共同作用下,企业盈利状况明显改善,市场信心不断增强。2016 年,规模以上工业企业利润比上年增长 8.5%,主营业务收入利润率比上年提高 0.19 个百分点。同时,供给侧结构性改革扩大了中高端供给和有效供给,推动新技术、新产业、新产品不断涌现,为经济持续健康发展注入新的动力,有力支撑了市场需求升级和宏观经济企稳。2016 年,我国经济增速为 6.7%,继续保持中高速增长①。

---

① 国家统计局:《供给侧结构性改革深入推进 转型升级步伐持续加快》(2017-07-28),http://www.stats.gov.cn/ztjc/ztfx/18fzcj/201802/t20180212_1583221.html。

2013—2018 年，中国社会始终保持着巨大的经济总量基数并实现了中高速经济增长，同时，由于供给侧结构性改革的不断推进，中国经济结构优化也取得了较为显著的成效。就产业经济结构来看，如表 17-2 所示，自党的十八大以来，以工业为主的第二产业产值在国内生产总值中的占比大体上呈不断缩小的趋势，逐步由以往阶段的“二、三、一”的产业结构布局转变为“三、二、一”的产业优化结构。2013 年，第一产业增加值在国内生产总值中的占比为 8.94%，第二产业为 44.18%，第三产业为 46.88%。第三产业已经显著超过第二产业而成为经济社会的主体产业。2014 年，产业结构继续由第二产业向第三产业倾斜，其中，第三产业增加值在国内生产总值中的占比上升为 48.04%，比 2013 年上升了 1.16 个百分点，而第二产业占比下降了 0.9 个百分点。2015 年，第三产业增加值在国内生产总值中的占比首次过半，达到 50.46%。2016—2018 年，第三产业增加值占比稳步上升，从 2016 年的 51.80%上升至 2018 年的 52.16%，而第二产业增加值占比基本徘徊在 40%左右。经过经济结构调整，中国的产业结构大体上由前一个阶段的 1：4.5：4.5 演变为 2018 年的 0.7：4.1：5.2，产业结构优化取得了积极的进展。我国经济走上高质量发展道路，经济结构不断优化，数字经济等新兴产业蓬勃发展，高铁、公路、桥梁、港口、机场等基础设施建设快速推进。到 2020 年，农业现代化稳步推进，粮食生产能力达到 6 000 亿千克。城镇化率年均提高 1.2 个百分点，8 000 多万农业转移人口成为城镇居民。区域发展协调性增强，“一带一路”建设、京津冀协同发展、长江经济带发展成效显著。创新驱动发展战略大力实施，创新型国家建设成果丰硕，天宫、蛟龙、天眼、悟空、墨子、大飞机等重大科技成果相继问世。开放型经济新体制逐步健全，对外贸易、对外投资、外汇储备稳居世界前列。2021 年 3 月 5 日，李克强在政府工作报告中宣布：决胜全面建成小康社会取得决定性成就，交出一份人民满意、世界瞩目、可以载入史册的答卷。

表 17-2　2013—2018 年中国三次产业增加值在国内生产总值中的占比(%)

年　份	第一产业	第二产业	第三产业
2013	8.94	44.18	46.88
2014	8.67	43.28	48.04
2015	8.42	41.11	50.46
2016	8.13	40.07	51.80
2017	7.57	40.54	51.89
2018	7.19	40.65	52.16

资料来源：中国国家统计局官方网站(http://data.stats.gov.cn/easyquery.htm? cn=C01)。

四、中国特色社会主义新时代

1956年社会主义改造完成以后，我们党认真研究中国社会的主要矛盾变化，在党的八大报告中指出：社会主义改造完成后，我们国内的主要矛盾，已经是人民对于建立先进的工业国的要求同落后的农业国的现实之间的矛盾，已经是人民对于经济文化迅速发展的需要同当前经济文化不能满足人民需要的状况之间的矛盾。这一矛盾的实质，在我国社会主义制度已经建立的情况下，也就是先进的社会主义制度同落后的社会生产力之间的矛盾。党和全国人民当前的主要任务，就是要集中力量来解决这个矛盾，把我国尽快地从落后的农业国变为先进的工业国[①]。

这些年来，在中国共产党的坚强领导下，全国各族人民团结一心，迎难而上，开拓进取，奋力前行，从封闭落后迈向开放进步，从温饱不足迈向全面小康，从积贫积弱迈向繁荣富强，创造了一个又一个人类发展史上的伟大奇迹。新中国诞生时，我国经济基础极为薄弱。1952年我国国内生产总值仅为679亿元，人均国内生产总值为119元。经过长期努力，1978年我国国内生产总值增加到3 679亿元，占世界经济的比重为1.8%，居全球第十一位。改革开放以来，我国经济快速发展，1986年经济总量突破1万亿元；2000年突破10万亿元大关，超过意大利成为世界第六大经济体；2010年达到412 119亿元，超过日本并连年稳居世界第二。党的十八大以来，我国综合国力持续提升。我国经济总量连续跨越70万亿元、80万亿元和90万亿元大关，2018年达到900 309亿元，占世界经济的比重接近16%。按不变价计算，2018年国内生产总值比1952年增长174倍，年均增长8.1%。其中，1979—2018年年均增长9.4%，远高于同期世界经济2.9%左右的年均增速，对世界经济增长的年均贡献率为18%左右，仅次于美国而居世界第二。2018年我国人均国民总收入达到9 732美元，高于中等收入国家平均水平[②]。

我国经济社会持续增长和发展，从量变的积累逐渐发展为质变的突破。特别是改革开放40多年的高速增长和稳定发展，使我国经济社会进入一个新的发展阶段，并进一步决定中国特色社会主义进入一个新的时代。党的十九大报告指出：中国特色社会主义进入新时代，我国社会主要矛盾已经转化为人民日益增长的美好生活需要和不平衡不充分的发展之间的矛盾。我国稳定解决了

---

① 《中共八大关于政治报告的决议》（中国共产党第八次全国代表大会一九五六年九月二十七日通过），中国政府网 http://www.gov.cn/test/2008-06/04/content_1005155.htm。

② 国家统计局：《沧桑巨变七十载 民族复兴铸辉煌——新中国成立70周年经济社会发展成就系列报告之一》，http://www.stats.gov.cn/tjsj/zxfb/201907/t20190701_1673407.html。

十几亿人的温饱问题，人民美好生活需要日益广泛，不仅对物质文化生活提出了更高要求，而且在民主、法治、公平、正义、安全、环境等方面的要求日益增长。同时，我国社会生产力水平总体上显著提高，社会生产能力在很多方面进入世界前列，更加突出的问题是发展不平衡不充分，这已经成为满足人民日益增长的美好生活需要的主要制约因素。

我国社会主要矛盾的变化是关系全局的历史性变化，对党和国家工作提出了许多新要求。我们要在继续推动发展的基础上，着力解决好发展不平衡不充分的问题，大力提升发展质量和效益，更好满足人民在经济、政治、文化、社会、生态等方面日益增长的需要，更好推动人的全面发展、社会全面进步。但是，我们还必须认识到，我国社会主要矛盾的变化，没有改变我们对我国社会主义所处历史阶段的判断，我国仍处于并将长期处于社会主义初级阶段的基本国情没有变，我国是世界最大发展中国家的国际地位没有变。全党要牢牢把握社会主义初级阶段这个基本国情，牢牢立足社会主义初级阶段这个最大实际，牢牢坚持党的基本路线这个党和国家的生命线、人民的幸福线，领导和团结全国各族人民，以经济建设为中心，坚持四项基本原则，坚持改革开放，自力更生，艰苦创业，为把我国建设成为富强、民主、文明、和谐、美丽的社会主义现代化强国而奋斗。

“三步走”战略

1987 年 4 月，邓小平提出中国现代化发展的“三步走”战略，即：第一步，从 1981 年到 1990 年，国民生产总值翻一番，实现温饱；第二步，从 1991 年到 20 世纪末，再翻一番，达到小康；第三步，到 21 世纪中叶，再翻两番，达到中等发达国家水平。

这些年来，这一伟大的战略构想被我们党不断完善和丰富。进入新世纪以后，我们党重新构建了“三步走”战略，即从 20 世纪末进入小康社会后，将“第三步”分为 2010 年、2020 年、2050 年三个阶段：2010 年国民经济和社会发展的主要奋斗目标是实现国民生产总值比 2000 年翻一番，人民的小康生活更加宽裕，形成比较完善的社会主义市场经济体制；到 2020 年实现国内生产总值比 2000 年翻两番的目标；然后通过 30 年的奋斗，到 2050 年基本实现现代化。

党的十八大以后，在党的正确领导下，我们坚定不移贯彻新发展理念，坚决端正发展观念、转变发展方式，发展质量和效益不断提升。经济保持中高速增长，在世界主要国家中名列前茅，国内生产总值从 54 万亿元增长到 80 万亿元，稳居世界第二。在这个历史背景之下，综

合分析国际国内形势和我国发展条件,党的十九大把2020年到21世纪中叶分两个阶段来安排:

第一个阶段,从2020年到2035年,在全面建成小康社会的基础上,再奋斗15年,基本实现社会主义现代化。到那时,我国经济实力、科技实力将大幅跃升,跻身创新型国家前列;人民平等参与、平等发展权利得到充分保障,法治国家、法治政府、法治社会基本建成,各方面制度更加完善,国家治理体系和治理能力现代化基本实现;社会文明程度达到新的高度,国家文化软实力显著增强,中华文化影响更加广泛深入;人民生活更为宽裕,城乡区域发展差距和居民生活水平差距显著缩小,基本公共服务均等化基本实现,全体人民共同富裕迈出坚实步伐;现代社会治理格局基本形成,社会充满活力又和谐有序;生态环境根本好转,美丽中国目标基本实现。

第二个阶段,从2035年到21世纪中叶,在基本实现现代化的基础上,再奋斗15年,把我国建成富强、民主、文明、和谐、美丽的社会主义现代化强国。到那时,我国物质文明、政治文明、精神文明、社会文明、生态文明程度将全面提升,实现国家治理体系和治理能力现代化,成为综合国力和国际影响力领先的国家,全体人民共同富裕基本实现,我国人民将享有更加幸福安康的生活,中华民族将以更加昂扬的姿态屹立于世界民族之林。

可见,党的十九大把"三步走"发展战略的第三步细分为20年、15年和15年三个阶段,并把第三步目标"基本实现现代化"提前到2035年,把2050年目标提高到"全面建成社会主义现代化强国"。在一定程度上,近期目标是基础,中期目标是关键,远期目标是愿景。全面落实"三阶段"战略部署,前两步是重中之重。

本章思考题

1. 中国的经济体制改革为什么从农村取得突破?
2. 中国特色的社会主义基本经济制度是什么?
3. 改革开放以来中国经济持续快速增长的原因是什么?
4. 中国特色社会主义进入新时代的重要标志是什么?

第十八章 发达国家的改革和经济演变

第一节 新自由主义与经济改革

一、新自由主义思潮的兴起

20 世纪 30 年代的大危机，标志着自由资本主义市场经济的终结和国家干预时代的开始。国家干预是凯恩斯经济理论主张的政策，它承认市场调节机制作用的局限性，主张采用需求调节，即通过扩大或缩小财政支出的财政政策，松紧交替的货币政策以及对工资、物价进行调控的收入政策来调节社会需求，以达到干预经济周期、减少经济波动、促进经济稳定增长的目的。第二次世界大战后，发达市场经济国家普遍采用以刺激需求为主的调节方式，利用乘数效应，用扩大财政支出、国家采购、扩大公共消费开支、增加社会福利开支等办法，扩大市场和扩大就业，特别是在危机的时候刺激经济早日复苏。采取这种干预措施，可以熨平经济的周期波动，使经济实现平稳快速的增长。

凯恩斯主义的实施，的确取得了重要的成就。第二次世界大战后，西方国家曾实现五六十年代长达 20 年的高速增长。特别是 60 年代的日本和西欧一些国家，经济飞跃发展，创造了西方历史上少有的“经济奇迹”。主要西方国家的市场经济模式也是在这一时期最终定型的。但与此同时，西方国家的财政赤字不断扩大，通货膨胀压力加强，美元危机接连发生。1973 年，一场来势汹汹的石油危机，把西方世界经济推入滞胀的困境。在这一时期，石油危机、高通货膨胀、高失业率和国际货币体系危机等一系列结构性危机交织并发。

关于滞胀的原因，西方经济学家有多种解释，许多人将它归咎于石油价格的上涨。他们的理由是,20世纪五六十年代,发达国家的能源结构由以煤为主转为以石油为主,这些国家的经济繁荣很大程度上是依赖廉价石油取得的。1973年石油价格不断上涨,提高了发达国家的生产成本,由此引起经济危机和滞胀。但是很多人认为,滞胀的出现并非石油危机的结果,而是国家全面干预经济生活的必然产物。1973年危机以后,如果继续按照凯恩斯的办法去扩大社会需求,提高经济增长速度,减少失业,势必会加剧通货膨胀,造成严重的物价上涨,削弱本国商品在国际市场上的竞争力。如果反过来实行缓和通货膨胀和控制物价上涨的紧缩政策,又会降低经济增长速度,增加失业人数,甚至会加速触发新的经济危机。面对这种病症,凯恩斯主义一筹莫展。对此,其他经济学派群起而攻之,凯恩斯主义陷入困境。

面对严重的滞胀,新自由主义开始流行。新自由主义认为,政府干预在长期内不会对经济发展和充分就业产生影响,甚至会由于理性预期和滞后效应而加大经济的波幅。货币学派和供应学派分别为政府开出了治理滞胀的"药方"。货币主义对凯恩斯的需求管理持否定的态度,在弗里德曼看来,以需求管理为宗旨的财政政策最终都是通过货币量的扩张和收缩来实现经济调节作用的。财政政策只是在短期内对国民收入发生影响,而在长期内,政府的支出对私人投资具有挤出效应而不是刺激作用,结果是引起通货膨胀和降低国民经济增长率。政府只需要执行单一的货币规则,尽量避免国家干预。供应学派认为,需求扩大不一定造成实际产量的增长,很有可能只是单纯增加货币量,引起物价上涨,储蓄率下降,这又必然引起利率上升,影响投资和设备更新,使技术变革迟缓,从而造成滞胀的局面。供应学派开出的"药方"是从提高供给着手,采用降低税率的方法来刺激储蓄,提高私人部门的投资,从而达到经济增长的目的。

在滞胀的严峻形势面前,西方国家在经历一个时期的悲观、沮丧、彷徨和反思之后,以英国保守党人撒切尔夫人和美国共和党人里根为代表,宣称摒弃凯恩斯主义,以货币主义和供应学派的理论为指导,以抑制通货膨胀为主要目标,实行紧缩货币、削减政府开支、放松政府管制、通过减税刺激私人投资以及国有企业私有化等一系列政策。这些做法取得了一定效果,特别是扭转了长期以来的通货膨胀局势,并使经济增长率有了明显的提高。因此,新自由主义经济学一度成为市场经济国家的新宠,而凯恩斯主义则被弃为敝屣。

二、英国的经济改革

战后英国经济的发展相对缓慢。其工业生产指数1970年为100,1980年只有105.1,英国的国内生产总值在西方世界的比重到80年代已低于意大利。1979年以前,无论是工党还是保守党都遵循凯恩斯理论和需求管理的政策,但是高失业率和高通货膨胀率的双重折磨,使英国经济走走停停。1978 年年底到 1979 年年初,英国通货膨胀率直线上升,劳资冲突进一步加剧,罢工浪潮席卷英伦三岛。1979 年 5 月,保守党领袖撒切尔夫人在大选中获胜,开始了 10 余年的撒切尔主义时代。

1979 年撒切尔夫人上台后,为了扭转英国经济衰落的颓势,重新振兴英国经济,她提出必须走"不同的道路":拒绝以低生产率、低效率、高通货膨胀率为代价维持充分就业,拒绝以资源的巨大浪费为代价维持福利国家,拒绝为保持充分就业而维持"不经济"的经济。其具体措施包括:

第一,企业私有化改革。撒切尔政府逐步出售国有企业,将国家雇用的工作人员转移到民营部门,并以股票形式将国有企业资产转向民营企业。在出售股票的过程中,或是将整个企业出售给私营公司,或是优惠出售给本企业的经理和职员,或是在股票市场上采用招标的方式公开出售。经过 80 年代的大规模私有化,到 1991 年时,英国已有超过一半的公共部门转制为私营部门,有 65 万名工人从国有企业转到私营企业工作,其中有 90%的人成为股份持有者;与 1979 年相比,英国的股份持有者占总人口的比例已从 7%上升到 20%,国有经济部门产值占全国总产值的比重则从 9%下降到不足 5%。

第二,社会福利制度改革。按照撒切尔夫人的设想,社会福利制度的改革原则是将政府包揽社会保险支出改为政府、企业和个人分摊,并最终过渡到以企业和个人为主。1986 年的《社会保险法》将政府支付的退休金减少一半,同时引入个人退休金计划和就业退休金计划,前者完全由个人支付,后者完全由企业负担。在医疗方面,政府削减了社会福利在公共开支中的比重,1986—1987 年度比 1979—1980 年度下降了 10 个百分点。

第三,宏观经济政策改革。1979 年,撒切尔政府大幅度削减公共开支,降低财政赤字以治理通货膨胀。与此同时,政府还废除外汇管制,取消对证券交易所的管制,废除对专业银行经营业务的严格限制,取消房屋建筑协会与一般商业银行间的业务界限。到 20 世纪 90 年代,英国的经济体制中,市场力量发挥作用的范围越来越大,政府干预的范围越来越小。

撒切尔夫人的改革刺激了经济的增长。1982—1989 年,英国经济持续增长,其势头是第二次世界大战后仅有的,通货膨胀率从连续多年的两位数降到较低的水平,财政也出现 20 多年来未曾有过的盈余。这就是所谓的"撒切尔奇迹"。1990 年,撒切尔夫人在下台前夕曾意气风发地宣布:撒切尔主义已经在全球范围内广为传播,撒切尔主义不是针对一个 10 年,而是适用于数个世纪。

然而,1995 年,在沉寂 16 年后,英国工党终于赢得了大选胜利,组成了布莱尔政府。布莱尔提出"第三条道路"的主张,强调政府调控和市场机制的平衡,

经济发展与社会公正的平衡，即在传统的“从摇篮到坟墓”的福利国家和新右派主张的“自由市场经济”之间走一条中间道路。1998 年 3 月，政府公布了题为《我们国家的新动力：一个新的福利契约》的福利改革绿皮书，提出了面向新世纪的福利改革原则。12 月，政府在新的养老金法案中提出，对于能够工作的人，福利改革建立在工作原则的基础上，对于不能工作的人，则建立在安全保障原则的基础上，即在消除传统福利国家弊端的同时，仍要保留传统福利国家保障公民基本生活的原则①。

三、美国的经济改革

1980 年，共和党人罗纳德・里根当选为美国第 40 届总统。面对连续三年两位数的通货膨胀率和经济的严重衰退，里根政府把抑制通货膨胀作为宏观经济政策的重点目标。他一反传统的现代凯恩斯主流经济学经济政策，采用供应学派和货币学派的经济政策，兼顾凯恩斯主流经济学，使美国经济出现了恢复和振兴的新局面。里根的经济政策，基本上为其后继者布什和克林顿所继承和延续，由此带来美国 90 年代的繁荣。这些经济政策包括：

第一，实行大规模的减税计划。1981 年 2 月 18 日，里根在向国会提交的经济复兴计划中，提出了大规模减税的建议，将个人所得税的最高税率从肯尼迪政府时期的 77%下降为 50%，最低税率则相应降至 11%左右。据统计，由于实行减税计划，仅 1983—1985 年美国企业和个人就从中获益 3 500 亿美元，从而促进了私人投资的增加。

第二，削减政府开支。里根政府上台后，曾多次削减政府支出。1985 年年底，美国国会通过法案，规定如果不把赤字控制在每年的指标范围内，联邦的军事或民用项目开支就将自动全面削减。到克林顿政府时期，美国的财政赤字迅速缩减，从 1992 年的 2 900 亿美元减少到 1996 年的 1 073 亿美元和 1997 年的 220 亿美元，1998 年则实现了 30 年来的首次盈余②。

第三，改革社会保障制度。1983 年 4 月，里根签署了国会通过的一揽子社会福利改革计划，削减一些社会保障项目，尤其是“随意性”的社会福利开支，用以解决当时出现的联邦政府社会福利负担过重的问题。20 世纪 90 年代，美国实行社会保障金储蓄制度，即通过个人义务储蓄的办法来预支福利金。在这种制度下，职工个人及其雇主必须按规定给个人的储蓄账户缴款。这些储蓄将通过共同基金投资到股票和债券等有价证券中；到退休时，储蓄账户累计余额中的大部分将以年金的形式支付给个人。

---

① 姜南：《英国福利制度的演变及其调控作用》，《世界历史》，1999 年第 4 期。

② 林水源：《发达国家的三大经济体：体制特征及其经济表现》，《世界经济与政治》，1999 年第 8 期。

第四，坚持通货紧缩政策。20 世纪 80 年代以后，联邦储备委员会使金融杠杆在经济中显示出独立作用。美联储坚持对通货膨胀采取预防为主的方针，宁可放慢经济增长速度，也要防止通货膨胀失控。1980 年美国的通货膨胀率为 13.5%，1987 年降到 3.7%（见表 18-1）。1990 年美联储实行的紧缩政策虽然使经济出现衰退，但也加快了美国企业的结构调整。因而，美联储对美国经济的监管获得了普遍的支持和信任。

表 18-1　1979—1996 年美国失业率和通货膨胀率(%)

年　份	失业率	通货膨胀率
1979	5.9	11.3
1980	7.2	13.5
1981	7.6	10.4
1982	9.7	6.2
1983	9.6	3.2
1984	7.5	4.4
1985	7.2	3.5
1986	7.0	1.9
1987	6.2	3.7
1988	5.5	4.1
1989	5.3	4.8
1990	5.6	5.4
1991	6.9	4.2
1992	7.5	3.0
1993	6.9	3.0
1994	6.1	2.6
1995	5.6	2.8
1996	5.4	2.9

资料来源：《总统经济报告》(1997)，转引自保罗·萨缪尔森、威廉·诺德豪斯：《经济学》，华夏出版社，1999 年版，第 486 页。

第五，放松政府管制。里根政府专门成立了放松管制工作小组，减少的联邦条例法典文件的数量近 1/4。1981 年，美国各级政府收入占国民生产总值的比重为 32%，1985 年下降为 31.6%，1987 年又降至 29.7%。经过里根政府的改革，政府干预经济的作用在下降。布什执政时期，继续推行里根政府

关于改革规章制度的方针。克林顿政府也继续实行减少国家行政干预的政策。

全面的、深刻的新经济自由主义改革使美国迅速摆脱了70年代的经济滞胀,走上了较为稳定的增长道路,并在90年代以来出现了一种低失业率、低通货膨胀率与较高的经济增长率并存的经济现象。1992—1998年,美国国内生产总值的年均增长率为3.1%(同期日本为0.8%,德国为1.7%),其中1997年和1998年均达3.9%;同期,失业率由7.5%下降到4.2%(为近25年的最低水平),通货膨胀率则由3.0%下降到1.6%。由于经济持续走强,美国的股价迅速上升。1991年第一季度,纽约道琼斯股票指数徘徊在2 500点左右。而到了1999年3月,华尔街股票指数已突破1万点。美国经济的长期走强,特别是美国"新经济"的出现,固然得益于信息技术革命和经济全球化,但80年代以来的新经济自由主义改革及其所形成的较灵活的市场经济体制无疑是更为重要的因素。这是因为,如果没有一个灵活的市场经济体制,就难以推动科技进步,也难以从参与经济全球化的过程中获益①。

第二节　信息产业革命和新经济

一、信息产业革命的兴起

人类在认识世界和改造世界的过程中,认识了信息,利用了信息,并且发展了信息。人类利用信息的过程和效果的革命性变革,就是信息革命。20世纪七八十年代,微电子学、光电子学和电子计算机应用科学的迅猛发展,特别是通信卫星的商业应用,使信息化在社会的各个领域都取得了突破性的进展。

在信息革命过程中,美国捷足先登,成为世界信息技术革命的火车头。1993年克林顿上台以后,加大了对信息产业的投资力度。1993年2月21日,克林顿政府在《促进美国经济增长的技术与经济发展新方向》的国情咨文中,正式援用"信息高速公路"这一概念。这个方案列出了美国联邦政府在科学技术方面准备采取的一系列新的重大措施。这些新措施强调联邦政府的作用,注重科学技术为经济服务的潜能,利用美国在科学技术方面的丰富资源和相对优势,恢复美国工业在国际市场上的竞争地位,振兴美国经济。与第二次世界大战以来历届美国政府的政策相比,这是一个重大的转变。随后,克林顿政府正式实

---

① 林水源:《发达国家的三大经济体:体制特征及其经济表现》,《世界经济与政治》,1999年第8期。

施“信息高速公路”计划。

“信息高速公路”是指在多媒体高新技术基础上开发更加智能化的、更高一级的电子计算机的网络系统。它是多种学科、多种知识、多种技术综合运用的产物，是人类有史以来最先进的生产、生活、社会活动的工具，是崭新的正在蓬勃发展的生产力。美国“信息高速公路”实施计划提出后，很快就引起各国政府的强烈反响。日本、欧盟、加拿大、俄罗斯等纷纷效仿，相继提出各自的“信息高速公路”计划，斥巨资进行国家信息基础设施建设，并将其作为未来国力强弱的指标。随后，在全世界范围内掀起了建设“信息高速公路”的浪潮。

“信息高速公路”的建设热潮，使互联网经济得以兴起。美国得克萨斯大学电子商务研究中心对美国的互联网进行调查时，将互联网经济分为网络基础设施、电子商务、中介和应用软件四个部分。20 世纪末，互联网以一种惊人的速度渗透到经济社会生活的各个领域，人们所做的同通信和信息有关的一切几乎都数字化了。1998 年，美国人每天发送的电子邮件已达 30 亿件，超过了电话使用量。1999 年，美国的上网人数已达 1.01 亿人。纽约斯卡博鲁研究公司的调查表明，华盛顿哥伦比亚特区、旧金山、奥斯汀、西雅图、盐湖城这五个城市，半数以上成人利用互联网进行通信、研究、学习、购物、娱乐和享受各种服务，他们的生活和工作已经网络化了。正如《数字化生存》一书的作者——美国麻省理工学院教授尼葛洛庞帝（Negroponte）所说：“计算机不再只和计算机有关，它决定我们的生活。”①

互联网已经并将更加广泛深刻地改变和影响人类日常生活和经济活动，它正营造一种新的社会形态，为全体社会成员提高经济创造力提供一个平台，使整个社会能实现财富的迅速聚集和飞跃发展。1999 年，美国互联网产业创造的产值超过 5 070 亿美元，较 1998 年的 3 010 亿美元增长 68%。互联网产业首次超过其他传统产业，成为美国的第一大产业。据美国商务部估算，互联网产业对美国经济增长的贡献占 1/4 至 1/3。也就是说，这个产业占国民经济的比重虽然还较小，但对经济增长的贡献很大②。

二、美国信息产业和新经济发展

美国信息技术的产业化速度很快。1992 年以来，网络已成为美国经济的重要组成部分。思科公司和得克萨斯大学电子商务研究中心完成的一项研究表明，1995—1998 年，网络经济年增长率达到 174.5% 的惊人速度。

① ［美］尼葛洛庞帝：《数字化生存》，海南出版社，1996 年版，第 278 页。

② 顾纪瑞：《美国互联网产业的崛起、特征和前景》，《世界经济与政治论坛》，2000 年第 3 期。

2000 年年底，美国已经有接近 4 000 万的家庭与互联网相连，上网总人数已超过 1.1 亿人，大约有 5 500 万美国人经常上网发 E-mail、浏览信息和从事商务活动①。

进入 20 世纪 90 年代，信息技术产业成为推动美国国民经济增长的主要产业部门。根据美国商务部的报告，1995—1998 年，信息产业在国民经济增长中的贡献率达 33%。在信息技术领域，核心产业就业人数为 380 万人，加上相关产业和其他经济部门中的程序员、网络技术员，总就业人数达到 910 万人，而汽车、飞机、船舶、铁路、航天等制造业加在一起的就业人数不过 152 万人。如果说过去以通用、福特和克莱斯勒三大汽车巨头为首的汽车业是美国经济的头号支柱，那么 90 年代，微软、英特尔、国际商业机器公司（IBM）等已经取代上述三大汽车公司成为美国经济增长的新支柱。

信息技术的发展推动了传统产业的改造。信息技术的普及对于传统经济的周期运作会产生很大影响，这表现在信息技术在生产操作、存货管理、资产重置、满足客户需求等方面实现的实时控制将有利于产业结构的优化和提升，从而对经济增长的作用将越来越大。美国运用信息技术对传统产业进行信息化改造主要体现在计算机辅助设计及制造、计算机集成制造、企业组织的联网化等方面，以及用信息技术对传统工业部门如钢铁、汽车工业进行技术改造及管理体制改革，使其产品性能和生产工艺的信息化、网络化程度有了较大的提高，从而提高了产品质量和效益，增强了竞争力。

美国经济自 1991 年 3 月走出衰退以后，保持了长达 10 年的持续增长势态，经济扩张周期明显延长，而收缩期则明显缩短。特别是 20 世纪 90 年代最后几年，经济高速平稳增长的同时，通货膨胀率、失业率和财政赤字都控制在较低水平，呈现出近几十年少有的“一高三低”的状态。国内外不少经济学家把美国的这种经济状况称为“新经济”，其受到世界各国的广泛关注。

20 世纪 90 年代美国经济高速增长的源泉，主要是以信息技术为主体的高新技术产业的发展。这主要表现在：①提高劳动生产率。格林斯潘在 1999 年美联储报告中指出，美国生产力水平在过去的 5 年间得到迅速提高，而生产力的提高很大程度上归结于信息产业。②刺激个人消费。90 年代美国经济增长很大程度上是依靠私人消费扩大实现的，而消费支出增长的主要原因在于股市的持续高涨。道琼斯指数跨越 1 000 点是在 1972 年，足足用了 77 年的时间。1991 年 4 月 17 日，道琼斯指数首次突破 3 000 点，1999 年 3 月 16 日，道琼斯指数又越过了 1 万点大关。美国股市日益攀升的一个重要因素，就是高新技术部

① 黄仁伟：《试析信息技术对美国“新经济结构”的影响》，《世界经济研究》，1999 年第 6 期。

门生产效率高,公司利润丰厚。如创立于 1994 年的雅虎公司 1996 年 4 月上市时每股定价才 13 美元,市场资本总值不过 3 000 万美元,但在两年后,公司的市场价值已经高达 358 亿美元,每股价格也一度达到 178 美元。股市的膨胀带来了巨大的财富效应,鼓励了消费贷款,从而刺激了个人消费。③促进国际贸易。信息产业动摇了传统商业贸易的基础,同时进一步增强了美国工业产品的国际竞争力,而且高新技术的采用也有利于跨国贸易壁垒的清除。所以,信息技术正通过促进国际贸易来对经济增长产生作用。从 1993 年到 1998 年,信息产品进出口总额平均每年增长 11.8%,比重达到商品进出口总额的 19%[①]。

总的来看,以信息产业为核心的美国新经济,使美国 20 世纪末的经济高涨。但是,这次持续达 10 年之久的经济高涨的意义,要远远大于它所带来的财富的增加。从经济史发展角度看,它意味着经济增长方式的变化和生产方式的根本变革。同传统经济相比,新经济增长的动力扩大了。新经济是一种以信息技术为基础、由知识要素驱动的经济,有些时候甚至将新经济称为知识经济。根据经济合作与发展组织(OECD)的定义,知识经济就是以现代科学技术为核心的,建立在知识信息的生产、存储、使用和消费之上的经济。按照世界银行的分类,能够带来经济价值的知识主要包括技术和信息。当新经济用知识要素取代传统的劳动要素与资本要素作为经济发展的主要动力时,就会因为知识生产与传播的成本递减与社会生产率的普遍提高而实现报酬递增。正是知识所具有的这种成本递减与报酬递增的特点,决定了知识经济是报酬递增的经济。知识经济报酬递增机制与知识投资的沉没成本、知识的外溢性以及学习网络效应一起形成正反馈机制。以互联网经济为例,需求增加会创造更高的效率和更高的报酬,从而会导致供给方的价格进一步下降,进而创造出更多的需求。

信息产业的发展正在以我们意想不到的方式改变着我们周围的一切,改变着我们合作、单独工作、交流和联系、娱乐和消费的各个方面,对人们的工作、学习和生活方式产生全新的影响。它不仅丰富了人们获取信息的途径,而且为企业内或企业间的信息交流提供了快捷而价廉的通信工具,还给工商企业和消费者之间的信息沟通提供了新的渠道。虚拟的经济世界正在成为人们主要的经济活动场所和生活场所。这个时代的特点和影响就如格林斯潘 1999 年所说:"我们称之为信息技术的新技术革命,已经开始改变我们处理事务和创造价值的方式,即使五年前我们也不易预见到这些。"

① 黄仁伟:《试析信息技术对美国"新经济结构"的影响》,《世界经济研究》,1999 年第 6 期。

三、西欧和日本的信息产业发展

面对信息技术革命的挑战，为缩小与美国的差距，欧洲也不得不加快信息产业的发展。1997 年 4 月 15 日，欧盟委员会提出了“欧盟电子商务行动方案”，指出电子商务的出现给欧洲带来的挑战和机会。1999 年 12 月，欧盟赫尔辛基理事会通过了欧盟委员会发起的“电子欧洲——全民参与信息社会”计划。此举意在利用新经济（特别是网络）带来的机会，在信息技术领域全面追赶美国。2000 年 3 月，在里斯本召开的欧盟首脑会议进一步明确发展信息产业为欧盟未来 10 年的战略。

鉴于欧洲在移动通信领域的优势，欧洲各国寄希望于以移动通信技术的开发和升级换代为突破口，在信息技术领域迎头赶上。英国于 1997 年 10 月 6 日发布文件——《网络的利益：英国电子商务议程》，公布了英国电子商务的发展前景与规划，强调电子商务在英国向知识经济转型中的关键作用，并提出发展电子商务的原则框架。这一文件指出，为保证企业更积极、更方便地应用电子商务，帮助企业界和消费者更好地从电子商务中获益，英国政府可在以下三个方面发挥作用：培养用户对电子商务的强烈需求；建立完善的服务体系，根据用户需求提供新的解决方案；制定合适的法律和规章制度框架，以保证电子商务的繁荣。

1997 年 8 月，法国宣布把建立信息社会定为政府的优先行动之一，将之列为其“重大工程”。1998 年 1 月又提出了一项信息社会政府行动计划，确定了法国官方行动的大政方针，旨在缩小法国在信息技术方面与其他国家特别是与美国之间的差距，使之成为促进经济增长和扩大就业的新动力。从 1998 年到 2000 年，政府为发展信息技术投入了 50 亿法郎的资金，主要用于发展因特网。一项研究表明，在 1996 年到 1999 年的四年里，法国经济增长的 1/5 是靠发展信息技术实现的。

德国电信网络的数字化完成于 1999 年，每百人中数字电话的拥有量为 59 部，仅次于美国，与法国并列居世界第二；德国电视电缆的百户拥有量为 53 根，低于美国而居世界第二；在使用国际互联网与在线服务方面，德国 10%的人在家上网，美国是 25%，德国 1999 年的在线率为 13%。基于信息与通信基础设施的强有力支持，德国信息与通信技术产业市场 1999 年增长了 9. 6%，达到 2 140 亿马克的规模，这大约是国内生产总值的 5. 5%。1997—1999 年，德国就业增长 0. 7%，而硬件、软件以及信息技术服务部门的就业增长了 6. 6%[①]。为

① 杨伟国：《德国经济的新经济化与生态化》，《欧洲》，2001 年第 5 期。

了大力促进信息技术产业的发展，德国于 1999 年制定了“迈向 21 世纪信息行动计划”，并提供 30 亿马克的资助。

在欧洲，电子商务已经成为一种重要的商业经营模式。20 世纪 90 年代末，欧洲电子销售商改进和提高了服务质量，使电子购物渐趋成熟，从而获得了长足的发展。根据欧洲信息技术观测部门的调查，1999 年年底欧洲企业中有将近 50%从事以网络为基础的商贸活动。根据英国政府的统计，1999 年英国的电子商务交易量约为 28 亿英镑。1999 年年底，德国互联网的用户为 1 958 万人。2001 年 12 月初，亚马逊甚至在欧洲创出了平均日订单 1.5 万~2 万份的纪录。可见，欧洲大有迎头赶上之势。

20 世纪 90 年代，日本的信息产业发展明显落后于美国。日本长时期实施赶超式发展计划，在产业结构上表现出以制造业为主的第二产业比重偏高的特点。当时日本大量的资金和人力都消耗在虚拟的“经济泡沫”当中，贻误了经济结构调整和科学技术升级换代的战略时机。但是作为世界第二大经济强国，重新夺取国际竞争制高点的强烈愿望，使日本并未放弃行动与努力。为促进信息产业发展，协调组织重大信息化工程实施，1994 年日本政府设立高度信息通信社会推进部；1997 年专门成立“电子商务检讨部”，负责电子商务的各项推动工作；1998 年邮政省出台了日本“信息通讯大纲”，描述了面向 21 世纪的日本信息产业发展战略，每一项战略都有具体的目标任务和投资保障。

经过 20 世纪 90 年代中期的低迷阶段后，日本信息产业特别是通信技术设备投资支出有了较快增长。2000 年年底，日本的因特网用户约为 4 700 万人，创下了比 1999 年增长 74%的纪录，因特网普及率由 1999 年年底的 21%大幅增长到 37%，特别是城市里高速因特网普及飞速。到 2001 年 3 月底，日本的有线电视网和普通电话线宽带接入的互联网用户达到 85 万人，比上一年增加了 4 倍。光纤上网、无线上网等多种多样的服务也已经正式展开。另外，2000 年，因特网在企业中的普及率高达 95.8%，比一年前提高 7.2 个百分点。开设网站的政府机关（中央省、厅和都、道、府、县）达到 100%，村、镇为 61%。2000 年，日本的电子商务交易市场规模急速扩大，企业间电子商务（B2B）交易额约为 22 万亿日元，比 1998 年增长了约 2.5 倍；企业与消费者之间的电子商务（B2C）交易额约为 8 200 万亿日元，比 1999 年增长了约 2.5 倍。

为加快日本信息化建设进程，缩小与信息化先进国家的差距，刺激经济复苏，日本政府于 2000 年 7 月召开了战略会议并创立了战略总部，以之作为政府的集中研究组织，11 月 29 日出台了《IT 基本法》（即《高度信息通信网络社会形成基本法》）。2001 年 1 月，由首相任总部长，全体议员以及民间有识之士担任总部成员，成立了 IT 战略总部（即高度信息通信网络社会推进战略总部），并公布了以“在5年之内把日本建设成为世界最先进的IT国家”为目标的《e-Japan战略》;3月,制订了作为具体行动计划的“e-Japan”重点计划,使日本政府在推进IT革命的道路上迈出了新的一步。

第三节　日本泡沫经济和持续萧条

一、昙花一现的鼎盛

20世纪80年代,随着经济发展战略的转变,日本国民经济仍保持了稳定的增长。日本经济的增长率,1987年为4.9%,1988年为5.9%,1989年为4.8%。1987年,日本国民生产总值已达到2.395万亿美元。1988年,日本人均收入已增至1.946万美元,超过美国,仅次于瑞士,居世界第二位。1990年,日本国民生产总值已达到美国的62.8%,人均产值已高出美国25%。日本已成为世界头号贸易顺差国,1987年日本的出口总额为2 292亿美元,进口总额为1 495亿美元,贸易顺差额为797亿美元。贸易顺差导致日本外汇储备大幅度增加,1987年达686.2亿美元,1988年增至838亿美元,居世界之首。1987年日本的资产净额达2 500亿美元,1990年增至4 000亿美元。1990年,日本拥有的国际银行资本已占国际银行资本总额的36%,日本已成为世界金融大国。此外,日本对外直接投资大幅度增加,1987年度末的累计金额已达1 393.3亿美元,全世界直接投资的外流资金中,日本所占比重已接近美国(17.3%),达12.5%。1989年日本对外援助额已超过美国,达100亿美元,居世界之首。日本已成为世界最大的资本输出国和对外援助国。

二、经济泡沫的破灭

然而,日本经济潜伏着严重的危机。20世纪80年代初,美国因财政赤字、贸易赤字、美元升值等问题一筹莫展。1985年9月,以美国为首的西方国家在纽约的广场饭店召开了“广场会议”。会议决定,五国共同大规模干预外汇市场,而日元被迫升值。1985年9月,日元兑美元的汇率为1美元兑250日元;1985年年底,上升到1美元兑200日元;1987年到1988年年初,又进一步上升到1美元兑120日元的水平。这就是说,在两年中日元兑美元的汇率上升了1倍多。日元急剧升值,打击了日本的出口产业。这样,严重依赖于出口贸易的日本经济日益恶化。在这种情况下,日本政府希望依靠大规模的金融扩张政策刺激经济恢复。于是,中央银行贴现率从1986年1月起连续降低5次,由5%

降低到1987年的2.5%,这是战后以来的最低水平。1987年10月19日星期一,纽约股票市场下跌23%。日本政府在美国的压力下,实行进一步的金融扩张政策。与此同时,日本加快了金融自由化进程,大规模撤销了金融管制。这就使日本资本市场上资金供应空前扩大。

在日本,土地一直是最重要的投资对象。在经济高速增长时期,人口不断向大城市集中,而土地的供应能力是有限度的。越来越多的日本企业要扩大用地规模,同时越来越多的外国企业也要在日本的大城市建立亚洲总部,使土地需求大规模增加。同时,日本银行与企业之间、母公司与子公司之间、协作企业之间等的相互持股十分普遍,上市流通的股票比较少,因而股票的供应量也是有限的。在股票总量少的情况下,一旦发生游资过剩,股票价格必然上涨。随着土地价格和股票价格上涨,拥有大量土地和股票的企业的账外资产膨胀,其股票价格也会进一步上涨。而在价格不断上涨的情况下,购买土地和股票不再是为了获取土地本身所带来的收益以及股票的分红,而完全是出于对其价格上涨的期待。日本的土地总值达到美国的两倍,也就是说,如果把日本卖掉,可以买两个美国。东京千代田土地总值可以与加拿大相匹敌。显然,这样的地价是极其不正常的。具体情况见表18-2。

表18-2　1985—1992年日本经济基本数据(兆日元)

年　份	国内生产总值	股票市值	房地产价值
1985	324	169	176
1986	338	230	280
1987	354	301	449
1988	377	394	529
1989	403	527	521
1990	434	478	517
1991	457	373	504
1992	484	297	428

注:股票市值是指东京股票市场部分上市公司的资产总值,房地产价值是指东京房地产价值的总量。

资料来源:Noguichi Yukio,"Baburu N0Keizaigaku(Bubble Economics)",Nihou Keizai Shimibun-sha,1993:23。转引自于宗先、徐滇庆:《从危机走向复苏——东亚能否再度起飞》,社会科学文献出版社,2001年版,第27页。

1989年年末,日本股票价格达到最高水平。自1990年2月起,日本股票价格开始急剧下跌,在随后的一年里下降了40%。然而下跌并没有停止。平均股

票价格从 1990 年 12 月的 24 000 点下跌到 1992 年 8 月中旬的 14 000 点。同时，自 1990 年 10 月起，日本的房地产交易突然减少，土地价格开始下降。从 1991 年 7 月至 1992 年 7 月的一年时间里，东京的住宅用地价格下降了 15. 2%，大阪下降了 23. 8%，京都下降了 27. 5%①。

由于经济泡沫破灭，在 1990 年以后的 5 年间，日本全国资产损失达 800 万亿日元，其中，土地等不可再生的有形资产减少了 379 万亿日元，股票减少了 420 万亿日元，两者相加几乎接近两年的国内生产总值。由此可见经济泡沫破灭所带来的损失之大，也就不难理解为什么有人把经济泡沫破灭比作日本的又一次"战败"。

三、长期萧条

房地产价格的急剧下跌，使房地产投机者无力偿还银行的贷款。银行的大部分房地产贷款都变成了不良资产。据推算，在 1992 年时，不良资产总额大致为 20 万亿日元。在 1993 年的时候，银行还是完全有能力处理不良资产的。但是无论是银行自身还是政府，都不愿意立即着手解决问题。银行担心公开不良资产问题会降低信用，经营者会被追究责任；大藏省担心银行丧失信用，会造成资金外流，引起金融体系崩溃。而在经济泡沫破灭当初，人们并没有认识到问题的严重性。1991—1992 年，经济企划厅提出中期经济计划，预计日本可达到 3. 75%的增长率，而经济界多数意见则估计 90 年代日本经济潜在增长率可达 4%。在这种错误的预期下，金融部门期待不良债权问题会随着经济形势好转而被"消化"。但事与愿违，日本经济一直没有恢复景气。这样，严重的银行坏账就导致一连串的银行倒闭事件。1995 年 7 月、8 月间先后爆发环宇信用社和木津信用社挤兑案，反映日本金融机构信用能力大大下降。在木津信用社挤兑案中，虽然日本政府保证将竭尽全力保护储户利益，日本全国信用社提供 2 000 亿日元贷款给木津信用社，以维护这一日本第一大信用社的信用，但仍然发生了挤兑风潮，约上万名储户提走 3 000 多亿日元现金。这次挤兑风潮是由坏账导致木津信用社破产而引发的，而巨额坏账的存在必然动摇日本金融业的信用能力。据日本金融财政情况研究会调查，金融机构的巨额坏账致使日本 40%的家庭对日本金融机构的安全性感到担心，其中 9. 8%的家庭已更换了存款金融机构，26%的家庭准备更换存款银行。对银行信用的怀疑使相当多的存款从民营金融机构流向邮政储蓄等国有金融机构。

巨额的金融坏账对日本的金融业和日本经济产生了严重的影响。经济复

① 于宗先、徐滇庆：《从危机走向复苏——东亚能否再度起飞》，社会科学文献出版社，2001 年版，第 28 页。

苏需要金融业的强大支持,而日本金融体系的稳定性因沉重的坏账负担而大打折扣,其难以向企业提供充足的资金,这对日本经济复苏无疑是雪上加霜。日本银行信誉评级的下降,使其在海外筹资的成本不断上升。因此,日本经济的复苏受到严重打击。20 世纪 90 年代以来,日本经济经历了战后最严重的衰退。1990—1999 年,日本经济年均增长率只有 0.9%。1997 年,在东南亚金融风暴中,日本经济又一次遭受打击。1998 年,日本经济出现负增长,实际增长率为 -2.8%①。进入 21 世纪以后,日本经济仍面临着产业空洞化、贫富差距不断加大、少子高龄化等问题,看不到明显的复苏迹象。

第四节　金融危机与新自由主义终结

从 20 世纪 80 年代开始,美国进行大规模的产业结构调整,把大量实体制造业转移到拉美和东南亚,而把美国本土打造成贸易、航运和金融等服务业中心;同时,在里根及其继任者的极力推动下,以私有化、市场化和自由化为目标的"华盛顿共识"在拉美和西方国家迅速推行。1999 年,美国政府正式废除 1933 年颁布的金融管制法——《格拉斯-斯蒂格尔法》,取而代之的是《金融服务现代化法案》,从而结束了银行、证券、保险分业经营与分业监管的局面,开辟了世界金融业混业经营的道路。

随着信息技术的迅速进步、金融自由化程度的提高以及经济全球化的发展,虚拟资本的流动速度越来越快。20 世纪 90 年代"信息高速公路"概念一度迅速转化为纳斯达克网络泡沫的推动力量,网络概念股均被爆炒至上百甚至数百美元的离奇价格。2002 年,纳斯达克网络泡沫破灭,总计将近 10 万亿美元的资本从纳斯达克股票市场夺路而逃。

为了应对网络泡沫破灭后的经济衰退,2001 年 1 月至 2003 年 6 月,美联储连续 13 次下调联邦基金利率,使该利率从 6.5%降至 1%的历史最低水平。低利率促使美国民众将储蓄拿去投资资产,银行过多发放贷款,这直接促成美国房地产泡沫的持续膨胀。逃离的网络资本利用廉价信贷,在金融杠杆作用下不断投机,制造了房地产泡沫。

为了维持房地产业的繁荣,抵押贷款公司和商业银行将大量贷款贷给那些收入偏低、收入不固定甚至没有收入的人,从而产生大规模次级贷款。而抵押

① 于宗先、徐滇庆:《从危机走向复苏——东亚能否再度起飞》,社会科学文献出版社,2001 年版,第 9 页。

贷款公司和商业银行又把各自放出去的次贷打包卖给“两房”①,从而又获得重新放贷的资金。“两房”凭借其背后的国家信用担保,低息借债买下次贷,然后通过资产证券化的方法将其转换成债券,以次债的形式在市场上发售。华尔街的投资银行等金融机构买了次债以后,利用“精湛”的金融技术创造出更大规模的次债信用衍生品并出售。通过这种方式,最初一元钱的贷款可以被放大为几元甚至十几元的金融衍生产品,从而产生了巨大的金融泡沫。

2007 年 2 月 13 日,美国第二大次级抵押贷款公司——新世纪金融公司(New Century Finance Corporation)发出 2006 年第四季度盈利预警。汇丰控股为其在美次级房贷业务增加 18 亿美元坏账准备。面对来自华尔街 174 亿美元的逼债,新世纪金融公司在 4 月 2 日宣布裁减 54%的员工并申请破产保护。2007 年 8 月 6 日,美国家庭抵押贷款服务公司(American Home Mortgage Servicing,Inc.)申请破产保护。2007 年 11 月 28 日,美国楼市指标全面恶化,美国全国房地产经纪人协会声称,10 月成屋销售连续第八个月下滑,房屋库存增加 1.9%至 445 万户。

2008 年,由次贷引起的危机继续恶化。7 月 7 日,美国第四大投资银行雷曼兄弟公司的报告说:如果按新会计条例要求,“两房”减记亏损将达 750 亿美元。消息一出,“两房”股价陡降,分别下跌了 47%和 45%。为避免更大范围金融危机的发生,9 月 7 日,美国联邦政府宣布接管房利美和房地美。2008 年 9 月 15 日,在次贷危机加剧的形势下,雷曼兄弟公司最终宣布申请破产保护。同日,道琼斯指数重挫逾 500 点,标准普尔下跌近 5%,创“9·11”恐怖袭击以来的最大单日跌幅。与此同时,美林证券也陷入破产危机,最终被美国银行收购。其他著名金融机构如高盛、人摩、华盛顿互惠银行和国际集团等也都摇摇欲坠。2008 年 9 月 21 日晚,美国联邦储备委员会宣布,批准幸存的最后两大投资银行——高盛和摩根士丹利提出的转为银行控股公司的请求。9 月 22 日,美国联邦储备委员会通过短期贷款拍卖方式再向商业银行提供了 750 亿美元资金,以缓解信贷紧缩形势。美国次贷危机全面深层次爆发。

美国金融危机是经济过度虚拟化和自由化后果的集中反映。在危机的压力下,美国政府不得不改变原有的经济政策。美国宣布金融监管新政,通过了防止金融危机再发的“金融监管改革法案”。这是自 1930 年以来美国首次对金融制度进行改革,意味着美国金融业界的自由主义路线将随之发生重大变化。欧洲银行监管委员会也发布了对欧洲银行进行压力测试的范围和标准。可见,美国的金融危机实际上宣告了 20 世纪 80 年代末由“华盛顿共识”所确立的新

① “两房”即房利美和房地美,是带有政府性质的两个联邦住房贷款抵押融资公司。

自由主义经济理论的基本破产。

本章思考题

1. 新自由主义思潮对欧美经济政策的影响是什么?
2. 信息产业革命如何改变人们的生产方式和生活方式?
3. 日本经济泡沫是怎样形成和破灭的?
4. 为什么说美国金融危机宣告了新自由主义经济理论的基本破产?

第十九章 新兴国家的经济增长与演变

第一节　拉美地区的经济增长与矛盾

1973 年石油危机以后，石油输出国的大量剩余资金回流到国际资本市场。而拉美国家由于内部积累率较低，进一步发展受到严重制约，因此经济增长出现停滞趋向。这就促使国际资本市场的大量游资流向拉美市场。拉美国家改变以往限制外资的政策，采取“负债增长”战略，大规模引进外资，举借外债。1974—1981 年是拉美外资流入的高峰期，其 1981 年外资流入量是 1973 年的 6 倍，达到 483 亿美元①。1982 年，拉美国家外债达 3 500 亿美元。拉美国家大规模引进外资和举借外债政策，在一定时期成为经济增长的推动力。在西方发达国家普遍陷于萧条的国际环境下，拉美国家仍保持了较高的经济增长率，如 1974 年为 7%，1975 年仍达 4%。但大量低息贷款的进入，为拉美国家发展经济埋下了巨大的隐患。20 世纪 80 年代初，包括石油在内的商品价格大幅度下跌，导致拉美国家贸易赤字大增；同时，国家资本利率也翻了一番以上。由于大多数新的贷款契约是以浮动利率订立的，而且又是短期贷款，这样，拉美债务危机爆发的条件就成熟了。

1977—1981 年，墨西哥贸易赤字由 13.6 亿美元增加到 49.7 亿美元，出口产品结构中制成品比重不断下降，石油出口收入占出口总额的比重由 1978 年的 29.3%增加到 1982 年的 74%。1981 年，国际石油市场供过于求，油价猛跌，而国际贷款利率大幅度上升，使墨西哥经济陷入困境。1982 年 8 月，墨西哥政

① 苏振兴：《拉丁美洲的经济发展》，经济管理出版社，2000 年版，第 139 页。

府宣布无力偿还外债本息,随之而来的是资本大量外逃,本国货币贬值,金融市场剧烈动荡,通货膨胀率迅速上升。当年外逃资本达 200 亿美元,通货膨胀率达 98.8%,本国货币贬值 500%。为控制局面,政府不得不对私人银行实行国有化,并全面控制外币兑换①。

墨西哥债务危机影响了整个拉美,外资流入急转直下,1983 年名义外资流入为 125 亿美元,减去外逃的 45 亿美元,实际只有 80 亿美元。外资流入急剧减少,使严重依赖外资的拉美经济进一步困难,从而进入“失去的十年”。1980—1989 年,拉美地区国内生产总值累计增长 11.7%,人均国内生产总值下降 8.3%。

拉美债务危机和经济的日益恶化,为新自由主义的扩大流行创造了条件。1989 年,美国国际经济研究所在华盛顿召开了一个关于 80 年代后期以来拉美经济调整和改革的研讨会。在会议的最后阶段,该研究所前所长约翰·威廉姆森说,经过讨论,与会者在拉美国家已经采用和将要采用的十个政策工具方面取得了较为一致的看法,甚至在一定程度上达成了共识。这十个工具包括加强财政纪律、重新确定政府的公共开支重点、开展税制改革、实施金融自由化、统一汇率、实现贸易自由化、放松对外资的限制、对国有企业实行私有化、放松政府管制和保护私人财产权。对于这十个工具的共识被称作“华盛顿共识”。

“华盛顿共识”是新自由主义理论的政治纲领、经济模式以及在拉美政策“体系化”的标志。在其指导下,拉美国家进行了大规模的经济改革,尤其是 20 世纪 90 年代,拉美国家以私有化为主线,进行经济结构和产权结构的改革,纷纷出售国有企业,同时推行市场化、贸易自由化和金融体制改革。

拉美国家的经济改革受新自由主义支配,普遍强调“私有化”、“自由化”和“非调控化”,目标是建立面向国际市场的自由市场经济。这些改革措施包括:

第一,改革国有企业。阿根廷、墨西哥推行了较为激进的国有企业私有化计划。例如,阿根廷梅内姆上台执政后,对电力、电话、航空、煤气等国有大企业实行私有化,私人经济在经济活动中的作用不断加强。又如,经过 10 年的时间,墨西哥国有企业从 1 150 家下降到 124 家,原国家控制的 60 家银行也全部私有化。墨西哥出售国有企业的累计收入为 200 亿美元,主要用于偿还内外债。

第二,进口自由化。废除原有的保护结构,取消配额,降低关税,限制税收种类,并把提高本国产品在国际市场上的竞争力作为促进经济恢复增长的主要手段。例如,墨西哥原有 16 个关税等级,20 世纪 80 年代末已降至 5 级。根据美洲开发银行提供的资料,在 1985—1995 年的 10 年间,拉美平均关税率从 44.6%降至 13.1%,最高关税率从 83.7%降至 41%;受非关税限制的商品占进

① 苏振兴:《拉丁美洲的经济发展》,经济管理出版社,2000 年版,第 397 页。

口总额的比重由 33.8%降至 11.4%；基本取消多重汇率制。

第三，鼓励外国投资。墨西哥 1989 年新颁布的外资法规定，1 亿美元以下的投资项目，只要选址在三大城市之外，无须报批；有 56 个行业的外资限额从 49%提高到 100%。阿根廷除大众媒体以外，几乎所有部门都对外资开放。外资甚至可对国防工业和核工业部门的企业私有化进行投标及参股。外资企业不仅享有国民“同等待遇”，还得到减免税收的优惠。

第四，积极发展国际双边或多边合作关系。例如，墨西哥先后于 1986 年、1993 年和 1994 年加入关贸总协定、亚太经合组织和北美自由贸易协定，巴西在里约集团、南方共同市场、美洲国家组织内一直积极发挥作用①。

第五，改革金融体制，实行金融自由化。在银行领域，加强中央银行的独立性，实行银行私有化，取消利率管制，减少强制性的信贷配给项目，以及降低存款准备金要求等。同时，鼓励证券市场发展，逐步对外开放金融市场。例如，墨西哥于 1994 年年初颁布法令，不仅取消了对外资银行的种种限制，还规定外资可投资于墨西哥银行系统，其中北美自由贸易区成员国可拥有墨西哥银行系统资金的 8%。

第六，改革财税体制和社会保障制度。在税收方面，调整税种结构，实行严格的税收稽查制度，打击偷漏税，加强税收审计等。在财政体制方面，实行“财政分权”，在中央政府和地方政府之间，重新分配财政开支的权力和责任，以减少财政开支，降低财政赤字。在社会保障制度方面，统一失业补贴和家庭补贴，取消退休和养老金特权，规定享受医疗待遇的统一条件，免去雇主为养老基金出资的义务，建立资本化的养老基金个人账户，并将养老基金交给私人管理等。

总之，进入 20 世纪 90 年代，许多拉美国家都在不同程度地推行新自由主义的改革，不断开放国内市场，更深地融入世界经济体系，减少国家对经济的直接干预，充分发挥市场调节的作用，调动本国和外国私人资金的积极性，大力促进地区经济一体化，靠集体力量增强国际经济地位。调整、改革的重点放在经济政策和管理体制方面，并对部分企业的所有制进行了改造。拉美一些国家通过经济市场化、私有化和国际化的调整改革，逐渐改变了过去的“进口替代”内向型工业化发展模式。

改革后，拉美国家的工业部门特别是制造业部门确实出现了某些积极的变化。首先，出口商品的竞争力有所提高。与改革前相比，拉美国家出口商品中制成品所占的比重明显提高。以向经济合作与发展组织国家的出口为例，1980 年与 1993 年相比，南美洲国家和墨西哥出口原料所占比重由 75.6%降至

① 彭森：《拉美三国改革发展及经验教训》，《经济学动态》，1996 年第 5 期。

49.2%,制成品所占比重由23.1%上升至48.1%。其次,制造业部门的劳动生产率普遍提高。在1970—1990年的20年间,拉美有7个国家制造业劳动生产率的增长为负数。1990—1998年,拉美有11个国家制造业劳动生产率都呈现出较高的增长,其中最低的也达到年均2%的增长率,较高的分别达到年均增长8.2%(乌拉圭)、7.9%(阿根廷)和6.4%(巴西)。最后,本国私人资本大企业集团的实力进一步壮大。拉美经济委员会在一份研究报告中指出:"本国大型经济集团是一些经营范围不确定的组织,其年销售额(以墨西哥、阿根廷、巴西、智利等国为例)不少于2亿美元,并可能超过40亿~50亿美元。由于其经济与战略上的重要地位,这些集团填补了由国有企业留下的空间,并与经过更新和重组的跨国公司子公司一起,构成了正处于巩固过程的生产模式特别是工业与服务业的主角。"①

但是,新自由主义改革并没有使拉美经济摆脱困境。经过一场激进的经济改革,国家广泛干预经济和高保护政策这"两大支柱"已经被拆除,进口替代工业化模式已不复存在,但同时也留下一些深刻的教训并带来一些新的问题。例如,市场开放之后,拉美资源加工产业产品不断受到国际市场价格波动的冲击,而与此同时外部制成品大量涌入,形成进口比出口增长更快的局面。绝大多数拉美国家的工业部门成为整个外贸部门的赤字大户。

20世纪末拉美国家接受"华盛顿共识",采纳新自由主义的改革方案。这种改革战略尽管可能在短期内取得成功,但很难使拉美国家取得持续发展。这是因为,"华盛顿共识"只触及拉美经济问题的表面,如政府的过多干预导致效率低下和竞争力不足,并没有抓住拉美问题的实质。拉美问题的核心在于经济发展过程中出现的两极分化和普遍贫困影响了市场的良性运行,只有解决了这个问题,拉美经济才能真正走上持续发展的轨道。

进入新世纪后,以巴西为代表的拉美国家出现了良好的增长势头。巴西抓住世界经济持续增长和初级产品需求与价格双双走高的国际机遇,一面继续加深同美、欧、日的经贸关系,一面大力拓展与地区伙伴和中国等新兴经济体的贸易往来及经济合作。这使巴西出口、外资和外汇储备都取得迅猛增长,外债困难得到根本性缓解。同时,国内消费也因反通货膨胀、扶贫减困和促进就业政策奏效而持续旺盛。世界银行公布的资料显示,2008年巴西国内生产总值达到2.9万亿雷亚尔,超过1.61万亿美元,已超过俄罗斯,居全球第八位。

① 苏振兴:《拉美国家关于新工业化道路的探索》,《拉丁美洲研究》,2003年第3期。

第二节　印度经济的改革与快速增长

自1947年独立到80年代末，印度实行的是国有经济和私营经济并存的混合经济模式，其主要特点是强调政府对经济计划的主导作用，强调通过“进口替代”实现工业化，重视发展国有企业和重工业，限制私营企业，排斥外资。在这种强调政府计划指导作用的思想和发展模式的指导下，印度逐步建立起比较完整的工业生产体系，农业经过“绿色革命”后，实现了粮食自给有余，可以说取得了巨大的成就。但随着经济的发展，该模式的弊端也逐步暴露：资源浪费严重，效率低下；过度的保护使国有企业竞争乏力；投资不足导致基础设施瓶颈制约严重；巨额补贴造成的赤字财政难以为继；产品没有竞争力，对外贸易长期逆差，国际收支恶化。从50年代初到70年代末，印度年均经济增长率仅为3.5%，被称为“印度教徒增长率”。

在英·甘地和拉·甘地执政的80年代，印度曾进行经济改革尝试，但未根本触及原有的经济发展思想和模式，不仅没有扭转印度经济局势，反而使经济局势日益恶化。80年代末至90年代初，印度政局陷入严重的动荡。愈演愈烈的民族矛盾、教派冲突、种姓问题使印度国内投资者和外国投资者对印度经济信心下降，开始向外抽逃资金。在严重的经济危机和一系列事件的冲击下，印度终于开始走上了经济改革的道路。

1991年，印度的拉奥政府制订一项长期经济改革方案，即拉奥-辛格方案。拉奥政府的新经济政策实行伊始就推出一系列大胆的改革措施，声称其基本方向和目标是要实现印度经济的自由化和全球化。曼·辛格甚至说这一改革是为了争取印度的“第二次独立”。这次经济体制改革的内容，主要有以下几个方面：

第一，产业政策改革。1991年7月，印度公布了“新产业政策”，其核心目标是改变传统的保护体制，引入自由竞争的市场机制，内容包括：①取消投资审批制度，全面向私人投资者和外资开放。规定：除涉及环保、国家安全、国计民生等14个行业外，对其他所有行业的投资均无须政府部门审批；除6个有关国家安全和环保的行业外，私人和外资可投资电信、道路、港口、发电、炼油等基础设施行业和服务业。②积极改善投资环境，大力吸引外资。为此，政府制定了印度储备银行直接审批制度，规定：对政策规定的6类矿业投资股份不超过50%的外资项目、对35个重点行业和14个附加行业投资股份不超过51%的外资项目，以及对政策规定的基础设施急需项目和其他投资不超过70%的重点外资项目,在手续齐备时两周内便可获得批准。③逐步推行国有企业私有化。为此,印度政府成立了国有企业私有化委员会,制定了分阶段进行国有企业改革的计划,并计划对劳动法进行修改[①]。

第二,财政金融改革。新经济政策要求对财政和金融体制进行改革,以适应市场化的需要,主要措施为:①精简政府机构。其主要目的是减少财政开支。为此,印度政府在世界银行的帮助下,实行了自愿退休计划。凡年龄超过 50 岁或工龄在 35 年以上的国有银行和其他国有部门的工作人员,均可申请自愿退休,政府将给予优惠待遇。②改革财政体制。其主要措施是降低税率,降低财政赤字,加强预算能力,强化政府宏观调控能力。③允许成立私人银行(包括同外国合资的私人银行),减少政府对银行系统的干预,促进合理竞争。对在印非银行性金融机构投资超过 5 000 万美元的外国投资者,取消有关该投资者必须出售 25%股份的规定。1992 年,印度政府公布了外国机构投资者投资印度资本市场的有关规定,欢迎外国投资者投资印度一级和二级市场的各类证券,上限一般为 24%,最高可达 40%[②]。

第三,外贸体制改革。拉奥政府通过 1992—1997 年五年进出口政策和一年一度公布的外贸政策推行自由化和国际化的战略,内容包括:①开放市场,逐步降低进口商品的关税,取消非关税性贸易壁垒。②制定一系列优惠政策,鼓励出口。计划在泰米尔纳杜邦和古杰拉尔邦建立以出口加工为主的经济特区,并提供税收、关税和通关方面的各种优惠和便利;对出口企业和商品提供出口信贷并给予税收减免,给出口商提供更大的自主权。③采取卢比贬值和放松外汇管制的措施。1991 年 7 月,卢比两次贬值,幅度达 20%。1992—1993 年度,印度政府宣布卢比在贸易账户下实现部分可兑换;1994 年 8 月,卢比实现在经常项目下的自由兑换。④继续加强对国内工业的必要保护。成立由商业、税务、外贸等政府部门和小工业及畜牧业等行业部门高级官员组成的特别小组,对 300 种所谓的“敏感”商品进行跟踪研究,就进口商品的影响及时发出警报。对粮食、化肥、燃油等大宗商品的进口实行国营贸易公司专营[③]。

在拉奥执政的前三年,经济改革的进度加快,力度较大,印度经济体制发生了较大的变化。但是到了第四个年度,改革进入难度较大的领域,来自各方的阻力加大,改革的步伐明显放慢。但无论如何,改革所带来的经济效益仍是十分显著的,这主要体现在以下几个方面:

---

① 荣鹰:《印度十年经济改革回顾与展望》,《国际问题研究》,2001 年第 6 期。

② 荣鹰:《印度十年经济改革回顾与展望》,《国际问题研究》,2001 年第 6 期。

③ 荣鹰:《印度十年经济改革回顾与展望》,《国际问题研究》,2001 年第 6 期。

第一,财政状况恶化得到控制。1990—1991年度,印度中央政府财政赤字占国内生产总值的8.3%。为改变出现巨额财政赤字的局面,印度政府采取开源节流、降低非生产性开支和改革税收等措施,使财政赤字呈现下降趋势。改革的10年中,中央财政赤字年平均为国内生产总值的5.7%。

第二,经济得到较快增长。20世纪90年代印度经济下滑趋势得到迅速遏止,国民经济实现较快增长。独立后的30多年里,印度国内生产总值年均增长率总是在3.5%左右,1980—1990年的10年间,印度经济增长加快,平均达5.8%。在1994—1995年、1995—1996年和1996—1997年三个年度年均增长率平均高达7.5%,其中1996—1997年度达8.2%,创造了独立以来的新纪录。产业结构也得到改善。同改革前相比,1998年农业、工业和服务业三个产业占比已分别从30.19%、24.47%和45.34%转变为26.44%、22.31%和51.25%。2000年印度国内生产总值为4 794亿美元,比1990年增加48%;国民生产总值为4 710亿美元,人均460美元。如按购买力平价计算,印度国民生产总值为23 750亿美元,居世界第四位,次于美国、中国和日本,超过了德国。

第三,对外收支状况明显好转。自1991年实行改革以来,印度进出口都取得了较大的增长。1992—1998年,印度出口年均增长率为9.8%,比改革前的80年代增长了1.2个百分点,其中1993—1995年出口每年平均增长近20%。1990年印度外贸占其国民生产总值的14.2%,1998年上升到18.2%。1994年4月,印度同其他147个国家签署了乌拉圭回合协议,正式加入世界贸易组织,使印度同世界的经济联系进一步加强,其外资流入速度大大加快。改革前的1985—1991年,印度每年吸收外国直接投资(FDI)约为2亿美元,改革后的1997年吸引外资高达36亿美元,1999年尽管受亚洲金融危机影响,但仍有22亿美元外资流入印度。这就使印度国际收支状况得到改善。与此同时,外国对印度的直接投资和证券投资90年代以来不断增加,这使印度减少了对短期贷款的依赖,使其债务占国内生产总值的比例从1991年的41%下降到1998年的23.7%,债务偿还率从30%下降到18%。外汇储备除1995—1996年度因提前大量偿还国际货币基金组织贷款有所下降外,保持上升趋势,1996—1997年度至2000—2001年度年均增加40亿美元。截至2001年7月底,印度外汇储备已达436.8亿美元,创历史最高纪录。

第四,高科技产业迅速成长。印度的科技产业有良好的基础。自20世纪80年代中期以来,印度政府对生物技术研究的投资共4亿多美元,全国有生物技术公司180多家。截至2001—2002年度,全国有14个核反应堆运转,发电能力共计2 720兆瓦,占全国电力装机容量的2.7%;核电量为193亿千瓦小时,占全国发电量的3.3%。印度国内卫星通信系统已跻身世界前列,部分转发器可以租给私营企业和外国使用,空间技术正在实现商业价值。据报道,印度已控制世界遥感卫星市场的25%。20世纪90年代,印度在信息技术产业发展方面表现出色。据国际数据公司进行的调查,印度信息技术公司总数由1995年的8 082家增至2001年的16 530家,发展速度仅次于中国,居世界第二位。2001—2002年度,印度软件产值为107亿美元,占国内生产总值的2.9%,印度已成为世界第二大软件服务出口国[①]。

进入21世纪以来,由于印度政府逐渐减少对经济发展的干预,进一步降低商品进口关税,继续放松对外国投资的限制,经济年增长速度又有所加快。据印度中央统计局公布的数据,印度的国内生产总值年均增长率2003—2004年度达到8.5%,2004—2005年度保持在7.6%,2005—2006年度提高到9.2%,2006—2007年度提高到9.6%(Economic Times,2007)。为了保持较高的经济增长速度,印度政府提出:在农业领域,加大农田水利基本建设的力度,吸引私人企业参与农业产业化过程,建立农产品供应链;在工业领域,则要加大新产品、新技术的研发力度,同时吸引大量的外国直接投资。

第三节　俄罗斯经济的转轨与增长

苏联在改革初期存在着渐进式改革和激进式改革的争论,但最后选择了激进式改革的道路。1990年7月,苏共二十八大通过题为《走向人道、民主的社会主义》的纲领性声明,指出“市场经济是排除过时的国民经济行政命令管理体制的唯一选择”,并就分阶段向市场经济过渡提出原则性意见。在此基础上,苏联青年经济学家亚夫林斯基拟订了一个计划,名为《400天——使苏联经济加速转向市场原则的构想》,简称《400天计划》。但是这个计划由于受到多方面的反对而未能公布。后来,戈尔巴乔夫和叶利钦商定由激进的改革派理论家沙塔林院士起草新的改革方案。1990年8月,沙塔林提出《向市场过渡——构想和纲领》,通常称为《500天计划》,主张用500天时间,通过迅速的阶段推移完成向市场经济的过渡。这个计划虽然也未能获得通过,却产生了重要影响。后来由以阿甘别志扬院士为首的汇总小组拟订的《苏联向市场过渡的纲领》,基本上也主张快速改革。在此基础上,1990年10月19日苏联最高苏维埃代表大会通过了《稳定国民经济和向市场经济过渡的基本方针》,但是这个计划由于苏联的解体而未能实施。

---

① 孙培钧、华碧云:《印度的经济改革:成就、问题与展望》,《南亚研究》,2003年第1期。

俄罗斯新政府组成后,美国哈佛大学教授杰弗里·萨克斯应邀担任俄罗斯政府“顾问”,并为其开出了“药方”,即“休克式”经济转轨战略。萨克斯的“休克式”改革方案包括四方面的内容:①政府努力建立一种由市场因素决定的价格体制,停止价格控制,削减乃至取消国家补贴,进出口贸易更加自由化。②取消对私营活动的限制。③通过私有化和对现有国有企业实行严厉的控制,约束国有企业。④保持价格的稳定性,实施紧缩的货币财政政策,削减赤字,平衡预算。后来,他又将此战略概括为稳定化、私有化和自由化,并认为这是苏联及其他东欧国家转轨的“三大支柱”。1992 年年初,俄罗斯正式进行经济改革,其主要内容是:①一次大范围地放开物价,形成自由价格制度,为经济市场化创建必要的条件;②实施严厉的财政金融政策,紧缩银根;③大规模推行私有化;④实行外贸体制改革,外经贸活动自由化。可见,俄罗斯采纳了萨克斯的“休克疗法”。

但是,对于俄罗斯来说,萨克斯的“药方”无疑是一剂“猛药”,不仅没能使俄罗斯经济走上良性循环的轨道,反而给社会带来了极其惨重的后果。首先,经济增长停滞甚至大幅下降。1990—1995 年,俄罗斯的经济下降幅度达 38%,超过了 30 年代美国经济大萧条时期,工业生产下降 50%。其中,机械制造业下降 65%~85%,高新技术产业下降 90%,日用消费品下降 55%,70%的食品需要进口才能满足,农业、机械、仪表、电子、道路建设等部门或行业几乎全部垮掉。1997 年,俄罗斯经济甚至出现零增长,整个国民生产总值仅仅相当于一个荷兰。其次,出现了恶性通货膨胀。1992 年的通货膨胀率甚至高达 2 200%,到 1997 年才下降到 11%。1998 年 5 月,俄罗斯出现 0. 8%的经济增长率,俄罗斯领导人就此认为经济复苏时期已经到来,又增加货币发行。这不仅没有带来经济的增长,反而增加了卢布对外贬值的压力。通货膨胀一方面造成出口商品价格提高,竞争力下降,而进口增加,形成外汇市场的缺口;另一方面引起国际资本的外流和汇率的波动。再次,国家竞争力大大降低。除了少数能与外国竞争的产品外,其他如加工业、机器制造业、轻工业、冶金和化工等,都长期处于深刻危机状态。一方面,在出口结构上依赖于附加价值和技术含量较低的商品,如石油、天然气等;另一方面,经济增长又主要依赖进口的设备和资金,进口倾向日益提高。最后,外债增加和汇率下跌。俄罗斯政府庞大的非生产性支出,形成巨额财政赤字。为克服财政困难,政府不得不提高债务比例,其外债比例高达国内生产总值的 26%,而外债中又以短期外债为多。出口竞争力不足,导致外汇收入锐减,国际收支失衡。1997 年 11 月到 1998 年 1 月,俄罗斯股市下跌 10%~20%,卢布开始贬值,汇率跌到“外汇走廊”最低线。1998 年 2 月,国际炒家光顾俄罗斯,投机者在 10 天之内就从俄罗斯撤走 140 亿美元。至此,俄罗斯外汇储备仅余140亿美元，为最低限，已经无法干预外汇市场。

不过，总的来看，到20世纪90年代末，俄罗斯还是初步形成了市场经济制度的基本框架。首先，快速的私有化使非国有经济在国内生产总值中的比重达到了70%，形成了以私有制为主体，个体、私营、集体、外资、股份制和国有经济多种所有制形式共同发展的所有制结构。其次，市场体系开始形成，其中商品市场、金融市场、劳动市场等已经开始发挥其自身的作用。市场主体按照市场价格和利润来对自己的经济行为自主做出决断。再次，政府对经济的管理逐步从以直接行政方法为主转向以间接经济方法为主的宏观经济调控，通过货币、信贷、税收、汇率等经济手段在有限的范围内对经济主体发生影响，从而减少了对企业生产经营活动的直接行政干预。最后，适应市场经济的包括医疗、养老、失业等在内的社会保障体制基本形成，放弃国家包揽一切的做法，实行有选择的社会政策，社会保障资金来源多元化。

2000年普京就任俄罗斯总统，俄罗斯开始进入普京时代，也标志着俄罗斯经济转轨和经济发展一个新时期的开始。2000—2007年，俄罗斯国内生产总值增加了72%。2007年国内生产总值增长率达到8.1%。俄罗斯国家统计署公布的数据显示，2005年按购买力平价计算的国内生产总值达到16 975亿美元，仅次于美、中、日、德、法，居世界第六位，人均11 861美元，俄罗斯迅速跃入高收入国家行列[①]。

本章思考题

1. “华盛顿共识”能否解决拉美经济问题？
2. 如何看待印度的崛起？
3. 俄罗斯经济改革中的“休克疗法”为什么失败？

① 李新：《2000年以来俄罗斯经济结构的变化及其发展趋势》，《俄罗斯研究》，2009年第2期。

第二十章 世界经济发展与人类文明新形态

第一节 经济全球化浪潮

经济全球化是20世纪八九十年代的现象。但正如美国经济学家保罗·斯威齐指出的,"全球化不是某种条件或某种现象,而是一种已经持续了很长时间的进程。自四五百年前资本主义作为一种活生生的社会形态在世界上出现以来,这一过程就开始了"①。具体地说,经济全球化起源于19世纪末20世纪初的技术革命以及相应的国际经济发展。19世纪后半期到20世纪初的时代特征,是国际贸易的空前繁荣和国际资本、劳动力的大规模流动。1875—1914年,国际金本位制维护了汇率的稳定,刺激了进出口贸易的增长。与此同时,帝国主义国家的资本大规模输出,甚至超过商品输出占据更重要的地位。据估计,当时欧美主要国家国际贸易和国际资本流动量占国内总产量的比例,比20世纪内绝大多数年份还要高。但是,这次经济全球化浪潮被两次世界大战所打断。

第二次世界大战后,国际经济秩序得到重建。以布雷顿森林体系为核心的国际金融体制和以关贸总协定为核心的国际贸易体制,促进了西方国家在战后的经济复兴,也带动了进出口贸易尤其是制成品贸易的增长以及外国直接投资的扩大。经过战后50—80年代的发展,国际分工由垂直式发展为水平式、综合式,并且不断深化,从而加强了各国经济的相互依存性;国际贸易以高于国民生产总值的速度发展,成为世界经济增长的发动机,一个国家的进出口额已成为衡量国家经济实力的重要标志;跨国公司获得巨大发展,企业的跨国界经营,资

① Paul M. Sweezy, "More(or less) On Globalization", Monthly Review, Sept. 1997.

本和利润来源的多元化，使企业的国籍概念越来越模糊；出现了一系列一体化组织，在组织内部实现了不同程度的贸易和投资自由化。由微电子技术带动的信息和通信技术的进步，带来了一场铺天盖地的信息革命。这种变化深刻地改造了生产过程与管理体制。通信成本的大幅度降低，使得在全世界实现全新沟通和控制成为可能。总之，整个世界经济逐渐趋于一体，各国和各民族相互依存、共同发展成为不可阻挡的大趋势。

战后初期，发展中国家大多采取进口替代的工业化战略。这种战略的特点是依靠国有企业，以重工业为目标，以计划体制和保护主义为手段。20 世纪七八十年代以后，发展中国家普遍转向出口导向战略，如中国在 1979 年之后重返国际经济舞台，印度在 80 年代中期之后尤其是 1991 年后也走向开放。这就使世界市场进一步开放，并扩大了全球化的范围。苏联解体后，原计划经济国家重新选择了市场经济体制，通过经济转轨开始融入全球统一的市场经济体系。这样，市场经济原则在全球范围内得到普遍认同和确立，市场经济已成为不同社会制度和不同发展阶段国家的共同体制，真正形成了世界性的无所不包的统一的世界市场，从而为经济全球化奠定了制度性基础。由此，完全意义的全球大市场诞生了，经济全球化开始进入全面发展阶段。正如 1992 年时任联合国秘书长加利在联合国日致辞中说的，“第一个真正的全球化时代已经到来”。

第二节　经济全球化的矛盾

全球化的概念，最初是由经济合作与发展组织前首席经济学家 S. 奥斯特利在 1986 年提出的。它可以指经济、文化、政治的全球化，但在通常意义上主要是指经济全球化。国际货币基金组织在 1997 年 5 月发表的一份报告中称：“全球化是指跨国商品与服务贸易及国际资本流动规模和形式的增加，以及技术的广泛迅速传播使世界各国经济的相互依赖性增强。”①联合国贸易和发展会议的报告认为：经济全球化包括自由市场、投资流动、贸易和信息的一体化。它涉及诸如运输和通信成本等自然壁垒，以及关税、配额和外汇管制等人为壁垒的降低，并因此对贸易和投资增长做出贡献，它是经济活动更大程度扩散和劳动分工日益国际化的结果。

经济全球化如同双刃剑，它使各生产要素在世界范围内更自由、更有效地流动和配置，普遍地提高生产率，提高人们的福利水平，但也造成了更多的矛盾

---

① 国际货币基金组织：《世界经济展望 1997 年 5 月》，中国金融出版社，1997 年 7 月，第 45 页。

和冲突。一方面,经济全球化加剧了发达国家与发展中国家的矛盾。发展中国家参与经济全球化进程,但它们难以承受发达国家商品和游资的冲击,因而为此付出一定的代价;为发展本国经济,它们的自然资源将受到肆意的掠夺性开发,自然环境将被加速污染,生态平衡受到严重的破坏。因此,发展中国家与发达国家的经济实力差距和贫富差距有可能进一步扩大。另一方面,经济全球化加剧了世界经济的投机性和风险性。经济全球化不仅是经济生活日益国际化的结果,事实上也是经济自由化的产物。世界信息技术的进步,特别是各种金融衍生工具的开发,使得资金的跨国流动成本日益降低,流动效率大为提高,在缺乏有效管理的情况下,必然加大世界经济的投机性和风险性。

经济全球化加剧了全球范围内文明和价值观的冲突。20 世纪的世界经济发展是由西方主导的,因而,全球化问题仍然属于资本主义发展的范畴。美国学者埃伦·伍德进一步指出,目前人们之所以如此关注全球化这个问题,其原因就在于"资本主义正在成为真正的全球性制度","资本主义的基本逻辑——资本积累、竞争和利润最大化,已经从意识上渗透进世界每一个角落。甚至于在资本主义经济的最外围,一切经济活动也都是按这一逻辑来进行的"①。经济全球化进程不仅是资本主义生产方式在全球的扩展,而且还伴随着资本主义政治、法律制度和价值观念的蔓延。以美国为代表的西方国家在推动经济全球化的同时,极力倡导"国家主权弱化论",推行"新干涉主义",主张实现"全球治理",把所谓"政治民主化""良政"等作为与发展中国家进行经贸合作的条件,严重威胁发展中国家的政治稳定和国家主权完整,已引起发展中国家的高度警惕和强烈反应。

全球化这一概念反映了冷战结束所带来的时代性转变。但是,全球化并不是全球各国和各民族的共同福音,市场自由化必然导致贫富差距的扩大和发展中国家自然与生态的破坏,而最终将导致全球冲突。因此,全球化要求有符合全世界各个国家和民族共同利益的全球协调机制,从而实现"共赢"。正如江泽民在联合国千年首脑会议上指出的,"我们需要世界各国'共赢'的经济全球化,所有国家,无论南方还是北方,不管是大国还是小国,都应是全球化的受益者;我们需要世界各国平等的经济全球化,少数国家的富裕不应该也不能够建立在广大南方国家的贫困之上;我们需要世界各国公平的经济全球化,世界的贫富差距应逐步缩小,而不是不断扩大,否则人类将为此付出沉重的代价;我们需要世界各国共存的经济全球化,只有相互尊重,相互促进,保持经济发展模

① Ellen Meiksins Wood,"A Reply to A. Slanandan",Monthly Review,Feb. 1997.

式、文化和价值观念的多样性,世界文明才能生机盎然地发展”①。而要实现这些目标,最重要的是建立公正合理的国际经济新秩序。

进入21世纪以后,世界经济格局进一步发生变化,欧洲和日本经济看不到景气迹象,美国经济在金融危机后复苏缓慢,整个资本主义世界前景不明。而另一方面,新兴国家迅速崛起,特别是中国经济持续增长,稳居世界第二大经济体地位。这种变化导致以美国为首的资本主义发达国家贸易保护主义抬头,与中国及其他新兴国家的贸易摩擦持续加剧,对国际经济秩序带来一定程度的混乱,呈现出“逆全球化”潮流。2017年1月,特朗普当选美国总统后,随即针对所谓的“中国不公平贸易行为”发起调查,作为其“美国优先”政策的一部分。2018年3月22日,美国总统特朗普在白宫签署了对中国输美产品征收关税的总统备忘录;次日,中国商务部发布了针对美国钢铁和铝产品232措施的中止减让产品清单,拟对自美进口部分产品加征关税。此后,中美之间的贸易摩擦日益激烈,对世界经济前景造成严重影响。

第三节　世界经济格局的新变化

从近代以来的世界经济史来看,每次大危机都会带来大变革,并导致世界经济格局的调整与变化。这次起源于美国的金融危机和经济危机,一方面使美国的盎格鲁-撒克逊发展模式、美国的金融创新制度、美国推行的新自由主义及国际金融机构的作用等都受到广泛的质疑。另一方面,美国在金融危机和经济衰退中遭受到多重挑战:美国第一经济强国的地位受到挑战,美元特权地位受到挑战,美国主导的国际秩序受到挑战。欧盟受危机重创,陷入主权债务危机泥淖,救援措施失当,经济复苏缓慢,欧元区内部凝聚力减弱;日本在经历了近20年的衰退后,又遭受世界金融危机的打击,根本看不到走出衰退的迹象。这就使西方和发达资本主义国家经济实力和影响继续呈下降态势。但是,相比之下,新兴大国经济复苏普遍较快,总体保持较好发展势头,与发达国家实力差距继续缩小。特别是中国、俄罗斯、印度和巴西,其经济总和占全球国内生产总值的比重由2007年的13%上升为2009年的15%,成为一支不可忽视的国际力量。其他发展中国家的经济复苏和发展也普遍好于发达国家。这就导致世界经济格局发生深刻而又深远的变化。

这次金融危机从深层次看也是全球化本身的危机,市场自行纠错的内在局

① 《江泽民在联合国千年首脑会议分组讨论会上关于经济全球化问题的发言》,《人民日报》,2000年9月8日。

限性无法引导全球化有序发展，导致全球化进程从“机遇期”进入“问题高发期”。在经济力量对比变化的情况下，新兴国家和地区争取平等地位的意识进一步上升，对国际经济事务的影响力日益增强。2009 年 6 月，首次“金砖四国”峰会在俄罗斯叶卡捷琳堡举行并发表联合声明。声明呼吁所有国家和相关国际组织积极落实二十国集团领导人伦敦金融峰会共识，将在彼此之间并同其他伙伴开展密切合作，确保即将在匹兹堡举行的二十国集团峰会在采取集体行动方面取得更多进展。声明还表示，四国强调并支持，在国际法治、平等合作、互相尊重、由各国协调行动和集体决策的基础上，建立一个更加民主和公正的多极世界。而在同年 9 月举行的美国匹兹堡二十国集团峰会，则首次弱化了八国集团的作用，将包括十个新兴经济体的二十国集团作为“国际经济合作的最重要论坛”和“世界经济新协调群体”。这标志着主导世界经济的美、日、欧三强已无法单独解决全球性大问题，标志着影响力日益增长的大型新兴经济体在全球经济体系中地位的提升和话语权的扩大，标志着世界经济格局的新变化。当然，这种转变才刚刚开始，体现了经济全球化和世界多极化发展的必然性，是发达国家在保证自己主导地位不被撼动的前提下对发展中国家不得不做出的妥协。而要建立一个更公正、更合理的国际金融和货币体系，使发展中国家获得与其经济力量相符的话语权，仍将是一个漫长的过程。

新兴经济体的崛起及世界经济格局的变化，是经济发展不平衡规律作用的结果。工业革命后，东方大多数国家逐渐成为西方资本主义列强的殖民地或半殖民地；西方列强将东方国家囊括于资本主义世界市场，成为其经济的附属。这就是《共产党宣言》中所说的“东方从属于西方”的历史。然而，在 150 多年后的今天，世界发生了根本的转变，过去的殖民地半殖民地国家，通过工业化和现代化发展，从西方世界的经济附庸转变为新兴经济体并开始对世界经济格局产生关键的影响。可以说，新兴经济体，特别是大型新兴经济体的崛起是“历史的复归”。2010 年，中国国内生产总值首次超过日本成为世界第二大经济体。这是 21 世纪初世界经济最重要的事件之一。2013 年，中国提出“一带一路”倡议，开创了对外开放的新格局，必将对世界经济产生重要影响。但必须指出的是，在当今新的时代条件下，中国和其他新兴大国的崛起不能再沿袭近代以来西方大国争霸的历史，走依靠发动侵略战争、实行对外扩张的道路，而只能是走和平发展的道路，亦即争取和平的国际环境来发展自己，又以自身的发展来维护世界和平。

2017 年 1 月 18 日，习近平主席在联合国日内瓦总部作《共同构建人类命运共同体》的演讲，指出：人类正处在大发展大变革大调整时期。世界多极化、经济全球化深入发展，社会信息化、文化多样化持续推进，新一轮科技革命和产业革命正在孕育成长,各国相互联系、相互依存,全球命运与共、休戚相关,和平力量的上升远远超过战争因素的增长,和平、发展、合作、共赢的时代潮流更加强劲。同时,人类也正处在一个挑战层出不穷、风险日益增多的时代。世界经济增长乏力,金融危机阴云不散,发展鸿沟日益突出,兵戎相见时有发生,冷战思维和强权政治阴魂不散,恐怖主义、难民危机、重大传染性疾病、气候变化等非传统安全威胁持续蔓延。为此,必须构建人类命运共同体,实现共赢共享。只有这样,才能让和平的薪火代代相传,让发展的动力源源不断,让文明的光芒熠熠生辉。然而,构建人类命运共同体是需要一代又一代人接力跑才能实现的目标。

第四节　中国式现代化与人类文明新形态

20 世纪中叶,作为有着 5 000 年历史文化传统和最大规模人口并遭受西方殖民主义侵略和欺凌的中华民族,在中国共产党的领导下,经过艰苦卓绝的奋斗,取得了民族独立,并走上了社会主义现代化道路。经过社会主义建设和改革开放,中国实现了经济腾飞,并一举发展成为世界第二大经济体。这一方面证实了社会主义制度的优越性并昭示了社会历史发展的必然趋势,另一方面使我们不能不重新思考人类发展的东方价值特别是中国价值。作为一个社会主义国家,作为最大的发展中国家和最大的东方国家,中国的现代化必然具有极高的典型意义。经过 70 多年的艰难探索,中国走出了独特的现代化道路,形成了极具代表性的中国式现代化。中国人民的伟大创举和中国经济的伟大成功,必然改变世界经济和政治格局,也必然影响东方乃至世界的经济发展趋势,并且昭示着人类文明新形态的形成。

党的十八大以来,中国共产党不断推进和拓展中国式现代化的内涵。党的十九大对实现第二个百年奋斗目标做出分两个阶段走的战略安排,提出到 2035 年基本实现社会主义现代化。2022 年 10 月 26 日,习近平总书记在党的二十大报告中指出要“以中国式现代化全面推进中华民族伟大复兴”,并深刻指出中国式现代化的五大鲜明特点,即:人口规模巨大的现代化、全体人民共同富裕的现代化、物质文明和精神文明相协调的现代化、人与自然和谐共生的现代化和走和平发展道路的现代化。中国式现代化的提出,切合中国实际,符合社会主义建设规律和人类社会发展规律,为党领导和团结全国各族人民提出切实可行的前进目标,摒弃了西方以资本为中心的有缺陷的现代化模式,为人类文明的发展贡献智慧,充分体现了中国共产党不负人民、不负时代和不负历史的使命担当。

中国式现代化和中华民族伟大复兴,必然对整个人类文明发展产生巨大影响,并昭示着人类文明新形态的形成。然而,当今世界出现前所未有的巨大变化,一方面,和平、发展、合作、共赢的历史潮流不可阻挡,人心所向、大势所趋决定了人类前途终归光明。另一方面,恃强凌弱、巧取豪夺、零和博弈等霸权霸道霸凌行径危害深重,和平赤字、发展赤字、安全赤字、治理赤字加重,人类社会面临前所未有的挑战。在这种世界之变、时代之变、历史之变的历史十字路口上,中国始终坚持维护世界和平、促进共同发展的外交政策宗旨,致力于推动构建人类命运共同体。习近平总书记在党的二十大报告中指出:"构建人类命运共同体是世界各国人民前途所在。万物并育而不相害,道并行而不相悖。只有各国行天下之大道,和睦相处、合作共赢,繁荣才能持久,安全才有保障。中国提出了全球发展倡议、全球安全倡议,愿同国际社会一道努力落实。中国坚持对话协商,推动建设一个持久和平的世界;坚持共建共享,推动建设一个普遍安全的世界;坚持合作共赢,推动建设一个共同繁荣的世界;坚持交流互鉴,推动建设一个开放包容的世界;坚持绿色低碳,推动建设一个清洁美丽的世界。"这是中华民族对世界的伟大承诺,充分表明了中华民族对人类历史和人类发展的伟大担当。

早在20世纪初,李大钊即提出,中国农业文明"衰颓于静止之中",而西方工业文明"疲命于物质之下",世界文明的未来必有赖于"东西文明真正之调和"的"第三新文明之崛起"①。如今,距离李大钊的时代已经过了整整一个世纪。经过这百年奋斗,中国吸纳了西方文明,同时也保留了自身的文化元素,形成了不同于西方的文明社会。从现在来看,这种新文明体的初级形式就是中国特色社会主义。"天行健,君子以自强不息。"中华文明历来强调奋斗进取、革故鼎新。随着中国特色社会主义的发展,随着中国人民在发展过程中认知水平的不断提高,继续沿着中国式现代化道路发展,定能创造出一种全新的文明形态。

本章思考题

1. 为什么说经济全球化是一把双刃剑?
2. 如何理解新兴经济体的崛起?
3. 什么是人类命运共同体?
4. 试通过近代以来的世界经济史预测未来世界经济格局的变化。
5. 如何理解中国式现代化与人类文明新形态?

---

① 《李大钊文集》上卷,人民出版社1984年版,第560页。

参考文献

[1]马克思,恩格斯. 共产党宣言[M]//马克思,恩格斯. 马克思恩格斯文集:第2卷. 北京:人民出版社,2009.

[2]马克思.《政治经济学批判》序言[M]//马克思,恩格斯. 马克思恩格斯文集:第2卷. 北京:人民出版社,2009.

[3]马克思. 1844年经济学哲学手稿[M]//马克思,恩格斯. 马克思恩格斯文集:第1卷. 北京:人民出版社,2009.

[4]马克思,恩格斯. 德意志意识形态[M]//马克思,恩格斯. 马克思恩格斯文集:第1卷. 北京:人民出版社,2009.

[5]马克思. 资本论[M]//马克思,恩格斯. 马克思恩格斯文集:第5、6、7卷. 北京:人民出版社,2009.

[6]恩格斯. 英国工人阶级状况[M]//马克思,恩格斯. 马克思恩格斯文集:第1卷. 北京:人民出版社,2009.

[7]恩格斯. 家庭、私有制和国家的起源[M]//马克思,恩格斯. 马克思恩格斯文集:第4卷. 北京:人民出版社,2009.

[8]列宁. 帝国主义是资本主义的最高阶段[M]//列宁. 列宁选集:第2卷. 北京:人民出版社,1995.

[9]毛泽东. 论十大关系[M]//毛泽东. 毛泽东文集:第7卷. 北京:人民出版社,1999.

[10]邓小平. 社会主义首先要发展生产力[M]//邓小平. 邓小平文选:第2卷. 北京:人民出版社,1994.

[11]江泽民. 江泽民文选:第1卷[M]. 北京:人民出版社,2006.

[12]胡锦涛. 胡锦涛文选:第3卷[M]. 北京:人民出版社,2016.

[13]习近平. 论中国共产党历史[M]. 北京:中央文献出版社,2021.

[14]方豪. 中西交通史:上下[M]. 上海:上海人民出版社,2008.

[15]武力. 中华人民共和国经济史[M]. 北京:中国时代经济出版社,2010.

[16]汤普逊. 中世纪经济社会史:上下[M]. 耿淡如,译. 北京:商务印书馆,1961—1963.

[17]诺思．经济史中的结构与变迁[M]．陈郁,罗华平,译．上海:上海三联书店,1994.

[18]斯塔夫里阿诺斯．全球通史:1500 年以前的世界[M]．董书慧,王昶,徐正源,译．北京:北京大学出版社,2005.

[19]布罗代尔．15 至 18 世纪的物质文明、经济和资本主义:第 2 卷[M]．顾良,施康强,译．北京:生活·读书·新知三联书店,1993.

[20]沃勒斯坦．现代世界体系:第 2 卷[M]．吕丹,译．北京:高等教育出版社,1998.

[21]马赛厄斯,波斯坦．剑桥欧洲经济史:第 6 卷:上[M]．徐强,李军,马宏生,译．北京:经济科学出版社,2004.

[22]霍布斯邦．帝国的年代 1875—1914[M]．贾士蘅,译．北京:中信出版社,2014.

[23]布朗,劳德．资本主义与社会进步:经济全球化及人类社会未来[M]．刘榜离,张潮,译．北京:中国社会科学出版社,2006.

[24]恩格尔曼,高尔曼．剑桥美国经济史:第 2 卷[M]．王珏,李淑清,译．北京:中国人民大学出版社,2008.

[25]韦伯．经济通史[M]．姚曾廙,译．上海:上海三联书店,2006.

[26]斯塔夫里阿诺斯．全球分裂:第三世界的历史进程:上下[M]．王红生,等译．北京:北京大学出版社,2017.